携帯版
英会話
海外旅行ひとこと
辞典

はじめに

　海外旅行に行く人の多くが、旅行用の英会話表現集を手に取るのではないでしょうか。しかし書店に並んでいる旅行英会話集には、間違った表現、文法的には正しくても英米では実際使われていない表現などが数多く出てきます。本書は、現在日常的に使われている"生きた"英語表現を集めたという点で、類書とは一線を画す最新の旅行英会話辞典になっています。

　海外旅行の英会話のレベルは中学英語程度で足りるのですが、旅行中は独特の単語や言い回しも必要になってきます。本書では、日本を飛び立ってから帰国の途に着くまでの詳細な場面を設定し、それぞれの状況で交わされる多様な表現を収録しています。会話は言葉のやりとりですから、相手の質問や返事も理解することが重要です。本書はこの点にも留意し、ほとんどの表現に対話例を付けてあります。また、海外旅行で欠かせないさまざまな用語も場面ごとにまとめ、困ったときにすぐ調べられるように工夫しました。

　私が長年講師を務めてきたNHKテレビ「ミニ英会話とっさのひとこと」のテキスト同様、世界で通じる明快な英語表現を身につけることを目指して執筆したのが、『英会話とっさのひとこと辞典』と『英会話ビジネスひとこと辞典』でした。あまり使われない表現や難しい表現を載せた英語学習書もたくさんありますが、これらの「ひとこと辞典」はシンプルな基本表現を中心にしているので、実用的な英語を効率よく学習できます。この大好評のシリーズから、多くの方々の要望に応え、いよいよ海外旅行編が登場しました。

　海外旅行をきっかけに本書を手に取った読者のみなさんが、さらに英語に関心を持ち、海外旅行以外にも本書を役立ててくださることを祈ってやみません。

2003年7月
巽　一朗

CONTENTS

はじめに　3
本書の構成　10

序章　必須表現

あいさつ ………………………………… 14
お礼を言う ……………………………… 16
あやまる ………………………………… 17
Yes/No を言う ………………………… 18
呼びかける ……………………………… 19
お願いする ……………………………… 20
許可を求める …………………………… 22
聞き返す ………………………………… 23
わからないとき ………………………… 24
困ったとき ……………………………… 25
緊急のひとこと ………………………… 26
いろいろな質問 ………………………… 28

第1章　到着

飛行機の座席をさがす ………………… 34
機内でのやりとり ……………………… 36
機内での飲食 …………………………… 42
乗り継ぎ・トランジット ……………… 44
入国審査 ………………………………… 46
荷物を受け取る ………………………… 48
税関にて ………………………………… 51
両　替 …………………………………… 54
観光案内所でホテルをさがす ………… 57
市街へ向かう …………………………… 61

― もくじ

第2章　ホテル

部屋の予約 …………………………………66
チェックイン ………………………………70
要望・クレーム ……………………………75
ホテル内の施設・設備 ……………………79
ルームサービス ……………………………82
いろいろなサービス………………………84
ちょっと外出 ………………………………88
チェックアウトの準備 ……………………90
チェックアウト……………………………93

第3章　レストラン

レストランをさがす………………………98
予約する …………………………………103
席に着くまで ……………………………106
メニューを見る …………………………110
飲み物の注文 ……………………………117
料理の注文 ………………………………120
デザートの注文 …………………………126
食事中のやりとり ………………………129
クレーム …………………………………133
お勘定………………………………………136
その他の飲食店で ………………………139

第4章　交 通

交通事情を尋ねる ………………………146
タクシーに乗る …………………………150
タクシーを降りる ………………………157
地下鉄に乗る ……………………………160
バスに乗る ………………………………162
バスの中で ………………………………166
列車に乗る ………………………………169

列車の中で ……………………………… 174

第5章　観　光

観光案内所に行く ……………………… 178
行き方を尋ねる ………………………… 185
ツアーを調べる ………………………… 189
ツアーの内容を尋ねる ………………… 191
ツアーに申し込む ……………………… 196
ツアーに参加する ……………………… 198
観光スポットで ………………………… 200
写真を撮る ……………………………… 204
劇場に行く ……………………………… 208
美術館・博物館をめぐる ……………… 214
夜の観光スポットで …………………… 217
カジノで遊ぶ …………………………… 222
メジャーリーグを楽しむ ……………… 226
レンタカーを借りる …………………… 229
レンタカーの車種を選ぶ ……………… 232
レンタカーの料金・保険 ……………… 234
レンタカーでドライブする …………… 237

第6章　ショッピング

店について尋ねる ……………………… 242
売場をさがす …………………………… 247
品物をさがす …………………………… 249
品物を見せてもらう …………………… 252
おすすめ・流行 ………………………… 255
デザイン・色 …………………………… 257
サイズを調べる ………………………… 260
試着・試用 ……………………………… 262
サイズが合わない ……………………… 264
品物についていろいろ尋ねる ………… 267
価　格 …………………………………… 273
予　算 …………………………………… 276

―もくじ

値引き交渉	278
購入決定	280
支払い方法	282
包装・発送	285
返品・クレーム	287

第7章　自在に楽しむ

積極的に街を歩く	290
路上にて	294
英語を聞き返す	297
親睦を深める	299
友達をつくる	303
家に招待される	307
ゴルフを楽しむ	310
趣味を楽しむ	313
マナーを守る	316
はっきり断る	318

第8章　トラブル

困ったとき	322
危険な状況	325
助けを呼ぶ	328
盗難	330
忘れ物・落とし物	332
警察に届ける	337
交通事故・違反	341
疑いをかけられる	344
迷ったとき	345
車の故障	347
金銭トラブル	349
クレームをつける	351
英語ではわからない	353
病院へ行く	356
胃腸の調子が悪い	359

風邪を引いた ……………………………364
けがをした ………………………………367
他の症状 …………………………………370
医師の診察 ………………………………375
病状を尋ねる ……………………………380
薬を買う …………………………………382

第9章 電話・郵便

電話をかける ……………………………386
公衆電話 …………………………………393
郵便 ………………………………………395

第10章 帰国

帰りの便の予約 …………………………400
リコンファーム …………………………403
予約変更・キャンセル待ち ……………405
空港へ ……………………………………408
搭乗手続き ………………………………409
搭乗案内 …………………………………412
乗り損なう ………………………………416

辞書・索引

和英辞書 418／英和辞書 477
よく使う表現 492／事項索引 494

資料

アメリカ合衆国 498／カナダ 500／イギリス 502
オーストラリア 504／ニュージーランド 505
入国カード 506／税関申告書 507
度量衡換算表 508／温度比較 509
衣服・靴のサイズ早見表 510

もくじ

コラム

序　章——月・曜日・数字　32

第1章——「スチュワーデス」とは呼ばれない　35／機内の座席の周り　41／乗り継ぎの際のアナウンスに注意　45／ロストバゲージ！荷物をなくされたら　50／両替はかしこくこまめに　56／空港から市街への移動方法　63／チップあれこれ　64

第2章——ホテルを自分で予約する　69／宿泊カード記入例　71／ホテルの朝食あれこれ　73／ホテルのスタッフ　74／ホテルの部屋　78／部屋の掃除をお願いしたいとき　87

第3章——レストランで楽しめる世界の料理　101／英語圏のレストラン事情　102／テーブルセッティング　109／海外でのマナー◆レストラン編　114／よく見かける料理名　115／調理法　116／いろいろな飲み物　118／食事のスタートは食前酒から　119／メニューの注文　123／卵の焼き方を注文する・じゃがいもの調理法を注文する　124／英語で「焼く」と言うときは？　125／調味料　125／デザートとフルーツ　128／味の表現　132／クレジットカードでチップを支払う　138／食材◆肉　142／食材◆魚介類　143／食材◆野菜　144

第4章——白タクに注意！　156／長距離バスの旅　176

第5章——観光案内所を賢く利用する　183／観光で使える語句　184／オプションツアーで旅を数倍楽しく　195／「トイレ」って何語？　199／クーポンを上手に使おう　202／観光地でよく見かける看板・標示　203／ナイトライフの愉しみ　220／代表的なカクテル　221／大人の社交場・カジノに挑戦！　225／リーグを楽しく観戦する方法　227／野球のグラウンド　228／レンタカーの利用法　231／アメリカでは車が市民の足　238／見なれない交通標識　239／アメリカの交通標識　240

第6章——いろいろな店　246／海外ショッピング事情　248／衣類・装飾品　251／海外でのマナー◆ショッピング編　254／衣類などの素材や形　269／スーパーに行ってみよう　275／免税手続きは忘れずに　281

第7章——家に招待されたら　309／"No!" とはっきり伝えよう　320

第8章——状況によって違う盗難の言い方　330／置き引き・ひったくりに注意！　331／重要書類は控え・コピーを　333／パスポートを紛失してしまったら　336／貴重品を紛失したら　340／自動車事故が起きたら　343／海外でのドライブ　348／商品にクレームをつける　352／傷害保険請求の手続き方法　358／胃腸の症状①　359／胃腸の症状②　360／生水に注意！　362／顔・内臓　363／熱の症状・呼吸器系の症状　364／耳・鼻・ノド・目の症状や病名　365／けがの種類　368／体の各部の名称　369／歯の名称・痛みなどの表現　373／いろいろな病名・症状　374／痛みの表現◆体の部位別　375／痛みの表現◆医師との会話　376／旅先で突然具合が悪くなったら　378／痛みの表現◆いろいろな痛み　379／常備薬は必ず持参して　383／医薬品の名称　384

第9章——国際電話のかけ方　389

第10章——リコンファームとは？　404／飛行機に乗り遅れた！　416

本書の構成

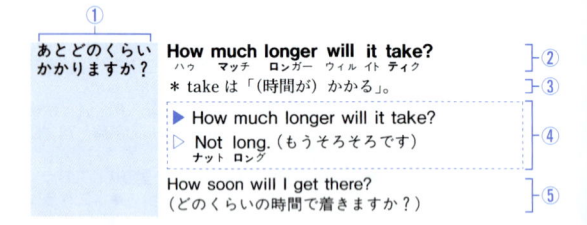

```
         ①
┌─────────────┐
│あとどのくらい│  How much longer will it take?  ┤②
│かかりますか？│  ハウ マッチ ロンガー ウィル イト ティク
│             │  * take は「(時間が) かかる」。      ┤③
└─────────────┘
               ┌─────────────────────────────────┐
               │ ▶ How much longer will it take? │
               │ ▷ Not long.（もうそろそろです）  │ ④
               │   ナット ロング                  │
               └─────────────────────────────────┘
                 How soon will I get there?
                 （どのくらいの時間で着きますか？） ┤⑤
```

①**日本語見出し文**：日本語による見出し文です。

②**英語見出し文**：①に対応する英語の文です。

③**文・語句の説明**：＊のあとに、②の見出し文のニュアンス・用法・語句の意味などを解説しています。

④**会話例**：②の見出し文を用いた会話例です。対話・問答になっているので、見出し文がどのような場面で使われるか、より具体的にわかります。▶が②の見出し文に当たります。

⑤**類似表現**：②の見出し文と同じ場面で使える、ほぼ同じ意味の言い替え表現です。見出し文と意味やニュアンスが少し異なるものには、（　）に日本語訳を示してあります。

■**現地の人が使う表現も確認**

色を変えてあるところは、現地の人が言う表現です。ダッシュ（──）に続く表現は、前の見出し文に対する受け答えになっています。

何泊なさいますか？	How long would you like to stay? ハウ ロング ウジュ ライク トゥ ステイ How long will you stay?
──今晩から2泊します。	I'll stay two nights. アイル ステイ トゥ ナイツ For two nights.

■状況にぴったりの英語表現を作れる

❖マークの付いている部分は、ページ下の語句リストから合うものを選んで、入れ替えて使えるようになっています。

> 毛布をください。 **May I have a blanket?**❖
> メイ アイ ハブ ア ブランケット♪
>
> ▶ May I have a blanket?
> ▷ Sure. I'll go get you one.
> シュァ アイル ゴゥ ゲッチュ ワン
> （かしこまりました。お持ちいたします）

■発音を示すルビについて

英語の発音に慣れていない人のため、本書では発音をルビ（カタカナ）で表しています。強く発音する部分は太い文字に、きわめて弱く発音する部分は小さい文字になっています。また、文の終わりを上げ調子で読む場合は♪で示しました。実際に話す際の目安にしてください。ルビは英語の発音になるべく近い形で示していますが、英語の発音に完全に忠実なルビをつけることはできません。次ページの「英語を話すときのポイント」を参考にしてください。

■アメリカ英語とイギリス英語

本書は最新のアメリカ英語を基本としています。アメリカ、イギリスで異なる表現を使う場合は、（　）内に「英」としてイギリス英語を示してあります。

■和英・英和辞書

海外旅行に必要な語句を集めた和英・英和辞書です。英和辞書には索引機能が付いているので、目的の表現をさがせます。

■巻末資料

書類の記入方法や日本と異なる海外の度量衡、サイズ表、また英語圏の主要国に関する役立つ情報などを掲載しています。

英語を話すときのポイント

1. 日本人が英語を話すときは、どうしても平板になりがちですが、それでは通じないこともあるので要注意です。英語ではイントネーションの強弱が重要になります。とにかく、自分の伝えたいことを強く言う、というのが基本です。

2. 英語に自信がないと、ついつい小さな声でモゴモゴと話してしまいますが、ゆっくりでもいいので大きな声ではっきり言うことが大切です。間違えて当然、という心構えで、リラックスして話すようにしましょう。

3. 以下のような、日本語にはない音に気をつけましょう。
   - [l] 舌の先を上の歯茎につけて、舌の脇の両側から「ウ」または「ル」のような"声"を出す。
   - [r] 舌先を丸めて歯茎に触れずに"声"を出す。
     ＊日本人のラ行の音は[l]よりも[r]の音に近い。
   - [v] 下唇を上の前歯に当てて"声"を出す。
   - ↔[b] 唇を閉じた状態から、勢いよく"声"を出す。
   - [θ] think などの th の発音は、舌先を軽くかんで"息"を出す。
   - ↔[s] 舌先を上の歯茎に近づけて「スーッ」と強めに"息"を出す。
   - [ð] that などの th の発音は、舌先を軽くかんで"声"を出す。
   - [f] 下唇を上の前歯に当てて"息"を出す。
   - ↔[h] 「ハーッ」と息を吐くときのように"息"を出す。

序章 必須表現

- あいさつ
- お礼を言う
- あやまる
- Yes/No を言う
- 呼びかける
- お願いする
- 許可を求める
- 聞き返す
- わからないとき
- 困ったとき
- 緊急のひとこと
- いろいろな質問

序章 必須表現

あいさつ

こんにちは　　　Hi!
ハイ

▶ Hi!
▷ Hello!（こんにちは）
　ハロウ

＊日本では知らない人に声をかける習慣があまりありませんが、Hi! は会話を始めるよいきっかけになりますので覚えておきましょう。

おはよう	Good morning. グッド　モーニング
こんにちは	Good afternoon. グッド　アフターヌーン
こんばんは	Good evening. グッド　イーブニング

さようなら　　　Goodbye.
グッドバイ

▶ Goodbye.
▷ Goodbye.（さようなら）

＊日本語の「行ってきます」「行ってらっしゃい」にも当たります。最も一般的な別れのあいさつです。

じゃあ、また	See you. /See you later. スィ　ユ　スィ　ユ　レイター
いい一日を！	Have a nice day. ハブ　ア　ナィス　デイ
おやすみなさい	Goodnight. グッドナイト
気をつけてね！	Take care! テイク　ケア

あいさつ

🫘 はじめまして　　Nice to meet you.

▶ **Nice to meet you.**
▷ **Nice to meet you, too.**
（こちらこそ、はじめまして）

＊初めて会ったときの最も一般的なあいさつです。初対面のときは meet を、2度目以降は see を使います。

よろしくお願いします	How do you do?

＊フォーマルな表現。

お会いできてよかったです	Nice to see you.

＊2度目以降は、meet ではなく see を使います。

🫘 お元気ですか？　　How are you?

▶ **How are you?**
▷ **Fine, thanks.**（ありがとう、元気です）

＊この表現は「お元気ですか？」というあいさつとして、また「調子はいかがですか？」と相手の様子を尋ねる場合にも使われます。英米では知らない人に対してもこのように声をかけ合ってあいさつをする習慣があります。

元気ですか？	How are you doing?

＊ややくだけた表現。

序章 必須表現

お礼を言う

🔵 ありがとう　　　Thank you.
サンキュ

▶ Thank you.
▷ You're welcome. (どういたしまして)
　ユア　　　ウェルカム

＊たとえ自分が客でも、親切を受けたら感謝の言葉がすぐに口から出てくるようにしましょう。発音に気をつけてください。単に「3、9」と数字を並べたように言わないようにしましょう。[サン]を強く、長めに言うのがコツです。

どうも	Thanks.
	サンクス
ありがとうございます	Thank you very much.
	サンキュ　ベリィ　マッチ
感謝します	I appreciate it.
	アィ　アプリーシエイト　イト

🔵 お手数かけました
Thank you for your help.
サンキュ　　フォ　　ユア　　ヘルプ

▷ Everything's ready.
　エブリィスィングズ　レディ
　(すべて用意ができております)
▶ Thank you for your help.

ご親切にどうも	Thank you for your kindness.
	サンキュ　フォ　ユア　カィンドネス
いろいろとありがとうございました	
	Thank you for everything.
	サンキュ　フォ　エブリィスィング

あやまる

序章 必須表現

🔵 どうもすみません　I'm sorry.

> ▶ I'm sorry.
> ▷ That's all right.（いんですよ）

＊I'm sorry. は自分がしてしまったこと、相手に迷惑をかけたことに対して、自分の非を認めるときに使われます。この言葉を一度言ってしまうと、自分が悪かったことになってしまいます。状況を考えて使いましょう。

大変申し訳ありません	I'm very sorry about that.
遅れてすみません	I'm sorry I'm late.
私が悪いんです	It's my fault.

🔵 失礼しました　Excuse me.

> ▶ Excuse me.
> ▷ No problem.（気にしないでください）

＊人混みなどで人と軽く体が触れ合ったときなど、Excuse me. のひとことを忘れずに。何も言わないのは失礼になります。

序章 必須表現

Yes/No を言う

はい、お願いします　Yes, please.

▷ **More coffee?**（コーヒーをもっといかがですか？）
▶ **Yes, please.**

＊日本人はよくあいまいな返事をしがちですね。英語でははっきりと意思を伝えましょう。英語ではサービス業の人に対してもこのように言うのがエチケットです。

↔**No, thank you.**（いいえ、けっこうです）

はい、ありがとうございます	Yes, thank you.
ええ、ありがとう	Yes, thanks.
もうけっこうです	I've had enough.

はい、そうです　Yes, I am.

▷ **Are you here on vacation?**
（遊びで来ているのですか？）
▶ **Yes, I am.**

＊相手の質問に合わせて、Yes, I do. / Yes, it is. や Yes, I have. なども使います。

↔**No, I'm not.**（いいえ、違います）

| そのとおりです | That's right. |
| 間違いありません | That's correct. |

呼びかける

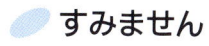

序章 必須表現

すみません　　Excuse me.
エクスキューズ　ミ

▶ **Excuse me.**
▷ **Yes?** (何でしょうか？)
　イェス

＊知らない人に「すみません」「失礼ですが」と声をかけるときのひとことです。

すみません	Hello. ハロゥ
すみません	Pardon me. パードン　ミ

どなたですか？　　Who is it?
フー　イズ　イト

▶ **Who is it?**
▷ **Room service.** (ルームサービスです)
　ルーム　サービス

＊海外のホテルでは、ノックの音が聞こえてもすぐにドアを開けずに、安全のため、まず Who is it? と言ってのぞき窓で相手を確認してから開けるようにしましょう。この表現はドア越しに相手を確認するときの決まり文句です。

どなたですか？（電話で）	Who's calling, please? フーズ　コーリング　プリーズ

序章 必須表現

お願いする

🫐 コーヒーをお願いします
Coffee, please.
カフィ　　　　プリーズ

> ▷ **What would you like to drink?**
> ワット　ウジュ　ライク　トゥ　ドリンク
> (お飲み物は何にしますか?)
> ▶ **Coffee, please.**

＊〈名詞＋please〉という簡単な英語で「…をお願いします」が表現できます。

2時にお願いします	Two o'clock, please. トゥ　オクロック　プリーズ
お勘定をお願いします	Check, please. チェック　プリーズ
領収書をください	A receipt, please. ア リスィート　プリーズ

🫐 助けていただけますか?
Can you help me?
キャン　ユ　ヘルプ　ミ

> ▶ **Can you help me?**
> ▷ **Sure, I'd be happy to.** (ええ、喜んで)
> シュア　アイド　ビ　ハピィ　トゥ

＊いざというときにとても役立つひとことです。help は、[ヘル]を強めに言いましょう。

手を貸してくださいますか?	Could you give me a hand? クジュ　ギブ　ミ　ア ハンドゥ
ちょっと手伝っていただきたいのですが	I need some help, please. アイ　ニード　サム　ヘルプ　プリーズ

20

お願いする

塩を取っていただけますか？
Could you pass the salt, please?
クジュ　　パァス　　ザ　ソールト　　プリーズ↗

▶ Could you pass the salt, please?
▷ Sure. (いいですよ)
　シュァ

*〈Could you＋動詞 ...?〉で「…していただけませんか？」と丁寧な依頼表現ができます。Could you は［クジュ］とつなげて発音されやすいことも覚えておきましょう。

安くしていただけますか？
　　　　　　　　Could you give me a discount?
　　　　　　　　クジュ　　ギブ　ミ　ア　ディスカウント↗

荷物を預かっていただけますか？
　　　　　　　　Could you keep my baggage?
　　　　　　　　クジュ　　キープ　マィ　バァゲッジ↗

お願いがあるのですが
Can I ask you a favor?
キャナィ　アスク　ユ　ア　フェィバー↗

▶ Can I ask you a favor?
▷ Sure. What is it? (いいですよ。何ですか？)
　シュァ　ワット　イズ　イト

*英語ではまずこの言葉を言ってから、相手に何か頼みごとをすることがよくあります。

ちょっと伺ってもいいですか？
　　　　　　　May I ask you something?
　　　　　　　メィ　アィ　アスク　ユ　　サムスィング↗

許可を求める

写真を撮ってもいいですか？
May I take a picture here?

▶ **May I take a picture here?**
▷ **Yes, you may.** (ええ、いいですよ)

＊相手に許可を求めるときの表現として、May I ...? を覚えておきましょう。よりくだけたニュアンスのある Can I ...? も同様に使うことができます。これに対する「ええ、どうぞ」「いいですよ」という受け答えには、他に Sure. /Go ahead. /Certainly. /Why not? /Of course. などがあります。また「いいえ」の場合は、No, you may not. /No, you can't. /I'm sorry, you can't. /I'm afraid you can't. /Sorry, no. などと答えることができます。

ここに座ってもいいですか？	May I sit here?
中に入ってもいいですか？	May I come in?
ここでタバコを吸ってもいいですか？	May I smoke here?
スミスさんをお願いします（電話で）	May I speak to Mr. Smith?
あなたの電話番号を教えてもらえますか？	May I have your phone number?
これをもらってもいいですか？	May I have this?
支払いは米ドルでもいいですか？	Can I pay in US dollars?
見てもいいですか？	Can I take a look?

聞き返す

序章 必須表現

🫘 えっ、何ですって？ Pardon me?

▷ **I'm new here, too.**（私もここは初めてなんです）

▶ **Pardon me?**

* Pardon me? で、「何とおっしゃいましたか？」「もう一度おっしゃってください」と表現することができます。英語が聞き取れない場合には、ためらわずにこのひとことを使って聞き返してみましょう。わかったふりをすると会話が続かなくなります。発音のコツは上昇調で言うことです。下降調にすると、「失礼ですが」「ごめんなさい」「失礼しました」「通してください」といった意味になります。

え？	Pardon? / Excuse me?
もう一度おっしゃってください	I beg your pardon?
何ですって？	What?
何とおっしゃいましたか？	What did you say?
もっとゆっくりと話してください	Please speak more slowly.
それはどういうことですか？	What do you mean?

わからないとき

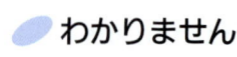

わかりません　　I don't understand.

▷ **Got it?**（わかりましたか？）
▶ **I don't understand.**

＊説明が理解できなければ、わかったふりをせずこのひとことを。

| 理解できませんでした | I didn't follow that. |
| まったくわかりません | I'm completely lost. |

英語はわかりません
I don't understand English.

▷ **What's wrong?**（どうしましたか？）
▶ **I don't understand English.**

日本語を話す人はいませんか？	Does anyone speak Japanese?
通訳をお願いします	I need an interpreter.
英語は話せません	I can't speak English.

困ったとき

序章 必須表現

🔵 どうしたらいいのかわかりません
I don't know what to do.

▶ I don't know what to do.
▷ Well, let me help you. (お手伝いいたします)

＊海外で病気や事故、紛失、盗難などが起きた場合、このひとことを使って困っていることを伝えましょう。黙っていたのでは何も解決しません。

どうしたらいいのでしょうか？	What should I do?
困っているんです	I'm in trouble.

＊本当に深刻な問題のときに使います。

道に迷っています	I'm lost.

🔵 パスポートをなくしました
I lost my passport.

▶ I lost my passport.
▷ Have you looked everywhere?
（心あたりはさがしてみましたか？）

＊I lost .... で、「…をなくしたのですが」が表現できます。

荷物が見つかりません	I can't find my baggage.
財布をすられました	I had my wallet stolen.

25

序章 必須表現

緊急のひとこと

急いでいるんです　I'm in a hurry.
アイム イン ア ハリィ

▶ I'm in a hurry.
▷ I'll do my best.（できるだけのことはします）
　アィル ドゥ マィ ベスト

* in a hurry は「急いで」を意味します。このひとことで自分が急いでいる、緊急であることが伝えられます。

30分で着かないといけないんです
　　　I have to be there in thirty minutes.
　　　アィ ハフ トゥ ビ ゼァ イン サーティ ミニッツ

緊急事態なんです
I have an emergency.
アィ ハブ アン イマージェンスィ

▶ I have an emergency.
▷ What happened, sir?（何かあったんですか？）
　ワット ハプンド サー

*「緊急事態」「非常事態」は emergency と言います。「マー」のところを強めに言わなければ通じません。日本の110番、119番に相当する緊急電話番号は、アメリカでは911、イギリスでは999です。

これは緊急電話です　　　This is an emergency call.
　　　　　　　　　　　ディス イズ アン イマージェンスィ コール

緊急のひとこと

序章 必須表現

🗨 助けて！　　Help!/Help me!
ヘルプ／ヘルプ ミ

医者を呼んでください	Please call a doctor! プリーズ コール ア ダクター
救急車を呼んでください	Please call an ambulance! プリーズ コール アン アンビュランス

🗨 やめて！　　Stop it!
スタップ イト

はなして！	Let me go! レッミ ゴゥ
けがはさせないで！	Don't hurt me! ドント ハート ミ

🗨 どろぼう、止まれ！　　Stop, thief!
スタップ スィーフ

＊どろぼうを追いかけるとき、このひとことを大声で叫び、周囲の人にもわかるようにしましょう。

あの人を捕まえて！	Get him!/Catch him! ゲット ヒム／キャッチ ヒム
警察を呼んで！	Call the police! コール ザ ポリース
私のバッグを返して！	Give me back my bag! ギブ ミ バァク マイ バァグ

🗨 動くな！　　Hold it!/Freeze!
ホウルド イト／フリーズ

止まれ！	Stop!/Halt! スタップ／ホールト
手を上げろ！	Hands up! ハンズ アップ
ここから出て行け！	Get out of here! ゲッラウ オブ ヒャ

序章 必須表現

いろいろな質問

ここはどこですか？ Where am I?

▶ **Where am I?**
▷ **You are on Oak Street.**
（オーク通りにいるんですよ）

＊直訳すると「私はどこにいますか？」というこの表現は、道に迷ったときに使えます。地図を持って Where am I? と言えば、どこにいるのか地図の上で指さしてくれるでしょう。

| 私はどの通りにいるのですか？ | What street am I on? |

| 私はこの地図のどこにいるのですか？ | Where am I on this map? |

| 私はハリウッドの近くにいますか？ | Am I close to Hollywood? |

いくらですか？ How much is it?

▶ **How much is it?**
▷ **It's $50 (fifty dollars).** （50ドルです）

＊「…はいくらですか？」は How much is …? で表現できます。

| 入場料はいくらですか？ | How much is it to get in? |

| このネクタイはいくらですか？ | How much is this tie? |

| 空港までいくらですか？ | How much is it to the airport? |

いろいろな質問

序章 必須表現

🌀 フィルムはありますか？

Do you have any film?
ドゥ ユ ハブ エニィ **フィルム**↗

▶ Do you have any film?
▷ **Yes. Right here.** （はい。ここにございます）
　イェス　ライト　ヒャ

＊店やレストランなどで「…はありますか？」と聞きたいとき、Do you have ...? が使えます。いろいろと応用のきく表現なので覚えておきましょう。

2人分の席はありますか？　Do you have a table for two?
　　　　　　　　　　　　ドゥ　ユ　ハブ ア ティブル フォ **トゥ**↗

今晩、空き部屋はありますか？
　　Do you have a room for tonight?
　　ドゥ　ユ　ハブ ア ルーム フォ トゥ**ナイト**↗

🌀 何時ですか？　　**What time is it?**
　　　　　　　　　　ワッタイム　イズ イト

▶ What time is it?
▷ **It's two thirty.** （2時半です）
　イッツ　トゥ　サーティ

＊ What time ...? で「何時ですか？」と尋ねる文ができます。

今日は何曜日ですか？　What day is it?
　　　　　　　　　　ワット ディ イズ イト

どんなドレッシングがあるのですか？
　　What kind of dressing do you have?
　　ワット **カィンド** オブ **ドレッスィング** ドゥ ユ ハブ

いろいろな質問

お手洗いはどこですか？
Where's the rest room?
フェアズ　ザ　レスト　ルーム

▶ **Where's the rest room?**
▷ **It's by the entrance.**（入口の近くにあります）
イッツ バイ ジ　　エントランス

＊「…はどこですか？」は Where's ...? で表現できます。Where's は Where is の短縮形です。海外では道に迷ったり、いろいろな場所を聞いたりすることがあります。この表現を大いに利用しましょう。「お手洗い」には、他に bathroom/men's room/ladies' room なども使われます。

免税店はどこですか？	Where's the duty-free shop? フェアズ　ザ　デューティフリー シャップ
タクシー乗り場はどこですか？	Where's the taxi stand? フェアズ　ザ　タァクスィ スタンド
それはどこで買えますか？	Where can I buy it? フェア キャナィ バイ イト
一番近い日本レストランはどこですか？	Where's the nearest Japanese restaurant? フェアズ　ザ　ニャレスト　ジャパニーズ　レストラン
入口はどこにありますか？	Where's the entrance? フェアズ　ジ　エントランス
出身はどちらですか？	Where are you from? フェア ア ユ フロム

いろいろな質問

序章 必須表現

🫘 これは何ですか？ What's this?

> ▶ What's this?
> ▷ It's a napkin ring. (ナプキンリングです)

* What's は What is の短縮形です。What's ...? で「…は何ですか？」が表現できます。この簡単な表現は、いろいろと応用できて大変便利です。海外で見慣れぬものを見かけたらこのひとことを使ってみましょう。

これは何に使うのですか？	What's this for?
あのビルは何ですか？	What's that building?
この店の自慢料理は何ですか？	What's your specialty?
あなたの電話番号は何番ですか？	What's your phone number?
あなたの名前は何ですか？	What's your name?
それは何のことですか？	What's that?

*意味がわからなかった言葉についてこう言って聞き返すことができます。「あれは何ですか？」という意味でも使われます。

31

序章 必須表現

月

1月	January ジャニュアリィ	7月	July ジュライ
2月	February フェブルアリィ	8月	August オゥガスト
3月	March マーチ	9月	September セプテンバー
4月	April エィプラル	10月	October アクトゥバー
5月	May メィ	11月	November ノゥベンバー
6月	June ジューン	12月	December ディセンバー

曜日

月曜日	Monday マンディ	金曜日	Friday フラィディ
火曜日	Tuesday チューズディ	土曜日	Saturday サァタディ
水曜日	Wednesday ウェンズディ	日曜日	Sunday サンディ
木曜日	Thursday サーズディ		

数字

1	one ワン	11	eleven イレブン	30	thirty サーティ
2	two トゥ	12	twelve トゥエルブ	40	forty フォーディ
3	three スリー	13	thirteen サーティーン	50	fifty フィフティ
4	four フォ	14	fourteen フォティーン	60	sixty スィクスティ
5	five ファィブ	15	fifteen フィフティーン	70	seventy セブンティ
6	six スィクス	16	sixteen スィクスティーン	80	eighty エィティ
7	seven セブン	17	seventeen セブンティーン	90	ninety ナィンティ
8	eight エィト	18	eighteen エィティーン	100	one hundred ワン ハンドレッド
9	nine ナィン	19	nineteen ナィンティーン	1000	one thousand ワン サゥザンド
10	ten テン	20	twenty トゥエンティ	10000	ten thousand テン サゥザンド

第1章 到着

飛行機の座席をさがす
機内でのやりとり
機内での飲食
乗り継ぎ・トランジット
入国審査
荷物を受け取る
税関にて
両 替
観光案内所でホテルをさがす
市街へ向かう

飛行機の座席をさがす

私の席はどこでしょうか？

Where's my seat?
フェアズ マイ スィート

▶ Where's my seat?
▷ In this aisle.（こちらの通路です）
　　イン ディス アイル

＊ aisle は「通路側」。発音は［アイル］で"s"は発音しない。

Could you tell me where my seat is?

12Bの席はどこですか？

Where is seat 12(twelve) B?
フェア イズ スィート トゥエルブ ビ

▶ Where is seat 12B?
▷ To your right.（右手にあります）
　　トゥ ユア ライト

Where will I find seat 12B?

この座席は19Aですか？

Is this seat 19(nineteen) A?
イズ ディス スィート ナインティーン エィ

＊19Aの席をさがしている人が、すでにその席に座っている人に聞く表現。

▶ Is this seat 19A?
▷ No, this seat is 20(twenty) A.
　　ノゥ ディス スィート イズ トゥエンティ エィ
（いや、この席は20Aです）

Are you sitting in 19A?

ここは私の席ですが。

I think this is my seat.
アィ スィンク ディス イズ マイ スィート

▷ Can I help you?（どうしました？）
　　キャナィ ヘルプ ユァ
▶ I think this is my seat.

＊ Can I help you?はMay I help you?と同様に「ご用件は何ですか？」のような意味で使われる。

This is supposed to be my seat.
＊ be supposed to ...で「…することになっている」。

飛行機の座席をさがす

私たちの席がバラバラになっているんですが。(乗務員に)	**Our seats are separated.** アウア スィーツ ア セパレイティッド ▶ Our seats are separated. ▷ There are some empty seats in the back. ゼァ ア サム エンプティ スィーツ イン ザ バック (後方に空席がございますから、どうぞ) Our seats are not together.
向こうの空いている席に移動してもいいですか?	**Could I move to an empty seat over there?** クド アイ ムーブ トゥ アン エンプティ スィート オゥヴァー ゼァ ▶ Could I move to an empty seat over there? ▷ After we take off, sir. アフター ウィ テイク オフ サー (離陸後にお願いします) ＊take off で「離陸する」。 Could I take one of those empty seats over there?
ここに座ってもいいですか?	**Can I sit here?** キャナイ スィット ヒャ Are you saving this seat for someone? ＊直訳は「あなたはこの席を誰かのために取っておいているのですか?」。save には「助ける」「救う」の他に「取っておく」という意味もある。
この席はふさがっています。	**It's already taken.** イッツ オールレディ テイクン ＊この take は「(場所・座席などを)取る」「占める」。

「スチュワーデス」とは呼ばれない

スチュワーデス(stewardess)という英語は日本人にはなじみ深い言葉ですが、PC(political correctness)という性差の区別のない言葉を採用する観念が広がったため、英語圏ではあまり使われなくなりました。現在では、男女双方を指すフライトアテンダント(flight attendant)が一般的な呼称です。

第1章 到着

機内でのやりとり

第1章 到着

荷物を上にあげてください。

Please put this bag up there.
プリーズ プット ディス バァグ アップ ゼァ

▶ Please put this bag up there.
▷ I'd be happy to.（かしこまりました）
　アィド ビ ハピィ トゥ

Could you put this bag up there, please.
＊Could you …?は「…していただけますか？」。Can you …?よりも丁寧な表現。

タバコを吸ってもいいですか？

May I smoke?
メイ アィ スモゥク♪

▶ May I smoke?
▷ Please wait till we land.
　プリーズ ウェイト ティル ウィ ランド
　（機内ではご遠慮ください）

＊直訳は「着陸するまでお待ちください」。

Is smoking allowed?

トイレはどこですか？

Where's the bathroom?
フェァズ ザ バァスルーム

＊bathroomは浴室なしのトイレ。日本で使われるトイレ（toilet）という単語は「便器」の意味があるので、"Where is the toilet?"と言うと「便器はどこですか？」と聞くことになる。

▶ Where's the bathroom?
▷ All the way to the back, on your
　オール ザ ウェイ トゥ ザ バァク アン ユア
　left.（一番後方の左手側にございます）
　レフト

Where's the lavatory?

トイレに行きたいのですが。（隣の人に）

I need to go to the bathroom.
アィ ニー トゥ ゴゥ トゥ ザ バァスルーム

▶ I need to go to the bathroom.
▷ Sure, go ahead.（ええ、どうぞ）
　シュア ゴゥ アヘッド

機内でのやりとり

I need to go to the rest room.
＊rest room も「トイレ」。

ちょっと通してください。(席を立つとき隣の人に)	**Excuse me.** エクスキューズ　ミ

> ▶ Excuse me.
> ▷ Sure. (どうぞ)
> 　シュア

Pardon me.　＊pardon は「許す」「勘弁する」。

これは入国カードですか？	**Is this the immigration form?** イズ　ディス　ザ　イミグレイション　フォーム↗

> ▶ Is this the immigration form?
> ▷ Yes. Do you know how to fill it out?
> 　イェス　ドゥ　ユ　ノウ　ハウ　トゥ　フィル　イト　アウト↗
> 　(はい。書き方はおわかりですか？)

＊fill out で「(書式・文書などに) 書き込む」「空所を満たす」。

Is this the disembarkation card?
＊disembarkation card は「入国記録カード」だが、あまり使われない。

この用紙はどう記入すればいいのですか？(入国カードを渡されて)	**How do I fill out this form?** ハウ　ドゥ　アイ　フィル　アウト　ディス　フォーム

> ▷ Any problem? (いかがされましたか？)
> 　エニィ　プラブラム↗
> ▶ How do I fill out this form?

Could you help me fill out this form?
(この書類の書き方を教えていただけますか？)

ここには何を書けばいいのでしょうか？(入国カードを渡されて)	**I don't know what to write here.** アイ　ドント　ノウ　ワットゥ　ライト　ヒャ

> ▶ I don't know what to write here.
> ▷ Leave it blank, please.
> 　リーブ　イト　ブランク　プリーズ
> 　(そこは何も書かないでください)

What should I write here?

日本語の雑誌はありますか？	**Do you have any Japanese magazines?** ドゥ　ユ　ハブ　エニィ　ジャパニーズ　マガズィーンズ↗

第1章　到着

第1章 到着

機内でのやりとり

▶ Do you have any Japanese magazines?
▷ We may have some left.
　ウィ メイ ハブ サム レフト
（何冊かあると思います）

毛布をください。
May I have a blanket?
メイ アイ ハブ ア ブランケット♪

▶ May I have a blanket?
▷ Sure. I'll go get you one.
　シュア アイル ゴウ ゲッチュ ワン
（かしこまりました。お持ちいたします）

＊ go と get の間に and が入ってもいいが、口語ではよくこのように動詞を並べて言う。

I'd like a blanket, please.

少し気分が悪いのですが。
I feel a little sick.
アイ フィール ア リトル スィック

▷ What's wrong?（どうかなさいましたか？）
　ワッツ ローング
▶ I feel a little sick.

I feel airsick.
＊ airsick は「飛行機に酔った」「航空病にかかった」。

酔い止めの薬はありますか？
Do you have any medicine for
ドゥ ユ ハブ エニィ メディスン フォ
airsickness?
エァスィックネス♪
＊ airsickness「航空病」は airsick の名詞形。

▶ Do you have any medicine for airsickness?
▷ Yes. I'll bring you some.
　イェス アイル ブリング ユ サム
（はい。お持ちします）

I'm feeling airsick. Do you have any medicine?

食事のときは起こしてください。
Please wake me up for my meal.
プリーズ ウェイク ミ アップ フォ マイ ミール

▶ Please wake me up for my meal.
▷ It'll be meal time shortly.
　イットル ビ ミール タイム ショートリィ
（まもなくお食事になりますが）

38

機内でのやりとり

食事のときに起こさないでください。	**Please don't bother me for meals.** プリーズ ドント バザー ミ フォ ミールズ

> ▶ Please don't bother me for meals.
> ▷ Certainly. Would you like a blanket?
>   サータンリィ ウジュ ライク ア ブランケット♪
>   (かしこまりました。毛布をお持ちしましょうか？)

Please don't wake me for meals.

この飛行機は定刻に到着しますか？	**Will this flight arrive on time?** ウィル ディス フライト アライブ アン タイム♪

* on time で「時間どおりに」。

> ▶ Will this flight arrive on time?
> ▷ We're two hours behind schedule.
>   ウィア トゥ アウァズ ビハインド スケジュール
>   (予定より2時間遅れています)

* behind schedule で「予定[定刻]に遅れて」。

Will the flight arrive when it's scheduled to?
* be scheduled to ... で「…する予定である」。

ニューヨークには定刻どおりに到着しますか？	**Are we going to arrive in New York on time?** ア ウィ ゴウイング トゥ アライブ イン ニューヨーク アン タイム♪

> ▶ Are we going to arrive in New York on time?
> ▷ We're running about an hour ahead.
>   ウィア ラニング アバウト アン アウァ アヘッド
>   (1時間ほど早く到着いたします)

❖ May I have *a blanket*? の a blanket は、次のような語句に置き換えられます。

水	some water サム ウォーター	まくら	a pillow ア ピロウ
お湯	some hot water サム ハット ウォーター	雑誌	some magazines サム マガズィーンズ
氷	some ice cubes サム アイス キューブズ	紙タオル	some paper towels サム ペイパー タウルズ
日本の新聞	a Japanese newspaper ア ジャパニーズ ニューズペイパー		
嘔吐袋	a motion sickness bag/airsickness bag ア モウション スィックネス バァグ エァスィックネス バァグ		

第1章 到着

機内でのやりとり

第1章 到着

Will we arrive in New York on schedule?

ロスの現地時間は何時ですか？
What's the local time in Los Angeles?
ワッツ ザ ロウクル タイム イン ロスアンジェルス

＊日本語で「ローカル」と言うと「都会」に対する「地方の」を意味するが、英語の local は「ある特定の地域の」。

▶ What's the local time in Los Angeles?
▷ It's six in the morning.（朝の6時です）
　イッツ スィクス イン ザ モーニング

What's the time in L.A. right now?
＊right now で「今（のところ）は」「たった今」「今すぐ」。

入国審査には何が必要ですか？
What's required for immigration?
ワッツ リクワィアド フォ イミグレイション

▶ What's required for immigration?
▷ Your passport and immigration form.
　ユア パスポート アンド イミグレイション フォーム
（パスポートと入国カードです）

What is needed for immigration?

■ワードリスト

- ■座席番号 seat number スィート ナンバー
- ■客室乗務員 flight attendant フライト アテンダント
- ■禁煙 NONSMOKING ナンスモゥキング
- ■航空病 airsickness エァスィックネス
- ■空き VACANT ベイカント
- ■使用中 OCCUPIED アキュパイド
- ■シートベルト着用 FASTEN SEAT BELT ファスン スィート ベルト
- ■席に戻ってください RETURN TO SEAT リターン トゥ スィート
- ■機内持ち込み手荷物 carry-on baggage キャリィアン バァゲッジ
- ■トイレ bathroom/rest room バァスルーム レスト ルーム
- ■薬 medicine メディスン
- ■入国カード immigration form イミグレイション フォーム
- ■食事 meal ミール
- ■入国審査 immigration イミグレイション
- ■非常口 emergency exit イマージェンスィ エグズィット

機内でのやりとり

機内の座席の周り

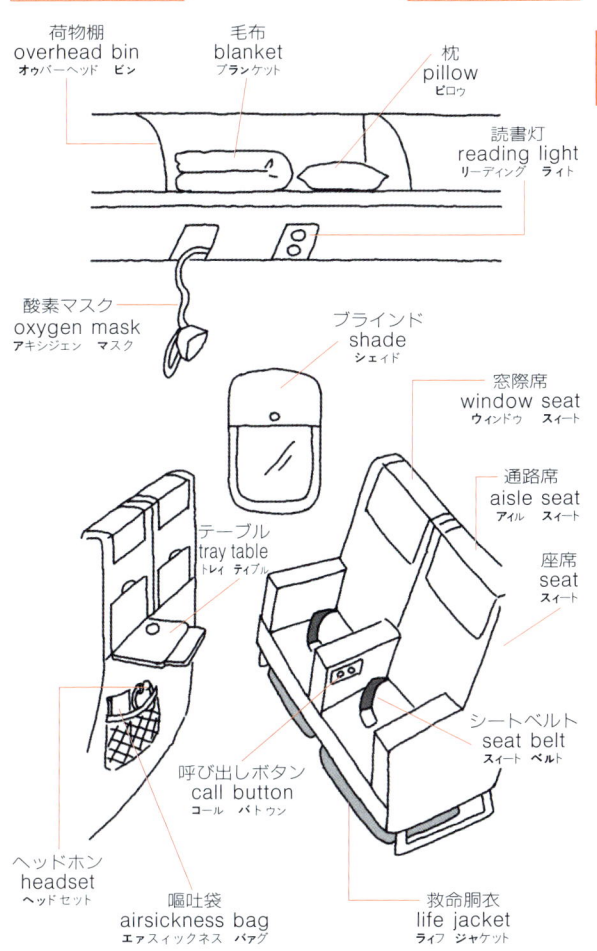

第1章 到着

荷物棚
overhead bin
オゥバーヘッド ビン

毛布
blanket
ブランケット

枕
pillow
ピロウ

読書灯
reading light
リーディング ライト

酸素マスク
oxygen mask
アキシジェン マスク

ブラインド
shade
シェイド

窓際席
window seat
ウィンドゥ スィート

通路席
aisle seat
アイル スィート

テーブル
tray table
トレイ ティブル

座席
seat
スィート

シートベルト
seat belt
スィート ベルト

呼び出しボタン
call button
コール バトゥン

ヘッドホン
headset
ヘッド セット

嘔吐袋
airsickness bag
エァスィックネス バァグ

救命胴衣
life jacket
ライフ ジャケット

41

機内での飲食

第1章 到着

どんな飲み物がありますか？	**What kind of drinks do you have?**✣ ワット カィンド オブ ドリンクス ドゥ ユ ハブ

▶ What kind of drinks do you have?
▷ We have almost everything.
　ウィ ハブ **オールモスト** エブリスィング
　（だいたい何でもございます）

What sort of drinks do you have?
＊ sort は「種類」。

お飲み物は何にいたしますか？　**What would you like to drink?**
　　　　　　　　　　　　　　ワット ウジュ ラィク トゥ ドリンク

＊ would like ... は丁寧な表現。
What kind of drink would you like?

――コーラはありますか？　**Do you have coke?**
　　　　　　　　　　　ドゥ ユ ハブ コゥク♪

Do you serve coke?

――お湯をください。　**Please bring me some hot water.**
　　　　　　　　　ブリーズ ブリング ミ サム ハット ウォーター

▶ Please bring me some hot water.
▷ Just a moment, sir.（少々お待ちください）
　ジャスト ア モゥメント サー

I'd like to have some hot water, please.

――ビールをいただけますか？　**Can I have a beer?**
　　　　　　　　　　　　　キャナィ ハブ ア ビァ♪

▶ Can I have a beer?
▷ What kind of beer would you like?
　ワット カィンド オブ ビア ウジュ ラィク
　（銘柄は何にいたしましょう？）

A beer, please.

――コーヒーにクリームを付けてください。　**Can I have a coffee with cream?**
　　　　　　　　　　　　　　　　　　キャナィ ハブ ア カフィ ウィズ クリーム♪

▶ Can I have a coffee with cream?

42

機内での飲食

> Any sugar?（砂糖はいかがいたしますか？）
> エニィ シュガー

第1章 到着

お飲み物をお持ちしましょうか？
Would you like anything to drink?
ウジュ ライク エニィスィング トゥ ドリンク
Would you care for a beverage?

——今はけっこうです。
No, thank you. I'm fine now.
ノゥ サンキュ アイム ファイン ナゥ
Not right now, thanks.

牛肉と鶏肉、どちらになさいますか？
Would you like beef or chicken?
ウジュ ライク ビーフ オワ チキン
Beef or chicken?

——牛肉をお願いします。
Beef, please.
ビーフ プリーズ
I'll take beef, please.

夕食のメニューは何ですか？
What do you have for dinner?
ワット ドゥ ユ ハブ フォ ディナー

▶ What do you have for dinner?
▷ A choice of chicken or beef.
 ア チョイス オブ チキン オワ ビーフ
 （鶏肉料理か牛肉料理です）

What are you serving for dinner?

食事はお済みですか？
Are you through with your meal?
ア ユ スルー ウィズ ユア ミール
Are you finished with you meal?

——ええ。トレイを片付けてください。
Yes. Please take this tray.
イエス プリーズ テイク ディス トレイ
Yes. Please clear my tray.

❖ What kind of *drinks* do you have? の drinks は、次のような語句に置き換えられます。

ジュース	juice ジュース	お茶	tea ティー
ビール	beer ビア	ワイン	wine ワイン
ウイスキー	whiskey ウィスキィ	炭酸飲料	soda ソゥダ

43

乗り継ぎ・トランジット

第1章 到着

乗り継ぎカウンターはどこですか？

Where's the transfer counter?
フェアズ ザ トランスファ カウンター

▶ Where's the transfer counter?
▷ This is it.（こちらです）
ディス イズ イト

Can you tell me where the transfer counter is?

搭乗手続きはどこですればいいですか？

Where do I check in?
フェア ドゥ アイ チェック イン

▶ Where do I check in?
▷ For which airline?
フォ フィッチ エアライン
（どちらの航空会社ですか？）

Where can I check in?

搭乗は受け付けていますか？

Has boarding started yet?
ハズ ボーディング スターティッド イェット↗

▶ Has boarding started yet?
▷ No, not yet.（いいえ、まだです）
ノウ ナット イェット

What time does boarding begin?
（搭乗が始まる時刻を教えてください）

お客様の最終目的地はどちらですか？

What's your final destination?
ワッツ ユア ファイナル ディスティネイション

＊ destination は「目的地」。

What is your last stop?

——シカゴです。

It's Chicago.
イッツ シカゴ

I'm going to Chicago.

乗り継ぎまでの時間はどのくらいありますか？

How long is the layover?
ハウ ロング イズ ザ レイオゥバー

＊ layover は「途中下車」「一時的滞在」。

▶ How long is the layover?

乗り継ぎ・トランジット

▷ You have over two hours.
(2時間以上あります)

How long will the stopover be?

乗り継ぎの便に間に合わなかったのですが。

We missed our connecting flight.

▶ We missed our connecting flight.
▷ Don't worry. We have another flight.
(ご心配なく。別の便がございます)

We didn't make our connecting flight.

トランジットパスをください。

I need a transit pass, please.

▶ I need a transit pass, please.
▷ Here you are. (はい、どうぞ)

Could I have a transit pass, please?

トランジットの間どこにいればいいのですか？

Where should I wait for my next flight?

＊transit time という表現はあまり使われない。

▶ Where should I wait for my next flight?
▷ There will be a waiting room.
(専用の待合室がございます)

Where do I go between my flights?

乗り継ぎの際のアナウンスに注意

海外の空港で乗り継ぎしなくてはならないときは心細いもの。空港や機内放送での典型的なアナウンスを確認しましょう。

If you are connecting to another United flight, please check the monitors and proceed directly to your gate for boarding.

(別のユナイテッド便にお乗り継ぎの方は、モニターをお確かめのうえ、搭乗ゲートまでそのままお進みください)

入国審査

第1章 到着

パスポートを拝見します。	**May I see your passport?** Please show me your passport.
——はい、どうぞ。	**Here it is.** ＊Here it is.で「ここにありますよ」。 Here you go.
パスポートが見あたりません。	**I don't know where my passport is.** I can't find my passport.
入国の目的は何ですか？	**What's the purpose of your visit?** ＊purposeは「目的」「意図」。 What do you intend to do during your stay? ＊intend to ... で「…するつもりだ」。
観光です。	**Sightseeing.** ＊sightseeingは「観光（旅行）」。 I'm here to sightsee.
現金はいくら持っていますか？	**How much cash do you have with you?** How much money do you have on you?
——800ドルくらいです。	**I have about $800 (eight hundred dollars).** I have about $800 cash on me.
何日間の滞在ですか？	**How long are you staying?** How long will you be staying?
——1週間です。	**For a week.**

入国審査

	I'm staying for a week.
どこに滞在しますか？	**Where are you staying?** フェア ア ユ スティイング Where are you going to stay?
――ヒル・ホテルです。	**At the Hill Hotel.** アト ザ ヒル ホゥテル I'll be staying at the Hill Hotel.
ホテルに泊まる予定ですが、まだ決まっていません。	**I'm planning to stay at a hotel, but I don't know which one.** アイム プランニング トゥ ステイ アト ア ホゥテル バット アイ ドント ノウ フィッチ ワン I'll be staying at a hotel, but I haven't chosen one yet.
帰りの航空券はお持ちですか？	**Do you have a return ticket?** ドゥ ユ ハブ ア リターン ティケット Do you have a round-trip ticket? ＊ round-trip ticket で「往復切符」。
――はい、持っています。	**Yes, it's right here.** イェス イッツ ライト ヒャ ＊ right here で「ちょうどここに」。 Yes, I have it right here.

第1章 到着

■ワードリスト

■帰りの航空券	return ticket リターン ティケット	■観光	sightseeing サイトスィーイング
■居住者	resident レズィデント	■検疫	quarantine クォーランティーン	■現金	cash キャッシュ
■仕事	business ビズィネス	■入国カード	immigration card イミグレィション カード
■パスポート検査	passport control パスポート カントロゥル	■ビザ(査証)	visa ビーザ
■入国審査	immigration イミグレィション	■パスポート	passport パスポート
■非居住者	nonresident ナンレズィデント	■無効な	invalid インバリッド	■有効な	valid バリッド
■目的地	destination ディスティネィション	■目的	purpose パーパス
■予防接種証明書	vaccination certificate バァクサネィション サーティフィケット

47

荷物を受け取る

第1章 到着

| 荷物はどこで受け取れますか？ | **Where can I get my baggage?**
フェア キャナイ ゲット マイ バァゲッジ |

▶ Where can I get my baggage?
▷ Speak with that lady over there.
　スピーク ウィズ ザット レィディ オゥバー ゼァ
（あそこの女性にお尋ねください）

Where do I pick up my baggage?

| JL 02便はどのターンテーブルですか？ | **Which is the carousel for flight**
フィッチ イズ ザ キャラセル フォ フライト
JL 02(zero two)?
ジェイエル ゼロ トゥ |

＊carousel は「空港の円形ベルトコンベヤー」。「ターンテーブル」とは言わない。

▶ Which is the carousel for flight JL02?
▷ It should be the third one from the
　イト シュド ビ ザ サード ワン フロム ザ
right.（右から3番目ですよ）
ライト

Which carousel is the one for flight JL02?

| 私の荷物が見つかりません。 | **I can't find my baggage.**
アィ キャント ファインド マイ バァゲッジ |

▶ I can't find my baggage.
▷ Do you have your claim tag?
　ドゥ ユ ハブ ユァ クレィム タグッ
（荷物引換証はお持ちですか？）

＊claim tag で「荷物引換証」。

My bags are missing.

| どのような荷物ですか？ | **What does your baggage look like?**
ワット ダズ ユァ バァゲッジ ルック ライク |

Please describe your luggage.
＊baggage、luggage ともに「旅行の荷物」。

荷物を受け取る

——大きな灰色のスーツケースです。

It's a large gray suitcase.
イッツ ア ラージ グレイ スーツケィス

It's big and gray.

もし今日中に見つからなかった場合はどうしてもらえますか？

What will you do if you can't find my suitcase today?
ワット ウィル ユ ドゥ イフ ユ キャント ファインド マイ スーツケィス トゥディ

▶ What will you do if you can't find my suitcase today?
▷ We'll make arrangements for you.
ウィル メイク アレィンジメンツ フォ ユ
（そのときは、その対応をさせていただきます）

How can you help me if you can't find my suitcase today?

見つかったら私のホテルまで届けてください。

Please deliver it to my hotel when you find it.
プリーズ デリバー イト トゥ マイ ホゥテル フェン ユ ファインド イト

▶ Please deliver it to my hotel when you find it.
▷ What hotel are you staying at?
ワット ホゥテル ア ユ スティング アト
（どちらのホテルでしょうか？）

Please bring it to my hotel the minute you find it.

荷物が見つかったら、ここに連絡してください。

Please call this number when you find my baggage.
プリーズ コール ディス ナンバー フェン ユ ファインド マイ バァゲッジ

▶ Please call this number when you find my baggage.
▷ Will do.（かしこまりました）
ウィル ドゥ

Call me here when you locate my luggage.
＊ locate は「居場所をつきとめる」。

ご連絡はどのようにしたらよろしいでしょうか？

How can we get a hold of you?
ハウ キャン ウィ ゲット ア ホゥルド オブ ユ

How can we contact you?

第1章 到着

49

荷物を受け取る

——私の連絡先はここです。	**This is my contact address.** デイス イズ マイ カンタクト アドレス Here's my contact address.
いつごろ連絡をいただけますか？	**When will you contact me?** フェン ウィル ユ カンタクト ミ

> ▶ When will you contact me?
> ▷ We'll contact you within twenty-four hours.
> ウィル カンタクト ユ ウィズィン トゥエンティフォー アゥアズ
> （24時間以内にさしあげます）

When will you be in touch with me?
* be in touch with ... で「…に連絡する」。

| ポーターはどこにいますか？ | **Where can I find a skycap?**
フェア キャナイ ファインド ア スカイキャップ |

* skycap は「空港のポーター」。空港では porter よりも skycap のほうがよく使われる。

> ▶ Where can I find a skycap?
> ▷ The man with the red hat is a skycap, ma'am.
> ザ マン ウィズ ザ レッド ハァト イズ ア スカイキャップ マァム
> （赤い帽子の男性がポーターです）

Where can I get a porter?

ロストバゲージ！　荷物をなくされたら

　預けた荷物が荷物引取所（baggage claim）に出てこない場合は、荷物引換証（claim tag）と航空券、パスポートを持って空港会社の係員に申し出ます。そこで荷物の形状・内容物、全体の相当金額などの詳細や滞在時の宿泊場所、帰国後の住所などを申告しましょう。紛失のため生活必需品購入の必要が生じたときはある程度の補償が出ます。紛失が確定した場合は国際航空運送約款に準じて1kg当たりUS$20、エコノミークラスで最高US$400の補償（2003年現在）が受けられますので、購入品のレシートは必ず残しておくこと。古いタグを付けっぱなしにしておくのはロストバゲージの原因となります。前回の旅で使ったタグは必ず外してから荷物を預けるようにしましょう。

税関にて

到着

パスポートと申告書を拝見します。	**Your passport and declaration card, please.** ユア パスポート アンド ディクラレイション カード プリーズ ＊declaration は「（税関・税務署での）申告書」。 Show me your passport and declaration card, please.
——申告書は持っていません。	**I don't have a declaration card.** アイ ドント ハブ ア ディクラレイション カード I lost my declaration card. （申告書はなくしました）
税関申告書をお持ちですか？	**Do you have your customs declaration form?** ドゥ ユ ハブ ユア カスタムズ ディクラレイション フォーム ＊customs は「税関」。 May I see your customs declaration form?
——はい、少しお待ちください。	**Yes. Just a minute, please.** イェス ジャスト ア ミニット プリーズ Yes. One minute, please.
申告するものはありますか？	**Do you have anything to declare?** ドゥ ユ ハブ エニィシング トゥ ディクレア ＊declare は「（課税品・所得額を）申告する」。 Anything to declare?
——ウィスキーをボトルで10本持っています。	**I have ten bottles of whiskey.** アイ ハブ テン バトルズ オブ ウィスキィ Ten bottles of whiskey.
——身の回りのものだけです。	**I only have personal belongings.** アイ オゥンリィ ハブ パーソナル ビロンギングズ Just personal items.
スーツケースを開けてください。	**Please open your suitcase.** プリーズ オゥプン ユア スーツケィス I need you to open your suitcase, please.

51

税関にて

——ここですか？	**You mean right here?** ユ ミーン ライト ヒャ↗ Here?	
中身は何ですか？	**What's in it?** ワッツ イン イト What are its contents? ＊contents は「中身」「内容物」。	
——友人へのおみやげです。	**Gifts for my friends.** ギフツ フォ マイ フレンズ Presents for my friends.	
果物、植物をお持ちですか？	**Do you have any fruit or plants?** ドゥ ユ ハブ エニィ フルート↗オワ プランツ↘ Are you carrying any fruit or plants?	
——持っていません。	**No, nothing.** ノゥ ナッスィング No, none.	
このカメラは個人用ですか？	**Is this camera for your own use?** イズ ディス キャメラ フォ ユア オゥン ユース↗ Is this your personal camera?	
——はい、そうです。	**Yes, it is.** イェス イト イズ It sure is.	
他に荷物はありますか？	**Do you have any other baggage?** ドゥ ユ ハブ エニィ アザー バゲッジ↗ Is there any other baggage?	
——いいえ、ありません。	**No, that's all.** ノゥ ザッツ オール No, I don't.	
これは何ですか？	**What's this?** ワッツ ディス What do you have here?	
——友達のために持ってきた時計です。	**It's a clock for my friend.** イッツ ア クラック フォ マイ フレンド It's a clock I brought for my friend.	

第1章 到着

税関にて

いくらしましたか？	**How much was it?** What did you pay for it?
――500ドルくらいです。	**About $500 (five hundred dollars).** It was around $500.
これは課税扱いになります。	**You need to pay duty on this.** You must pay duty on this.
――課税額はいくらですか？	**How much is the duty?** What is the duty?
申告書を出口にいる係官に渡してください。	**Give the declaration card to the officer at the exit.** Please hand this to the officer at the exit.
――わかりました。	**Okay.** I see.

第1章 到着

■ワードリスト

- ■おみやげ gift
- ■関税 duty
- ■税関 customs
- ■個人用 for one's own use
- ■申告する declare
- ■申告書 declaration card
- ■係官 officer
- ■荷物 baggage
- ■中身 contents
- ■税関申告書 customs declaration card[form]
- ■通貨申告 currency declaration
- ■免税品 duty-free item / tax-free item
- ■持ち込み禁止品 prohibited article

53

両 替

両替所はありますか？	**Is there a money exchange place near here?** イズ ゼァ ア マニィ エクス**チェ**インジ プレィス ニャ ヒャ

> ▶ Is there a money exchange place near here?
> ▷ We have one in our lobby.
> ウィ ハブ ワン イン アゥア ラビィ
> (ロビーにございます)

どこで両替できますか？	**Where can I exchange money?** フェア キャナィ エクス**チェ**インジ マニィ

> ▶ Where can I exchange money?
> ▷ Go to "Currency Exchange."
> ゴゥ トゥ カレンスィ エクス**チェ**インジ
> (「両替」と書いてあるところに行ってください)

Where is the money exchange counter?

為替レートはどのくらいですか？	**What's the exchange rate?** ワッツ ジ エクス**チェ**インジ レィト

> ▶ What's the exchange rate?
> ▷ It's a hundred twenty yen to the
> イッツ ア ハンドレッド トゥ**エ**ンティ **イ**ェン トゥ ザ
> dollar. (1ドル120円です)
> ダラー

What's the rate?

■ワードリスト

- ■1セント　penny ペニィ
- ■5セント　nickel ニコル
- ■10セント　dime ダイム
- ■25セント　quarter クウォーター
- ■為替レート　exchange rate エクス**チェ**インジ レィト
- ■現金　cash キャッシュ
- ■硬貨　coin コイン
- ■小切手　check チェック
- ■紙幣　bill ビル

両替

両替をお願いします。	**I want to change some money.**

> ▶ I want to change some money.
> ▷ To US dollars?（アメリカドルにですか？）

I want to exchange some money.

5万円を両替してください。	**I'd like to change fifty thousand yen to dollars.**

> ▷ Next, please.（次の方、どうぞ）
> ▶ I'd like to change fifty thousand yen to dollars.

I need dollars for fifty thousand yen.

100ドルをくずしていただけますか？	**Do you have change for $100(a hundred dollars)?**

> ▶ Do you have change for $100?
> ▷ Would you like it in tens or twenties?（内訳は10ドル札にしますか、それとも20ドル札にいたしますか？）

Can you break a hundred?

第1章 到着

■ワードリスト

- ■大きな金額の札　large bill
- ■くずす　change
- ■外貨交換証明書　foreign exchange certificate
- ■計算書　receipt
- ■小銭　small change
- ■公認両替商　authorized foreign exchange
- ■トラベラーズチェック　traveler's check
- ■両替（両替所の看板の表示）　Exchange

両替

大きな金額のお札でお願いします。	**I'd like large bills, please.** アイド ライク ラージ ビルズ プリーズ

> ▶ I'd like large bills, please.
> ▷ Are fifties okay?（50ドル札でいいですか？）
>   ア フィフティズ オッケイ↗

Could I have large bills?

トラベラーズチェックを現金にしてほしいのですが。	**I'd like to cash this traveler's check.** アイド ライク トゥ キャッシュ ディス トラベラーズ チェック ＊cash は「（小切手・手形などを）現金に引き換える」。

> ▶ I'd like to cash this traveler's check.
> ▷ How would you like it?
>   ハウ ウジュ ライク イト
>   （紙幣の内訳はどういたしましょうか？）

Would you cash this traveler's check?

小銭も混ぜてください。	**May I have some small change, too?** メイ アイ ハブ サム スモール チェインジ トゥ↗ ＊change は「小銭」「釣り銭」。

> ▶ May I have some small change, too?
> ▷ Sure.（かしこまりました）
>   シュア

計算書をください。	**May I have a receipt?** メイ アイ ハブ ア リスィート↗ ＊両替所で出す「計算書」も receipt で表現される。

> ▶ May I have a receipt?
> ▷ It's in the envelope.
>   イッツ イン ジ エンベロップ
>   （封筒の中に入っています）

Can I have a receipt?

両替はかしこくこまめに

旅行中に多額の現金を持ち歩くのは危険。紛失や盗難の際には再発行が可能なトラベラーズチェック（T/C）がおすすめです。現地通貨を日本円に再両替する際には、手数料がかかるので、現地でのT/Cの現金化はこまめに行うと節約できます。

観光案内所でホテルをさがす

第1章 到着

観光案内所はどこにありますか？	**Where's the tourist information center?** フェアズ ザ トゥァリスト インフォメイション センター

▶ Where's the tourist information center?
▷ It's on the first floor.（1階にあります）
　イッツ オン ザ ファースト フロア

Could you tell me where the tourist information center is?

ホテルリストはありますか？	**Do you have a hotel list?** ドゥ ユ ハブ ア ホゥテル リスト♪

▶ Do you have a hotel list?
▷ For what area?（どの地域のですか？）
　フォ ワット エァリア

Do you have a list of hotels?

この町にホテルはありますか？	**Is there a hotel in this town?** イズ ゼァ ア ホゥテル イン ディス タウン♪

▶ Is there a hotel in this town?
▷ Yes. There's one downtown.
　イェス ゼァズ ワン ダウンタウン
　（はい。繁華街に1軒あります）

＊downtown は日本語の「下町」の意味ではなく、中心地、つまり繁華街のこと。

Does this town have a hotel?

このあたりにユースホステルはありますか？	**Are there any youth hostels around here?** ア ゼァ エニィ ユース ハストゥルズ アラウンド ヒァ♪

▶ Are there any youth hostels around here?
▷ Not very close, but there is one.
　ナット ベリィ クロゥス バット ゼァ イズ ワン
　（少し離れていますが、ございます）

Are there any youth hostels in the area?

ここでホテルの予約ができますか？	**Can I make a hotel reservation here?** キャナイ メイク ア ホゥテル リザベイション ヒァ♪

＊make a reservation で「予約する」。

57

観光案内所でホテルをさがす

▶ Can I make a hotel reservation here?
▷ You sure can.(できますよ)

Can I reserve a hotel here?

どのようなホテルをおさがしですか？
What kind of hotel are you looking for?
What type of hotel would you like?

——繁華街に近いホテルをお願いします。
One near downtown.
One close to downtown.

そのホテルはどこですか？
Where's the hotel?

▶ Where's the hotel?
▷ I'll show you on this map.
（この市街地図で説明します）

What's the location of the hotel?

駅から近いホテルをお願いします。
I'd like a hotel close to the station.

▶ I'd like a hotel close to the station.
▷ You have a choice of three.
（3つありますので選んでください）

I need a hotel near the station.

■ワードリスト

- ■駅に近い　close to[near] the station
- ■観光案内所　tourist information center
- ■ダブルルーム（ダブルベッド2つの2人部屋）　double room
- ■ツインルーム（シングルベッド2つの2人部屋）　twin room
- ■シングルルーム　single room
- ■予約する　make a reservation

観光案内所でホテルをさがす

| そのホテルの周辺は安全ですか？ | **Is it safe around the hotel?**
イズ イト セイフ アラウンド ザ ホゥテル♪ |

> ▶ Is it safe around the hotel?
> ▷ Very safe.（とても安全ですよ）
>   ベリィ セイフ

Is the hotel in a safe part of town?

| 1泊、いくらでしょうか？ | **How much is it per night?**
ハウ マッチ イズ イト パ ナイト |

> ▶ How much is it per night?
> ▷ The double room is $150(one hundred
>   ザ ダブル ルーム イズ　　　　　　ワン ハンドレッド
>   fifty dollars) per night.
>   フィフティ ダラーズ パ ナイト
>   （ダブルルームは1泊150ドルです）

What's the rate for one night?

| 朝食は付いていますか？ | **Does it come with breakfast?**
ダズ イト カム ウィズ ブレクファスト♪ |

> ▶ Does it come with breakfast?
> ▷ A continental breakfast is included.
>   ア カンチネンタル ブレクファスト イズ インクルーディッド
>   （コンチネンタルスタイルの朝食になります）

Is breakfast included?

| 連泊すると割引きになりますか？ | **Is there a discount for staying long term?**
イズ ゼァ ア ディスカウント フォ スティイング ロング ターム♪ |

＊long termは「長期」。staying long termで「連泊」。

■ワードリスト

- ■B&B（安価な朝食付宿泊施設） bed and breakfast
  ベッド アンド ブレクファスト
- ■安全な safe　■危険な dangerous
  セイフ　　　　　　　ディンジャラス
- ■室料 room charge　■ユースホステル youth hostel
  ルーム チャージ　　　　　　　　　　　ユース ハスドル
- ■繁華街 downtown　■予約 reservation
  ダウンタウン　　　　　　　リザベイション
- ■朝食付き with breakfast　■前金 deposit
  ウィズ ブレクファスト　　　　　　ディパズィト

第1章 到着

観光案内所でホテルをさがす

第1章 到着

▶ Is there a discount for staying long term?
▷ Yes. We can give you a discount.
イェス ウィ キャン ギブ ユ ア ディスカウント
(はい。値引きいたします)

Will it cost less if I stay longer?

100ドルくらいのホテルはありますか？

Do you have any hotels for about $100(one hundred dollars)?
ドゥ ユ ハブ エニィ ホゥテルズ フォ アバウト ワン ハンドレッド ダラーズ♪

▶ Do you have any hotels for about $100?
▷ I'll check on it. (お調べします)
アィル チェック アン イト

I'd like a room in the $100 price range.

1泊100ドル以下のホテルはありますか？

Is there a hotel under $100(one hundred dollars) a night?
イズ ゼァ ア ホゥテル アンダー ワン ハンドレッド ダラーズ ア ナイト♪

▶ Is there a hotel under $100 a night?
▷ I'll see if I can find one for you.
アィル スィ イフ アィ キャン ファインド ワン フォ ユ
(さがしてみましょう)

I need a hotel for less than $100 per night.

もっと安いホテルはありませんか？

Are there any cheaper hotels?✧
ア ゼァ エニィ チーパー ホゥテルズ♪

▶ Are there any cheaper hotels?
▷ I'm afraid not. (なさそうですねえ)
アィム アフレィド ナット

Are there more reasonably priced hotels?
＊reasonably は「適度に」「手頃に」「高くなく」。

✧ Are there any *cheaper* hotels? の cheaper は、次のような語句に置き換えられます。

もっといい	better ベター	もっと高価な	more expensive モァ エクスペンスィブ
もっと大きな	bigger ビガー	もっと小さな	smaller スモーラー
もっと便利な場所にある	more conveniently located モァ カンビーニエントリィ ロゥケィティッド		

60

市街へ向かう

第1章 到着

市内地図をいた
だけませんか？

May I have a city map?
メィ アィ ハブ ア スィティ マァプ♪

▶ May I have a city map?
▷ Sure. Help yourself.
 シュァ ヘルプ ユァセルフ
 （ご自由にお取りください）

* Help yourself. で「自由に取ってください」。
I'd like a city map, please.

地下鉄の路線図
はありますか？

Do you have a subway map?
ドゥ ユ ハブ ア サブウェィ マァプ♪

▶ Do you have a subway map?
▷ We only have them in English.
 ウィ オゥンリィ ハブ ゼム イン イングリッシュ
 （英語のものしかありませんが）

Is there a subway map available?
* available は「入手できる」「得られる」。

（出迎えの）友人
の呼び出しをお
願いします。

Please page my friend.
プリーズ ペィジ マィ フレンド

* page は「（空港・ホテルなどで）名前を呼んで（人
を）さがす」。

▶ Please page my friend.
▶ What is your friend's name, sir?
 ワット イズ ユァ フレンズ ネィム サー
 （ご友人のお名前をいただけますか？）

Could you page my friend?

青木です。私に
呼び出しがあり
ましたか？

My name is Aoki. Did you page me?
マィ ネィム イズ アオキ ディデュ ペィジ ミ♪

▶ My name is Aoki. Did you page me?
▷ Yes, we did. (はい)
 イェス ウィ ディド

I'm Aoki. You paged me?

61

市街へ向かう

繁華街へ向かういちばん安い交通手段は何ですか？	**What's the cheapest way downtown?** ワッツ ザ チーペスト ウェイ ダウンタウン

* downtown は日本語の「下町」の意味ではなく、中心地、つまり繁華街のこと。

> ▶ What's the cheapest way downtown?
> ▷ That would be the bus.（バスでしょうね）
> 　ザット　ウド　ビ　ザ　バス

How do I get downtown the cheapest?

繁華街へ行くバスはありますか？	**Is there a bus going downtown?** イズ ゼア ア バス ゴウイング ダウンタウン♪

> ▶ Is there a bus going downtown?
> ▷ Yes. The bus stop is over there.
> 　イェス ザ バス スタップ イズ オウバー ゼア
> 　（はい。あそこにバス停があります）

Can I take a bus downtown?

このバスは繁華街へ行きますか？	**Does this bus go downtown?** ダズ ディス バス ゴウ ダウンタウン

> ▶ Does this bus go downtown?
> ▷ No, it doesn't.（いいえ、行きません）
> 　ノウ　イト　ダズント

Is this bus going downtown?

バスの切符はどこで買えますか？	**Where can I buy a bus ticket?** フェア キャナイ バイ ア バス ティケット

■ワードリスト

- ■切符　ticket　ティケット
- ■切符売場　ticket office　ティケット オフィス
- ■シャトルバス　shuttle bus / airport shuttle　シャトル バス　エアポート シャトル
- ■市街地図　city map　スィティ マプ
- ■地下鉄　subway　サブウェイ
- ■タクシー乗り場　taxi stand　タクスィ スタンド
- ■安い　cheap　チープ
- ■バス停　bus stop　バス スタップ
- ■繁華街　downtown　ダウンタウン
- ■(空港の)ポーター　skycap　スカイキャップ
- ■呼び出す　page　ペイジ

市街へ向かう

> ▶ Where can I buy a bus ticket?
> ▷ There's a ticket office in front of bus
>   ゼアズ ア ティケット オフィス イン フラント オブ バス
>   stop #1(number one).
>   スタップ ナンバー ワン
>   (1番乗り場の前に切符売場があります)

どこでタクシー
に乗れますか？
フェア キャナイ ゲット ア タクスィ
Where can I get a taxi?

> ▶ Where can I get a taxi?
> ▷ There's a taxi stand up ahead.
>   ゼアズ ア タクスィ スタンド アップ アヘッド
>   (すぐ前方にタクシー乗り場があります)

＊ taxi stand で「タクシー乗り場」、up ahead で「まっすぐ」または「すぐ前方に」。

送迎バスを回し
てもらえますか？
(ホテルに電話
して)
Please send someone to pick us up.
プリーズ センド サムワン トゥ ピック アス アップ

> ▷ Hill Hotel. May I help you?
>   ヒル ホテル メィ アィ ヘルプ ユノ
>   (ヒル・ホテルでございます。ご用件をうけたまわります)
> ▶ Please send someone to pick us up.

＊ May I help you? は応答するときの決まり文句で、日本語の「ご用件をうけたまわります」に当たる。

Could you send us your shuttle bus?

空港から市街への移動方法

　空港から市街へ向かうときは、タクシーを利用するのが便利ですが、白タクには十分に注意しましょう(156ページのコラム参照)。運転手に行き先を告げるのに自信のない人は、住所を紙に書いたものを手渡すと確実です。空港からは市街へ向かうシャトルバスもたくさん運行されています。このようなバスにはAirport Shuttle、Airport Express といった名称が付いていますので、それを目印にさがしてください。空港から比較的近いホテルでは、無料の送迎バスを出していることも多いので、こちらも大いに利用したいものです。

チップあれこれ

チップは支払額の 10〜15 ％を基準として考えます。サービスのよかった場合は 20 ％、あまり良質のサービスが受けられず、納得できなかった場合には 10 ％ほどが適切な額です。

チップは誰にでも、絶対に払わなくてはならないものと思い込んでいる日本人旅行者をよく見かけますが、チップとはあくまでも相手に対する感謝の気持ちを表すもの。サービスがよければ多めに払い、逆にサービスが悪ければ渡す必要はないことを覚えておきましょう。

一般に日本人は、チップを払いすぎる傾向にあります。金額の大きなお札しか持ち合わせていない場合は、チップを渡す相手にくずしてもらってから支払っても、決して失礼にはなりません。しかし、小銭が余ったからといって大量の小額コインをチップに使うのは場合によっては考えものです。

チップの習慣の有無やその適切な金額は、訪れた国によって違います。あらかじめホテルや観光案内所で尋ねておくといいでしょう。498〜505 ページの各国情報も参照してください。

■一般的にチップを払う場面・場所

レストラン：料金の 10〜15 ％が標準的な金額です。ただし、勘定にサービス料が含まれているときは払う必要はありません。

ボーイ：部屋にものを持ってきてもらったときなど。$2 くらいをめやすに渡しましょう。

ポーター：トランクなどを運んでもらったときなど。こちらも $2 をめやすに。

ドアマン：タクシーを呼んでもらったときなど。$1〜2 くらいが相場です。

クローク：預けたコート、バッグなどを受け取るときに。$2 くらいが相場です。

タクシー：降りるときに渡します。料金の 10 ％が基準となります。

■チップが不要な場合・場所

飛行機内でのサービス、カフェテリアやファーストフードのレストラン、団体旅行中も基本的にチップを払う必要はありません。

第2章 ホテル

部屋の予約
チェックイン
要望・クレーム
ホテル内の施設・設備
ルームサービス
いろいろなサービス
ちょっと外出
チェックアウトの準備
チェックアウト

部屋の予約

第2章 ホテル

| 今晩、空室はありますか？ | **Do you have a room for tonight?**
ドゥ ユ ハブ ア ルーム フォ トゥナイト♪ |

▶ Do you have a room for tonight?
▷ For how many of you?
　フォ ハウ メニィ オブ ユ♪
　（何名様でしょうか？）

Can I get a room for tonight?

| 今夜ツインルームに泊まりたいのですが。 | **I'd like a twin room for tonight.**
アイド ライク ア ツイン ルーム フォ トゥナイト |

▶ I'd like a twin room for tonight.
▷ Yes. We have some vacancies.
　イェス ウィ ハブ サム ベイカンスィーズ
　（いくつか空きがございます）

＊ vacancy は「空室」。

A twin room for tonight, please.

| 5月4日と5日にダブルルームは空いていますか？ | **Do you have a double room on May 4th(forth) and 5th(fifth)?**
ドゥ ユ ハブ ア ダブル ルーム アン メイ フォース アンド フィフス♪ |

▶ Do you have a double room on May 4th and 5th?
▷ Sorry, we're fully booked.
　ソリィ ウィア フリィ ブックト
　（残念ながら満室です）

I need a double room for May 4th and May 5th.

| 何泊なさいますか？ | **How long would you like to stay?**
ハウ ロング ウジュ ライク トゥ スティ |

How long will you stay?

| ――今晩から2泊します。 | **I'll stay two nights.**
アィル スティ トゥ ナイツ |

For two nights.

部屋の予約

どのようなお部屋がよろしいでしょうか？	**What type of room would you like?** ワッ タイプ オブ ルーム ウジュ ライク What kind of room?
――ダブルルームをお願いします。	**A double room, please.** ア ダブル ルーム プリーズ I'd like a double room, please.
バス付きの部屋をお願いします。	**I'd like a room with a bath.** アイド ライク ア ルーム ウィズ ア バァス ▶ I'd like a room with a bath. ▷ I'm really sorry. We only have rooms with showers. アイム リァリィ ソリィ ウィ オゥンリィ ハブ ルームズ ウィズ シャヮァーズ （大変申し訳ありません。シャワー付きのお部屋しか空いておりません） I'd like to request a room with a bath.
静かな部屋はありますか？	**Do you have a quiet room?** ドゥ ユ ハブ ア クワィエット ルーム↗ ▶ Do you have a quiet room? ▷ All our rooms are quiet, sir. オール アウァ ルームズ ア クワィエット サー （当ホテルにうるさい部屋はございません） May I have a quiet room?
上のほうの階の部屋をお願いします。	**I'd like a room on an upper floor.** アイド ライク ア ルーム アン アン アッパー フロァ ＊upper は「上のほうの」「高いほうの」。 ▶ I'd like a room on an upper floor. ▷ We can accommodate you. ウィ キャン アコモディト ユ （かしこまりました） ＊accommodate は「宿泊させる」「融通する」「用立てる」。 I'd like a room on a high floor.
眺めのいい部屋をお願いします。	**I'd like a room with a nice view.** アイド ライク ア ルーム ウィズ ア ナィス ビュー ▶ I'd like a room with a nice view.

部屋の予約

▷ We have many to choose from.
　ウィ　ハブ　メニィ　トゥ　チューズ　フロム
　（多数ございます）

Please arrange a room with a nice view.

| チェックインは何時からできますか？ | **How soon can I check in?**
ハウ　スーン　キャナイ　チェック　イン |

▶ How soon can I check in?
▷ Anytime after 3:00(three) p.m.
　エニィタイム　アフター　スリー　ピエム
　（午後3時からです）

What time can I check in?

| 到着が遅くなりますが、部屋はキープしておいてください。 | **I'll be arriving late, but please keep my room.**
アイル　ビ　アライビング　レィト　バット　プリーズ　キープ　マイ　ルーム |

＊普通、到着が遅くなる場合、クレジットカード番号を言っておいて、部屋を確保する。

▶ I'll be arriving late, but please keep my room.
▷ We can hold your room with your
　ウィ　キャン　ホゥルド　ユア　ルーム　ウィズ　ユア
　credit card.
　クレディット　カード
　（クレジットカード番号をいただければ、キープできます）

I'll be late, but keep my reservation, please.

■ワードリスト

- ■キャンセルする　cancel キャンセル
- ■到着する　arrive アライブ
- ■ダブルルーム（ダブルベッド2つの2人部屋）　double room ダブル　ルーム
- ■ツインルーム（シングルベッド2つの2人部屋）　twin room トゥイン　ルーム
- ■眺めのいい部屋　a room with a nice view ア　ルーム　ウィズ　ア　ナィス　ビュー
- ■前金　deposit ディパズィット
- ■バス付き　with a bath ウィズ　ア　バァス
- ■シングルルーム　single room スィングル　ルーム
- ■別料金　extra charge エクストラ　チャージ
- ■予約する　reserve リザーブ

第2章　ホテル

部屋の予約

ホテルを自分で予約する

下の内容を電話、郵送、FAX、Email などで直接ホテルに送れば OK!

Reservation Request　　　　Date: ___/___/___
　　　　　　　　　　　　　　　　　日付　month day year
　　　　　　　　　　　　　　　　　　　　月　 日　 年

_____
ホテルの住所と名称

Please book for _____ person(s).
~名分の予約をお願いします　　(人数)

　　Name: _____
　　氏名　　　　　　LAST　　　　　　　FIRST
　　　　　　　　　　 姓　　　　　　　　 名

　　Address: _____
　　住所

　　TEL: _____ FAX: _____

　　EMAIL: _____

☐ Single room　☐ Double room　☐ Suite
　シングルルーム　　ダブルルーム　　スイートルーム

Check-in: ___/___/___　 Arrival time: _____
チェックイン month day year　到着予定時間
　　　　　　　月　日　年

Check-out: ___/___/___
チェックアウト month day year
　　　　　　　月　日　年

Special request(s): _____
希望など
_____
_____

Please confirm my reservation as soon as possible.
Thank you.
早急に予約を確認してください

Signature: _____
サイン

第2章　ホテル

69

チェックイン

第2章 ホテル

チェックインをお願いします。	**I'd like to check in, please.** アイド ライク トゥ **チェック イン** プリーズ

> ▷ Hi. May I help you?（いらっしゃいませ）
> ハイ メイ アイ ヘルプ ユ↗
> ▶ I'd like to check in, please.

＊ May I help you? は客への応対の決まり文句で、「ご用件をうけたまわります」のような意味。

ご予約はうけたまわっているでしょうか？	**Did you make a reservation?** ディデュ メイク ア リザベイション↗ Did you reserve a room?
――日本でしました。	**I made one in Japan.** アイ メイド ワン イン ジャパン Yes, from Japan.
今晩、部屋を予約してあるのですが。	**I reserved a room for tonight.** アイ リザーブド ア ルーム フォ トゥナイト

> ▶ I reserved a room for tonight.
> ▷ What is your name, sir?（お名前は？）
> ワット イズ ユア ネイム サー↗

I have a reservation here for tonight.

名字のつづりをお願いします。	**Would you spell your last name?** ウジュ スペル ユア ラスト ネィム↗ Please spell your last name.
――鈴木で、S-U-Z-U-K-Iです。	**It's Suzuki, S-U-Z-U-K-I.** イッツ スズキ エスユズュケィアィ It's S-U-Z-U-K-I. Suzuki.
確認番号をいただけますか？	**Do you have a confirmation number?** ドゥ ユ ハブ ア カンファメイション ナンバー↗ What's your confirmation number?
――これが予約確認書です。	**This is my confirmation paper.** ディス イズ マイ カンファメイション ペイパー Here's my confirmation paper.

チェックイン

| お客様のお名前で予約はうけたまわっていないようなのですが。 | **We don't have a reservation in your name.**
ウィ ドント ハブ ア リザベィション イン ユァ ネィム

We don't seem to have a reservation in your name. |

宿泊カード記入例

HILL HOTEL GUEST REGISTRATION		
Full Name		
姓・名 — Last Suzuki First Keiko Middle		
Home Address:		**Tel:** 03-3585-1581
自宅住所・電話番号 — 1-5-7, Azabudai, Minatoku, Tokyo, JAPAN		
Passport No:	**Nationality:**	**Age:**
MP5137208	JAPAN	35
License Plate Number:		
3BVV503		
Make:	**Model:**	**Year:**
TOYOTA	Camry	2004
Signature: 鈴木恵子		
Method of Payment: ☐ Cash $ _____ ☐ Credit Card ☐ Other _____	**Arrival Date:** **Departure Date:** **Room No:**	
All of us at the Hill Hotel are grateful for your patronage.		

- パスポート番号／国籍／年齢
- 車のナンバープレート
- 車のメーカー／車のモデル名／年式
- 署名
- ホテル側の記入

毎度ごひいきにあずかりありがとうございます

第2章 ホテル

チェックイン

——もう一度調べていただけますか？	**Would you check again?** ウジュ チェック アゲン↗ Please check again.
この書類に記入の上、ここにサインをお願いします。	**Please fill out this form and sign here.** プリーズ フィル アウト ディス フォーム アンド サイン ヒャ Would you fill in this registration form? （この宿泊カードにご記入ください）
——ここですね？	**You mean right here?** ユ ミーン ライト ヒャ↗ ＊You mean …? は「…ということですね？」と相手に確認するときの表現。right は「ちょうど」と意味を強める。 Right here?
貴重品を預かってもらえますか？	**Can you keep my valuables?** キャン ユ キープ マイ バァリュアブルズ↗ ▶ Can you keep my valuables? ▷ Please use the safe in your room. プリーズ ユーズ ザ セイフ イン ユア ルーム （部屋にある金庫をお使いください） Could you store my valuables?
朝食はどこで食べるのですか？	**Where do you serve breakfast?** フェア ドゥ ユ サーブ ブレクファスト ▶ Where do you serve breakfast? ▷ In the main dining room on the second floor.（２階の大食堂になります） イン ザ メィン ダイニング ルーム オン ザ セカンド フロァ Where is breakfast served?
朝食は何時から食べられますか？	**What time do you start serving breakfast?** ワッタイム ドゥ ユ スタート サービング ブレクファスト ▶ What time do you start serving breakfast? ▷ Breakfast starts at six.（６時からです） ブレクファスト スターツ アト スィクス When do you start serving breakfast?
朝食はどんなスタイルですか？	**What's your breakfast like?** ワッツ ユア ブレクファスト ライク ▶ What's your breakfast like?

第2章 ホテル

▷ It's buffet style.
イッツ バフェィ スタイル
（バイキングとなっております）

What type of breakfast do you offer?

これが部屋の鍵です。	**Here's the key.** ヒャズ ザ キィ This is your key.
――鍵は2つもらえますか？	**Could I have two keys?** クド アィ ハブ トゥ キィズ♪ Could I have another key?
荷物をお運びいたしましょうか？	**Do you need help with your baggage?** ドゥ ユ ニード ヘルプ ウィズ ユア バアゲッジ♪ Can we help you with your baggage?
――荷物は自分で運びます。	**I'll carry my baggage myself.** アィル キャリィ マイ バアゲッジ マイセルフ ＊高級ホテルではチェックインのあと、ベルボーイが客の荷物を運ぼうとするので、必要なければ上のひとことを言う。 I don't need help with my baggage.
荷物を部屋に運んでください。	**I need some help with my bags.** アィ ニード サム ヘルプ ウィズ マイ バアグズ ▶ I need some help with my bags. ▷ I'll have someone for you right away. アィル ハブ サムワン フォ ユ ライト アウェィ （すぐに誰か寄こしましょう）

ホテルの朝食あれこれ

ホテルの朝食には主に3つのスタイルがあります。コンチネンタル（continental breakfast）は、パンとコーヒー程度の軽い朝食を指し、バイキング（buffet）は好きなものを好きなだけセルフサービスで取って食べる方式です。また、卵料理やベーコンなどを単品で注文するときは、好みの卵の焼き方などをリクエストすることも可能です（124ページのコラム参照）。

| チェックイン

| ごゆっくりおく
つろぎください。 | **Enjoy your stay.**
エンジョイ ユァ スティ
＊直訳は「滞在をお楽しみください」。
Enjoy your time here. |

| 4階をお願いし
ます。(エレベー
ターで乗り合わ
せた人に) | **The fourth floor, please.**
ザ フォース フロァ プリーズ
▶ The fourth floor, please.
▷ Sure thing. (わかりました)
シュァ スィング
Press the four, please. |

第2章 ホテル

ホテルのスタッフ

レセプショニスト
receptionist
レセプショニスト
(フロントの受付係)

キャッシャー
cashier
キャシャー
(会計係)

コンシェルジェ
concierge
カンスィアージ
(接客、案内係)

ボーイ **bellboy**
ベルボーイ
(客の荷物の運搬の
お手伝いをする)

ドアマン **doorman**
ドァマン
(ホテルの入口に立っ
て客を迎えたり、タ
クシーの手配をする)

ルームメイド **maid**
メイド
(部屋の清掃をする)

要望・クレーム

ちょっと来てもらえませんか？	**Could you send someone up to my room?** クジュ　センド　サムワン　アップ トゥ マイ　ルームノ

> ▶ Could you send someone up to my room?
> ▷ Sure, what's the problem?
> 　シュア　ワッツ　ザ　プラブラム
> 　（はい、どういたしましたか？）

Please send someone up to my room.

ドアの鍵が開かないんです。	**I can't get my door unlocked.** アイ キャント ゲット マイ　ドア　アンロックト

> ▶ I can't get my door unlocked.
> ▷ We'll show you how to do it.
> 　ウィル　ショウ　ユ　ハウ　トゥ ドゥ イト
> 　（開け方をお見せします）

The door lock won't open.

トイレが流れません。	**The toilet won't flush.** ザ　トイレット ウォント フラッシュ

> ▶ The toilet won't flush.
> ▷ We'll check on it right away.
> 　ウィル　チェック アン イト ライト アウェイ
> 　（すぐに参ります）

お湯が出ないのですが。	**There's no hot water.** ゼアズ　ノゥ ハット ウォーター

> ▷ What can I do for you?
> 　ワット キャナイ ドゥ フォ ユ
> 　（どういたしましたか？）
> ▶ There's no hot water.

The hot water isn't running.

部屋の電球が切れたのですが。	**The light bulb burned out in my room.** ザ　ライト バルブ　バーンド　アウト イン マイ ルーム

＊ light bulb は「電球」、burn out で「（電球などが）切れる」。

第2章 ホテル

75

要望・クレーム

第2章 ホテル

▶ The light bulb burned out in my room.
▷ I'm sorry about that.
　アイム ソリー アバウト ザット
　（申し訳ございません）

The light bulb went out in my room.
＊ go out で「（火などが）消える」。

部屋のテレビが
つきません。

The TV in my room doesn't work.
ザ ティビィ イン マイ ルーム ダズント ワーク

▶ The TV in my room doesn't work.
▷ You mean the pay-TV programs?
　ユ ミーン ザ ペイティビィ プログラムズ ↗
　（有料テレビのことでしょうか？）

金庫の使い方が
わかりません。

I don't know how to use the safe.
アイ ドント ノウ ハウ トゥ ユーズ ザ セイフ

▶ I don't know how to use the safe.
▷ I can help you with that.
　アイ キャン ヘルプ ユ ウィズ ザット
　（ご説明いたします）

Please show me how to use the safe.

ヒーターが壊れ
ているのですが。

The heater doesn't work in my room.
ザ ヒーター ダズント ワーク イン マイ ルーム

▶ The heater doesn't work in my room.
▷ A maintenance person will be up
　ア メインテナンス パーソン ウィル ビ アップ
shortly.（修理の者がすぐに伺います）
ショートリィ

I can't get the heater to work in my room.

すぐ修理に来て
ください。

Could you fix it now?
クジュ フィックス イト ナゥ ↗

▶ Could you fix it now?
▷ Of course.（かしこまりました）
　オブ コース

Please fix it immediately.

部屋をもっと暖
かくしてもらえ
ませんか。

Will you make my room warmer?
ウィル ユ メイク マイ ルーム ウォーマー ↗

▶ Will you make my room warmer?

76

要望・クレーム

> ▷ You can control the temperature right there.（温度はあそこで調整できます）

Please make my room warmer.
↔ Will you make my room cooler?

第2章 ホテル

| 毛布をもっと持ってきてもらえませんか。 | **I need some extra blankets, please.** |

▶ I need some extra blankets, please.
▷ How many do you need?
（何枚ご入用でしょうか？）

Please bring me some extra blankets.

| 部屋を替えていただけますか？ | **Can you change my room?** |

▶ Can you change my room?
▷ What's the problem?
（何か不都合でもございましたか？）

I'd like to change rooms.

| 隣の部屋がうるさくて眠れません。 | **I can't sleep because the room next door is too noisy.** |

▶ I can't sleep because the room next door is too noisy.
▷ We'll take care of that for you.
（私どもが何とかいたします）

They're too loud next door. I can't sleep.

■ワードリスト

■エアコン	air conditioner	■金庫	safe
■修理する	fix	■電球	light bulb
■ヒーター	heater	■部屋を替える	change a room

第2章 ホテル

ホテルの部屋

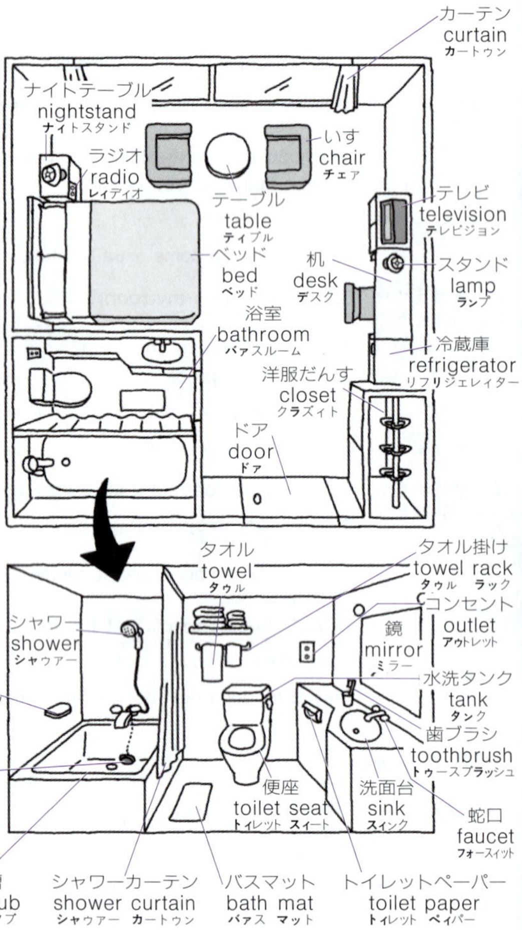

- カーテン curtain カートゥン
- ナイトテーブル nightstand ナイトスタンド
- ラジオ radio レィディオ
- テーブル table ティブル
- ベッド bed ベッド
- いす chair チェァ
- テレビ television テレビジョン
- 机 desk デスク
- スタンド lamp ランプ
- 浴室 bathroom バァスルーム
- 冷蔵庫 refrigerator リフリジェレイター
- 洋服だんす closet クラズィト
- ドア door ドア

- タオル towel タウル
- タオル掛け towel rack タウル ラック
- シャワー shower シャゥアー
- コンセント outlet アゥトレット
- 鏡 mirror ミラー
- 水洗タンク tank タンク
- 石けん soap ソゥプ
- 歯ブラシ toothbrush トゥースブラッシュ
- 栓 plug プラグ
- 便座 toilet seat トィレット スィート
- 洗面台 sink スィンク
- 蛇口 faucet フォースィット
- 浴槽 bathtub バァスタブ
- シャワーカーテン shower curtain シャゥアー カートゥン
- バスマット bath mat バァス マット
- トイレットペーパー toilet paper トィレット ペィパー

78

ホテル内の施設・設備

ホテルにはどんな施設がありますか？	**What kind of facilities are there in the hotel?** ワット カインド オブ ファスィリティズ ア ゼァ イン ザ ホッテル ＊facility は「設備」「施設」。	

> ▶ What kind of facilities are there in the hotel?
> ▷ Everything you could possibly want.
> 　エブリスィング ユ クド パスィブリィ ワント
> 　（ほとんどすべて揃っております）

Please tell me about your facilities in the hotel.

非常口はどこですか？	**Where is the emergency exit?**✥ フェア イズ ジ イマージェンスィ エグズィット

> ▶ Where is the emergency exit?
> ▷ Right next to the elevators.
> 　ライト ネクストゥ ジ エレベイターズ
> 　（エレベーターのすぐ横です）

Where would I exit in an emergency?

自動販売機はありますか？	**Is there a vending machine?** イズ ゼァ ア ベンディング マシーン♪

✥ Where is the *emergency exit*? の emergency exit は、次のような語句に置き換えられます。

ダイニングルーム（食堂）	dining room ダイニング ルーム	理髪店	barbershop バーバーシャップ
美容院	salon サラン	本館	main building メイン ビルディング
別館	annex アネクス	フロント	front desk フラント デスク
プール	swimming pool スウィミング プール	自動販売機	vending machine ベンディング マシーン
ロビー	lobby ラビィ	製氷機	ice machine アイス マシーン
お手洗い	rest room レスト ルーム	エレベーター	elevator エレベイター

ホテル内の施設・設備

▶ Is there a vending machine?
▷ Right down the hall.
　ライト　ダウン　ザ　ホール
（廊下をちょっと行ったところにございます）

＊この right は「すぐ」「ちょっと」。hall は「廊下」。

Any vending machines?

このホテルにテニスコートはありますか？

Is there a tennis court at this hotel?
イズ　ゼア　ア　テニス　コート　アト　ディス　ホゥテル♪

▶ Is there a tennis court at this hotel?
▷ Yes, in the recreation area.
　イェス　イン　ザ　リクリエィション　エァリァ
（はい、レクリエーションエリアにございます）

Can I play tennis at this hotel?

テニスは1時間いくらですか？

How much is it per hour to play tennis?
ハゥ　マッチ　イズ　イト　パ　アゥァ　トゥ　プレィ　テニス

＊ per hour で「1時間につき」。

▶ How much is it per hour to play tennis?
▷ It's free for hotel guests, sir.
　イッツ　フリー　フォ　ホゥテル　ゲスツ　サー
（ホテルにお泊まりのお客様は無料となっております）

What's the charge per hour to play tennis?

カラオケはどこでできますか？

Where can I sing karaoke?
フェア　キャナィ　スィング　カリィオゥキィ

▶ Where can I sing karaoke?
▷ We have a karaoke bar in this hotel.
　ウィ　ハブ　ア　カリィオゥキィ　バー　イン　ディス　ホテル
（カラオケバーがこのホテル内にあります）

Is there a place where I could sing karaoke?

コーヒーショップはどこですか？

Where's the coffee shop?
フェアズ　ザ　カフィ　シャップ

▶ Where's the coffee shop?
▷ Right over there.（あちらです）
　ライト　オゥバー　ゼァ

Please tell me where the coffee shop is.

ホテル内の施設・設備

勘定は部屋につけておいてください。	**Will you charge it to my room?** ウィル ユ チャージ イトゥ マィ ルーム♪ ＊この charge は「つけにする」「代金を勘定につける」。

> ▶ Will you charge it to my room?
> ▷ Sure. May I have your room number?
>   シュア メィ アィ ハブ ユア ルーム ナンバー♪
>   (かしこまりました。お部屋番号をいただけますか？)

Please charge this to my room.

バーはいつまで開いていますか？	**How late is the bar open?** ハゥ レィト イズ ザ バー オゥプン ＊ How late ...? は「どのくらい遅くまで…？」「いつまで…？」と尋ねる表現。

> ▶ How late is the bar open?
> ▷ Until midnight. (午前0時までです)
>   アンティル ミッドナィト

How late does the bar stay open?

第2章 ホテル

■ワードリスト

- ■1階　(米) first floor / (英) ground floor
   ファースト フロア　　グラウンド フロア
- ■2階　(米) second floor / (英) first floor
   セカンド フロア　　ファースト フロア
- ■バー　bar
   バー
- ■宴会場　banquet hall
   バンケット ホール
- ■会議場　convention hall
   カンベンション ホール
- ■カラオケ　karaoke
   カリィオゥキィ
- ■軽食堂　snack bar
   スナック バー
- ■コーヒーショップ　coffee shop
   カフィ シャップ
- ■施設　facility
   ファスィリティ
- ■自動販売機　vending machine
   ベンディング マシーン
- ■中2階　mezzanine
   メザニーン
- ■地下　basement
   ベィスメント
- ■…に(料金を)つける　charge to ...
   チャージ トゥ
- ■テニスコート　tennis court
   テニス コート
- ■非常口　emergency exit
   イマージェンスィ エグズィット
- ■1時間あたり　per hour
   パ アゥア
- ■無料　free
   フリー

ルームサービス

コーヒーをポットでお願いしたいのですが。	**Would you bring me a pot of coffee?** ウジュ ブリング ミ ア パット オブ カフィ♪

▶ Would you bring me a pot of coffee?
▷ Certainly. Anything else?
　サータンリィ　エニィスィング　エルス♪
（かしこまりました。他にはございませんか？）

I'd like a pot of coffee, please.

朝食をお願いしたいのですが。	**I'd like to order breakfast, please.** アイド ライク トゥ オーダー ブレクファスト　ブリーズ

▶ I'd like to order breakfast, please.
▷ What would you like?
　ワット　ウジュ　ライク
（何にいたしましょう？）

Can I order breakfast now?

何時にお持ちいたしましょうか？	**What time shall we bring it?** ワッタイム　シャル ウィ ブリング イト

What time do you want it?

——8時半にお願いします。	**At 8:30(eight thirty), please.** アト　エイト サーティ　ブリーズ

Please bring it at 8:30.

どのくらいでできますか？	**When will it be ready?** フェン ウィル イト ビ レディ ＊ready は「用意が整って」「準備ができて」。

▶ When will it be ready?
▷ In half an hour.（30分ほどです）
　イン ハーフ アン アゥア

How long will it take?
（どのくらいかかりますか？）

ルームサービスはまだ頼めますか？	**Is room service still available?** イズ ルーム　サービス ステュル アベイラブル♪ ＊available は「利用できる」「得られる」。

▶ Is room service still available?

	▷ Yes, sir. We're at your service. イェス サー ウィア アト ユア サービス (はい。ご利用いただけます)	
さっき頼んだワインはまだですか？	**I'm still waiting for my wine.** アイム スティル ウェイティング フォ マイ ワイン	
	▶ I'm still waiting for my wine. ▷ I'll check on that for you. アイル チェック オン ザット フォ ユ (確認してご連絡します)	
どなたですか？	**Who is it?** フー イズ イト ＊ホテルで部屋のドアがノックされたとき、ドア越しに言う決まり文句。Who are you? はこの場合は使わない。	
	▶ Who is it? ▷ Room service. (ルームサービスです) ルーム サービス Who's there?	
これはチップです。	**Here's your tip.** ヒャズ ユア ティップ ＊tip[ティップ]の発音と、ポテトチップやカジノで使うchip[チップ]の発音を混同しないように。	
	▶ Here's your tip. ▷ Oh, thank you. (ありがとうございます) オゥ サンキュ	

❖ Would you bring me *a pot of coffee*? の a pot of coffee は、次のような語句に置き換えられます。

紅茶　a pot of hot tea
　　　ア パット オブ ハット ティー

オムレツ　an omelette
　　　　　アン アムレット

目玉焼きにベーコンを付けて　fried eggs with bacon
　　　　　　　　　　　　　　フライド エッグズ ウィズ ベィコン

オレンジジュース１杯　a glass of orange juice
　　　　　　　　　　　ア グラス オブ オーレンジ ジュース

スクランブルエッグにソーセージを付けて
　　　　　　　　　　　scrambled eggs with sausage
　　　　　　　　　　　スクランブルド エッグズ ウィズ ソースィジ

いろいろなサービス

モーニングコールをお願いします。	**I'd like a wake-up call, please.** アイド ライク ア ウェイクアップ コール プリーズ ＊「モーニングコール」は英語では wake-up call と言い、morning call とは言わない。	

▶ I'd like a wake-up call, please.
▷ What time, ma'am?
　ワッタイム　マアム
　（何時にいたしましょうか？）

Could I have a wake-up call, please?

レストランを予約していただけますか？	**Would you make a reservation for a restaurant for me?** ウジュ　メイク ア リザベィション フォア レストラン　フォ ミノ ＊ make a reservation で「予約する」。	

▶ Would you make a reservation for a restaurant for me?
▷ Which restaurant?
　フィッチ　レストラン
　（どちらのレストランでしょうか？）

Please make a restaurant reservation for me.

マッサージをお願いします。	**I'd like a massage, please.** アイド ライク ア マッサージ　プリーズ	

▶ I'd like a massage, please.
▷ For how long?（何分間いたしましょうか？）
　フォ ハウ ロング

I'm interested in getting a massage.

今、掃除をしてもよろしいですか？	**Is it okay if I clean your room now?** イズ イト オッケイ イフ アィ クリーン ユア ルーム ナゥ♪	

May I clean your room now?

──できたら今してほしくないのですが。	**I'd rather you didn't.** アイド ラザー ユ ディデント ＊ I would rather .... で「（…であれば）いいのだが」。	

いろいろなサービス

I'd prefer it if you didn't.
* prefer は「むしろ…のほうを好む」。

ランドリーサービスはありますか？

Do you have laundry service?
ドゥ ユ ハブ ローンドリィ サービス↗

▶ Do you have laundry service?
▷ Yes, but not after 6:00(six) p.m.
　イェス バット ナット アフター　　　　スィクス ピエム
　（ございますが、受付は午後6時までとなっております）

I have some laundry.（洗濯物をお願いします）

洗濯物の仕上がりはいつですか？

When will my laundry be ready?
フェン ウィル マイ ローンドリィ ビ レディ

▶ When will my laundry be ready?
▷ It'll be done by Monday.
　イットル ビ ダン バイ マンディ
　（月曜日までには仕上がります）

When can I expect my laundry?
* expect は「待つ」「期待する」。

シミ抜きをお願いします。

Could you get this stain out?
クジュ ゲット ディス ステイン アウト↗

▶ Could you get this stain out?
▷ We'll try.（やってみましょう）
　ウィル トライ

Will this stain come out?
* come out で「（シミが）抜ける」。

■ワードリスト

- ■外線電話 outside call
  アウトサイド コール
- ■モーニングコール wake-up call
  ウェイクアップ コール
- ■掃除する clean
  クリーン
- ■予約する make a reservation
  メイク ア リザベイション
- ■マッサージ massage
  マッサージ
- ■ルームサービス room service
  ルーム サービス
- ■ランドリーサービス laundry service
  ローンドリィ サービス
- ■FAXを送る send a fax
  センド ア ファックス
- ■料金 charge
  チャージ

第2章 ホテル

| いろいろなサービス

第2章 ホテル

メールをチェック
したいのですが。
I want to check my e-mail.
アィ ワントゥ チェック マイ イーメイル

▶ I want to check my e-mail.
▷ There's a slight charge for the use of the hotel computer.
ゼアズ アスライト チャージ フォ ザ ユース オブ ザ ホゥテル カンピューター
(ホテルのコンピューターがご使用いただけますが、少々料金がかかります)

* charge は「料金」「手数料」。
Can I check my e-mail?

部屋から部屋へ
の電話はどうや
ってかけるんで
すか?
How can I make a room to room call?
ハウ キャナイ メイク ア ルーム トゥ ルーム コール

* make a room to room call で「(ホテルなどで)部屋から別の部屋に電話をかける」。

▶ How can I make a room to room call?
▷ Dial 8(eight) and the room number, please.
ダイアル エイト アンド ザ ルーム ナンバー プリーズ
(8のあとに先方の部屋番号をダイヤルしてください)

I need some help making a room to room call.

外線に電話する
にはどうするん
ですか?
How do I make an outside call?
ハウ ドゥ アイ メイク アン アウトサイド コール

▶ How do I make an outside call?
▷ Just dial 9(nine) first.
ジャスト ダイアル ナイン ファースト
(最初に9をダイヤルしてください)

What do I do to make an outside call?

日本へ電話した
いのですが。
I'd like to make a call to Japan.
アイド ライク トゥ メイク ア コール トゥ ジャパン

▶ I'd like to make a call to Japan.
▷ Yes, sir. Please dial 011(zero one one) first.
イエス サー プリーズ ダイアル ゼロ ワン ワン ファースト
(かしこまりました。まず011を回してください)

Connect me to Japan, please.

いろいろなサービス

部屋から日本に電話をかけられますか？	**Can I make a call to Japan from my room?** キャナイ メイク ア コール トゥ ジャパン フロム マイ ルーム ♪

▶ Can I make a call to Japan from my room?
▷ Yes. I can assist you.
　イェス アイ キャン アスィスト ユ
　(はい。お手伝いいたします)

Can I dial Japan from my room?

日本にファックスを送りたいのですが。	**I'd like to send a fax to Japan.** アイド ライク トゥ センド ア ファックス トゥ ジャパン

＊ send a fax で「ファックスを送る」。

▶ I'd like to send a fax to Japan.
▷ How many pages do you have?
　ハウ メニィ ペイジズ ドゥ ユ ハブ
　(何ページありますか？)

Can you fax this to Japan for me?

催し物のリストはありますか？	**Do you have a listing of events?** ドゥ ユ ハブ ア リスティング オブ イベンツ ♪

▶ Do you have a listing of events?
▷ I'll get you one. (お持ちします)
　アイル ゲッチュ ワン

Can I get a list of the events?

第2章 ホテル

部屋の掃除をお願いしたいとき

ホテルでは、朝になるとハウスキーパー（ルームメイド）が部屋の掃除にやってきます。前もって、朝早く掃除をお願いするか、あるいは在室中なので掃除をあとにしてもらうかは、備え付けのカードを部屋のドアノブにかけて知らせます。

DO NOT DISTURB — 遅くまで寝ていたいときはDO NOT DISTURB「起こさないでください」と書かれているほうを表にかけます。

MAKE UP THIS ROOM — 掃除をお願いしたいときはMAKE UP THIS ROOM「掃除をしてください」と書かれているほうを表にかけます。

ちょっと外出

第2章 ホテル

部屋の鍵を預かってください。
Will you keep my room key?
ウィル ユ キープ マイ ルーム キィ♪

▶ Will you keep my room key?
▷ We can do that for you.
　ウィ キャン ドゥ ザット フォ ユ
　（かしこまりました）

Please hold on to my key.
* hold on to ... で「…を持っておく」。

タクシーを呼んでください。
Would you get me a taxi?
ウジュ ゲット ミ ア タクスィ♪

▶ Would you get me a taxi?
▷ Right away, sir.（すぐに手配します）
　ライタウェイ サー

Could you call a taxi?

今すぐ私の部屋を掃除してください。
Please clean my room now.
プリーズ クリーン マイ ルーム ナウ

▶ Please clean my room now.
▷ Of course. We'd be happy to.
　オブ コース ウィド ビ ハピィ トゥ
　（はい。承知いたしました）

Could you clean my room now?

鍵をなくしてしまいました。
I've lost my key.
アイブ ロスト マイ キィ

▶ I've lost my key.
▷ Let me get you a new one.
　レッミ ゲッチュ ア ニュー ワン
　（新しい鍵をご用意いたしましょう）

I've misplaced my key.
* misplace は「置き違える」「置き忘れる」。

鍵を部屋に置き忘れてしまいました。
I locked myself out.
アイ ロックト マイセルフ アウト

* lock oneself out で「(鍵を忘れたまま錠をかけ

ちょっと外出

てしまって）中に入れなくなる」「締め出される」。

> What happened, sir?
> （どうなさいましたか？）

▶ I locked myself out.

I left my key inside my room.

402号室をお願いします。（フロントで鍵を受け取るとき）

Room 402 (four zero two), please.

▶ Room 402, please.
> Here you go, sir.（どうぞ）

I'd like the key to room 402, please.

部屋番号を忘れてしまいました。

I forgot my room number.

▶ I forgot my room number.
> May I have your name?（お名前は？）

Could you tell me my room number?

402号室に何かメッセージはありますか？

Are there any messages for room 402 (four zero two)?

▶ Are there any messages for room 402?
> There are two messages for you.
> （2件ほどうけたまわっております）

Any messages for room 402?

私に電話がありましたか？

Has anybody called me?

▶ Has anybody called me?
> Yes. Mr. Aoki called you.
> （はい。青木様からお電話がありました）

Do I have any messages?

第2章 ホテル

チェックアウトの準備

チェックアウトは何時ですか？	**What time is check-out?** ワッタイム イズ チェックアウト

> ▶ What time is check-out?
> ▷ Eleven o'clock in the morning.
>   イレブン オクロック イン ザ モーニング
>   （朝11時です）

When do I need to check out?

午後まで部屋を使えますか？	**May I use the room till this afternoon?** メイ アイ ユーズ ザ ルーム ティル ディス アフターヌーン♪

> ▶ May I use the room till this afternoon?
> ▷ It's available till one o'clock.
>   イッツ アベイラブル ティル ワン オクロック
>   （1時まででしたら、けっこうです）

I'll need the room until this afternoon, is that okay?

1日早くたちたいのですが。	**I'd like to leave one day earlier.** アイド ライク トゥ リーブ ワン ディ アーリャ

> ▶ I'd like to leave one day earlier.
> ▷ I'll arrange that for you.
>   アィル アレィンジ ザット フォ ユ
>   （お手続きいたします）

* arrange は「手配する」「用意しておく」「準備する」。

I'm going to leave a day early.

もう1泊したいのですが。	**I'd like to stay one more night.** アイド ライク トゥ スティ ワン モァ ナイト

> ▶ I'd like to stay one more night.
> ▷ We'll be glad to have you.
>   ウィル ビ グラッド トゥ ハブ ユ
>   （喜んでうけたまわります）

I'd like to leave one day later.

チェックアウトの準備

ご出発は何時ですか？	**What time are you leaving?** ワッタイム ア ユ リービング What time do you leave?
—— 10 時です。	**At ten o'clock.** アト テン オクロック I'm leaving at ten.
それでは7時にここを出なければ。	**I have to leave here at seven then.** アイ ハフ トゥ リーブ ヒャ アト セブン ゼン * leave ... で「…を出発する」。 ▷ The traffic will be heavy in the morning. ザ トラフィック ウィル ビ ヘビィ イン ザ モーニング (朝は道が混んでいますよ) ▶ I have to leave here at seven then. I need to be on my way by seven then.
1時の便に乗るには、何時に出ればいいですか？	**When should I leave for a one o'clock flight?** フェン シュド アイ リーブ フォア ワン オクロック フライト ▶ When should I leave for a one o'clock flight? ▷ Leave at 10:00(ten) a.m. by the latest. リーブ アト テン エイエム バイ ザ レイテスト （遅くとも午前10時までにご出発ください） What time should I leave for my one o'clock flight?
空港までの送迎バスはありますか？	**Do you have bus service to the airport?** ドゥ ユ ハブ バス サービス トゥ ジ エアポート ▶ Do you have bus service to the airport? ▷ We sure do. When do you need it? ウィ シュア ドゥ フェン ドゥ ユ ニード イト （ございます。いつご入用ですか？） Are there shuttle buses running to the airport?
空港行きのバスはどこで乗れますか？	**Where can I catch the bus to the airport?** フェア キャナイ キャッチ ザ バス トゥ ジ エアポート ▶ Where can I catch the bus to the airport?

第2章 ホテル

チェックアウトの準備

▷ Right around the corner.
 (すぐそこの角です)

How do I get a bus to the airport?

明朝7時にタクシーを回してくれますか？

Will you send a cab at seven tomorrow morning?

▶ Will you send a cab at seven tomorrow morning?
▷ Let me make a note of that.
 (書き留めておきます)

＊make a note で「メモする」「書き留める」。

I'd like a cab to pick me up at seven.

■ワードリスト

- 空港 airport
- 出発する leave
- 送迎バス bus service
- タクシー taxi / cab
- チェックアウト check-out
- (飛行機の)便 flight

チェックアウト

チェックアウトをお願いします。	**I'd like to check out now.** アイド ライク トゥ チェック **アウト** ナウ

> ▶ I'd like to check out now.
> ▷ What's your room number?
> ワッツ ユア ルーム ナンバー
> （部屋番号はおいくつですか？）

I'll be checking out now.

預けたものを受け取りたいのですが。	**I'd like to get my stuff from the safe.** アイド ライク トゥ ゲット マイ ス**タッ**フ フロム ザ **セ**イフ ＊ safe は「金庫」。

> ▶ I'd like to get my stuff from the safe.
> ▷ Let me get it for you.（お持ちします）
> レッミ ゲッレッ フォ ユ

I'm ready to take my things from the safe now.

明細書を確認させてください。	**Can I check the bill?** キャナイ **チェッ**ク ザ **ビ**ル♪

> ▷ It comes to $960(nine hundred sixty
> イト カムズ トゥ　　　　　　ナイン ハンドレッド スィクスティ
> dollars).（960ドルになります）
> ダラーズ
> ▶ Can I check the bill?

May I verify the bill?　＊ verify は「確かめる」。

請求はこれで全部ですか？	**Is this the complete bill?** イズ ディス ザ カンプリート **ビ**ル♪

> ▶ Is this the complete bill?
> ▷ It's all there.（それで全部です）
> イッツ オール ゼア

Is everything included in the bill?

この62ドルは何の料金ですか？	**What's this $62(sixty-two dollars) for?** ワッツ ディス スィクスティトゥ ダラーズ フォ

> ▶ What's this $62 for?

第2章 ホテル

チェックアウト

▷ It's for a call you made.（電話代です）

Why am I being charged sixty-two dollars?

冷蔵庫から何か飲まれましたか？
Did you drink anything from the refrigerator?

Owe us for anything from the refrigerator?
＊〈owe＋人＋for ...〉は「…に関して〜（人）に支払う義務がある」。

──ビール2本とコーラを1本飲みました。
I had two beers and a coke.

部屋の冷蔵庫は使っていません。
I had nothing from the minibar.
＊minibarはドリンクやアルコール飲料が多く入った冷蔵庫。

▶ I had nothing from the minibar.
▷ Very well, sir.（承知しました）

I didn't drink anything from the minibar.

私は電話はかけておりませんが。
I didn't make any calls.

▶ I didn't make any calls.
▷ I'll check.（お調べいたします）

■ワードリスト

- ■貴重品 valuables
- ■金額 amount
- ■合計 total
- ■市内電話 local call
- ■支払う pay
- ■税金 tax
- ■チェックアウトする check out
- ■長距離電話 long-distance call
- ■明細書 bill
- ■領収書 receipt
- ■冷蔵庫 refrigerator

第2章 ホテル

チェックアウト

I didn't call anyone.

有料テレビは見ていません。
I didn't watch any pay-TV.
アイ ディデント ワッチ エニィ ペイティビィ

* pay-TV は「有料テレビ」。

▶ I didn't watch any pay-TV.
▷ Was there anybody else in your room?
   ワズ ゼァ エニィバディ エルス イン ユァ ルーム
   (誰か他の人が見ていませんでしたか?)

I watched regular TV only.

ルームサービス代はその場で支払いました。
I paid for room service when I got it.
アイ ペイド フォ ルーム サービス フェン アイ ガッレィ

▶ I paid for room service when I got it.
▷ We'll check our records again.
   ウィル チェック アゥア レコーズ アゲン
   (記録を再確認いたします)

* record は「記録」。

I didn't charge it to the room. I paid for it.
* charge to ... は「…に(勘定を)つける」。

部屋に忘れ物をしました。
I left something in my room.
アイ レフト サムスィング イン マイ ルーム

▶ I left something in my room.
▷ What is it?(どんな物でしょう?)
   ワット イズ イット

I forgot something in my room.

■ワードリスト

- ■飲食代 dining charge ダイニング チャージ
- ■クリーニング代 laundry charge ローンドリィ チャージ
- ■サービス料 service charge サービス チャージ
- ■室料 room charge ルーム チャージ
- ■ルームサービス代 room service charge ルーム サービス チャージ
- ■有料テレビ pay-TV ペイティビィ
- ■置き忘れる leave リーブ
- ■荷物を預かる keep one's baggage キープ ワンズ バァゲッジ
- ■付加価値税(VAT) VAT (=Value Added Tax) ヴィエィティ バリュー アディド タァクス
- ■調べる/確認する check チェック
- ■金庫 safe セイフ

チェックアウト

| 3時まで荷物を預かってもらえますか？ | **Could you keep my baggage till three o'clock?**
クジュ キープ マイ バァゲッジ ティル スリー オクロック♪ |

▶ Could you keep my baggage till three o'clock?
▷ No problem.（承知いたしました）
　ノウ　プラブラム

Could you store my baggage till my departure time?
（出発時刻まで荷物を預かってもらえますか？）

| 預けた荷物を受け取りに来ました。 | **I'd like to pick up my bags.**
アイド ライク トゥ ピック アップ マイ バァグズ
＊pick up で「（物を）取りにくる」。 |

▶ I'd like to pick up my bags.
▷ They're ready for you.
　ゼィア　レディ フォ ユ
　（お荷物はすぐに出せるようにしてあります）

I'll be picking up my bags.

| ありがとう。楽しく過ごせました。 | **Thank you. I enjoyed my stay here.**
サンキュ　アイ エンジョイド マイ スティ ヒャ |

▶ Thank you. I enjoyed my stay here.
▷ Thank you.（ありがとうございました）
　サンキュ

＊応答の Thank you. は「こちらこそありがとう」の意味なので、you が強く発音される。

Thanks. I had a great time here.

第3章 レストラン

レストランをさがす
予約する
席に着くまで
メニューを見る
飲み物の注文
料理の注文
デザートの注文
食事中のやりとり
クレーム
お勘定
その他の飲食店で

レストランをさがす

第3章 レストラン

レストランが多いのはどのあたりですか？	**Where's a good area for restaurants?** フェアズ ア グッド エァリァ フォ レストランツ

▶ Where's a good area for restaurants?
▷ You should try around the station.
　ユ　シュド　トゥラィ　アラウンド　ザ　ステイション
　(駅の周辺を当たってみてください)

Where will I find some good restaurants?

近くに和食レストランはありますか？	**Is there a Japanese restaurant near by?** イズ　ゼァ　ア　ジャパニーズ　レストラン　ニャ　バィ ⤴

▶ Is there a Japanese restaurant near by?
▷ There's Shogun.
　ゼァズ　ショーグン
　(「将軍」というレストランがあります)

Any Japanese restaurants in the area?

おすすめのレストランはありませんか？	**Could you recommend a good restaurant?** クジュ　リコメンド　ア　グッド　レストラン ⤴

▶ Could you recommend a good restaurant?
▷ The one around the corner is
　ザ　ワン　アラウンド　ザ　コーナー　イズ
　excellent. (角にいい店がありますよ)
　エクセレント

Any good restaurants around here?

おいしい地元の料理はどこで食べられますか？	**Which restaurant serves good local food?** フィッチ　レストラン　サーブズ　グッド　ロゥクル　フード ＊日本語で「ローカル」と言うと、「都会」に対する「地方の」を意味するが、英語の local は「ある特定の地域の」。

▶ Which restaurant serves good local food?

レストランをさがす

▷ The one in the hotel is good.
（ホテル内のレストランがいいですよ）

Do you know a restaurant serving good local food?

| 手頃な値段でおいしい店を知りませんか？ | **Do you know a nice, reasonably priced restaurant?** |

* reasonably は「適度に」「手頃に」。priced は「(…な) 価格の」。

▶ Do you know a nice, reasonably priced restaurant?
▷ Just so happens I do.
（ちょうど知ってますよ）

* It just so happens …. の It を省略した文。「よくぞ聞いてくれた」というニュアンスがある。

Is there a nice restaurant with reasonable prices?

| 地元の人がよく行くレストランはありますか？ | **Are there any restaurants where mostly local people go?** |

▶ Are there any restaurants where mostly local people go?
▷ Several, yes.（数件あります）

What restaurants do the locals frequent?
* frequent は「よく出入りする」。

| シーフードのおいしい店を教えてください。 | **Where can I find a good seafood restaurant?** |

▶ Where can I find a good seafood restaurant?
▷ Our brochure lists several good ones.
（パンフレットにリストアップされていますよ）

* brochure は「(営業・宣伝用の) パンフレット」。

レストランをさがす

Are there any good seafood restaurants around?

軽い食事をしたいのですが。

I'd just like to have a light meal.
アイド ジャスト ライク トゥ ハブ ア ライト ミール

＊この light は「軽い」。

▶ I'd just like to have a light meal.
▷ Why don't you try a fast food restaurant?
ホワイ ドンチュ トゥライ ア ファスト フード レストラン
（ファーストフード店でもいかがですか？）

A light meal is what I have in mind.

食べ放題の店はありますか？

Is there an all-you-can-eat restaurant?
イズ ゼア アン オールユキャンイート レストラン↗

＊ all-you-can-eat は「食べ放題の」。

▶ Is there an all-you-can-eat restaurant?
▷ Oh, you want a buffet.
オウ ユ ワント ア バフェイ
（バイキングをおさがしですね）

＊ buffet は［バフェイ］と発音し、日本語の「バイキング」に当たる。

Do you know an all-you-can-eat restaurant?

その店に日本語のメニューはありますか？

Does the restaurant have a menu in Japanese?
ダズ ザ レストラン ハブ ア メニュー イン ジャパニーズ↗

＊ in Japanese で「日本語で（書かれた）」。

▶ Does the restaurant have a menu in Japanese?
▷ Unfortunately not.（残念ながらありません）
アンフォーチュネトリィ ナット

＊ unfortunately は「残念ながら」「あいにく」。好ましくないことを言うときの前置きとしてよく使われる。

この時間に開いている店はありますか？

Is there a restaurant open at this time?
イズ ゼア ア レストラン オウプン アト ディス タイム↗

▶ Is there a restaurant open at this time?

レストランをさがす

▷ The one across the street is open twenty-four hours.
(向かいの店は24時間営業です)

Do you know of any restaurants open now?

レストランで楽しめる世界の料理

■ アメリカ料理

カリフォルニア料理	California cuisine
*フランス料理をベースに野菜を多用したヘルシーな料理。	
地ビールレストラン	restaurant brewing its own beer
*アメリカでは非常に多い、地ビールが飲めるレストラン。	

■ アメリカの地方料理

ケイジャン料理	Cajun food
*ニューオリンズを中心としたルイジアナ独特の料理で、魚介類や米を多用する。煮込みやスパイシーなものが多い。	
クレオール料理	Creole food
南西部料理	Southwestern food
*ニューメキシコやアリゾナあたりの料理。メキシコ料理に近い。	

■ 西洋料理

イタリア料理	Italian food	フランス料理	French food
スペイン料理	Spanish food	ドイツ料理	German food
地中海料理	Mediterranean food	ロシア料理	Russian food

■ アジア・エスニック料理

中華料理	Chinese food	インド料理	Indian food
韓国料理	Korean food	ベトナム料理	Vietnamese food

■ その他

寿司屋	sushi bar	ラーメン屋	ramen restaurant
郷土料理	local food	自然食	organic food

レストランをさがす

英語圏のレストラン事情

■アメリカ

日本同様、さまざまな国の料理が楽しめるのがアメリカのレストラン。イタリア料理、メキシコ料理、中華料理あたりはかなり浸透しています。ステーキやハンバーガーが典型的なアメリカ料理ですが、国民食のハンバーガーはファストフード店とは一味違う本格的なものも一般のレストランでは味わえます。

ファストフードもさすが本場といった貫禄で、ハンバーガーやフライドチキンのみならず、ピザやメキシカンから中華まで楽しめます。どこでも同じ値段、同じ味というDenny'sなどのチェーン店も、店選びに困ったときには意外に助かりますので大いに活用しましょう。

■イギリス

シンプルな味付けで素材の持ち味を生かすのが英国式の調理法。代表的な料理としてはローストビーフなどが挙げられます。また、フィッシュアンドチップスもイギリスの代表的な料理。専門店はもちろん、アイリッシュパブやテイクアウト専門の店、公園の屋台にまで出ている人気メニューです。

フレンチやイタリアンをベースにエスニックを加えた、モダンブリティッシュと呼ばれる料理の分野も登場しています。インド料理も人気が高く、たくさんのレストランがあります。

■オーストラリア

オーストラリア料理には2種類あります。まずはさまざまな国の料理を取り入れたモダンオーストラリア料理と呼ばれる料理。このジャンルのレストランは都市部に多くあります。

もうひとつはアボリジニが食材とし、オーストラリア大陸に古くから生息する動植物を調理するネイティブオーストラリア料理です。カンガルーや、淡水魚バラマンディなどが食材として使われています。

店頭にBYO（Bring Your Own）というサインがよく見かけられるのもオーストラリアのレストランの特徴ですが、これは酒類販売のライセンスのない店で、アルコール持ち込みOKという意味です。栓抜きやグラスはレストランで貸してくれますが、少額のチャージを取られる場合もあります。

予約する

予約は必要ですか？	**Do we need a reservation?** ドゥ ウィ ニード ア リザベイション♪

> ▶ Do we need a reservation?
> ▷ No, sir. Walk right in.
>   ノゥ サー ウォーク ライト イン
>   (いいえ。予約なしでけっこうですよ)

* walk in で「(予約をせずに) 気軽に立ち寄る」。

Is a reservation required?

予約を受け付けますか？	**Do you take reservations?** ドゥ ユ ティク リザベイションズ♪

* take reservations で「予約を受け付ける」。

> ▶ Do you take reservations?
> ▷ Yes. Will that be for tonight?
>   イェス ウィル ザット ビ フォ トゥナイト♪
>   (はい。今晩の予約でございますか？)

Do you accept reservations?

予約をしたいのですが。	**Can I make a reservation?** キャナイ メイク ア リザベイション♪

* make a reservation で「予約する」。

> ▶ Can I make a reservation?
> ▷ I'm sorry. We don't take reservations.
>   アイム ソリィ ウィ ドント ティク リザベイションズ
>   (すみません。予約はうけたまわっておりません)

I'd like a reservation, please.

今晩7時に2名で予約したいのですが。	**I'd like to make a reservation for two at seven tonight.** アイド ライク トゥ メイク ア リザベイション フォ トゥ アト セブン トゥナイト

> ▶ I'd like to make a reservation for two at seven tonight.
> ▷ Sure. May I have your name?
>   シュア メイ アイ ハブ ユア ネイム♪
>   (かしこまりました。お名前をいただけますか？)

第3章 レストラン

103

予約する

* May I have your name? は What is your name? よりも丁寧な表現。

I'd like a reservation for seven tonight for two, please.

喫煙席はありますか？	**Do you have smoking seats?** ドゥ ユ ハブ スモウキング スィーツ ↗

* smoking は「喫煙の」、nonsmoking は「禁煙の」。

> ▶ Do you have smoking seats?
> ▷ Unfortunately, we don't.
>   アンフォーチュネトリィ ウィ ドント
>   (あいにくございません)

Are there any smoking seats?

ディナーは何時からですか？	**What time do you start serving dinner?** ワッタイム ドゥ ユ スタート サービング ディナー

> ▶ What time do you start serving dinner?
> ▷ Every evening at four.
>   エブリィ イーブニング アト フォー
>   (夕方4時からです)

When do you begin serving dinner?

小さな子供も入れますか？	**Can we bring a small child?** キャン ウィ ブリング ア スモール チャイルド ↗

> ▶ Can we bring a small child?
> ▷ We'd rather you didn't.
>   ウィド ラザー ユ ディデント
>   (遠慮していただけると助かります)

* We'd (＝We would) rather you didn't. は丁寧に断るときの決まり文句。

■ワードリスト

- ■喫煙席 smoking seat スモウキング スィート
- ■禁煙席 nonsmoking seat ナンスモウキング スィート
- ■営業時間 business hours ビズィネス アワァズ
- ■予約する make a reservation メイク ア リザベィション
- ■ディナー dinner ディナー
- ■ランチ lunch ランチ
- ■ドレスコード(服装の決まり) dress code ドレス コゥド

予約する

Is it okay to bring a small child?

Tシャツでも入れますか？

Can we go in wearing T-shirts?
キャン ウィ ゴゥ イン ウェアリング ティシャーツ♪

▶ Can we go in wearing T-shirts?
▷ No. No jeans or T-shirts, please.
ノゥ ノゥ ジーンズ オワ ティシャーツ プリーズ
（ジーンズ、Tシャツはご遠慮ください）

Can we enter wearing T-shirts?

服装の決まりはありますか？

Do you have a dress code?
ドゥ ユ ハブ ア ドレス コゥド♪

＊欧米ではフォーマルなレストラン、クラブなどに入るのに dress code「服装の決まり」のある場合がある。

▶ Do you have a dress code?
▷ A jacket is required for men.
ア ジャケット イズ リクワィァド フォ メン
（男性は上着が必要です）

＊ be required で「要求されている」。

Is there a dress code?

席に着くまで

第3章 レストラン

| 入る前にメニューを見せていただけますか？ | **May I see a menu before I enter?**
メイ アイ スィ ア メニュー ビフォ アイ エンター♪ |

> ▶ May I see a menu before I enter?
> ▷ Of course. Here you go.
>   オブ コース ヒャ ユ ゴゥ
>   （もちろんです。どうぞ）

＊Here you go. は Here you are. や Here it is. と同様、人に物を差し出すときに使う表現。

I'd like to see the menu before coming in.

| こんばんは。ご予約はいただいていますか？ | **Good evening. Do you have a reservation?**
グッド イーブニング ドゥ ユ ハブ ア
リザベイション♪ |

Welcome. Do we have a reservation for you?

| ——6時に予約している青木です。 | **My name is Aoki. I have a reservation at six.**
マイ ネィム イズ アオキ アィ ハブ ア リザベイション アト スィクス |

I have a reservation under the name Aoki at six.

| ——予約はしておりません。 | **We don't have a reservation.**
ウィ ドント ハブ ア リザベイション |

> ▶ We don't have a reservation.
> ▷ Then, there'll be a half hour wait.
>   ゼン ゼァル ビ ア ハーフ アゥァ ウェイト
>   （それでは30分待ちとなりますが）

We have no reservation.

| 何名様ですか？ | **How many in your party?**
ハゥ メニィ イン ユァ パーティ |

＊この party は「団体」「一行」という意味で「パーティ」ではないことに注意。

How many?
＊言い方によってはぶっきらぼうに聞こえることもある。

席に着くまで

——2人です。	**Two.** トゥ There are two.
2名様、お食事ですか？	**Two for dinner?** トゥ フォ ディナー Will you two be having dinner?
——飲みに来ただけです。	**No. We're just having drinks.** ノゥ ウィア ジャスト ハビング ドリンクス We're here for drinks only.
——もう1名あとから来ます。	**Another person will join us later.** アナザー パーソン ウィル ジョイン アス レイター * later は「あとで」「遅れて」。 One more person in coming later.
ご案内するまでお待ちください。	**Please wait to be seated.** プリーズ ウェイト トゥ ビ スィーティッド * be seated で「座る」「席に着く」。 Please wait while we find you a table.
コートをお願いできますか？	**Can I check my coat?** キャナイ チェック マイ コゥトゥ * この check は「(所持品を) 一時預ける」。 ▶ Can I check my coat? ▷ Yes. The man over there will help you. 　 イェス ザ マン オゥバー ゼア ウィル ヘルプ ユ 　 (あちらでお預かりいたします) I'd like to check my coat, please.
窓際のテーブルをお願いします。	**We'd like a table by the window, please.** ウィド ライク ア ティブル バイ ザ ウィンドゥ プリーズ ▶ We'd like a table by the window, please. ▷ Sure. I can arrange that. 　 シュア アイ キャン アレインジ ザット 　 (かしこまりました。ご用意いたします) * arrange は「整える」「用意する」。 We'd like to sit by the window, please.

第3章 レストラン

席に着くまで

すみません。ここに座ってもいいですか？（カウンター席で）	**Excuse me. Can I sit here?** Is anyone sitting here?
すみません、ここは空いていません。（カウンター席で）	**Sorry, it's already taken.** * この take は「（場所・座席などを）取る」「占める」。 Sorry, it's not available.
コーヒーだけでもかまいませんか？（レストランの入口で）	**Can we just have coffee?** ▶ Can we just have coffee? ▷ If you just want coffee, they'll serve you in the bar. （コーヒーだけでしたら、バーのほうへどうぞ） Would it be all right to have coffee only?
友人がバーで待っているので、さがしてみていいですか？	**My friend's waiting in the bar. Can I take a look?** * take a look で「ちょっと見てみる」。 ▶ My friend's waiting in the bar. Can I take a look? ▷ Go ahead, please.（どうぞ） * Go ahead. で「どうぞ」。

■ワードリスト

- ■一行 party
- ■喫煙席 smoking seat
- ■禁煙席 nonsmoking seat
- ■入る enter
- ■クローク cloakroom
- ■コート coat
- ■隅で in the corner
- ■開く open
- ■窓際で by the window
- ■予約 reservation

席に着くまで

テーブルセッティング

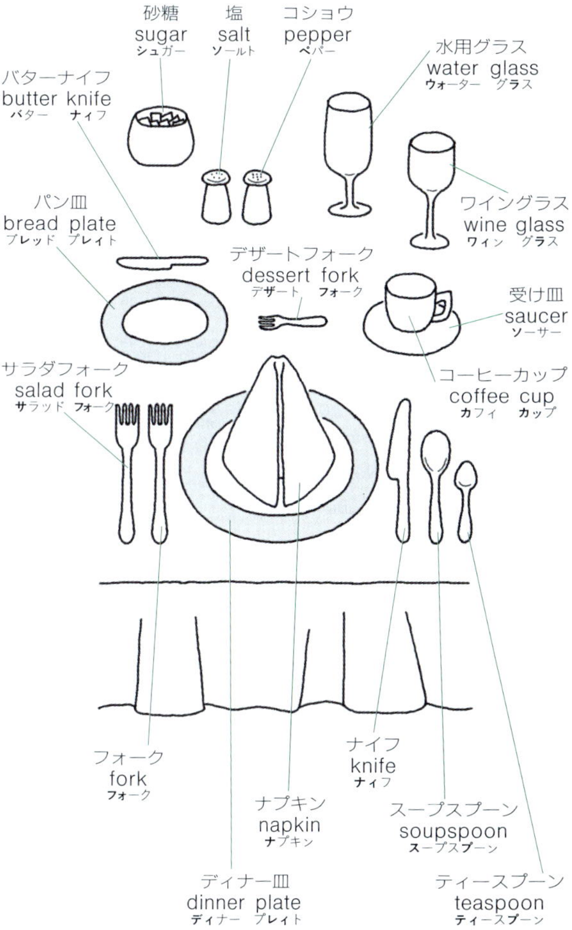

- 砂糖 sugar シュガー
- 塩 salt ソールト
- コショウ pepper ペパー
- 水用グラス water glass ウォーター グラス
- バターナイフ butter knife バター ナイフ
- ワイングラス wine glass ワイン グラス
- パン皿 bread plate ブレッド プレイト
- デザートフォーク dessert fork デザート フォーク
- 受け皿 saucer ソーサー
- サラダフォーク salad fork サラッド フォーク
- コーヒーカップ coffee cup カフィ カップ
- フォーク fork フォーク
- ナイフ knife ナイフ
- ナプキン napkin ナプキン
- スープスプーン soupspoon スープスプーン
- ディナー皿 dinner plate ディナー プレイト
- ティースプーン teaspoon ティースプーン

第3章 レストラン

メニューを見る

メニューをいた
だけますか？

May I have the menu?
メィ アィ ハブ ザ メニュー♪

▶ May I have the menu?
▷ I'll be right back.
　アィル ビ ライト バァク
　（すぐに持って参ります）

＊ I'll be right back. は客の注文を受けたときに使うひとこと。

I'd like to look over the menu, please.

まだ決まってい
ません。

Not yet.
ナット イェット

＊ yet は、否定文では「まだ…していない」、疑問文では「もう…したか？」。

▷ Are you ready to order?
　ア ユ レディ トゥ オーダー♪
　（ご注文はよろしいでしょうか？）
▶ Not yet.

Not quite yet.

またあとで来て
もらえますか？

Could you come back later?
クジュ カム バァク レィター♪

▶ Could you come back later?
▷ Sure. Take your time.
　シュァ ティク ユァ タィム
　（かしこまりました。ごゆっくりどうぞ）

＊ Take your time. は「ごゆっくりどうぞ」という決まり文句。

Please give us some time.

メニューについ
て教えてくださ
い。

Would you help me with this menu?
ウジュ ヘルプ ミ ウィズ ディス メニュー♪

▶ Would you help me with this menu?
▷ I'd be more than happy to.
　アィド ビ モァ ザン ハピィ トゥ
　（何なりとお尋ねください）

メニューを見る

Would you assist me with this menu?

| 何がおすすめで すか？ | **What do you recommend?**
ワット ドゥ ユ リコメンド
* recommend は「勧める」「推薦する」。 |

▶ What do you recommend?
▷ What are you hungry for?
　ワット ア ユ ハングリィ フォ
　（どんな物が食べたいのですか？）

* be hungry for ... で「…が食べたい」。
What is your suggestion?
* suggestion は「提案」「おすすめ」。

| この地方の名物 料理はあります か？ | **Do you have any local dishes?**
ドゥ ユ ハブ エニィ ロウクル ディシィズ♪
*日本語で「ローカル」と言うと、「都会」に対する「地方の」を意味するが、英語の local は「ある特定の地域の」。この dish は「皿」ではなく「料理」。 |

▶ Do you have any local dishes?
▷ We're famous for salmon here.
　ウィア フェイマス フォ サァモン ヒャ
　（ここはサケで有名です）

* be famous for ... で「…で有名である」。salmon「サケ」の発音は [サーモン] ではなく [サァモン] となる。

Are there any local dishes on your menu?

| 手軽なコース料 理はどれです か？ | **Do you have a light course meal?**
ドゥ ユ ハブ ア ライト コース ミール♪ |

▶ Do you have a light course meal?
▷ I suggest you order à la carte.
　アイ サジェスト ユ オーダー ア ラ カート
　（アラカルトで選んでいただくことになります）

* à la carte は「アラカルトで」。
Do you have anything light?

| ベジタリアン向 きの料理を教え てください。 | **Which dish is vegetarian?**
フィッチ ディッシュ イズ ベジテェリァン |

▶ Which dish is vegetarian?

メニューを見る

> How about vegetable stew?
> ハウ アバウト ベジタブル ステュー
> （野菜シチューはいかがでしょう）

Which dishes are vegetarian?

| どんな料理か説明してもらえますか？ | **Would you explain this dish?**
ウジュ エクスプレイン ディス ディッシュ♪
＊explain は「説明する」。|

▶ Would you explain this dish?
▷ It's a kind of chicken soup.
　イッツ ア カインド オブ チキン スープ
　（それはチキンスープの一種です）

What is it?

今日のスープは何ですか？ **What's the soup of the day?**
ワッツ ザ スープ オブ ザ ディ
＊... of the day で「今日の…」。

▶ What's the soup of the day?
▷ Beef vegetable is today's soup.
　ビーフ ベジタブル イズ トゥディズ スープ
　（ビーフコンソメの野菜スープです）

What's the soup du jour?
＊もともと du jour はフランス語で、「本日の」を意味する。［デジュア］と発音。

食材は何ですか？ **What are the ingredients?**
ワット ア ジ イングリーディエンツ
＊ingredient は「材料」「内容物」。

▶ What are the ingredients?
▷ Chicken, vegetables and spices.
　チキン ベジタブルズ アンド スパイスィズ
　（鶏肉と野菜と香辛料です）

What's in it?

何か早くできるものはありますか？ **Do you have anything that's quick?**
ドゥ ユ ハブ エニィスィング ザッツ クィック♪

▶ Do you have anything that's quick?
▷ I suggest today's special.
　アイ サジェスト トゥディズ スペシャル
　（今日のスペシャルをお勧めします）

What would be fast?

メニューを見る

低カロリーの料理はありますか？	**Do you have any low-calorie dishes?**

▶ Do you have any low-calorie dishes?
▷ We have several.（数品ございます）

I have to avoid high-fat food.
（脂肪の多いものは食べられません）

その料理は油っこいですか？	**Is the dish oily?** ＊oilyは「油っこい」。

▶ Is the dish oily?
▷ Just a little oily.（少々油っこいです）

Is it an oily dish?

半人前はありますか？	**Do you serve a half portion?**

▶ Do you serve a half portion?
▷ Some sandwiches come in a half portion.
（サンドイッチで半人前のものがあります）

Do you offer a half portion?

■ワードリスト

- ■アラカルトで à la carte
- ■フルコース full-course meal
- ■サラダ salad
- ■食材 ingredient
- ■食前酒 drinks before meal / aperitif
- ■スープ soup
- ■勧める recommend
- ■前菜 appetizer
- ■地方の名産品 local dish
- ■デザート desert
- ■半人前 half portion
- ■本日の… … of the day
- ■メインディッシュ main dish / entrée
- ■メニュー menu
- ■ベジタリアン vegetarian

113

メニューを見る

これは辛いですか？	**Is this spicy?** イズ ディス スパイスィ ♪ * spicy は「香辛料のきいた」「辛口」、mild は「辛味のきつくない」「甘口」。 ▶ Is this spicy? ▷ No, it's not too spicy. 　ノゥ イッツ ナット トゥ スパイスィ 　（いいえ、それほど辛くはありません） Does this have a lot of spices in it?
召し上がっているお料理の名前をうかがっていいですか？（他の客に）	**May I ask the name of your dish?** メィ アィ アスク ザ ネィム オブ ユァ ディッシュ ♪ ▶ May I ask the name of your dish? ▷ Sure. It's beef stroganoff. 　シュァ イッツ ビーフ ストローガノフ 　（ええ。ビーフストロガノフです） What is that you're having?
あの男性が食べているのは何ですか？（ウェイター／ウェイトレスに）	**What's the dish that man is having?** ワッツ ザ ディッシュ ザット マン イズ ハビング ▶ What's the dish that man is having? ▷ That's the shrimp combo. 　ザッツ ザ シュリンプ カンボゥ 　（あれはシュリンプコンボです） * shrimp は「えび」、combo は「料理の組み合わせ」。 What's he having?

海外でのマナー◆レストラン編

　海外ではレストランにおけるマナーがはっきりと存在します。日本人の中にはウェイターやウェイトレスと呼ばれる、レストランの従業員にぞんざいな態度をとる人がいますが、これは絶対にやってはいけないこと。欧米では、彼らはプロフェッショナルと考えられているので、失礼な態度はあきらかにマナー違反で周囲に不快感を与えます。また、旅行先ではリラックスした服装になりがちですが、服装によっては案内される席の扱いが異なるレストランもあります。食事を楽しむときは、敬意を払ったふるまいと服装を心がけてください。

よく見かける料理名

前菜の盛り合わせ	assorted appetizers アソーティド アパタイザーズ
魚介類のサラダ	seafood salad スィーフード サラッド
自家製シチュー	home-style stew ホウムスタイル スチュー
タラのステーキ	codfish steak カッドフィッシュ スティク
チキンピカタ	chicken piccata チキン ピカータ
チキンポットパイ	chicken potpie チキン パットパイ
冷たい野菜スープ	gazpacho ギャスパーチョウ
ニジマスのフライ	pan-fried rainbow trout パンフライド レインボウ トラウト
バーベキューリブ	BBQ ribs バーベキュー リブズ
ビーフシチュー	beef stew ビーフ スチュー
ビーフストロガノフ	beef stroganoff ビーフ ストローガノフ
フィレミニョン	filet mignon フィレイ ミニャーン
豚のグリル焼き	pork chops ポーク チャップス
フライドチキン	fried chicken フライド チキン
プライムリブ	prime rib プライム リブ
蒸しロブスター	steamed lobster スティームド ラブスター
メカジキのあぶり焼き	broiled swordfish ブロイルド ソードフィッシュ
野菜サラダ	green salad グリーン サラッド
ローストビーフ	roast beef ロウスト ビーフ
ロールキャベツ	cabbage rolls / stuffed cabbage キャベッジ ロウルズ スタッフト キャベッジ

メニューを見る

調理法

メニューを見てどんな調理法かわからないと、注文に困ることがあります。簡単な調理法の表現を覚えておくと便利です。

油で軽く揚げた、または油で焼いた	sauteed ソゥティド
(果物などの)甘皮をむいた、水にさらした	blanched ブランチト
薄切りにした	sliced スライスト
菓子などを鉄板で焼く	griddle グリドル
刻んだ	chopped チャップト
くんせいにした	smoked スモゥクト
焦がした	burnt バーント
(ソースなどに)少し浸した	dipped ディップト
小さく砕いた	chipped チップト
詰めものをした	stuffed スタッフト
(肉を焼きながら)バター、タレ、脂肪などをかけた	basted ベイスティド
ブランデーの味と香りをつけた	brandied ブランディド
蒸した	steamed スティームド
炭火で焼いた	charbroild チャーブロイルド
焼いた	baked ベイクト
ゆでた	boiled ボイルド
(肉・魚を)酢・香辛料などに漬け込んだ	marinated マラネィティド
よく混ぜた、(クリームなど)ホイップした	beaten ビートゥン

飲み物の注文

ワインリストは ありますか？	**Do you have a wine list?** ドゥ ユ ハブ ア ワイン リスト♪

> ▷ Would you care for wine?
> ウジュ ケア フォ ワイン♪
> （ワインはいかがですか？）
>
> ▶ Do you have a wine list?

* care for ... は「…を好む」。Would you care for ...? で「…はいかがですか？」という表現。

Can I see the wine list?

この料理にはど のワインが合い ますか？	**Which wine goes with this dish?** フィッチ ワイン ゴウズ ウィズ ディス ディッシュ * go with ... で「…と合う」「…と調和する」。

> ▶ Which wine goes with this dish?
>
> ▷ Chablis goes best.
> シャブリー ゴウズ ベスト
> （シャブリが一番よく合いますよ）

Which wine do you recommend to have with this dish?　*recommendは「勧める」「推薦する」。

グラスで注文で きますか？	**Can I order it by the glass?** キャナイ オーダー イト バイ ザ グラス♪ * by the glass で「（ボトルではなく）グラスで」。

> ▷ I recommend our house wine.
> アイ リコメンド アウア ハウス ワイン
> （当店のハウスワインをおすすめします）
>
> ▶ Can I order it by the glass?

Can it be ordered by the glass?

赤ワインを1杯 ください。	**I'd like a glass of red wine.** アイド ライク ア グラス オブ レッド ワイン * a glass of ... で「（グラス）1杯の…」。

> ▷ Would you care for something to drink
> ウジュ ケア フォ サムスィング トゥドリンク
> before dinner?
> ビフォ ディナー♪
> （食事の前に何かお飲み物はいかがですか？）

飲み物の注文

	▶ I'd like a glass of red wine.
	A glass of red wine, please.
辛口でお願いします。	**Dry, please.** ドライ プリーズ
	▷ Would you like it dry or sweet? ウジュ ライク イト ドライ オア スウィート （ワインは辛口と甘口のどちらになさいますか？） ▶ Dry, please. I'd like dry.
どんなビールがありますか？	**What kind of beer do you have?** ワット カインド オブ ビア ドゥ ユ ハブ
	▶ What kind of beer do you have? ▷ We have a large selection. ウィ ハブ ア ラージ セレクション （多種取り揃えております）

いろいろな飲み物

ウィスキー	whiskey ウィスキィ	エスプレッソ	espresso エスプレソウ
オレンジジュース	orange juice オーレンジ ジュース		
カフェオレ	café au láit キャフェイ オウ レィ	牛乳	milk ミルク
紅茶	tea ティー	コーヒー	coffee カフィ
コーラ	coke コゥク	ココア	cocoa コゥコウ
シェリー	sherry シェリィ	シャンパン	champagne シャンペイン
ジンジャーエール	ginger ale ジンジャ エィル	スコッチ	scotch スカッチ
トマトジュース	tomato juice トメイトウ ジュース	バーボン	bourbon バーボン
ビール	beer ビア	ブランデー	brandy ブランディ
ミネラルウォーター	mineral water ミネラル ウォーター		
レモネード	lemonade レモネイド	ワイン	wine ワイン

飲み物の注文

* selection は「(同種の商品の) 品揃え」。

Can you tell me about your selection of beer?

地ビールはありますか？

Do you have any local beer?
ドゥ ユ ハブ エニィ ロゥクル ビア↗

▶ Do you have any local beer?
▷ Yes, we have some.
　イェス ウィ ハブ サム
　(はい、何種類かございます)

Do you offer any beer from this area?
* この offer は「(売りに) 出す」。

水でけっこうです。

Can I just have water, please?
キャナィ ジャスト ハブ ウォーター プリーズ↗

▷ Anything to drink?
　エニィスィング トゥ ドリンク↗
　(お飲み物はどうなさいますか？)
▶ Can I just have water, please?

Just water will be fine.

食事のスタートは食前酒から

　レストランでの注文は、まず食前の飲み物から始まります。Good evening. My name is John, and I'll be your waiter this evening. Would you like something from the bar?「こんばんは、今夜のウェイターのジョンです。食前のお飲み物はいかがいたしましょうか？」。ウェイターやウェイトレスは、このようなあいさつとともに飲み物を尋ねてきますので、そこで好みの食前酒の注文をするといいでしょう。

料理の注文

注文をお願いします。	**May I order?** *注文するときの決まり文句。 メイ アイ オーダー♪	

> ▶ May I order?
> ▷ Yes. Please go ahead. (はい。どうぞ)
>   イェス プリーズ ゴゥ アヘッド

＊Go ahead. で「どうぞ」。
Will you take our order?

何になさいますか？	**What would you like?** ワット ウジュ ライク May I take your order?
──ミートローフをお願いします。	**I'd like meat loaf, please.** アイド ライク ミート ロゥフ プリーズ I'll have meat loaf, please.
ポテトはどのように調理いたしましょうか？	**What kind of potato would you like?** ワット カインド オブ ポティト ウジュ ライク What's your choice of potato?
これをください。(メニューを指して)	**This one, please.** ディス ワン プリーズ

> ▶ This one, please.
> ▷ You mean spaghetti?
>   ユ ミーン スパゲティ♪
>   (スパゲッティですね？)

I'll take this one.

私にも同じものをください。	**Make it two, please.** メイク イト トゥ プリーズ

> ▷ I'd like roast beef, please.
>   アイド ライク ロゥスト ビーフ プリーズ
>   (ローストビーフをお願いします)
> ▶ Make it two, please.

＊roast は「(肉などを) オーブンで焼いた」「あぶった」。
I'll have the same, please.

料理の注文

| あの人と同じものを注文したいのですが。 | **I'll have what he's having.**
アイル ハブ ワット ヒーズ ハビング
＊近くにいる他の客が食べている物を指さして使うひとこと。

▶ I'll have what he's having.
▷ Very well, ma'am.（かしこまりました）
　ベリィ ウェル　マアム

＊この Very well. は「いいですよ」。また、ウェイター（ウェイトレス）は、男性客に対して sir を、女性客に対して ma'am をよく使う。
I'd like to order what he's having. |

| スープの代わりにサラダをつけてもらえますか？ | **Could I have a salad instead of soup?**
クド　アィ ハブ ア サラッド インステッド オブ スープ ╱
＊ instead of ... で「…の代わりに」。

▶ Could I have a salad instead of soup?
▷ I'll find out for you.
　アィル ファインド アウト フォ ユ
　（できるかどうか聞いてきます）

＊ find out で「調べる」。
Can I substitute the salad for the soup?
＊ substitute は「代わりになる」。 |

| ドレッシングは何になさいますか？ | **What kind of dressing would you like?**
ワット カインド オブ ドレッスィング　ウジュ　ラィク
What dressing would you like? |

| ──どんなものがありますか？ | **What do you have?**
ワット ドゥ ユ ハブ
What choices do I have? |

| 焼き加減はどういたしますか？ | **How would you like it?**
ハゥ　ウジュ　ラィク イト
＊ステーキの焼き加減を聞くときの決まり文句。
How would you like it done? |

| ──ミディアムでお願いします。 | **Medium, please.**
ミーディアム　プリーズ
＊生焼け＝rare、ほどよく焼いた＝medium、よく焼いた＝well-done。
I'd like medium, please. |

| 料理の注文

| どのサイズにいたしましょう？ | **What size?**
ワット サイズ
＊普通レストランでサイズを尋ねられるものには、飲み物のカップやグラスのサイズ、スープの皿のサイズ、ステーキやピザのサイズなどがある。 |

| ——中にしてください。 | **Medium, please.**
ミーディアム プリーズ
＊大＝large、中＝medium、小＝small。
I'd like to have medium, please. |

| みんなで分けて食べます。 | **We're going to share the food.**
ウィア ゴウイング トゥ シェア ザ フード
＊share は「分ける」。 |

▶ We're going to share the food.
▷ How many plates would you like?
ハウ メニィ プレイツ ウジュ ライク
（お皿は何枚お持ちしましょうか？）

We'll be sharing the food.

| スクランブルエッグでお願いします。 | **I'd like scrambled eggs, please.**
アイド ライク スクランブルド エッグズ プリーズ |

▷ How would you like your eggs?
ハウ ウジュ ライク ユア エッグズ
（卵の調理方法はどういたしますか？）
▶ I'd like scrambled eggs, please.

＊sunny-side up で「目玉焼き」、over-easy で「目玉焼きの両面を軽く焼いたもの」、boiled egg で「ゆで卵」。

Please scramble them.

| あまり辛くしないでください。 | **Please don't make it too spicy.**
プリーズ ドント メイク イト トゥ スパイスィ
＊spicy は「香辛料のきいた」「辛口」、mild は「辛味のきつくない」「甘口」。 |

▶ Please don't make it too spicy.
▷ We'll make it mild for you.
ウィル メイク イト マイルド フォ ユ
（甘口でお作りいたします）

Please don't use too much red pepper.
（トウガラシはあまり使わないでください）

料理の注文

他に何かございますか？	**Anything else?** エニィスィング エルス↗ Is there anything else?
——今のところはそれだけです。	**I think that's all for now.** アイ スィンク ザッツ オール フォ ナゥ ＊that's all は「それが（注文の）すべてです」という意味。for now で「今のところは」「当座は」。 That's it for now.
注文を変えてもいいですか？	**Can I change my order?** キャナイ チェインジ マイ オーダー↗ ▶ Can I change my order? ▷ What would you like instead? 　ワット ウジュ ライク インステッド 　（何になさいますか？） ＊instead は「代わりに」。 Is it too late to change my order?
パンのおかわりをお願いします。	**May I have more bread?** メイ アイ ハブ モァ ブレッド↗ ＊直訳は「もっとパンをいただいてもいいですか？」。 ▶ May I have more bread? ▷ I'll be back with fresh baked bread. 　アイル ビ バァク ウィズ フレッシュ ベイクト ブレッド 　（焼きたてをお持ちします） More bread, please.

第3章 レストラン

メニューの注文

ほとんどの高級レストランでは、日本と同様、前菜、スープ、メインディッシュ、デザートの順でメニューが書かれています。ただ、ステーキの焼き加減やポテトの調理法などをウェイターやウェイトレスから尋ねられることもあり、食事の注文は意外とやっかいなものでもあります。本章に掲載した会話例、料理名や食材の一覧を参考にトライしてください。

料理の注文

卵の焼き方を注文する

ホテルやレストランで朝ごはんを注文すると、卵の焼き方を尋ねられることがあります。

目玉焼き fried eggs
フライド エッグズ

片面焼き
sunny-sideup
サニィサイドアップ

両面焼き
over-easy
オゥバーイーズィ

ゆで卵 boiled eggs
ボイルド エッグズ

固ゆで
hard-boiled eggs
ハードボイルド エッグズ

半熟
soft-boiled eggs
ソフトボイルド エッグズ

スクランブルエッグ
scrambled eggs
スクランブルド エッグズ

ポーチドエッグ
poached eggs
ポーチト エッグズ

オムレツ
omelet
アムリット

じゃがいもの調理法を注文する

ステーキなどのつけあわせとして定番のじゃがいも料理も、調理方法をリクエストできます。

ベイクドポテト baked potato
ベイクト ポティトゥ

マッシュポテト mashed potato
マシュト ポティトゥ

フライドポテト
French fried potatoes/French fries
フレンチ フライド ポティトゥズ　フレンチ フライズ
＊英国では chips[チップス]と言う。

ハッシュブラウン
hash browns
ハァシュ ブラウンズ
＊じゃがいもを刻んでフライパンでこんがり焼いた料理。

料理の注文

英語で「焼く」と言うときは？

日本語ではどのような調理方法でも「焼く」という表現が使われますが、英語では焼く調理器材や焼き方によって違う言葉で表現されます。

(肉などを)屋外で焼く

barbecue
バーベキュウ

(肉などを)オーブンであぶる

roast
ロゥスト

上から直火であぶる

broil
ブロイル
＊「下から直火であぶる」は grill[グリル]。

(パンや菓子などを)オーブンで焼く

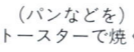

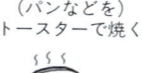

bake
ベイク

(パンなどを)トースターで焼く

toast
トゥスト

(卵などを)フライパンで焼く

fry
フライ

調味料

ケチャップ	ketchup ケチャップ	コショウ	pepper ペパー
ごま	sesame セサミィ	砂糖	sugar シュガー
塩	salt ソールト	醤油	soy sauce ソィ ソース
酢	vinegar ビネガー	西洋わさび	horseradish ホースラディシュ
ソース	sauce ソース	唐辛子	red pepper レッド ペパー
マスタード	mustard マスタード	マヨネーズ	mayonnaise メィアネィズ

デザートの注文

食後にコーヒーをお願いします。	**I'll have coffee after dinner.** アイル ハブ カフィ アフター ディナー

▶ I'll have coffee after dinner.
▷ With cream and sugar?↗
　ウィズ クリーム アンド シュガー↗
　（ミルクとお砂糖をお付けしましょうか？）

Please serve me coffee after dinner.

この食事にコーヒーは付いていますか？	**Does coffee come with my meal?**↗ ダズ カフィ カム ウィズ マイ ミール↗

▷ Can I get you anything else?↗
　キャナイ ゲッチュ エニィスィング エルス↗
　（他に何かご注文はございますか？）
▶ Does coffee come with my meal?

Is coffee included with my meal?

デザートは何がありますか？	**What do you have for dessert?** ワット ドゥ ユ ハブ フォ デザート

▶ What do you have for dessert?
▷ I'll bring you our dessert menu.
　アイル ブリング ユ アウァ デザート メニュー
　（デザートのメニューをお持ちします）

Could you describe your desserts?

コーヒーだけください。	**Just coffee, please.** ジャスト カフィ プリーズ

I'll just have coffee, please.

デザートはいかがですか？	**Would you like some dessert?**↗ ウジュ ライク サム デザート↗

Care for dessert?

――いいえ、けっこうです。	**No, thank you.** ノゥ サンキュ

No, I don't want any dessert.
↔ Yes, please.（はい、お願いします）

デザートの注文

どれくらいの大きさですか？	**How big is it?** ハウ ビッグ イズ イト

▷ Would you like to try our apple pie?
ウジュ ライク トゥ トライ アァ アプル パイ ↗
（当店のアップルパイはいかがでしょうか？）
▶ How big is it?

Is it big?（大きいのですか？）

果物はどんなものがありますか？	**What kind of fruit do you have?** ワット カインド オブ フルート ドゥ ユ ハブ

▷ We also have fresh fruit.
ウィ オールソゥ ハブ フレッシュ フルート
（新鮮な果物もございますが）
▶ What kind of fruit do you have?

What types of fruit do you serve?

ケーキの種類を教えてください。	**What kind of cakes do you have?** ワット カインド オブ ケイクス ドゥ ユ ハブ

▶ What kind of cakes do you have?
▷ I'll bring them all for you to choose from.
アィル ブリング ゼム オール フォ ユ トゥ チューズ フロム
（全種お持ちしますので、お選びください）

Please tell me about your cakes.

低カロリーのデザートはありますか？	**Do you have low-cal desserts?** ドゥ ユ ハブ ロゥキャル デザーツ ↗

＊low-cal は「低カロリーの」。

▶ Do you have low-cal desserts?
▷ Sherbet would be good.
シャーベット ウド ビ グッド
（シャーベットがおすすめです）

Do you have any low-calorie desserts?

今紅茶を持ってきていただけますか？	**Would you bring me hot tea now?** ウジュ ブリング ミ ハット ティー ナゥ ↗

▶ Would you bring me hot tea now?
▷ Would you like dessert with that?
ウジュ ライク デザート ウィズ ザット ↗
（ご一緒にデザートはいかがですか？）

デザートの注文

I'll have some hot tea now, please.

いつ持ってまいりましょうか？
When do you want it, sir?
フェン ドゥ ユ ワント イト サー
When would you like it?

——なるべく早くお願いします。
Bring it as soon as possible, please.
ブリング イト アズ スーン アズ パスィブル プリーズ
As soon as possible, please.

デザートとフルーツ

■ デザート

アイスクリーム	ice cream アイス クリーム	アップルパイ	apple pie アプル パイ
ケーキ	cake ケイク	サンデー	sundae サンディ
シャーベット	sherbet シャーベット	シュークリーム	cream puff クリーム パフ
スフレ	souffle スーフレィ	タルト	tart タート
パフェ	parfait パーフェィ	ムース	mousse ムース
ゼリー	(米)jello/(英)jelly ジェロゥ ジェリィ		
プリン	(米)pudding/(英)creme caramel プディン クリム キャラメル		

■ フルーツ

いちご	strawberry ストローベリィ	オレンジ	orange オーレンジ
キーウィフルーツ	kiwi(fruit) キーウィ フルート	グレープフルーツ	grapefruit グレイプフルート
さくらんぼ	cherry チェリィ	パイナップル	pineapple パイナプル
バナナ	banana バナナ	パパイヤ	papaya パパイヤ
ぶどう	grape グレイプ	マンゴー	mango マンゴゥ
メロン	melon メロン	桃	peach ピーチ
洋なし	pear ペア	りんご	apple アプル

食事中のやりとり

すみません。ウェイターさん！

Excuse me. Waiter!
エクスキューズ ミ ウェイター

▶ Excuse me. Waiter!
▷ Yes. Can I help you?
　イェス　キャナイ ヘルプ ユ⤴
　（はい。何でしょうか？）

＊Can I help you? は May I help you? と同様、「ご用件は何ですか？」。

Excuse me, Miss!
（すみません、ウェイトレスさん！）

このお肉は何ですか？

What kind of meat is this?
ワット カインド オブ ミート イズ ディス

＊What kind of ...? で「どんな種類の…？」。

▶ What kind of meat is this?
▷ That's chicken.（鶏肉です）
　ザッツ　チキン

What sort of meat is this?

これはどうやって食べるのですか？

How do you eat this?
ハウ ドゥ ユ イート ディス

▶ How do you eat this?
▷ You dip it in the sauce.
　ユ　ディップ イト イン ザ　ソース
　（このソースにつけてお召し上がりください）

＊dip は「ちょっと浸す」「つける」。

How am I supposed to eat this?

おはしをいただけますか？

May I have chopsticks?
メイ アイ ハブ　チョップスティックス⤴

▶ May I have chopsticks?
▷ If you like.（はい、ございます）
　イフ ユ　ライク

＊If you like. の直訳は「よろしかったら」「お望みなら」。

第3章 レストラン

食事中のやりとり

フォークを落としてしまいました。	**I dropped my fork.** アィ ドロップト マィ フォーク ＊drop は「落とす」。

▶ I dropped my fork.
▷ I'll get you a new one.
　アィル　ゲッチュ　ア　ニュー　ワン
　（新しいものを持って参ります）

My fork fell to the ground.

取り皿をください。	**Could you bring us some small plates?** クジュ　ブリング　アス　サム　スモール　プレィツ ＊plate は「皿」で、発音は［プレィト］。

▶ Could you bring us some small plates?
▷ Coming right up.（かしこまりました）
　カミング　ライト　アップ

＊Coming right up. は、レストランでウェイター（ウェイトレス）が注文を受けたときによく使うひとこと。「ただいま」「かしこまりました」「すぐお持ちします」に当たる。

We'd like some small plates, please.

お砂糖を取っていただけますか？	**Could you pass the sugar, please?** クジュ　パス　ザ　シュガー　プリーズ↗

▶ Could you pass the sugar, please?
▷ Sure. Here you are.
　シュァ　ヒャ　ユ　ア
　（はい。どうぞ）

＊Here you are. は Here it is. や Here you go. と同様、人に物を差し出すときに使う表現。

Would you hand me the sugar, please?
＊この hand は「手渡す」。

いかがですか？	**How's everything?** ハゥズ　エブリィスィング ＊レストランで必ずウェイター（ウェイトレス）が客に聞く決まり文句。

How's your meal?

――おいしいですよ。ありがとう。	**Good. Thank you.** グッド　サンキュ

I'm enjoying it. Thanks.

食事中のやりとり

| これを持ち帰りたいので包んでもらえますか？ | **Could you wrap this up to go?**
クジュ ラップ ディス アップ トゥ ゴゥ
＊wrap は「包む」「包装する」。アメリカではレストランで食べ切れなかった料理を家に持って帰ることが多くある。 |

▶ Could you wrap this up to go?
▷ We'll take care of that, ma'am.
　ウィル ティク ケア オブ ザット マァム
　（ご用意いたしましょう）

＊take care of ... で「…を（責任持って）引き受ける」「…を処理する」。
Can I have a doggie bag?
＊doggie bag は「（普通レストランで客に渡すもので）食べ残し持ち帰り袋」。

| もうお腹いっぱいです。 | **I'm very full now.**
アイム ベリィ フル ナゥ |

▶ I'm very full now.
▷ I'll bring a doggie bag for you.
　アイル ブリング ア ドギィ バッグ フォ ユ
　（ドギーバッグを持ってまいりましょう）

It's more than I can eat.
（量が多くて食べきれません）

| テーブルを片付けてもよろしいでしょうか？ | **May I clear the table?**
メィ アィ クリア ザ ティブル
＊この clear は「片付ける」。
May I clear the plates off the table? |

| ——いえ、まだ食べています。 | **No, we're still eating.**
ノゥ ウィア スティル イーティング
No, we're not finished yet. |

| もうお済みですか？ | **Finished?**
フィニシュト
＊Are you finished? を省略した表現。
Are you through?
＊この through は「終わって」。 |

| ——ええ、もうこれは食べ終わりました。 | **Yes, I'm finished with this.**
イェス アイム フィニシュト ウィズ ディス
I'm done with this. |

食事中のやりとり

味の表現

ウェイターとのやりとりもレストランでの楽しみ。料理の味付けについて尋ねたり、注文をつけるときに使える表現です。

■ 味覚

甘い	sweet スウィート	辛い	spicy スパイスィ
塩辛い	salty ソルティ	酸っぱい	sour サゥア
苦い	bitter ビター	(ワイン・酒などが)辛口の	dry ドライ

■ 舌ざわり

乾いた	dry ドライ	水っぽい	watery ウォータリィ
どろりとした	thick スィック	水分／汁の多い	juicy ジュースィ

■ 歯ごたえ

やわらかい	soft/tender ソフト テンダー	かたい	hard/tough ハード タフ
噛みでのある	chewy チューイー	カリカリした	crispy クリスピィ
バリバリという	crunchy クランチィ	べとべとした	sticky スティッキィ

■ 味付け・風味

濃厚な味の	rich リッチ	脂っこい	oily/greasy オイリィ グリースィ
薄片のような	flaky フレイキィ	粉状の	powdery パウダリィ
刺激のない	bland ブランド	風味のない	flat フラット

■ 温度・焼き加減

熱い	hot ハット	冷たい	cold コウルド
生の	rare レァ	焦げた	burnt バーント

クレーム

これは注文していませんが。	**I didn't order this.**

- ▶ I didn't order this.
- ▷ You didn't, sir?（さようでございましたか？）

This is not what I orderd.

ローストチキンではなく、ローストビーフを注文したのですが。	**I ordered roast beef, not roast chicken.** * roast は「(肉などを)オーブンで焼いた」「あぶった」。A not B の形で「BでなくA」の意味。

- ▷ Here you are. Enjoy your meal.
 （お待たせしました。ごゆっくりどうぞ）
- ▶ I ordered roast beef, not roast chicken.

You brought roast chicken, but I ordered roast beef.

もう30分以上も前にステーキを注文したのですが。	**I ordered my steak over thirty minutes ago.**

- ▶ I ordered my steak over thirty minutes ago.
- ▷ I'll see if it's up.
 （できているか見てまいります）

It's been half an hour since I ordered that steak.

注文したものがまだ来ないのですが。	**My order hasn't come yet.**

- ▶ My order hasn't come yet.

第3章 レストラン

133

クレーム

> ▷ When did you order?
> フェン ディデュ オーダー
> (いつご注文なさいましたか？)

| 私の注文したものはどうなっていますか？ | I'm still waiting for my order.

Please check on my order.
プリーズ チェック アン マイ オーダー
＊直訳は「注文したものを調べてください」。

▶ Please check on my order.
▷ Yes, right away, sir.
イェス ライト アウェイ サー
（はい、すぐにお調べいたします）

Would you check on my order, please? |

| もっと静かな席に替えてもらえませんか？ | **May I have a table in a quieter area?**
メイ アイ ハブ ア ティブル イン ア クワィエッター エァリア♪
＊ quieter は quiet の比較級。

▶ May I have a table in a quieter area?
▷ Let me see if I can find one for you.
レッミ スィ イフ アィ キャン ファインド ワン フォ ユ
（お席が空いているかどうか確認してまいります）

It's too noisy at this table.
（この席はうるさすぎます） |

| ちょっと火が通っていないようですが。 | **This is not cooked enough.**
ディス イズ ナット クックト イナフ

▶ This is not cooked enough.
▷ I'll take it back for you.
アィル ティク イト バァク フォ ユ
（作り直してまいります）

This is quite raw. |

| このステーキは焼きすぎです。 | **I think this steak is overdone.**
アィ スィンク ディス スティク イズ オゥバーダン
＊ overdone は「焼け過ぎの」。「十分焼いた」のwell-done と間違えないように。

▶ I think this steak is overdone. |

クレーム

> ▷ Oh, I'm sorry. We'll cook you another one.
> （申し訳ありません。別のものとお取り替えいたします）

I think this steak is overcooked.

少ししょっぱすぎます。

I think this is a little too salty.

* salty は「塩辛い」。

> ▷ Yes, what can I do for you?
> （はい、いかがいたしましたか？）
> ▶ I think this is a little too salty.

This steak is too salty.
（ステーキが塩辛すぎます）

紅茶が冷めています。

This tea isn't hot enough.

> ▶ This tea isn't hot enough.
> ▷ Oh, it isn't?
> （あ、さようでございますか？）

This tea is too cool.

グラスが汚れています。取り替えてください。

My glass is dirty. I'd like another one, please.

> ▶ My glass is dirty. I'd like another one, please.
> ▷ Please accept our apology.
> （大変申し訳ございませんでした）

* apology は「おわび」「陳謝」。直訳は「私たちのおわびを受け入れてください」。

Please get me another glass. This one's dirty.

第3章 レストラン

お勘定

お勘定をお願いします。

Just the bill, please.
ジャスト ザ ビル プリーズ
＊bill は「勘定書」「伝票」「請求書」。

▷ Can I get you anything else?
キャナイ ゲッチュ エニィスィング エルス♪
(他に何かいかがですか？)
▶ Just the bill, please.

Just my check, please.
＊check は「勘定書」「伝票」。bill と同様に使う。

勘定書は分けていただけますか？

Could we have separate checks?
クド ウィ ハブ セパレット チェックス
＊separate は「別々の」。

▶ Could we have separate checks?
▷ Certainly, sir. (かしこまりました)
サータンリィ サー

Could we pay separately?
(別々に支払えますか？)

私の分はいくらですか？

How much is my share?
ハゥ マッチ イズ マイ シェァ
＊share は「(費用の)負担」。

▶ How much is my share?
▷ $20(Twenty dollars) including tip.
トゥエンティ ダラーズ インクルーディング ティプ
(チップ込みで 20 ドルです)

What do I owe?

テーブルで支払いできますか？

Can I pay at the table?
キャナイ ペイ アト ザ ティブル♪

▷ Here's your check.
ヒャズ ユア チェック
(こちらがお勘定となっております)
▶ Can I pay at the table?

I'd like to pay here at the table, if you don't mind.

お勘定

チップは含まれていますか？	**Is the tip included?** イズ ザ **ティップ** インクルーディッド♪

* be included は「含まれている」。tip「チップ」の発音[**ティップ**]と、ポテトチップやカジノで使う chip[**チップ**]の発音を混同しないように注意。

▶ Is the tip included?
▷ No, it's not included.
 ノウ イッツ ナット インクルーディッド
 （いいえ、含まれておりません）

Is the service charge included?
（サービス料は含まれていますか？）

私のおごりです。	**It's on me.** イッツ アン ミ

* この on ... は「…のおごりで」。「店のおごりで」だと on the house になる。

▶ It's on me.
▷ Oh! How nice!（まあ、ご親切に！）
 オウ ハウ **ナイス**

I'll treat you.

これは何の料金ですか？	**What's this charge for?** ワッツ ディス **チャージ** フォ

▶ What's this charge for?
▷ That's for a bottle of wine.
 ザッツ フォア ア バトル オブ **ワイン**
 （ワイン1本の料金です）

■ワードリスト

- ■勘定 bill/check ビル チェック
- ■クレジットカード credit card クレディット カード
- ■現金 cash キャッシュ
- ■サービス料 service charge サービス チャージ
- ■サインする sign サイン
- ■支払う pay ペイ
- ■チップ tip ティップ
- ■店のおごりで on the house アン ザ ハウス
- ■領収書 receipt リスィート
- ■私のおごりで on me アン ミ

| お勘定

What's this sixty dollars for?
(この 60 ドルは何の料金ですか?)

ビーフシチューは食べていませんが。

We didn't have beef stew.
ウィ ディデント ハブ ビーフ ステュー

▶ We didn't have beef stew.
▷ Really? I'm sorry, ma'am.
　リアリィ? アイム ソリィ マァム
(そうですか。申し訳ありませんでした)

We didn't order beef stew.

とてもおいしかったです。

It was very delicious.
イト ワズ ベリィ デリシャス

* delicious は「おいしい」。

▶ It was very delicious.
▷ Thank you. Please come again.
　サンキュ プリーズ カム アゲン
(ありがとうございます。またお越しください)

It was very good.

クレジットカードでチップを支払う

　チップは必ずしも現金で支払う必要はなく、クレジットカードを使うこともできます。食事のあと、ウェイターやウェイトレスが小計欄のみ記入された伝票を持ってきたら、まずはその伝票の料金を確認し、カードを渡します。ウェイターがレジでカードと伝票を登録したあと、席に戻ってきたら、伝票にあるチップ欄にチップとして支払いたい額を書いて、料金との合計を記入した上でサインをします。ここで合計額を記入せずにサインはしないでください。そして、顧客用の控え伝票(customer copy)を抜き取れば終了です。これでテーブルに現金のチップを置く必要はありません。

　売上票合計欄にチップ相当額が含まれている場合もありますので、カードでチップを支払う際は、注文内容、数量、料金とともに、必ず伝票の合計欄にチップが含まれていないかどうかを確認してから手続きをしましょう。チップの支払い額のめやすは 64 ページのコラムなどを参考にしてください。

その他の飲食店で

ハンバーガーと、フライドポテトのSと、コーラのMをください。

I'd like a hamburger, small French fries and a medium coke.

- ▶ I'd like a hamburger, small French fries and a medium coke.
- ▷ That'll be $5.10(five dollars and ten cents).(5ドル10セントになります)

May I have a hamburger, small French fries and a medium coke?

2番のセットをお願いします。

I'll take the number two combo.

- ▶ I'll take the number two combo.
- ▷ Which soft drink would you like?（お飲み物は何になさいますか？）

The number two combo, please.

こちらで召し上がりますか、それともお持ち帰りですか？

For here or to go?

Would you like it for here or to go?

——ここで食べます。

For here, please.

Here will be fine.
↔ To go, please.（持ち帰ります）

それは量り売りですか？（デリカテッセンで）

Do you sell it by weight?

* by weight で「重さで」。

- ▶ Do you sell it by weight?
- ▷ Yes, it's $5.00(five dollars) per pound.（はい、1ポンド5ドルです）

139

その他の飲食店で

* per ... は「…につき」。pound は重さの単位で約 454 g。[パウンド] と発音することに注意。

Is it sold by weight?

| (これは)1ポンドでどのくらいの量になりますか？（デリカテッセンで） | **Can you show me how much a pound is?**
キャン ユ ショウ ミ ハウ マッチ ア パウンド イズ♪
▶ Can you show me how much a pound is?
▷ This is two pounds. (これが2ポンド分です)
　ディス イズ トゥ パウンズ |

Show me what a pound looks like.

| チキンサラダを2ポンドください（デリカテッセンで） | **May I have two pounds of chiken salad?**
メイ アイ ハブ トゥ パウンズ オブ チキン サラッド♪
▶ May I have two pounds of chiken salad?
▷ Two pounds, ma'am? (2ポンドですね)
　トゥ パウンズ マアム♪ |

I'll take two pounds of chicken salad, please.

| それ（食物など）は何日くらいもちますか？ | **How long does it stay fresh?**
ハウ ロング ダズ イト スティ フレッシュ
▶ How long does it stay fresh?
▷ Not too long, I'm afraid.
　ナット トゥ ロング アイム アフレイド
（残念ながら、あまり長くもちません） |

* I'm afraid は文頭または文末に置いて、「あいにく」「残念ながら」を意味する。

Will it stay fresh for long?

| 前払いですか？（カフェテリアで） | **Should I pay first?**
シュド アイ ペイ ファースト♪
▶ Should I pay first?
▷ Yes. You can buy a ticket there.
　イエス ユ キャン バイ ア ティケット ゼア
（はい。そこで食券を買ってください） |

Am I supposed to pay first?

| ナイフやフォークはどこですか？（カフェテリアで） | **Where do I get a fork and knife?**
フェア ドゥ アイ ゲット ア フォーク アンド ナイフ
*英語では fork and knife の順で言う。
▶ Where do I get a fork and knife? |

その他の飲食店で

> At that counter over there.
> アト ザット カウンター オゥバー ゼァ
> (あちらのカウンターにございます)

Where are the forks and knives?

■ワードリスト

- ■カフェテリア cafeteria キャフェテリア
- ■持ち帰りで to go トゥ ゴゥ
- ■デリカテッセン delicatessen デリカテスン
- ■ハンバーガーショップ hamburger shop ハンバーガー シャップ
- ■支払う pay ペイ
- ■ポンド(=約454グラム) pound パウンド
- ■大 large ラージ
- ■中 medium ミーディアム
- ■小 small スモール

141

食材◆肉

■ 種別

牛肉	beef ビーフ	仔牛肉	veal ビール
豚肉	pork ポーク	鶏肉	chicken チキン
羊肉	mutton マトン	仔羊肉	lamb ラァム
ガチョウ肉	goose グース	鴨肉	duck ダック
きじ肉	pheasant フェザント	鳩肉	pigeon ピジョン
ウズラ肉	quail クウェイル	七面鳥肉	turkey ターキィ
ホロホロ鳥肉	guinea hen ギニ ヘン	鹿肉	venison ベニソン

■ 部位別

牛舌	beef tongue ビーフ タン	牛肩肉	chuck チャック
牛胸肉	brisket ブリスケット	牛下腹肉	short plate ショート プレイト
牛サーロイン	New York(sirloin) ニューヨーク サーロイン	牛ヒレ	beef tenderloin ビーフ テンダーロイン
牛脇腹肉	flank フランク	牛尻肉	rump ランプ
牛すね肉	hindshank ハインドシャンク	牛もも肉	round ラウンド
牛テール(尾)肉	oxtail アックステイル	豚肩肉	shoulder butt ショウルダー バット
豚ロース	pork loin ポーク ロイン	豚足	pork feet ポーク フィート
豚もも肉	leg レッグ	豚スペアリブ	spareribs スペアリブズ
豚ヒレ	pork tenderloin ポーク テンダーロイン	鶏胸肉	breast ブレスト
鶏胸肉	white meat ホワイト ミート	鶏手羽先	wing ウィング
鶏胸肉以外	brown meat ブラウン ミート	鶏足肉	drumstick ドラムスティック
鶏もも肉	thigh サイ	鶏砂肝	gizzard ギザード

食材◆魚介類

アサリ	short-necked clam ショートネック クラム	アジ	horse mackerel ホース マカロル
アナゴ	conger(eel) カンガー イール	アワビ	abalone アバロゥニ
イカ	squid スクウィド	イワシ	sardine サーディン
ウナギ	eel イール	ウニ	sea urchin スィー アーチャン
エビ	shrimp シュリンプ	カキ	oyster オイスター
カズノコ	herring roe ヘリング ロゥ	カツオ	skipjack スキップジャック
カニ	crab クラブ	カレイ	flatfish / fluke フラットフィッシュ フルーク
キス	sillago スィラゴゥ	クラゲ	jellyfish ジェリィフィッシュ
コイ	carp カープ	サケ	salmon サァモン
サバ	mackerel マカロル	サメ	shark シャーク
サンマ	saury/pike mackerel ソーリィ パイク マカロル		
スズキ	bass/perch バス パーチ	タイ	snapper スナッパー
タコ	octopus アクトパス	タラ	codfish/hake カッドフィッシュ ヘイク
タラコ	cod roe カッド ロゥ	トビウオ	flying fish フライング フィッシュ
トリ貝	cockle カコル	ニシン	herring ヘリング
ニジマス	rainbow trout レィンボウ トラウト	ノリ、ワカメ	seaweed スィーウィード
ハマチ、ブリ	yellowtail イェロウテイル	ハマグリ	clam クラム
ハモ	pike conger パイク カンガー	ヒラメ	flounder/fluke フラゥンダー フルーク
フグ	swellfish/globefish スウェルフィッシュ グロゥプフィッシュ		
ホタテ貝	scallop スキャロップ	マグロ	tuna テュナ

食材◆野菜

赤ピーマン	red bell pepper レッド ベル ペパー	アスパラガス	asparagus アスパラガス
エンドウ豆	pea ピー	オリーブ	olive アリブ
かぶ	turnip ターニップ	かぼちゃ	pumpkin パンプキン
カリフラワー	cauliflower カリフラウァー	キャベツ	cabbage キャベッジ
きゅうり	cucumber キューカンバー	クレソン	watercress ウォータークレス
ごぼう	burdock バードック	さつまいも	sweet potato スウィート ポテイトウ
サラダ菜	leaf lettuce リーフ レタス	じゃがいも	potato ポテイトウ
しょうが	ginger ジンジャー	セロリ	celery セロリィ
ズッキーニ	zucchini/ Italian squash ズキニ イタリアン スクワッシュ		
だいこん	daikon/radish ダイコン ラディシュ	大豆	soybean ソイビーン
たけのこ	bamboo shoot バンブー シュート	たまねぎ	onion アニアン
チコリ	chicory チカリィ	とうもろこし	corn コーン
トマト	tomato トメイトウ	なす	eggplant エッグプラント
にら	Chinese chive チャイニーズ チャイブ	にんじん	carrot キャロット
にんにく	garlic ガーリック	ねぎ	green onion グリーン アニアン
はくさい	Chinese cabbage チャイニーズ キャベッジ		
パセリ	parsley パースリィ	ピーマン	green pepper グリーン ペパー
ブロッコリー	broccoli ブラコリィ	ほうれん草	spinach スピニッチ
マッシュルーム	mushroom マッシュルーム	もやし	bean sprout ビーン スプラウト
レタス	lettuce レタス	れんこん	lotus root ロウタス ルート

第3章 レストラン

第4章 交通

交通事情を尋ねる
タクシーに乗る
タクシーを降りる
地下鉄に乗る
バスに乗る
バスの中で
列車に乗る
列車の中で

交通事情を尋ねる

この市内にはどんな交通機関がありますか？	**What kinds of transportation are there in this city?** ワット カインズ オブ トランスポーティション ア ゼァ イン ディス スィティ	

＊What kinds of ...? で「どんな…？」と尋ねる表現。transportation は「交通機関」。

▶ What kinds of transportation are there in this city?
▷ There are trains, buses and taxis.
　ゼァ ア トレィンズ バスィズ アンド タァクスィズ
　（電車、バス、タクシーがあります）

What kinds of transportation does this city have?

チャイナタウンに一番近くまで行く路線はどれですか？	**What line goes closest to Chinatown?** ワット ラィン ゴゥズ クロウセスト トゥ チャイナタウン	

＊この closest は close「近くに」の最上級で「一番近くに」。

▶ What line goes closest to Chinatown?
▷ Ask the man over there.
　アスク ザ マン オゥバー ゼァ
　（あちらの人に聞いてください）

Which line goes nearest to Chinatown?

ロックフェラー・センターへ行くのに一番安い行き方を教えてください。	**What's the cheapest way to get to Rockfeller Center?** ワッツ ザ チーペスト ウェィ トゥ ゲットゥ ラカフェラー センター	

▶ What's the cheapest way to get to Rockfeller Center?
▷ I suggest you take the subway.
　アィ サジェスト ユ ティク ザ サブウェィ
　（地下鉄で行くのがいいでしょう）

What's the least expensive way to get to Rockfeller Center?

交通事情を尋ねる

| ユニバーサル・スタジオへ行くのに一番速い行き方を教えてください。 | **What's the quickest way to get to Universal Studios?**
ワッツ ザ クィケスト ウェィ トゥ ゲットゥ ユニバーサル ストゥディオゥズ |

▶ What's the quickest way to get to Universal Studios?
▷ There's a direct bus.（直通バスがあります）
　ゼァズ ア ダイレクト バス

＊direct は「直行の」。
What's the fastest way to get to Universal Studios?

| そこまで歩いて行けますか？ | **Can I get there on foot?**
キャナィ ゲット ゼァ アン フット♪ |

＊on foot で「徒歩で」。

▷ It's not far.（遠くありませんよ）
　イッツ ナット ファー
▶ Can I get there on foot?

＊距離を表すときは主語を it にする。
Can I walk there?

| 歩いて何分くらいですか？ | **How many minutes on foot?**
ハウ メニィ ミニッツ アン フット |

▶ How many minutes on foot?
▷ About fifteen, I believe.
　アバウト フィフティーン アィ ビリーブ
　（たしか 15 分くらいだと思います）

How long will it take to walk there?
＊take は「(時間が) かかる」。

| そこまでバスで行けますか？ | **Can I get there by bus?**
キャナィ ゲット ゼァ バィ バス♪ |

▶ Can I get there by bus?
▷ I think a taxi would be better.
　アィ スィンク ア タァクスィ ウド ビ ベター
　（タクシーのほうがいいと思います）

＊この would は「おそらく…であろう」という婉曲的表現。
Can I take a bus there?

第4章　交通

交通事情を尋ねる

バスは日曜日にも走っていますか？

Does the bus run on Sunday?

▶ Does the bus run on Sunday?
▷ I don't think so.
（走っていないでしょうね）

Are there buses on Sunday?

オーク通りまで地下鉄で行けますか？

Can I take the subway to Oak Street?

▶ Can I take the subway to Main Street?
▷ Yeah, as far as I know.
（はい、私の知っている限りでは）

* as far as ... で「…の限りでは」。

Can I get to Oak Street by subway?

そこへ行くにはタクシーしかありませんか？

Is a taxi the only way to get there?

▶ Is a taxi the only way to get there?
▷ No other way to get there, I'm afraid.
（残念ながらタクシーしかありません）

* I'm afraid は文頭または文末に置いて、「あいにく」「残念ながら」を意味する。

Is a taxi my only choice?

■ワードリスト

- ■歩いて　on foot
- ■交通機関　transportation
- ■タクシー　taxi/cab
- ■列車　train
- ■バス　bus
- ■バスで　by bus
- ■（乗り物に）乗る　take
- ■路線　line
- ■…への行き方　how to get to ...
- ■（時間が）かかる　take
- ■ロンドンの地下鉄　tube
- ■地下鉄　(米)subway / (英)underground

第4章　交通

交通事情を尋ねる

チャイナタウンは遠いですか？	**Is Chinatown far?**
	Is it far to Chinatown?

――地下鉄で10分です。	**It takes ten minutes by subway.**
	By subway, it only takes ten minutes.

ビーチにはどう行けばいいか教えていただけますか？	**Could you tell me how to get to the beach?**
	Please show me the way to the beach.

――バスに乗ったほうがいいですよ。	**You should take a bus.**
	* should は「…すべきだ」「…したほうがよい」。
	I suggest you take a bus.

ラッシュアワーは何時ですか？	**When's rush hour?**
	* rush hour は「ラッシュアワー」。

> ▶ When's rush hour?
> ▷ It starts around 4:00(four) p.m.
> （4時ぐらいからですね）

* around は「だいたい」「およそ」。
When does traffic start to get congested?
* congested は「混み合った」。

第4章 交通

■ワードリスト

- ■急いで in a hurry
- ■近い near
- ■遠い far
- ■駅 station
- ■交通渋滞 traffic jam
- ■事故 accident
- ■タクシー乗り場 taxi stand
- ■バス停 bus stop
- ■時刻表 timetable
- ■ゆっくりと slowly
- ■ラッシュアワー rush hour
- ■料金 fare

タクシーに乗る

第4章 交通

どこでタクシーに乗れますか？

Where can I get a taxi?
フェア　キャナイ　ゲット　ア　タァクスィ

▶ Where can I get a taxi?
▷ There's a taxi stand ahead.
　ゼァズ　ア　タァクスィ　スタンド　アヘッド
（前方にタクシー乗り場があります）

＊taxi stand で「タクシー乗り場」。ahead は「前方に」。

Where's a taxi stand?

どこで待っていればいいですか？

Where should we wait?
フェア　シュド　ウィ　ウェイト

▶ Where should we wait?
▷ Wait in front of the hotel.
　ウェイト　イン　フラント　オブ　ザ　ホゥテル
（ホテルの前で待っていてください）

Where's a good place to wait?

タクシー！

Taxi!
タァクスィ

▶ Taxi!
▷ You wanna a ride, sir?（ご乗車ですか？）
　ユ　ワァナ　ア　ライド　サー↗

Hey, taxi!

（住所を見せて）ここへ行ってください。

Take me to this address, please.
ティク　ミ　トゥ　ディス　アドレス　プリーズ

▶ Take me to this address, please.
▷ Right away, sir.（かしこまりました）
　ライト　アウェイ　サー

＊right away で「今すぐ」「さっそく」。

Please take me here.

繁華街へお願いします。

Downtown, please.
ダウンタウン　プリーズ

＊downtown は日本語の「下町」の意味ではなく、

150

タクシーに乗る

中心地、つまり繁華街のこと。

> ▷ Where to, sir?（どちらまででしょうか？）
> ▶ Downtown, please.

I'd like to go downtown, please.

トランクを開けてください。

Would you open the trunk?

> ▶ Would you open the trunk?
> ▷ Sure. Let me get your baggage.
> （はい。荷物をお持ちしましょう）

＊baggage は「手荷物」。

Open the trunk, please.

荷物の取り扱いに気を付けてください。

Please be careful.

> ▷ I'll help you.（お手伝いしましょう）
> ▶ Please be careful.

Please do it with care.

急いでいただけますか？

Could you please hurry?

> ▶ Could you please hurry?
> ▷ You can count on me.
> （おまかせください）

＊count on ... で「…を頼りにする」。
I'm in a hurry.（急いでいます）
＊be in a hurry で「急いでいる」。

あとどのくらいかかりますか？

How much longer will it take?
＊take は「(時間が) かかる」。

> ▶ How much longer will it take?
> ▷ Not long.（もうそろそろです）

How soon will I get there?
（どのくらいの時間で着きますか？）

第4章 交通

タクシーに乗る

| 9時までに着くでしょうか？ | **Can I get there by nine?**
キャナイ ゲット ゼア バイ ナイン♪ |

▶ Can I get there by nine?
▷ It depends on the traffic.
　イト ディペンズ アン ザ トラフィック
　(交通量しだいですね)

＊ It depends .... で「…しだいである」「…に左右される」。

Will I arrive by nine?

| その列車に間に合うでしょうか？ | **Do you think I can make the train?**
ドゥ ユ スィンク アイ キャン メイク ザ トレイン♪
＊この make は「(乗り物などに)うまく間に合う」。 |

▶ Do you think I can make the train?
▷ If you hurry, you'll make it.
　イフ ユ ハリィ ユール メイク イト
　(急げば間に合うでしょう)

Will I be in time for the train?
＊ in time で「間に合って」。

| 今、道は混んでいませんか？ | **Isn't traffic heavy now?**
イズント トラフィック ヘビィ ナウ♪
＊この heavy は「(交通量の)多い」。 |

▶ Isn't traffic heavy now?
▷ No, not today.
　ノウ ナット トゥデイ♪
　(今日は混んでおりません)

Won't there be a traffic jam now?
＊ traffic jam で「交通渋滞」。

| どうしてこんなに渋滞しているんですか？ | **Why is there a traffic jam?**
ホワイ イズ ゼア ア トラフィック ジャム♪ |

▶ Why is there a traffic jam?
▷ There must have been an accident.
　ゼア マスト ハブ ビーン アン アクスィデント
　(事故があったにちがいありません)

＊ accident は「事故」。〈must have ＋過去分詞〉で「…したにちがいない」。

What's the cause of this traffic jam?

第4章 交通

タクシーに乗る

一番近い道で行ってください。

Take the shortest way, please.
*この take は「進路を取る」。

▶ Take the shortest way, please.
▷ This is the only way, sir.
（この道しかありませんが）

Choose the shortest route, please.

そこを左に曲がってください。

Please turn left there.

▶ Please turn left there.
▷ You mean at the next light?
（次の信号ですか？）

Please turn left up ahead.
* up ahead は「すぐ前方に」。up が入ることによって「すぐに前方に」のニュアンスがある。

↔ Please turn right there.
（そこを右に曲がってください）

もっとゆっくり走ってください。

Could you drive more slowly?

▶ Could you drive more slowly?
▷ I'll slow down, sir.
（わかりました。スピードを落とします）

Please slow down. You're driving too fast.

タバコを吸ってもいいですか？

May I smoke?

▶ May I smoke?
▷ Sure. I don't mind.
（ええ。かまいませんよ）

*タバコを吸ってほしくないときは、I'd prefer you didn't. と言えばやんわりと断れる。

Is it all right to smoke?

タクシーに乗る

タクシーで市内を回りたいのですが。

I want to go around town by taxi.
アイ ワントゥ ゴゥ アラウンド タウン バイ タァクスィ

＊この表現はビジネス、観光、訪問などいろいろな場面で使える。

▶ I want to go around town by taxi.
▷ Will it be for the whole day?
ウィル イト ビ フォ ザ ホゥル ディ
（終日貸切ということですか？）

I want to use a taxi to get around town.

こことこことここを回ってください。

I want to see these places.
アイ ワントゥ スィ ディーズ プレイスィズ

＊この表現は観光するときのみ使われる。

▶ I want to see these places.
▷ It'll take all day.
イットル ティク オール ディ
（一日中かかりますよ）

Here's a list of places I'd like to see.
（回りたいところのリストです）

1日いくらですか？

How much is it per day?
ハウ マッチ イズ イト パ ディ

＊ per day で「1日につき」。

▶ How much is it per day?
▷ $600(Six hundred dollars) without
スィクス ハンドレッド ダラーズ ウィザウト
using toll roads.
ユーズィング トゥル ロゥズ
（有料道路を使わなければ 600 ドルです）

＊ toll road は「有料道路」。
What's the cost per day?

80ドルより多くは出せません。

I can't pay more than $80(eighty dollars).
アイ キャント ペイ モァ ザン エィティ ダラーズ

＊ more than ... は「…より多い」。

▷ How about $100(a hundred dollars)?
ハウ アバウト ア ハンドレッド ダラーズ
（100 ドルでいかがですか？）
▶ I can't pay more than $80.

I only have $80.

タクシーに乗る

繁華街までいくらぐらいかかりますか？	**How much does it cost to get downtown?**

* cost は「(費用が) かかる」。downtown は日本語の「下町」の意味ではなく、中心地、つまり繁華街のこと。

> ▶ How much does it cost to get downtown?
> ▷ No more than $50(fifty dollars).
> （50ドルもあれば行かれます）

* no more than ... で「…以下で」。
What's the fare to downtown?
* fare は「運賃」「料金」。

30ドルで行ってもらえますか？	**Can you go there for $30(thirty dollars)?**

> ▶ Can you go there for $30?
> ▷ It might be a little more.
> （もう少しかかるかもしれません）

Will $30 be enough to go there?

50ドルにしてもらえませんか？	**Could you make it $50(fifty dollars)?**

> ▷ $60(Sixty dollars) to the airport.
> （空港までは60ドルです）
> ▶ Could you make it $50?

Could you do it for $50?

■ワードリスト

- ■回送　off duty
- ■空車　available/for hire
- ■タクシー乗り場　taxi stand
- ■近道する　take a shortcut
- ■トランク　(米)trunk/(英)boot
- ■荷物　baggage
- ■右[左]に曲がる　turn right[left]/make a right[left]

タクシーに乗る

白タクに注意!

　海外ではタクシーを利用した際に不当な料金を請求されるケースが後を絶ちません。白タクには十分な注意が必要ですが、正規のタクシーと白タクを見分けるのはなかなか難しいものです。トラブルを未然に防ぐポイントをいくつか挙げておきますので参考にしてください。

■必ず正規のタクシー乗り場から乗りましょう。
■運転手がにこにこ顔をして「日本人ですか？」とか「初めて？」などと話しかけてくるときは特に警戒が必要です。
■車のトランクは運転手にしか開閉できません。正規のタクシーかどうかはっきりしないうちに、荷物をトランクに入れてもらうのはやめましょう。荷物をトランクに入れられそうになったら、No, thank you. と、きっぱり断りましょう。
■メーターが作動しているかどうかを確認しましょう。ただ、国によってはタクシーに料金メーターが付いてないこともあります。その場合は料金を事前に交渉するのが一般的です。目的地までの料金の目安を調べておけば、交渉もしやすいはずです。
■タクシー内での強盗事件や暴行事件に巻き込まれないようにするために、治安の悪い国や場所では、夜遅く1人でタクシーに乗車するのは絶対にやめましょう。
■もし、乗車したタクシーの運転手に不当な料金を請求されたら、すぐに支払わずに、まずは警察など現地の人の助けを求めましょう。どうしても支払わなければならないことになったら、車のナンバーを控えて、警察に届けましょう。

タクシーを降りる

ここで止めてください。	**Stop here, please.** スタップ ヒャ プリーズ

> ▶ Stop here, please.
> ▷ At this hotel?（このホテルでですね？）
> アト ディス ホッテル↗

This is it. Stop please.

ここで降ろしてください。	**Please let me out here.** プリーズ レッミ アウト ヒャ

> ▶ Please let me out here.
> ▷ Okay, I'll pull over.
> オゥケィ アィル プル オゥバー
> （わかりました、今、道路際に寄せます）

* pull over で「車を道路際に寄せる」。
May I please get out here?

次の信号で止めてください。	**Please stop at the next light.** プリーズ スタップ アト ザ ネクスト ライト

> ▷ Where do you want to get off?
> フェア ドゥ ユ ワントゥ ゲット オフ
> （どこで降りますか？）
> ▶ Please stop at the next light.

Please drop me at the next light.
* drop は「客・荷物を（途中で）降ろす」。

もう少し先まで行ってください。	**Could you pull up a little further?** クジュ プル アップ ア リトル ファーザー↗

*この pull up は「（運転手が）車を止める」。

> ▶ Could you pull up a little further?
> ▷ I'll try.（わかりました）
> アィル トラィ

Please pull up a little closer.
* closer は「もっと近くで」。

ここではありません。	**This is not the right place.** ディス イズ ナット ザ ライト プレイス

第4章 交通

タクシーを降りる

▷ Here we are.（着きましたよ）
　ヒャ ウィ ア
▶ This is not the right place.

This is the wrong place.

方角が違っているのでは？

Isn't this the wrong way?
イズント ディス ザ ローング ウェイ↗

▶ Isn't this the wrong way?
▷ It's shorter to go this way.
　イッツ ショーター トゥ ゴウ ディス ウェイ
（こちらのほうが近道なんです）

Are you sure this isn't the wrong way?

ここで待っていてもらえませんか？

Would you wait for me here?
ウジュ ウェイト フォ ミ ヒャ↗

▶ Would you wait for me here?
▷ For how long?（どのくらいですか？）
　フォ ハウ ロング

Please wait here for me.

1時間後にここに来てください。

Could you pick me up here in an hour?
クジュ ピック ミ アップ ヒャ イン アン アウァ↗

▶ Could you pick me up here in an hour?
▷ I'll be waiting for you.
　アイル ビ ウェイティング フォ ユ
（お待ちしております）

Is it possible to pick me up here in an hour?

おいくらですか？

How much is it?
ハウ マッチ イズ イト

▶ How much is it?
▷ $45(Forty-five dollars).（45ドルです）
　　 フォーティファイブ ダラーズ

What's the price?

お釣りはとっておいてください。

Keep the change.
キープ ザ チェインジ

＊ change は「釣り銭」「小銭」。

▶ Keep the change.

第4章 交通

タクシーを降りる

> Thanks for the tip.
> サンクス フォ ザ ティップ
> （チップをありがとうございます）

| 割増し料金の表示はどこですか？ | **Where's the sign showing the extra charge?**
フェアズ ザ サィン ショウイング ジ エクストラ チャージ |

> There's an extra charge at this time.
> ゼアズ アン エクストラ チャージ アト ディス タィム
> （この時間には割増し料金がかかります）
▶ Where's the sign showing the extra charge?

Show me the sign indicating an extra charge.

| なぜ料金がメーターと違うのですか？ | **Why's the fare different from the meter?**
ホワイズ ザ フェア ディファレント フロム ザ ミーター
＊ fare は「(乗り物の) 運賃」「料金」。 |

▶ Why's the fare different from the meter?
> We used the highway.
> ウィ ユーズド ザ ハィウェイ
> （ハイウェイを通りましたので）

The fare seems different from the meter.

| 料金が高すぎますよ！（過剰と思われる料金に対して） | **That's too much!**
ザッツ トゥ マッチ |

▶ That's too much!
> It's the going rate.
> イッツ ザ ゴゥイング レィト
> （このくらいが相場なんですよ）

That is way too expensive!

第4章 交通

■ワードリスト

■お釣り	change チェィンジ	■角	corner コーナー	■信号	light ラィト
■チップ	tip ティップ	■止める	stop スタップ	■待つ	wait ウェィト
■料金	fare フェア	■料金メーター	meter ミーター		
■領収書	receipt リスィート	■割増し料金	extra charge エクストラ チャージ		

159

地下鉄に乗る

地下鉄の切符はどこで買えますか？	**Where can I buy a subway ticket?** フェア キャナイ バイ ア サブウェイ ティケット

> ▶ Where can I buy a subway ticket?
> ▷ There's a vending machine right
>   ゼアズ ア ベンディング マシーン ライト
>   next to the entrance gate.
>   ネクストゥ ジ エントランス ゲイト
>   （改札口のすぐ横に券売機があります）

＊ vending machine は「自動販売機」、entrance gate は「改札口」。

Where can I get a ticket for the subway?

一番近い地下鉄の駅はどこですか？	**Where's the nearest subway station?** フェアズ ザ ニャレスト サブウェイ ステイション

> ▶ Where's the nearest subway station?
> ▷ Two blocks from here.
>   トゥ ブラックス フロム ヒャ
>   （2ブロック先にあります）

Where do I catch the nearest subway?

地下鉄の路線図をいただけますか？	**May I have a subway map?** メイ アイ ハブ ア サブウェイ マップ♪

> ▶ May I have a subway map?
> ▷ Sure. Help yourself.
>   シュア ヘルプ ユアセルフ
>   （いいですよ。ご自由にどうぞ）

＊ Help yourself. で「自由に取ってください」。

Are those subway maps free?
＊この free は「無料の」。

42丁目に行くにはどの線に乗ればいいですか？	**Which line should I take to go to** フィッチ ライン シュド アイ テイク トゥ ゴウトゥ **42nd(forty-second) Street?** フォーティセカンド ストリート

> ▶ Which line should I take to go to 42nd Street?

地下鉄に乗る

> Take the number 1(one) line.
> ティク ザ ナンバー ワン ライン
> （1番線に乗ってください）

What's the line to 42nd Street?

| ウォール街へ行くにはどこで乗り換えればいいですか？ | **Where should I change trains for Wall Street?**
フェア シュド アイ チェインジ トレインズ フォ ウォール ストリート |

▶ Where should I change trains for Wall Street?
> You can change at 42nd(forty-second) Street.（42丁目です）
> ユ キャン チェインジ アト フォーティセカンド ストリート

Where am I supposed to change trains for Wall Street?

| この路線の終点はどこですか？ | **Where's the end of this line?**
フェアズ ジ エンド オブ ディス ライン |

▶ Where's the end of this line?
> Here's the subway map.
> ヒアズ ザ サブウェイ マプ
> （地下鉄の路線図でお確かめください）

Where does this line end?

| この地下鉄はセントラル・パークに止まりますか？ | **Does this train stop at Central Park?**
ダズ ディス トレイン スタプ アト セントラル パーク♪ |

▶ Does this train stop at Central Park?
> Yes. It's the next stop.
> イェス イッツ ザ ネクスト スタプ
> （はい。次の駅です）

Does this train go to Central Park?

| セントラル・パークに行くにはどこから出たらいいですか？ | **Which exit should I take for Central Park?**
フィッチ エグズィット シュド アイ ティク フォ セントラル パーク |

▶ Which exit should I take for Central Park?
> Take the A-2(two) exit.
> ティク ジ エイ トゥ エグズィット
> （A-2出口を出てください）

Where do I exit for Central Park?

第4章 交通

161

バスに乗る

どこでバスの路線図をもらえますか？	**Where can I get a bus route map?** フェア キャナイ ゲット ア バス ラウト マップ ＊ bus route で「バスの路線」。	

> ▶ Where can I get a bus route map?
> ▷ They're in the ticket office.
> ゼイア イン ザ ティケット オフィス
> （切符売場にありますよ）

How can I get a bus route map?

切符はどこで買えますか？	**Where can I get a ticket?** フェア キャナイ ゲット ア ティケット

> ▶ Where can I get a ticket?
> ▷ You can buy one at any bus depot.
> ユ キャン バイ ワン アト エニィ バス ディポゥ
> （どのバスターミナルでも買えます）

＊ bus depot とは「バスターミナル」のこと。depot の "t" は発音しない。

Where should I purchase a ticket?

バスの中で切符が買えますか？ （バスターミナルで）	**Can I get a ticket on the bus?** キャナイ ゲット ア ティケット アン ザ バス／

> ▶ Can I get a ticket on the bus?
> ▷ No. You have to buy tickets here.
> ノゥ ユ ハフ トゥ バイ ティケッツ ヒャ
> （いいえ、ここで買わないといけません）

Do they sell tickets on the bus?

ビーチへ行くバスはどれですか？	**Which bus goes to the beach?** フィッチ バス ゴウズ トゥ ザ ビーチ

> ▶ Which bus goes to the beach?
> ▷ Take bus number 12(twelve).
> ティク バス ナンバー トゥエルブ
> （12番バスです）

Which bus takes me to the beach?

バスに乗る

セントラル・ステーションへ行くバスにはどこで乗れますか？	**Where can I catch the bus for Central Station?** * catch は「乗車する」、for ... は「…に向かって」「…行きの」。 ▶ Where can I catch the bus for Central Station? ▷ You can catch one over there. （あちらから乗れますよ） Where's the bus stop for Central Station?
どのバスに乗ればいいですか？	**Which bus do I get on?** * get on で「乗車する」。 ▶ Which bus do I get on? ▷ Get on a bus for Hollywood. （ハリウッド行きに乗ってください） What bus do I ride?
バス停はどこにありますか？	**Where's the bus stop?** * bus stop で「バス停」。 ▶ Where's the bus stop? ▷ Where're you going? （どこへ行くのですか？） Can you show me where the bus stop is?
6番のバスにはどこで乗れますか？	**Where do I get the number 6(six) bus?** ▶ Where do I get the number 6 bus? ▷ Across the street. （この通りの向かい側です） Where is the stop for bus number 6?

第4章 交通

バスに乗る

このバスはどういう所に行くのですか？	**Where does this bus go?** フェア ダズ ディス バス ゴゥ

▶ Where does this bus go?
▷ Almost anywhere downtown.
　オールモゥスト エニィフェア ダゥンタゥン
　(繁華街でしたら、ほとんどどこにでも行きます)

＊downtown は日本語の「下町」の意味ではなく、中心地、つまり繁華街のこと。

Where would this bus take me?

そこへ行く直通バスはありますか？	**Is there any bus that goes there directly?** ＊directly は「直接に」。 イズ ゼァ エニィ バス ザット ゴゥズ ゼァ ディレクトリィ↗

▶ Is there any bus that goes there directly?
▷ No. You'll have to transfer.
　ノゥ ユール ハフ トゥ トランスファ
　(いいえ。乗り換えなければなりません)

＊transfer は「乗り換える」。

Is there a direct bus?

他にもそこへ行くバスはありますか？	**Is there any other bus that goes there?** イズ ゼァ エニィ アザー バス ザット ゴゥズ ゼァ↗

▶ Is there any other bus that goes there?
▷ Number 2(two) also goes there.
　ナンバー トゥ オールゾゥ ゴゥズ ゼァ
　(2番バスもそこへ行きます)

Is the number 6 bus the only one that goes there?（そこへ行くのは6番バスだけですか？）

バスの時刻表はどこで手に入りますか？	**Where can I get a timetable for the bus?** フェア キャナィ ゲット ア タイムティブル フォ ザ バス

▶ Where can I get a timetable for the bus?
▷ You can get one on the bus.
　ユ キャン ゲット ワン アン ザ バス
　(バスの中で手に入りますよ)

Where can I get a bus timetable?

バスに乗る

| すぐ乗れるバスはありますか？ | **Is there a bus I can take immediately?**
イズ ゼァ ア バス アィ キャン テイク イミーディアットリィ♪ |

- ▶ Is there a bus I can take immediately?
- ▷ Please check the bus schedule.
  プリーズ チェック ザ バス スケジュール
  （バスの時刻表をチェックしてください）

Is there a bus leaving immediately?

| 次のバスまでにはどのくらい待ちますか？ | **How long do I have to wait for the next bus?**
ハウ ロング ドゥ アィ ハフ トゥ ウェイト フォ ザ ネクスト バス |

- ▷ You just missed the bus for Hollywood.
  ユ ジャスト ミスト ザ バス フォ ハリィウッド
  （ハリウッド行きのバスは今出たところですよ）
- ▶ How long do I have to wait for the next bus?

＊ miss は「(乗り物に)乗り損なう」。

When will the next bus come?

| 最終バスは何時に出ますか？ | **What time does the last bus leave?**
ワッタィム ダズ ザ ラスト バス リーブ |

＊ the last bus で「最終バス」。

- ▶ What time does the last bus leave?
- ▷ Nine o'clock in the evening.
  ナィン オクロック イン ジ イーブニング
  （夜の9時です）

When's the last bus?

第4章 交通

■ワードリスト

- ■…行きの　for ...　フォ
- ■運転手　driver　ドライバー
- ■切符　ticket　ティケット
- ■最終バス　the last bus　ザ ラスト バス
- ■時刻表　timetable　タィムテイブル
- ■車掌　conductor　カンダクター
- ■乗車する　get on　ゲット アン
- ■バス停　bus stop　バス スタップ
- ■料金　fare　フェア
- ■路線図　route map　ラウト マップ

165

バスの中で

リンカーン・センターへ行くにはどこで降りたらいいですか？	**Where should I get off for Lincoln Center?** フェア シュド アイ ゲット オフ フォ リンカン センター ＊get off で「下車する」、for ... は「…に向かって」「…行きの」。 ▶ Where should I get off for Lincoln Center? ▷ After the next stop.（次の次の停留所です） アフター ザ ネクスト スタップ ＊「次です」は It's the next stop.／「3つ目です」は It's the third stop. などと言う。 Which stop should I use for Lincoln Center?
ヒル・ホテルで止まりますか？	**Do you stop at the Hill Hotel?** ドゥ ユ スタップ アト ザ ヒル ホゥテル↗ ▶ Do you stop at the Hill Hotel? ▷ We sure do.（はい、止まります） ウィ シュア ドゥ Is the Hill Hotel one of your stops?
ビーチに着いたら教えていただけますか？	**Could you tell me when we get to the beach?** クジュ テル ミ フェン ウィ ゲットゥ ザ ビーチ↗ ＊アメリカでは通常バスの車内放送はないので、降りる所がわからない場合、前もって運転手にこのように言っておくとよい。 ▶ Could you tell me when we get to the beach? ▷ Sure. I'll let you know. シュア アイル レッチュ ノゥ （わかりました。お知らせしますよ） Would you let me know when we arrive at the beach?

第4章 交通

バスの中で

| 降りるときはどうしたらいいですか？ | **How can I get the bus to stop.**
ハウ キャナイ ゲット ザ バス トゥ スタップ
How do I stop the bus? |

| ――降車合図のヒモを引いてください。 | **Just pull the bell cord.** * pull は「引く」。
ジャスト プル ザ ベル コゥド
See that cord? Just pull it.
（あのヒモが見えますか？ あれを引いてください） |

| 今はどのあたりを通過中ですか？ | **What are we passing through?**
ワット ア ウィ パッシング スルー
* pass は「通りすぎる」。 |

▶ What are we passing through?
▷ We just passed Portland.
　 ウィ ジャスト パスト ポートランド
　（ポートランドをちょうど通過したところです）

What are we passing now?

| このあたりは何ですか？ | **What's this area?**
ワッツ ディス エアリア |

▶ What's this area?
▷ This is the financial district.
　 ディス イズ ザ ファイナンシャル ディストリクト
　（金融地区です）

* financial は「金融の」、district は「地域」。

What's this place called?

| 小銭をお持ちですか？（他の客に） | **Do you have small change?**
ドゥ ユ ハブ スモール チェィンジ♪ |

▶ Do you have small change?
▷ Yes, I can help you.
　 イェス アィ キャン ヘルプ ユ
　（はい、ありますよ）

* change は「小銭」。市バスなどではお釣りをくれないことがよくある。距離にかかわらず定額料金なので、あらかじめ用意しておく必要がある。このひとことを使って、他の乗客に両替してもらう手もある。

Can I get some small change from you?

第4章 交通

バスの中で

すみません、5ドル札しかないんですが。

Excuse me. I only have a five-dollar bill.

> ▶ Excuse me. I only have a five-dollar bill.
> ▷ You won't get any change for that.
> （お釣りは出ないんですよ）

Hello. A five-dollar bill is all I have.

ここで降ります。

I'll get off here. ＊ get off で「下車する」。

> ▶ I'll get off here.
> ▷ Have a nice day.
> （ご乗車ありがとうございました）

＊ Have a nice day. で日本語の「いってらっしゃい」というニュアンスも表現できる。

Here's my stop.

乗り過ごしてしまいました！

I missed my stop!

> ▶ I missed my stop!
> ▷ What was your stop?
> （どこで降りるつもりだったんですか？）

I passed my stop!

■ワードリスト

- ■…行きの for ...
- ■…に到着する get to ...
- ■切符 ticket
- ■下車する get off
- ■降車合図のヒモ bell cord
- ■通過する pass
- ■お釣り change
- ■小銭 change
- ■止まる stop
- ■バス停 bus stop
- ■料金 fare
- ■路線図 route map

第4章 交通

列車に乗る

時刻表を見せてください。	**May I see a timetable?** メィ アィ スィ ア タィムティブル♪

> ▶ May I see a timetable?
> ▷ There's one posted over there.
>   ゼァズ ワン ポゥスティド オゥバー ゼァ
>   (あちらに掲示してあります)

* post は「(掲示物を) 貼る」。

Can I see the arrival and departure schedule?

列車の時刻表の見方がわからないのですが。	**I need some help with the train schedule.** アィ ニード サム ヘルプ ウィズ ザ トレィン スケジュール

* train schedule は、上の timetable とほぼ同じで「電車の時刻表」。

> ▷ Can I help you?（どうなさいましたか？）
>   キャナィ ヘルプ ユ♪
> ▶ I need some help with the train schedule.

* Can I help you? は May I help you? と同様に「ご用件は何ですか？」という意味。

Can you help me with the train schedule?

次のニューヨーク行きの急行は何時ですか？	**When's the next express for New York?** フェンズ ザ ネクスト エクスプレス フォ ニューヨーク

* express は「急行」。

> ▶ When's the next express for New York?
> ▷ You should ask someone working here.
>   ユ シュド アスク サムワン ワーキング ヒァ
>   (ここの従業員に聞いてください)

What time is the next express for New York?

この列車は何時に出ますか？	**What time does the train leave?** ワッタィム ダズ ザ トレィン リーブ

> ▶ What time does the train leave?

第4章 交通

| 列車に乗る |

> ▷ In about twenty minutes.
> インアバウトトゥエンティミニッツ
> (約 20 分後です)

When will the train leave?

列車は何分おき
に来るのですか？

How often do the trains come?
ハウ オフン ドゥ ザ トレインズ カム

＊ How often …? は回数を聞くときに使う。

How many trains run in an hour?
(列車は 1 時間に何本来ますか？)

――10 分おきに
来ます。

Every ten minutes.
エブリィ テン ミニッツ

The trains run six times an hour.
(列車は 1 時間に 6 本走っています)

次の列車は急行
ですか？

Is the next train an express?
イズ ザ ネクスト トレイン アン エクスプレス↗

＊ express は「急行の」。

> ▶ Is the next train an express?
> ▷ No, it's a local train.
> ノウ イッツ ア ロウクル トレイン
> (いいえ、各駅停車です)

＊ local は「各駅停車の」。

Is the express train next?

ニューヨークへ
行くにはどの列
車に乗るのです
か？

Which train should I take to New York?
フィッチ トレイン シュド アイ ティク トゥ ニューヨーク

> ▶ Which train should I take to New York?
> ▷ Go to track number two.
> ゴウ トゥ トラック ナンバー トゥ
> (2 番線に行ってください)

＊ track は「鉄道線路」「プラットフォーム」。

Which train goes to New York?

乗り換えなけれ
ばなりませんか？

Do I have to change trains?
ドゥ アイ ハフ トゥ チェインジ トレインズ↗

＊ have to … で「…する必要がある」。

> ▶ Do I have to change trains?

列車に乗る

> Yes, twice.（ええ、2回乗り換えます）
> イェス　トゥワイス

Will I need to change trains?

| シカゴへの接続はありますか？ | **Is there a connection to Chicago?**
イズ　ゼァ　ア　カネクション　トゥ　シカゴ↗ |

* connection は「（飛行機・列車・バスなどの）連絡」「接続」。

▶ Is there a connection to Chicago?
▷ Yes. That train will be here in ten minutes.（はい。接続列車は10分後に来ます）
　イェス　ザット　トレィン　ウィル　ビ　ヒャ　イン　テン　ミニッツ

| マイアミ行き1枚お願いします。 | **I'd like a ticket to Miami, please.**
アイド　ライク　ア　ティケット　トゥ　マイアミ　プリーズ |

▶ I'd like a ticket to Miami, please.
▷ Will that be for an express or a local train?（普通列車ですか？　急行ですか？）
　ウィル　ザッビ　フォ　アン　エクスプレス↗　オワ　ア　ロゥクル　トレィン↘

A ticket to Miami, please.

| 片道ですか、往復ですか？ | **One-way or round-trip?**
ワンウェィ↗　オワ　ラゥンドトリップ↘ |

* one-way で「片道の」、round-trip で「往復の」。

A one-way or round-trip ticket?

| 急行はありますか？ | **Is there an express?**
イズ　ゼァ　アン　エクスプレス↗ |

▶ Is there an express?
▷ That will cost you more money.
　ザット　ウィル　コスト　ユ　モァ　マニィ
　（追加料金がかかりますが）

* more は much の比較級で「より多く」。

Do you have an express?

| ボストンまでいくらですか？ | **How much is the fare to Boston?**
ハゥ　マッチ　イズ　ザ　フェァ　トゥ　バスタン |

* fare は「乗車料金」。

▶ How much is the fare to Boston?

第4章　交通

列車に乗る

▷ It's $10 (ten dollars). (10ドルです)

What is the fare to Boston?

2時発の列車の席はありますか？

Any seats left for the two o'clock train?

▶ Any seats left for the two o'clock train?
▷ Unfortunately, no. (あいにく満席です)

Are there any seats on the two o'clock train?

席の予約はできますか？

Can I make a reservation?

* make a reservation で「予約する」。

▶ Can I make a reservation?
▷ Of course you may. (もちろんできます)

一番安い席をください。

The cheapest seat is fine.

▶ The cheapest seat is fine.
▷ A ticket for coach? (二等車ですね)

* coach は「二等車」「エコノミークラス」。

I'd like the cheapest seat you have, please.

急行にはどこで乗るのですか？

Where can I catch an express train?

* catch は「乗車する」。express は「急行の」。

▶ Where can I catch an express train?
▷ I have no clue. (まったくわかりません)

* clue は「(問題を解く)手がかり」。have no clue で「さっぱりわからない」。

Which way to the express train?

どのホームから出ますか？

From which platform?

▶ From which platform?
▷ This one here. (ここからです)

第4章 交通

列車に乗る

*この one は platform を指す。
From which platform would that be?

シカゴへ行くにはこのホームでいいですか？

Is this the right platform to Chicago?
イズ ディス ザ ライト プラットフォーム トゥ シカゴ

*この right は「正しい」「正確な」。

▶ Is this the right platform to Chicago?
▷ No. It's that one over there.
　ノウ イッツ ザット ワン オウバー ゼア
　（いいえ。あちらのホームです）

Am I in the right place for Chicago?

この列車はニューヨークへ行きますか？

Does this train go to New York?
ダズ ディス トレイン ゴウ トゥ ニューヨーク

▶ Does this train go to New York?
▷ No. You want that red train.
　ノウ ユ ワント ザット レッド トレイン
　（いいえ。あの赤色の列車に乗ってください）

Will this train stop in New York?

乗り遅れてしまいました。

I missed my train.
アイ ミスト マイ トレイン

▷ What's wrong?（どうしたのですか？）
　ワッツ ローング
▶ I missed my train.

My train left without me.

■ワードリスト

■…行きの	bound for ... バウンド フォ	■往復の	round-trip ラウンドトリップ
■片道の	one-way ワンウェイ	■(駅の)ホーム	platform プラットフォーム
■個室	compartment カンパートメント	■時刻表	timetable タイムテイブル
■食堂車	dining car ダイニング カー	■寝台車	sleeping car スリーピング カー
■特急列車	limited express リミテッド エクスプレス	■二等車	coach コウチ
■急行列車	express train エクスプレス トレイン	■普通列車	local train ロウクル トレイン

第4章 交通

列車の中で

次の駅は何という駅ですか？	**What's the next station?** ワッツ ザ ネクスト ステイション

> ▶ What's the next station?
> ▷ The next station is Central Park.
>   ザ ネクスト ステイション イズ セントラル パーク
>   （次はセントラル・パークです）

What's the next stop?

ここはデトロイトですか？	**Is this Detroit?** イズ ディス ディトロイト♪

> ▶ Is this Detroit?
> ▷ No, this is Cleveland.
>   ノウ ディス イズ クリーブランド
>   （いいえ、ここはクリーブランドです）

Are we in Detroit?

シカゴまであとどのくらいですか？	**How far is it to Chicago?** ハウ ファー イズ イト トゥ シカゴ ＊ How far ...? は距離を聞くときに使い、主語はit にする。

> ▶ How far is it to Chicago?
> ▷ We're almost there.（もうすぐです）
>   ウィア オールモウスト ゼア

How close are we to Chicago?

途中でいくつの駅に止まりますか？	**How many stops will there be?** ハウ メニィ スタップス ウィル ゼァ ビ

> ▷ It'll take an hour to Boston.
>   イットル テイク アン アウァ トゥ バストン
>   （ボストンまで1時間くらいです）
> ▶ How many stops will there be?

How many stops will the train make?
＊この make は「する」「行う」。

途中下車はできますか？	**Can I have a stopover?** キャナィ ハブ ア スタップオウヴァー♪

列車の中で

* stopover は「途中下車」。

▶ Can I have a stopover?
▷ Sorry, it's a non-stop.
　ソリィ　イッツ　ア　ナンスタップ
（申し訳ありませんが、直行便です）

乗車券を拝見します。

Ticket, please.
ティケット　プリーズ

May I see your ticket?

——ちょっと待ってください。

Just a minute, please.
ジャスト　ア　ミニット　プリーズ

Give me a minute, please.

切符をなくしました。

I lost my ticket.　* lost は「なくした」。
アイ　ロスト　マイ　ティケット

▶ I lost my ticket.
▷ Where did you get on?
　フェア　ディデュ　ゲット　アン
（どこから乗りましたか？）

* get on で「乗車する」。

第4章　交通

■ワードリスト

- 運賃　fare　フェア
- 駅　station　スティション
- 乗車券　ticket　ティケット
- 車掌　（米）conductor／（英）guard　カンダクター／ガード
- 直行便　non-stop　ナンスタップ
- 途中下車　stopover　スタップオゥバー
- 乗り越す　miss　ミス

175

列車の中で

乗り越してしまいました。

I missed my station.
アィ ミスト マイ ステイション

＊直訳は「自分の目的の駅で降り損なう」。

▶ I missed my station.
▷ Be sure to get off at the next stop.
　ビ シュァ トゥ ゲット オフ アト ザ ネクスト スタップ
（次の駅で必ず降りてください）

＊ be sure to ... で「必ず…する」、get off で「下車する」。

I passed my stop.

長距離バスの旅

　現地での移動には、長距離バスも利用できます。ヨーロッパに比べると鉄道路線が少ないアメリカでは、長距離バスは便利なうえ、かなり経済的でもあります。時間に余裕があり、旅を長く安上がりに続けたい旅行者にはぴったりの移動手段です。また、アメリカ大陸の広大さを味わうならば、バス旅行が最適と言えるでしょう。

　アメリカの長距離バスと言えば、グレイハウンドが筆頭にあげられます。グレイハウンドは一部の山岳地帯を除いて全米にネットワークを広げていますので、長距離のみならず中距離の移動にも向いています。移動時間のめやすとしては、ニューヨーク～ワシントン間で約5時間ほどとなります。

　アメリカで長距離バスを何度も利用したい人、あるいはバスで一度にかなりの長距離を移動する人は、アメリパスという割引券を購入するのがお得です。グレイハウンドとその系列会社のバスに適用できる一定期間乗り放題のチケットで、7日間で大人$200前後という格安さを誇ります。日本の旅行会社で購入できますので、長距離バスを利用して旅をしたい人は前もって手に入れておきましょう。

　鉄道などの交通費が比較的高いイギリスでも、長距離バスは多くの人に利用されています。長距離バスはコーチ（coach）と呼ばれており、イギリス全土で運行されていますので、イギリス国内を旅するときには便利な移動手段です。値段は鉄道料金の半額ほどになります。また、コーチは、旅行に限らず、空港に行く手段としてもよく使われています。

第4章　交通

第5章 観 光

観光案内所に行く
行き方を尋ねる
ツアーを調べる
ツアーの内容を尋ねる
ツアーに申し込む
ツアーに参加する
観光スポットで／写真を撮る
劇場に行く／美術館・博物館をめぐる
夜の観光スポットで／カジノで遊ぶ
メジャーリーグを楽しむ
レンタカーを借りる
レンタカーの車種を選ぶ
レンタカーの料金・保険
レンタカーでドライブする

観光案内所に行く

ニューヨークの市内観光をしたいのですが。	**I'd like to see the sights of New York.** アイド ライク トゥ スィ ザ サィツ オブ ニューヨーク

> ▶ I'd like to see the sights of New York.
> ▷ Are you interested in a tour?
>   ア ユ インタレスティッド イン ア トゥアˊ
>   (ツアーに参加されますか？)

I'd like to see the New York sights.

観光には何がおすすめですか？	**What do you recommend for sightseeing?** * sightseeing は「観光」。 ワット ドゥ ユ リコメンド フォ サイトスィーイング

> ▶ What do you recommend for sightseeing?
> ▷ I think the B tour is the most interesting.
>   アィ スィンク ザ ビ トゥァ イズ ザ モゥスト インタレスティング
>   (ツアーBが一番面白いと思いますよ)

＊ most interesting は最上級の表現で「一番面白い」。

Do you have any suggestions for sightseeing?

日帰りではどこへ行けますか？	**Where can I go for a day trip?** フェア キャナィ ゴゥ フォ ディ トリップ ＊ day trip で「日帰り旅行」。

> ▶ Where can I go for a day trip?
> ▷ You have many options.
>   ユ ハブ メニィ アプションズ
>   (たくさんありますよ)

＊ option は「選択できるもの」。

What are some good day trips?

他にもっと情報はありませんか？	**May we have some further information?** メィ ウィ ハブ サム ファーザー インフォメィション ˊ ＊ further は「さらなる」。

第5章 観光

178

観光案内所に行く

> ▶ May we have some further information?
> ▷ What would you like to know in particular?（どのような情報でしょうか？）

＊in particular で「特に」。

Please give us more information.

景色がいいところをご存じですか？ **Do you know a place with a nice view?**
＊view は「眺め」。

> ▶ Do you know a place with a nice view?
> ▷ There's a great view from the tower.
> （タワーからの眺めはすばらしいですよ）

Is there a place that has a nice view?

若い人の行くところはどこですか？ **Where's a good place for young people?**

> ▶ Where's a good place for young people?
> ▷ We have a few discos near by.
> （近くにディスコがあります）

＊near by で「近くに」。

Are there any good places for young people?

そこへ行くにはツアーに参加しなくてはなりませんか？ **Do I have to join a tour to go there?**
＊have to ... は「…しなければならない」。

> ▶ Do I have to join a tour to go there?
> ▷ Of course not. You can go on your own.
> （もちろんそんなことはありません。個人で行けますよ）

＊on one's own で「一人で」「独力で」。

Can I go there without joining a tour?

第5章 観光

観光案内所に行く

今人気のあるミュージカルは何ですか？	**What musicals are popular now?** ワット ミューズィカルズ ア パピュラー ナウ

▶ What musicals are popular now?
▷ "Cats" is still playing.
　キャッツ イズ スティル プレイング
　(『キャッツ』がまだ上演中です)

What are the popular musicals right now?
＊right now で「現在」「ただいま」。

『キャッツ』はどこで見られますか？	**Where can I see "Cats"?** フェア キャナイ スィ キャッツ

▶ Where can I see "Cats"?
▷ At the theater downtown.
　アト ザ スィアター ダウンタウン
　(繁華街にある劇場です)

＊downtown は日本語の「下町」の意味ではなく、中心地、つまり繁華街のこと。

Where is "Cats" playing?

第5章 観光

チケットの手配をしてもらえますか？	**Could you get a ticket for me?** クジュ ゲット ア ティケット フォ ミ♪

▶ Could you get a ticket for me?
▷ One ticket for tonight, sir?
　ワン ティケット フォ トゥナイト サー♪
　(おひとり今晩ですね)

Would you get me a ticket?

ビバリーヒルズに行きたいのですが。	**I want to visit Beverly Hills.** アイ ワントゥ ビズィット ベバリー ヒルズ

▶ I want to visit Beverly Hills.
▷ We can arrange that for you.
　ウィ キャン アレインジ ザット フォ ユ
　(アレンジいたしますよ)

＊arrange は「準備する」「手配する」。

I'd like to see Beverly Hills.

NBCスタジオを見てみたいのですが。	**I'd like to see the NBC Studios.** アイド ライクトゥ スィ ザ エヌビシ ストゥディオッズ

▶ I'd like to see the NBC Studios.

▷ The tour hours are 9:00(nine) a.m. to 1:00(one) p.m.
(ツアーのできる時間帯は朝9時から午後1時までとなっております)

I'm eager to see the NBC Studios.

| 遊覧船はありますか？ | **Are there any sightseeing boats?** |

▶ Are there any sightseeing boats?
▷ Yes. Can I tell you about them?♪
(はい。ご説明いたしましょうか？)

Do you have any boats for sightseeing?

| ここで予約できますか？ | **Can I make a reservation here?** |

* make a reservation で「予約する」。

▶ Can I make a reservation here?
▷ You need to do that through a travel agency, sir.
(旅行代理店を通してお願いします)

* through ... は「…を通して」。travel agency は「旅行代理店」。

Do you take reservations here?

| ディナークルーズに乗りたいのですが。 | **I want to take a dinner cruise.** |

▶ I want to take a dinner cruise.

❖ What *musicals* are popular now? の musicals は、次のような語句に置き換えられます。

劇	plays	映画	movies
ツアー	tours	イベント	events
ナイトクラブ	nightclubs	ディスコ	discos

観光案内所に行く

▷ Let me book a reservation for you.
レッミ ブック ア リザベィション フォ ユ
（ご予約いたしましょう）

＊この book は「予約する」。

I'm interested in a dinner cruise.

最新の映画が見たいのですが。

I'd like to see the latest movie.
アイド ライク トゥ スィ ザ レィテスト ムービィ

＊the latest で「最新の」。

▶ I'd like to see the latest movie.
▷ There's a theater at the local mall.
ゼァズ ア スィアター アト ザ ロゥクル モール
（ショッピングセンターに映画館があります）

＊local mall で「地元のショッピングセンター」。日本語で「ローカル」と言うと、「都会」に対する「地方の」を意味するが、英語の local は「ある特定の地域の」。

I'd like to see a recently released movie.

ディズニーランドで数日過ごしたいのですが。

I'd like to spend a few days at Disneyland.
アイド ライク トゥ スペンド ア フュ ディズ アト ディズニィランド

＊spend は「（時を）過ごす」。

▶ I'd like to spend a few days at Disneyland.
▷ Which hotel are you interested in?
フィッチ ホゥテル ア ユ インタレスティッド イン
（どのホテルがよろしいでしょうか？）

I'd like to take a few days and visit Disneyland.

フリーマーケットに興味があるのですが。

I'm interested in a flea market.
アイム インタレスティッド イン ア フリー マーケット

＊be interested in ... で「…に興味がある」。flea market は「ノミの市」「フリーマーケット」。

▷ What would you like to see?
ワット ウジュ ライク トゥ スィ
（何をごらんになりたいのですか？）
▶ I'm interested in a flea market.

I'd like to go to a flea market.

ガイドを付けてもらえますか？

Can we get a guide?
キャン ウィ ゲット ア ガイド♪

第5章 観光

観光案内所に行く

▶ Can we get a guide?
▷ Why don't you join a tour?
ホワィ ドンチュ ジョィン ア トゥア
（ツアーに参加されてはいかがですか？）

＊ Why don't you ...? で「…してはどうですか？」。

Is it possible to get a guide?

日本語の話せるガイドを頼みたいのですが。

We'd like a Japanese-speaking guide, please.
ウィド ラィク ア ジャパニーズスピーキング ガィド プリーズ

▶ We'd like a Japanese-speaking guide, please.
▷ Sorry. We only have English-speaking guides.
ソリィ ウィ オゥンリィ ハブ イングリッシュスピーキング ガィズ
（すみません。英語のガイドしかいないんです）

＊ Japanese-speaking は「日本語を話す」で、English-speaking は「英語を話す」。

We want a Japanese-speaking guide.

第5章 観光

観光案内所を賢く利用する

　目的地に到着したら、最初に足を運びたいのが観光案内所です。大きい空港はもちろん、たいていの街の中心部に観光案内所はあり、観光客が必要とするサービスのほとんどを入手できます。多彩で有益な情報が多く、必ず一度は寄ってみましょう。
　観光案内所では、市内の交通図やホテル、レストランのリスト、イベントの一覧表やパンフレットなどをもらって情報収集ができる他、案内所によっては、観光ツアーの申込みや劇場の予約、レンタカーのアレンジ、市内のホテルの予約もできます。
　現地の治安を聞き、自分の目的・希望、予算に合わせていろいろと相談にのってくれます。手数料は取られることもありますが、ほとんどの国では無料で利用できます。
　観光案内所はアメリカでは"?"ヨーロッパでは"i"のマークが標示されています。これを目印にさがしてみてください。

観光案内所に行く

観光で使える語句

■建物

宮殿	palace パラス	寺院	temple テンプル
市庁舎	city hall スィティ ホール	城	castle キャスル
大寺院	abbey アビィ	大聖堂	cathedral キャスィドラル

■娯楽／文化施設

劇場	theater スィアター	植物園	botanical garden ボタニカル ガーデン
水族館	aquarium アクワリアム	動物園	zoo ズー
博物館	museum ミューズィアム	遊園地	amusement park アミューズメント パーク
美術館	art museum/museum アート ミューズィアム ミューズィアム		

■屋外の観光名所

遺跡	ruins ルーインズ	墓地	cemetery セメタリィ
記念碑	monument マニュメント	旧跡	historic spot ヒストリック スパット
公園	park パーク	…の生家	birthplace of … バースプレイス オブ …
庭園	garden ガーデン	像、彫像	statue スタテュー

■観光用乗り物

ケーブルカー	(米)cable car/(英)funicula ケィブル カー フューニキュラー		
遊覧船	sightseeing boat サイトスィーイング ボット	ロープウェイ	ropeway ロウプウェイ

■催し・イベント

演奏会	concert カンサート	展覧会	exhibition エクスィビション
博覧会	fair/exhibition フェアー エクスィビション	祭	festival フェスティバル

第5章 観光

行き方を尋ねる

この店をご存じ ですか？
Do you know this store?
ドゥ ユ ノゥ ディス ストァ↗

> ▶ Do you know this store?
> ▷ Yes, it's on Oak Street.
> イェス イッツ アン オゥク ストリート
> （ええ、オーク通りにありますよ）

Are you familiar with this store?

美術館へはどう 行ったらいいの ですか？
Can you tell me how to get to the art museum?
キャン ユ テル ミ ハウ トゥ ゲットゥ ジ アート ミューズィアム↗

＊ how to get to ... で「…への行き方」。

> ▶ Can you tell me how to get to the art museum?
> ▷ Yes, walk this way for two blocks.
> イェス ウォーク ディス ウェィ フォ トゥ ブラックス
> （この道を2ブロック歩いた先にあります）

Where's the art museum?

ビーチへはどう 行くのが一番楽 ですか？
What's the easiest way to get to the beach?
ワッツ ジ イーズィエスト ウェィ トゥ ゲットゥ ザ ビーチ

> ▶ What's the easiest way to get to the beach?
> ▷ I'd call a cab if I were you.
> アイド コール ア キャブ イフ アィ ワ ユ
> （私ならタクシーを呼びますね）

＊ cab は「タクシー」。if I were you ... で「もし 私があなた（の立場）なら」という決まり文句。 この場合 was ではなく were を使う。

What's the quickest way to get to the beach?

ここから遠いの ですか？
Is it far from here?
イズ イト ファー フロム ヒァ↗

第5章 観光

行き方を尋ねる

> ▶ Is it far from here?
> ▷ No, not at all.
>   ノゥ ナッタァトォール
>   （いいえ、全然遠くありません）

＊not at all で「まったく…ない」。

Does it take a long time to get there?
（そこに行くのに長くかかりますか？）
＊take は「（時間が）かかる」。

その劇場はここから近いですか？

Is that theater near here?
イズ ザット スィアター ニャ ヒャ♪

> ▶ Is that theater near here?
> ▷ It's a ten-minute walk from here.
>   イッツ ア テンミニット ウォーク フロム ヒャ
>   （ここから歩いて10分くらいです）

Is that theater close by?
＊close by で「すぐそばに」。

何か目印はありますか？

Are there any landmarks?
ア ゼァ エニィ ランドマークス♪
＊landmark は場所をさがす上での「目印」。

> ▶ Are there any landmarks?
> ▷ ABC Bank's on the corner.
>   エィビスィ バァンクズ アン ザ コーナー
>   （角に ABC 銀行があります）

How will I recognize it?

この地図で教えていただけますか？

Could you show it to me on this map?
クジュ ショウ イトゥ ミ アン ディス マァプ♪

> ▷ That restaurant is excellent.
>   ザット レストラン イズ エクセレント
>   （そのレストランはとてもいいですよ）
> ▶ Could you show it to me on this map?

＊excellent は「すばらしい」「優れた」。

Could you show me where it is on this map?

紙に書いていただけますか？

Could you write that down?
クジュ ライト ザット ダウン♪

> ▷ It's at Main and Culver.
>   イッツ アト メイン アンド カルバー
>   （メイン通りとカルバー通りの交差点にあります）

第5章 観光

行き方を尋ねる

▶ Could you write that down?

＊at A and B で「A通りとB通りの交差点に[で]」。
Please write that down.

| ここに略図を描いていただけますか？ | **Could you draw a map here?**
クジュ ドロー ア マァプ ヒャ

▶ Could you draw a map here?
▷ I'll try.（描いてみましょう）
アィル トラィ

Would you draw a map on this for me？ |

| 近道はありますか？ | **Is there a shortcut?**
イズ ゼァ ア ショートカット

▶ Is there a shortcut?
▷ Yeah, let me show you.
ヤァ レッミ ショウ ユ
（ええ、お教えしましょう）

Do you know a shortcut？ |

| 右側ですか、それとも左側にありますか？ | **Is it on the right or left?**
イズ イト アン ザ ラィトノオワ レフト

＊on the right で「右側に」「右手に」。「左側」は on the left。

▶ Is it on the right or left?
▷ It's on the right.（右側です）
イッツ アン ザ ラィト

Is it on my right or left？ |

| ワシントン・スクエアはどこですか？ | **Where's Washington Square?**
フェァズ ワシントン スクウェア

Which way is Washington Square？ |

| ──2本目を右に曲がってください。 | **Make a right at the second street.**
メィク ア ラィト アト ザ セカンド ストリート

＊make a right で「右に曲がる」。「左に曲がる」は make a left。

Turn right at the second street. |

| ──右の曲がり角に見えます。 | **You'll see it at the corner, on your right.**
ユール スィ イト アト ザ コーナー アン ユア ラィト |

第5章 観光

行き方を尋ねる	
	It's on the right, at the corner.
すぐにわかりますか？	**Is it easy to find?** イズ イト イーズィ トゥ ファインド♪ Is it obvious?
ドジャー球場へ行くのですが。	**We're going to Dodger Stadium.** ウィア ゴウイング トゥ ダジャー スティディアム We're heading for Dodger Stadium.
──僕らもちょうどそこに行くところなんです。	**Oh, we're on our way there, too.** オウ ウィア アン アウア ウェイ ゼァ トゥ ＊on one's way to ... で「…へ行く途中」。there の場合は to を付けない。 We're going there, too.
この辺にカジノはありますか？	**Is there a casino near here?** イズ ゼァ ア カスィーノウ ニャ ヒャ♪ ＊casino は「カジノ（ダンス・音楽などの催しのある賭博場）」。発音に注意。 Do you know of any casinos around here?
──レストランの隣にあります。	**It's next to the restaurant.** イッツ ネクストゥ ザ レストラン ＊next to ... で「…の隣」。 It's just before the restaurant. （レストランのすぐ前です）

■ワードリスト

- ■大通り　avenue　アベニュー
- ■通り　street　ストリート
- ■角　corner　コーナー
- ■…の隣に　next to ...　ネクストゥ
- ■川　river　リバー
- ■信号　(traffic) light　トラフィック ライト
- ■建物　building　ビルディング
- ■近い　near　ニャ
- ■近道　shortcut　ショートカット
- ■遠い　far　ファー
- ■地図　map　マップ
- ■（…は）どこですか？　Where's ...?　フェアズ
- ■右手に　on the right　アン ザ ライト
- ■左手に　on the left　アン ザ レフト
- ■右［左］に曲がる　make a right[left]/turn right[left]　メイク ア ライト レフト／ターン ライト レフト

第5章　観光

ツアーを調べる

| 観光バスツアーはありますか？ | **Is there a sightseeing bus tour?**
イズ ゼァ ア サイトスィーイング バス トゥァ♪
＊sightseeing は「観光」。 |

> ▶ Is there a sightseeing bus tour?
> ▷ Yes. We have many kinds.
> 　イェス ウィ ハブ メニィ カィンズ
> （はい。いろいろあります）

＊この kind は「種類」。

Do you have any sightseeing bus tours?

| どんなツアーがあるんですか？ | **What kind of tours do you have?**
ワット カインド オブ トゥァズ ドゥ ユ ハブ
＊What kind of ...? で「どんな種類の…」。 |

> ▷ What kind of tour would you like?
> 　ワット カインド オブ トゥァ ウジュ ライク
> （どんなツアーがよろしいですか？）
> ▶ What kind of tours do you have?

What kind of tours are available?

| どこで観光ツアーが申し込めますか？ | **Where can I book a sightseeing tour?**
フェァ キャナィ ブック ア サイトスィーイング トゥァ
＊この book は「予約する」。 |

> ▶ Where can I book a sightseeing tour?
> ▷ Just step to the next window.
> 　ジャスト ステップ トゥ ザ ネクスト ウィンドゥ
> （隣の窓口にお進みください）

Where can I reserve a sightseeing tour?

| ツアーは毎日出ていますか？ | **Do you have tours every day?**
ドゥ ユ ハブ トゥァズ エブリィ ディ♪ |

> ▶ Do you have tours every day?
> ▷ All days except for Sundays.
> 　オール ディズ エクセプト フォ サンディズ
> （日曜を除く毎日です）

＊except for ... で「…を除いて」。

第5章 観光

ツアーを調べる

Is there a tour every day?

| 半日のツアーは
ありますか？ | **Do you have a half-day tour?**
ドゥ ユ ハブ ア ハーフディ トゥァ♪ |

* half-day は「半日の」。

> ▶ Do you have a half-day tour?
> ▷ No. All the tours we have take all day.
>   ノゥ オール ザ トゥァ ウィ ハブ テイク オール ディ
>   （いいえ。私どものツアーはすべて1日かかります）

Are there any half-day tours?

| 今日のツアーに
参加できますか？ | **Can I join today's tour?**
キャナィ ジョイン トゥデイズ トゥァ♪ |

> ▶ Can I join today's tour?
> ▷ Sorry, you have to book it in advance.
>   ソリィ ユ ハフ トゥ ブック イト イン アドバンス
>   （申し訳ありませんが、前もって予約しなければなりません）

* in advance で「前もって」「あらかじめ」。

I'd like to get in on today's tour.

| 川下りのツアー
はありますか？ | **Is there a river cruise tour?**
イズ ゼァ ア リバー クルーズ トゥァ♪ |

> ▶ Is there a river cruise tour?
> ▷ That tour is not available during the
>   ザット トゥァ イズ ナット アベイラブル ドゥァリング ザ
>   winter.（そのツアーは冬はありません）
>   ウィンター

Can I take a river cruise tour?

| ホワイトハウス
に行くツアーは
ありますか？ | **Is there a tour of the White House?**
イズ ゼァ ア トゥァ オブ ザ ホワイト ハウス♪ |

> ▶ Is there a tour of the White House?
> ▷ Yes. Can I make a reservation for you?
>   イェス キャナィ メイク ア リザベィション フォ ユ
>   （はい。予約をお入れしましょうか？）

* make a reservation で「予約する」。

Is there a White House tour available?

第5章 観光

ツアーの内容を尋ねる

このツアーについて教えていただけますか？	**Could you tell me about the tour?** クジュ テル ミ アバウト ザ トゥァ↗ ▶ Could you tell me about the tour? ▷ What would you like to know? 　ワット ウジュ ライク トゥ ノゥ 　（どんなことでしょうか？） Please explain the tour to me.
スケジュールを教えていただけますか？	**Could you tell me the schedule?** クジュ テル ミ スケジュール↗ ▶ Could you tell me the schedule? ▷ Let me go get it.（今持ってきます） 　レッミ ゴゥ ゲッレッ ＊ go get it は go and get it の and を省略した表現。 Please explain the schedule to me.
どのくらいの時間のツアーですか？	**How long is the tour?** ハウ ロング イズ ザ トゥァ ▶ How long is the tour? ▷ It lasts for two hours.（2時間です） 　イト ラスツ フォ トゥ アゥァズ How long will the tour take?
これらのツアーはどう違うのですか？	**What's the difference between these tours?** ＊ difference は「違い」。 ワッツ ザ ディファレンス ビトウィーン ディーズ トゥァズ ▶ What's the difference between these tours? ▷ This one includes dinner. 　ディス ワン インクルーズ ディナー 　（こちらのツアーには夕食が含まれています） Please tell me the difference in these two tours.

第5章　観光

ツアーの内容を尋ねる

前半だけでも参加できますか？

Can I take the first part of the tour only?
キャナイ ティク ザ ファースト パート オブ ザ トゥァ オゥンリィ

▶ Can I take the first part of the tour only?
▷ I'm afraid it's a whole-day tour.
　アイム アフレィド イッツ ア　**ホゥルディ　トゥァ**
　（残念ながら1日のコースとなっております）

＊ I'm afraid .... で「あいにく」「残念ながら」、whole は「まる…」。

Do I have to take the entire tour?
（ツアー全部に参加しなくてはなりませんか？）
↔ Can I take the second part of the tour only?
（後半だけでも参加できますか？）

ツアーの間はどこに泊まるのですか？

Where will I stay during the tour?
フェァ　ウィル アィ スティ ドゥァリング ザ　トゥァ

▶ Where will I stay during the tour?
▷ At a five-star hotel.
　アト ア **ファィブスター ホゥテル**
　（五つ星のホテルです）

＊ five-star は「（質を表す）五つ星の」「最高の」。

What hotel will I be staying at while touring?

何に乗って行くのですか？

What kind of transportation will we use?
ワット カィンド オブ トランスポーティション ウィル ウィ ユーズ
＊ transportation は「交通機関」。

▶ What kind of transportation will we use?
▷ You may pick from the list here.
　ユ　メィ ピック フロム ザ リスト ヒャ
　（ここにあるリストから選べます）

＊ pick は「選択する」。

What type of transportation will we be taking?

ツアーの出発時間は？

What time do you leave?
ワッタィム　ドゥ ユ　リーブ

▶ What time do you leave?
▷ We leave at 9:00(nine) a.m.
　ウィ リーブ アト　　　　ナィン エィエム
　（午前9時に出発します）

When does the tour start?

ツアーの内容を尋ねる

出発はどこからですか？	**Where does it start?** フェア ダズ イト スタート

> ▶ Where does it start?
> ▷ It starts from the hotel.
> イト スターツ フロム ザ ホゥテル
> （ホテルから出発します）

Where does it leave from?

何時戻りになりますか？	**What time will we come back?** ワッタイム ウィル ウィ カム バァク

> ▶ What time will we come back?
> ▷ We'll be back by six.
> ウィル ビ バァク バイ スィクス
> （6時までには戻ります）

What time does the tour end?
（ツアーは何時に終わりますか？）

ヒル・ホテルで降ろしてもらえますか？	**Can you drop us off at the Hill Hotel?** キャン ユ ドロップ アス オフ アト ザ ヒル ホゥテル♪ ＊drop … off で「…を降ろす」。

> ▶ Can you drop us off at the Hill Hotel?
> ▷ We can drop you off near there.
> ウィ キャン ドロップ ユ オフ ニャ ゼァ
> （近くでなら降車できます）

第5章 観光

■ワードリスト

- ■一日の　full-day/whole-day　フルディ／ホゥルディ
- ■半日の　half-day　ハーフディ
- ■交通機関　transportation　トランスポーティション
- ■午後の観光　afternoon tour　アフタヌーン トゥア
- ■自由時間　free time　フリー タイム
- ■出発する　start　スタート
- ■スケジュール　schedule　スケジュール
- ■戻る　come back　カム バァク
- ■昼食　lunch　ランチ
- ■ツアー　tour　トゥア
- ■夕食　dinner　ディナー
- ■払い戻しのきかない　nonrefundable　ノンリファンダブル
- ■パンフレット　brochure　ブロゥシュア
- ■料金　price/charge　プライス／チャージ

| ツアーの内容を尋ねる |

We'd appreciate it if you could drop us off at the Hill Hotel.
＊appreciate は「ありがたく思う」。

ツアーの料金は いくらですか？

How much is it for the tour?
ハウ　マッチ　イズ　イト　フォ　ザ　トゥァ

> ▶ How much is it for the tour?
> ▷ It's $50(fifty dollars), and nonrefundable.
>   イッツ　フィフティ　ダラーズ　アンド　ノンリファンダブル
>   (50ドルで、払い戻しはありません)

＊nonrefundable は「払い戻しのきかない」。

What's the price of the tour?

料金には何が含 まれていますか？

What's included in the price?
ワッツ　インクルーディッド　イン　ザ　プライス

＊What's …? は What is …? の短縮形。be included で「含まれている」。

> ▶ What's included in the price?
> ▷ It includes the admission.
>   イト インクルーズ　ジ　アドミッション
>   (入場料は含まれております)

What does that price include?

この料金に昼食 代は入っていま すか？

Does the price include lunch?
ダズ　ザ　プライス インクルード　ランチ♪

> ▶ Does the price include lunch?
> ▷ No, that would be extra.
>   ノウ ザット　ウド　ビ　エクストラ
>   (いいえ、昼食代は入っておりません)

Is lunch included in the price?

ウォール街には 行きますか？

Does it go to Wall Street?
ダズ　イト　ゴウ トゥ ウォール ストリート♪

> ▶ Does it go to Wall Street?
> ▷ Yes, it's the main feature.
>   イェス イッツ　ザ　メイン　フィーチャ
>   (はい、このツアーの目玉です)

＊feature は「呼び物」。

Is Wall Street included in the tour?

第5章　観光

ツアーの内容を尋ねる

| そのツアーに自由時間はありますか？ | **Will we have any free time during the tour?**
ウィル ウィ ハブ エニィ フリー **タイム** ドゥアリング ザ トゥア♪ |

> ▶ Will we have any free time during the tour?
> ▷ You'll have an hour for lunch.
>   ユール ハブ アン **アウァ** フォ **ランチ**
>   （昼食に1時間あります）

How much free time do we have during the tour?

第5章 観光

オプションツアーで旅を数倍楽しく

　街の見どころを効率よく回れるオプションツアーは、時間のたりない旅行者にとっては心強い味方。オーソドックスな市内のバス観光にはじまって、ディナークルーズやヘリコプターなどで夜景を楽しむツアー、大ヒット中の舞台鑑賞を盛り込んだものなど、旅行会社が準備しているオプションツアーは華やかで楽しいものも多いのが特徴です。

　現地では市内観光ツアーを催している観光局もあるので、観光案内所で尋ねてみるのもひとつの手です。ウォーキングでの観光地巡りなど、面白い企画を持つ観光局もあるようです。

　オプションツアーは、日本の旅行会社で出発前に申し込むこともできますが、現地での申込み・支払いが基本です。主催も現地旅行会社となることに注意しましょう。

ツアーに申し込む

そのツアーに申し込みたいのですが。	**I'd like to sign up for the tour, please.** アイド ライク トゥ サイン アップ フォ ザ トゥァ プリーズ

> ▶ I'd like to sign up for the tour, please.
> ▷ Just put your name on this list.
> ジャスト プット ユア ネイム アン ディス リスト
> （このリストに名前をお書きください）

＊just は「ただ…だけ」。この put は「記入する」「書き留める」。

Can I sign up for the tour?

このツアーに決めます。	**I'll take this tour.** アイル テイク ディス トゥァ

> ▶ I'll take this tour.
> ▷ That's a great choice.
> ザッツ ア グレイト チョイス
> （いいものをお選びです）

＊choice は「選択」。

This tour is my choice.

どこで、何時に待てばいいのですか？	**When and where should I wait?** フェン アンド フェア シュド アイ ウェイト

＊When and where ...? は「いつどこで…？」。

> ▶ When and where should I wait?
> ▷ Right here at 10:00(ten) a.m.
> ライト ヒャ アト テン エイエム
> （ここで10時にお待ちください）

What time do I meet you and where?

我々のホテルまで迎えにきてもらえますか？	**Can you pick us up at our hotel?** キャン ユ ピック アス アップ アト アウァ ホゥテル↗

＊pick ... up で「…を迎えにくる」。

> ▶ Can you pick us up at our hotel?
> ▷ Yes, I'll arrange it.
> イェス アイル アレインジ イト
> （はい。そのように手配しましょう）

第5章 観光

ツアーに申し込む

* arrange は「用意する」「手配する」。
We'd like for you to pick us up at our hotel.

| ツアーには何を持っていけばいいですか？ | **What should I bring with me for the tour?**
ワット シュド アイ ブリング ウィズ ミ フォ ザ トゥア |

▶ What should I bring with me for the tour?
▷ Just bring yourself.（何もいりません）
　ジャスト ブリング ユアセルフ

* Just bring yourself. の直訳は、「自分自身だけを持ってきなさい」。

Is there anything I need to bring along on the tour?
* この along は「（物を）持って」。

| ジャケットは持っていったほうがいいですか？ | **Should I take a jacket with me?**
シュド アイ テイク ア ジャケット ウィズ ミ |

▶ Should I take a jacket with me?
▷ It might be a good idea.
　イト マイト ビ ア グッド アイディア
　（そのほうがいいかもしれませんね）

* might は「（ひょっとしたら）…かもしれない」。may よりも可能性が低いときに使う。

Will I need a jacket?

第5章　観光

■ワードリスト

- ■絵はがき　postcard ポウストカード
- ■パンフレット　brochure ブロウシュア
- ■ガイド　guide ガイド
- ■買い物　shopping シャッピング
- ■ツアー　tour トゥア
- ■観光　sightseeing サイトスィーイング
- ■自由時間　free time フリー タイム
- ■午前　morning モーニング
- ■午後　afternoon アフタヌーン
- ■スケジュール　schedule スケジュール
- ■ツアー料金　tour charge トゥア チャージ
- ■入場料　entrance fee/admission エントランス フィー　アドミッション
- ■…に申し込む　sign up for ... サイン アップ フォ
- ■予約　reservation リザベイション

ツアーに参加する

今どこへ向かっているのですか？	**Where are we headed?** フェア ア ウィ ヘディッド

> ▶ Where are we headed?
> ▷ We're headed for the Hollywood Bowl.
> 　ウィア　ヘディッド　フォ　ザ　ハリィウッド　ボウル
> （ハリウッドボールに向かっております）

＊ Hollywood Bowl は、ハリウッドにある世界有数の円形野外劇場。

Where are we going?

車内にトイレはありますか？	**Is there a rest room on the bus?** イズ ゼア アレスト ルーム アン ザ バス♪

> ▶ Is there a rest room on the bus?
> ▷ It's in the back.（後方にあります）
> 　イッツ イン ザ バァク

Does the bus have a rest room?

ハリウッドに着きましたよ。	**Here we are in Hollywood.** ヒャ ウィ ア イン ハリィウッド

＊ Here we are in .... で「さあ、…に着いた」。

Here's Hollywood.

ここでどのくらい停車しますか？	**How long will we be here?** ハウ ロング ウィル ウィ ビ ヒャ

How long will we stay here?

時間はどのくらいありますか？	**How long do we have?** ハウ ロング ドゥ ウィ ハブ

> ▶ How long do we have?
> ▷ A half hour.（30分間です）
> 　ア ハーフ アゥア

＊ a half hour で「30分」。

For how long?

買い物をする時間はありますか？	**Do we have time for shopping?** ドゥ ウィ ハブ タィム フォ シャッピング♪

第5章　観光

ツアーに参加する

> ▶ Do we have time for shopping?
> ▷ You have an hour for shopping and lunch.
> ユ ハブ アン アゥア フォ シャッピング アンド ランチ
> (1時間で食事と買い物をお済ませください)

Is there enough time for shopping?

何時に戻ればい **What time should we be back?**
いですか？   ワッタイム シュド ウィ ビ バァク

* be back で「戻る」。

> ▶ What time should we be back?
> ▷ By 2:30(two thirty).
> バイ トゥ サーティ
> (2時半までに戻ってください)

* by ... は「…までに」。

When should we return?

第5章 観光

「トイレ」って何語？

英語でトイレを意味する言葉はたくさんありますが、rest room が最も一般的な言い方です。また、bathroom という言葉は風呂場を意味するように思われますが、こちらも一般にトイレのことを意味して、非常によく使われる言葉です。men's room や ladies' room という表現も覚えておきましょう。

ちなみに、日本語のトイレの元となった toilet という言葉は、「便器」そのものを指す言葉。表現が直接的すぎるので、英語圏ではあまり使用されません。うっかり使ってしまうと奇妙に思われますので気をつけましょう。

「化粧室」を指す powder room や日本語で「洗面所」に当たる washroom などは、トイレを婉曲的に意味する表現として女性によく使われます。また、トイレを表す俗語として john や can などがありますが、このような言葉は使わないほうが無難です。「トイレを使ってもいいですか？」May I use the bathroom? と「トイレはどこですか？」Where is the rest room? この2つは必須表現として覚えておきましょう。

199

観光スポットで

| 入場料はいくらですか？ | **How much is the entrance fee?**
 ハウ マッチ イズ ジ エントランス フィー
 * entrance fee で「入場料」。 |

> ▷ Here's Disneyland.
> 　ヒャズ ディズニィランド
> 　（ようこそ、ディズニーランドへ）
> ▶ How much is the entrance fee?

* Here's …. は「さあ、これが…です」と、人に注意を向けさせるときに使われるひとこと。

How much is it to get in?

| 大人2枚お願いします。 | **Two adults, please.**
 トゥ アダルツ プリーズ |

> ▶ Two adults, please.
> ▷ That'll be $90(ninety dollars).
> 　ザットル ビ ナィンティ ダラーズ
> 　（90ドルになります）

I'd like two adult tickets.

| 団体割引はありますか？ | **Is there a group discount?**
 イズ ゼァ ア グループ ディスカウント⤴
 * group discount で「団体割引」。 |

> ▶ Is there a group discount?
> ▷ Yes, for a group of 10(ten) or more.
> 　イェス フォア グループ オブ テン オワ モァ
> 　（はい、10名様以上でしたら）

Are there group discounts?

| パンフレットはありますか？ | **Do you have a brochure?**
 ドゥ ユ ハブ ア ブロシュァ⤴ |

> ▶ Do you have a brochure?
> ▷ Would you like it in English?
> 　ウジュ ライク イト イン イングリッシュ⤴
> 　（英語でいいですか？）

* in English で「英語で（書かれた）」。

第5章 観光

観光スポットで

Is there a brochure I can have?

絵ハガキはありますか？

Do you have picture postcards?
ドゥ　ユ　ハブ　ピクチャ　ポゥストカーズ↗

＊picture postcard で「絵ハガキ」。

> ▶ Do you have picture postcards?
> ▷ Yes. They're by the entrance.
> 　イェス　ゼイア　バイ　ジ　エントランス
> （はい。入口のところにあります）

＊entrance は「入口」。

Are there any picture postcards available?

絵ハガキはどこで買えますか？

Where can I buy picture postcards?
フェア　キャナイ　バイ　ピクチャ　ポゥストカーズ

> ▶ Where can I buy picture postcards?
> ▷ There's a little shop in the lobby.
> 　ゼアズ　ア　リトル　シャップ　イン　ザ　ラビィ
> （ロビーに小さなお店があります）

I'd like to buy picture postcards. Can you help?
＊誰かの手助けが必要なときは、どういう場面でも Can you help? が使える。

ハリウッドについて教えてくれる人はいますか？

Who should I ask about Hollywood?
フー　シュド　アイ　アスク　アバウト　ハリウッド

＊直訳は「私はハリウッドについて誰に尋ねればいいでしょうか？」。

> ▶ Who should I ask about Hollywood?
> ▷ The man over there.
> 　ザ　マン　オゥバー　ゼア
> （あそこにいる男性が教えてくれます）

＊over there で「向こうに」「あちらに」。

Who should I talk to about Hollywood?

パレードはいつありますか？

What time do you have the parade?
ワッタイム　ドゥ　ユ　ハブ　ザ　パレイド

> ▶ What time do you have the parade?
> ▷ It starts at noon.（正午に始まります）
> 　イト　スターツ　アト　ヌーン

What time's the parade?

観光スポットで

次のガイド付き
ツアーはいつ始
まりますか？

When does the next guided tour begin?
フェン　ダズ　ザ　ネクスト　ガイディッド　トゥァ　ビギン

* guided tour は「ガイド付きツアー」。大きな美術館や博物館などで実施している館内ツアーを指すこともある。

▶ When does the next guided tour begin?
▷ Any minute now. (もうそろそろです)
　エニィ　ミニット　ナゥ

* any minute now あるいは at any time で「今すぐにでも」。

When's the next guided tour?

第5章　観光

クーポンを上手に使おう

レストランやテーマパーク、観光地からスーパーまで、さまざまな場所で使える割引券をクーポンと言います。クーポンは観光案内所はもちろん、地方新聞などにも掲載されていて、いろいろな方法で入手できます。最近ではお店のサイトにアクセスして、印刷したものをクーポンとして使用することも多いので、お目当てのお店がある人は渡航前にインターネットでチェックするのもひとつの手です。注意したいのは有効期限。クーポンを使う前に、Can I use this coupon? と尋ねてみるのがいいでしょう。

観光スポットで

観光地でよく見かける看板・標示

OPEN
オゥプン

開館

OPEN FROM
9:00 a.m. to 6:00 p.m.
オゥプン フロム
ナイン エィエム トゥ スィクス ピエム

開館(営業)時間
午前9時より午後6時

CLOSED
クロゥズド

休館(閉館)

ADMISSION $9.50
アドミッション
ナイン ダラーズ アンド フィフティ センツ

入場料は9ドル50セント

FREE ADMISSION
フリー アドミッション

入場無料

ENTRANCE
エントランス

入口

EXIT
エグズィット

出口

INFORMATION
インフォメイション

案内

REST ROOM
レスト ルーム

化粧室

LOST & FOUND
ロスト アンド ファゥンド

遺失物取扱所

STAFF ONLY
スタッフ オゥンリィ

関係者以外立入禁止

NO ADMITTANCE
ノゥ アドミタンス

KEEP OUT
キープ アゥト

立入禁止

NO PHOTOGRAPHS
ノゥ フォトグラフス

撮影禁止

OUT OF ORDER
アゥト オブ オーダー

故障中

WET FLOOR
ウェット フロア

床が濡れています

DON'T LITTER
ドント リター

NO LITTERING
ノゥ リタリング

ゴミのポイ捨て禁止

第5章 観光

写真を撮る

ここで写真を撮ってもかまいませんか？	**Am I allowed to take pictures here?** アム アイ アラゥド トゥ ティク ピクチャズ ヒャ♪ ＊be allowed to ... は「…するのを許されている」「…してもよいことになっている」。 ▶ Am I allowed to take pictures here? ▷ Sure. No problem.（もちろん、いいですよ） シュア ノゥ プラブラム ＊No problem.は、依頼に対して「いいですよ」「かまいません」。 Are you permitted to take pictures here?
ここでフラッシュをたいてもかまいませんか？	**May I use a flash here?** メィ アィ ユーズ ア フラッシュ ヒャ♪ ▶ May I use a flash here? ▷ The sign says no flash. ザ サィン セズ ノゥ フラッシュ （フラッシュ撮影禁止と書かれていますよ） Is it okay to use a flash here?
私の写真を撮っていただけますか？	**Will you take a picture of me?** ウィル ユ ティク ア ピクチャ オブ ミ♪ ▶ Will you take a picture of me? ▷ Okay. Which button should I press? オゥケィ フィッチ バトゥン シュド アィ プレス （いいですよ。どのボタンを押せばいいのですか？） ＊press は「押す」。 Would you take my picture?
一緒に写真を撮ってもらえませんか？	**Would you take a picture with me?** ウジュ ティク ア ピクチャ ウィズ ミ ▶ Would you take a picture with me? ▷ Actually, I'm in a hurry. アクチャリィ アィム イン ア ハリィ （ごめんなさい、急いでいるんです） ＊actually は「実は」と謝罪するときにも使われる。in a hurry で「急いで」。

写真を撮る

Please pose with me.（写真に入ってください）
＊pose は「（写真などのために）ポーズをとること」。

あなたの写真を撮ってもいいですか？	**May I take your picture?** メイ アイ テイク ユア ピクチャ

> ▶ May I take your picture?
> ▷ I'd rather you didn't.
> 　アイド ラザー ユ ディデント
> 　（ご遠慮いただきたいのですが）

＊I'd は I would の短縮形。I'd rather you didn't. は丁寧に断るときの決まり文句。

Would you mind if I took your picture?
＊Would you mind if ...? は許可を求める表現で、「…してもいいですか？」。

ここから私たちを写してください。	**Please take a picture of us from here.** プリーズ テイク ア ピクチャ オブ アス フロム ヒヤ

> ▶ Please take a picture of us from here.
> ▷ It would be my pleasure.（喜んで）
> 　イト ウド ビ マイ プレジャ

＊pleasure は「喜び」。My pleasure. で「どういたしまして」という意味にもなる。

Please stand here to take our picture.

あの建物をバックに入れて撮ってください。	**Could you take my picture with that building behind me?** クジュ テイク マイ ピクチャ ウィズ ザット ビルディング ビハインド ミ

＊behind ... で「…の後ろに」。

第5章 観光

■ワードリスト

- ■カメラ　camera　キャメラ
- ■撮影禁止　NO PHOTOGRAPHS　ノウ フォトグラフス
- ■三脚　tripod　トライポッド
- ■写真を撮る　take a picture　テイク ア ピクチャ
- ■シャッター　shutter　シャッター
- ■電池　battery　バァテリィ
- ■フィルム　film　フィルム
- ■レンズ　lens　レンズ
- ■ボタン　button　バトゥン
- ■フラッシュ　flash　フラッシュ
- ■フラッシュ禁止　NO FLASH　ノウ フラッシュ

写真を撮る

> ▶ Could you take my picture with that building behind me?
> ▷ The sun will be behind you. Is that all right?
> ザ サン ウィル ビ ビハインジュ イズ ザット オール ライト♪
> （逆光になりますが、いいですか？）

Please take my picture in front of that building.

このボタンを押していただければけっこうです。

Just press this button.　＊press は「押す」。
ジャスト プレス ディス バトゥン

> ▶ Just press this button.
> ▷ This red button, right?
> ディス レッド バトゥン ライト♪
> （この赤いボタンですね？）

Just press here.

もう1枚お願いします。

One more, please.
ワン モァ プリーズ
＊one more で「もう1つ」。

> ▶ One more, please.
> ▷ Sure. Say cheese.
> シュァ セィ チーズ
> （いいですよ。はいチーズ）

Could you take another one, please?

写真を撮る

どこで現像できますか？	**Where can I have this film developed?** フェア キャナィ ハブ ディス **フィルム** ディベロップット * develop は「（フィルムを）現像する」。have this film developed で「フィルムを現像してもらう」。

▶ Where can I have this film developed?
▷ At the corner drugstore.
　アト ザ **コーナー** ドラッグス**トァ**
　（角のドラッグストアでです）

Is there a place to get this film developed?

いつ仕上がりますか？	**When will it be done?** フェン ウィル イト ビ **ダン** * be done で「仕上がった」「完成した」。

▶ When will it be done?
▷ Tomorrow afternoon.（明日の午後です）
　トゥ**モ**ロゥ　アフター**ヌ**ーン

When will it be ready?

フィルムはありますか？	**Do you have any film?** ドゥ ユ ハブ エニィ **フィルム**↗

▶ Do you have any film?
▷ Oh, I'm afraid we're out of film.
　オゥ アイム アフレイド ウィァ **アウト** オブ **フィルム**
　（すみません、フィルムは売り切れています）

* I'm afraid .... は丁寧に断るときの決まり文句で、「あいにく…」「残念ながら…」。

Do you sell film here?

第5章　観光

■ワードリスト

■拡大する　blow up
　　　　　　ブロゥ　アップ
■カメラ店　camera shop
　　　　　　キャメラ　シャップ
■現像　development
　　　　ディベロップメント
■現像する　develop
　　　　　　ディベロップ
■カラーフィルム　color film
　　　　　　　　　カラー　フィルム
■焼き増し　reprint
　　　　　　リプリント
■モノクロフィルム　black and white film
　　　　　　　　　　ブラック アンド ホワイト フィルム
■24枚撮り　24 (twenty-four) exposures
　　　　　　トゥエンティフォー　エクスポゥジァズ

207

劇場に行く

劇場は何という名前ですか？	**What's the name of the theater?** ワッツ ザ ネィム オブ ザ スィアター

> ▶ What's the name of the theater?
> ▷ It's called "The Loge."
> イッツ コールド ザ ロゥジ
> (「ザ・ロウジ」と言います)

＊be called で「呼ばれる」。
What's that theater called?

今夜の出し物は何ですか？	**What's on tonight?** ワッツ アン トゥナィト

＊be on で「上演されている」。

> ▶ What's on tonight?
> ▷ There's a musical at 8:00(eight) p.m.
> ゼァズ ア ミューズィカル アト エィト ピエム
> (8時からミュージカルを上演いたします)

What's playing tonight?

面白いですか？	**Is it good?** イズ イト グッド♪

> ▷ This opera will be performed.
> ディス アペラ ウィル ビ パフォームド
> (このオペラを上演しています)
> ▶ Is it good?

What's your opinion of it?
＊直訳は「それについてあなたの意見はどうですか？」。

チケット売場はどこですか？	**Where's the ticket office?** フェアズ ザ ティケット オフィス

> ▶ Where's the ticket office?
> ▷ Down the stairs, to your right.
> ダゥン ザ ステアズ トゥ ユア ラィト
> (階段を降りて右手です)

＊stairs は「階段」。複数形で使う。
Where can I find the ticket office?

第5章 観光

劇場に行く

| これはチケット購入の列ですか？ | **Is this the line for buying tickets?**
イズ ディス ザ ライン フォ バイイング ティケッツ↗
* line は「列」。 |

> ▶ Is this the line for buying tickets?
> ▷ I'm not in line.
>   アイム ナット イン ライン
>   (私は並んでいません)

Can I buy tickets in this line?

| これは6時のショーの列ですか？ | **Is this the line for the six o'clock show?**
イズ ディス ザ ライン フォ ザ スィクス オクロック ショウ↗ |

> ▶ Is this the line for the six o'clock show?
> ▷ No. It's over there.
>   ノウ イッツ オウバー ゼア
>   (違います。向こうの列です)

Where's the line for the six o'clock show?

| あなたが列の最後ですか？ | **Are you the last in line?**
ア ユ ザ ラスト イン ライン↗
* the last で「最後の人」。 |

> ▶ Are you the last in line?
> ▷ Yes, I am. (そうです)
>   イェス アイ アム

Are you the end of the line?

| 9時のショーのチケットを2枚お願いします。 | **Two tickets for the nine o'clock show, please.**
トゥ ティケッツ フォ ザ ナイン オクロック ショウ プリーズ |

> ▶ Two tickets for the nine o'clock show, please.
> ▷ Yes, sir. (かしこまりました)
>   イェス サー

I'll take two tickets for the nine o'clock show.

| 今晩のチケットはまだありますか？ | **Are there any tickets available for tonight?**
ア ゼア エニィ ティケッツ アベィラブル フォ トゥナイト↗
*このように言って、当日のチケットが残っていな |

第5章 観光

209

いか確かめられる。available は「入手できる」。

> ▶ Are there any tickets available for tonight?
> ▷ Sorry. All the seats are sold out.
> ソリィ オール ザ スィーツ ア ソゥルド アゥト
> (すみません。すべて売り切れです)

Do you still have tickets for tonight?

| 1人いくらですか？ | **How much is it per person?**
ハゥ マッチ イズ イト パ パーソン |

＊ per person で「1人当たり」。

> ▶ How much is it per person?
> ▷ For a reserved seat?
> フォ ア リザーブド スィート♪
> (指定席でしょうか？)

＊劇場などではよく、よりいい席を reserved seat「指定席」として売っている。

How much for each person?

| 一番安い席はいくらですか？ | **How much is the cheapest seat?**
ハゥ マッチ イズ ザ チーペスト スィート |

＊ cheapest は cheap の最上級で「一番安い」。

> ▶ How much is the cheapest seat?
> ▷ Let me check for you.
> レッミ チェック フォ ユ
> (ちょっと調べてみましょう)

How much for the least expensive seat?
＊ expensive に最下級の least が付いて、「最も高くない（＝最も安い）」。

| 一番いい席をください。 | **I'd like the best seats.**
アイド ライク ザ ベスト スィーツ |

> ▶ I'd like the best seats.
> ▷ We have two seats in the front row.
> ウィ ハブ トゥ スィーツ イン ザ フラント ロゥ
> (一番前の列に2席ありますが)

＊ in the front row で「最前列に」。

Please give me the best seats you have.

劇場に行く

どの辺の席ですか？	**Where are the seats?**

> ▶ Where are the seats?
> ▷ Right up front.（かなり前の席です）

＊この right は「かなり」、front は「前方の」。

May I see the seating chart?
（座席表を見せてもらえますか？）

どちらの席のほうがいいですか？　**Which seats are better?**

＊better は good の比較級で「より良い」。

> ▶ Which seats are better?
> ▷ I think the ones up front are better.
> （前方の席のほうがいいと思いますが）

＊ones は seats のこと。

Which are the better seats?

真ん中あたりの席はありますか？　**Do you have seats somewhere in the middle?**

＊somewhere は「どこか」。in the middle は「真ん中で」。

> ▶ Do you have seats somewhere in the middle?

第5章　観光

■ワードリスト

■売り切れの	sold out	■劇場	theater	■芝居	play
■指定席	reserved seat	■自由席	nonreserved seat		
■立ち見席	standing room	■チケット売場	ticket office		
■入手できる	available	■ミュージカル	musical		
■最も良い席	best seat	■安い席	cheap seat		

211

劇場に行く

> Oh, we have a lot of those.
> オウ ウィ ハブ ア ラット オブ ゾウズ
> (ええ、たくさんございます)

Any seats close to the center?

| 2人並んで座れますか？ | **Can we sit together?**
キャン ウィ スィット トゥギャザー ↗ |

> ▶ Can we sit together?
> ▷ We only have single seats left.
> ウィ オゥンリィ ハブ スィングル スィーツ レフト
> (バラでしか残っておりません)

Can we sit next to each other?

| 今夜は込んでいますか？ | **Have you sold many tickets for tonight?**
ハブ ユ ソゥルド メニィ ティケッツ フォ トゥナイト ↗
＊直訳は「今夜はたくさんチケットを売りましたか？」。 |

> ▶ Have you sold many tickets for tonight?
> ▷ It'll be a full house. (今夜は満席です)
> イットル ビ ア フル ハウス

＊full house は「(劇場などの) 大入り満員」。

Will there be a large crowd tonight?

| 何日のならありますか？ | **What day is available?**
ワット ディ イズ アベィラブル
＊available は「入手できる」。 |

> ▶ What day is available?
> ▷ There are some seats left for Monday.
> ゼァ ア サム スィーツ レフト フォ マンディ
> (月曜日の席が残っています)

＊left は「残った」。

What day is still open?

| 払い戻しがききますか？ | **Can I get a refund?**
キャナィ ゲット ア リファンド ↗ |

> ▶ Can I get a refund?
> ▷ Yes, up to 24(twenty-four) hours before show time.
> イェス アップ トゥ トゥエンティフォー アゥアズ ビフォ
> ショゥ タィム
> (上演時間の 24 時間前まででしたらできます)

第5章 観光

劇場に行く

Are refunds available?

| 我々の席はどこでしょう？ | **Where're the seats?**
フェア ザ スィーツ |

> ▶ Where're the seats?
> ▷ Please follow me.（ご案内します）
> 　プリーズ ファロゥ ミ

＊follow は「後についていく」。

Could you show me where the seats are?

| 上演時間はどれくらいですか？ | **How long does it last?**
ハウ ロング ダズ イト ラスト |

＊この last は「続く」。

> ▶ How long does it last?
> ▷ About two hours.（2時間くらいです）
> 　アバウト トゥ アウァズ

How long is it ?

| 休憩時間は何分ですか？ | **How long is the intermission?**
ハウ ロング イズ ザ インタミッション |

＊intermission は「(劇場などの) 休憩時間」。

> ▶ How long is the intermission?
> ▷ It's usually about twenty minutes.
> 　イッツ ユージュァリィ アバウト トゥエンティ ミニッツ
> 　（通常、20分ほどです）

What's the length of the intermission?

第5章 観光

■ ワードリスト

- ■映画　(米)movie/(英)film
  　　　　ムービィ　　　フィルム
- ■休憩時間　intermission
  　　　　　　インタミッション
- ■映画館　(米)movie theater/(英)cinema
  　　　　　ムービィ スィアター　　　スィネマ
- ■入場料　admission
  　　　　　アドミッション
- ■払い戻し　refund
  　　　　　　リファンド
- ■パンフレット　brochure
  　　　　　　　　ブロゥシュァ
- ■昼の部／マチネー　matinee
  　　　　　　　　　　マティネィ
- ■前売り券　advance ticket
  　　　　　　アドバンス ティケット
- ■満席　full house
  　　　　フル ハウス
- ■予約　reservation
  　　　　リザベイション
- ■夜の部　evening performance
  　　　　　イブニング パフォーマンス

美術館・博物館をめぐる

絵に興味があるのですが。	**I'm interested in paintings.**✛ アイム インタレスティッド イン ペインティングズ

* be interested in ... で「…に興味がある」。

> ▶ I'm interested in paintings.
> ▷ There's a gallery a few miles from here.
> ゼアズ ア ギャラリィ ア フュ マイルズ フロム ヒャ
> （ここから2、3マイル先に画廊がありますよ）

* gallery は「画廊」「美術館」。
I'd like to see some paintings.

この絵は誰が描いたのですか？	**Who painted this picture?** フー ペインティッド ディス ピクチャ

* paint は「（絵を）描く」。

> ▷ This one is very popular.
> ディス ワン イズ ベリィ パピュラー
> （この絵はとても人気があります）
> ▶ Who painted this picture?

* popular は「人気がある」。
Who's the artist?

その博物館は今日開いてますか？	**Is the museum open today?** イズ ザ ミューズィアム オウプン トゥディ ↗

* museum は「博物館」。

> ▶ Is the museum open today?
> ▷ I'm afraid they're closed today.
> アイム アフレイド ゼイア クロゥズド トゥディ
> （残念ながら今日は閉まっています）

* この closed は「閉まっている」。
Does the museum open today?

中に入るのは無料ですか？	**Is it free to go inside?** イズ イト フリー トゥ ゴウ インサイド ↗

> ▶ Is it free to go inside?

第5章 観光

美術館・博物館をめぐる

> ▷ There's a small charge.
> ゼアズ ア スモール チャージ
> （多少料金がかかります）

* charge は「料金」「入場料」。

Is there a charge to go in?
（入場料はかかりますか？）

| カバンを預かってもらえますか？ | **May I check in my bag?** ♪
メイ アィ チェック イン マイ バッグ |

> ▶ May I check in my bag?
> ▷ Use the coin lockers, please.
> ユーズ ザ コィン ラッカーズ プリーズ
> （コインロッカーがあります）

Can I check my bag?

| 美術館の中で写真を撮ってもいいですか？ | **May I take pictures inside the museum?** ♪
メイ アィ テイク ピクチャズ インサイド ザ ミューズィアム |

> ▶ May I take pictures inside the museum?
> ▷ No, pictures are not allowed inside.
> ノウ ピクチャズ アー ナット アラウド インサイド
> （館内での写真撮影は禁止されています）

* be allowed で「許可されている」。

Is it okay to take pictures inside the museum?

| 館内ツアーはありますか？ | **Do you have a tour inside the building?** ♪
ドゥ ユ ハブ ア トゥア インサイド ザ ビルディング |

*欧米の大きな美術館や博物館などでは、あるまとまった人数ごとにガイド付きのツアーを実施していることが多い。

第5章 観光

❖ I'm interested in *paintings*. の paintings は、次のような語句に置き換えられます。

現代美術	contemporary art コンテンポラリィ アート	古典絵画	classic art クラスィック アート
印象派	impressionism インプレッショニズム	前衛芸術	avant-garde art アーバンガード アート
抽象芸術	abstract art アブストラクト アート	油絵	oil painting オィル ペインティング
水彩画	watercolor ウォーターカラー	彫刻	sculpture スカルプチャ
建築	architecture アーキテクチャ	版画	prints プリンツ

美術館・博物館をめぐる

▶ Do you have a tour inside the building?
▷ We sure do. (もちろんあります)
　ウィ シュア ドゥ

Is there a tour inside the building?

次のツアーは何時からですか？
What time does the next tour start?
ワッタイム ダズ ザ ネクスト トゥァ スタート

▶ What time does the next tour start?
▷ In about half an hour. (約30分後です)
　イン アバウト ハーフ アン アゥァ

＊この in ... は「…後に」。

When's the next tour?

再入館できますか？
Can I reenter? ＊reenter は「再び入る」。
キャナイ リエンター↗

▶ Can I reenter?
▷ Absolutely. (もちろんできます)
　アブサルートリィ

Can I enter again?

館内にコーヒーショップはありますか？
Is there a coffee shop in the building?
イズ ゼァ ア カフィ シャップ イン ザ ビルディング↗

▶ Is there a coffee shop in the building?
▷ Yes, in the lobby.
　イェス イン ザ ラビィ
（はい、ロビーにあります）

＊lobby は「（ホテル・劇場などの）ロビー」。

Does the building have a coffee shop?

第5章 観光

■ワードリスト

- ■入口 entrance エントランス
- ■おみやげ店 gift shop ギフト シャップ
- ■館内ツアー guided tour ガィディッド トゥァ
- ■再入館する reenter リエンター
- ■出口 exit エグズィット
- ■手荷物預かり所 cloakroom クロゥクルーム
- ■博物館／美術館 museum ミューズィアム
- ■パンフレット brochure ブロゥシュァ

夜の観光スポットで

いいナイトクラブはありますか？	**Do you know of a good nightclub?** ドゥ ユ ノゥ オブ ア グッド ナイトクラブ♪

▶ Do you know of a good night club?
▷ Yes. This one's very popular with
   イェス ディス ワンズ ベリィ パピュラー ウィズ
   young people.
   ヤング ピープル
   （はい。ここは若者にかなりうけていますよ〔カタログを見せて〕）

Can you recommend a good night club?

ディナーショーを見たいのですが。	**I want to see a dinner show.** アイ ワントゥ スィ ア ディナー ショー

▶ I want to see a dinner show.
▷ Did you have a special one in mind?
   ディデュ ハブ ア スペシャル ワン イン マィンド♪
   （特に目当てのものはあるのですか？）

Are there any dinner shows around?

前方の席はありますか？	**Are there any seats at the front?** ア ゼァ エニィ スィーツ アト ザ フラント♪

＊ at the front で「前部に」。

▶ Are there any seats at the front?
▷ There are only two left.
   ゼァ ア オゥンリィ トゥ レフト
   （2席のみ残りがあります）

Any seats in the front?

これはどんなショーですか？	**What kind of show is this?** ワット カィンド オブ ショウ イズ ディス

▶ What kind of show is this?
▷ It's a jazz show.（ジャズのショーです）
   イッツ ア ジャズ ショウ

What do you call a show like this?

ショーは何時から始まりますか？	**When does the show start?** フェン ダズ ザ ショウ スタート

第5章 観光

夜の観光スポットで

▶ When does the show start?
▷ At nine o'clock. (9時です)
アト ナィン オクロック

What time does the show begin?

| 誰が演奏するのですか？ | **Who's performing?**
フーズ パフォーミング |

▶ The jazz club there is very nice.
ザ ジャズ クラブ ゼァ イズ ベリィ ナィス
(そこのジャズクラブはとてもいいですよ)
▶ Who's performing?

Who will be performing?

| どんな音楽をやっていますか？（クラブで） | **What kind of music are you performing?**
ワット カィンド オブ ミューズィク ア ユ パフォーミング |

▶ What kind of music are you performing?
▷ We're performing jazz today.
ウィア パフォーミング ジャズ トゥディ
(本日はモダンジャズです)

What type of music are you playing?

| 近くにディスコはありますか？ | **Are there any discos around here?**
ア ゼァ エニィ ディスコズ アラゥンド ヒャノ |

▶ Are there any discos around here?
▷ Not that I know of. (ないと思いますが)
ナット ザット アィ ノゥ オブ

＊ Not that I know of. で「私の知っている限りではない」。

Are there any discos near by?

| マティーニをロックでください。 | **I'd like a martini on the rocks, please.**
アィド ラィク ア マーティーニ アン ザ ラックス プリーズ

＊ on the rocks は「（ウィスキー、カクテルなど）ロックで[の]」。英語では rocks と複数形にする。 |

▶ I'd like a martini on the rocks, please.
▷ Would you like anything with that?
ウジュ ラィク エニィスィング ウィズ ザットノ
(おつまみでもいかがですか？)

＊直訳は「何かご一緒にいかがですか？」。

第5章 観光

夜の観光スポットで

Martini on the rocks, please.

| スコッチのダブルをストレートでください。 | **Double scotch, straight, please.**
ダブル スカッチ ストレイト プリーズ |

> ▶ Double scotch, straight, please.
> ▷ What kind of scotch would you like?
>   ワット カインド オブ スカッチ ウジュ ライク
>   (どの銘柄にいたしましょうか？)

I'd like a double scotch, no ice, please.
＊no ice はストレートのこと。

| おかわりをお願いします。 | **May I have another one, please?**
メイ アイ ハブ アナザー ワン プリーズ ↗ |

＊another one は「もう1つ」。日本語の「おかわり」に当たる表現。

> ▶ May I have another one, please?
> ▷ Yes, sir. Martini coming right up.
>   イェス サー マーティーニ カミング ライト アップ
>   (かしこまりました。マティーニをすぐにお持ちします)

Refill, please.　＊refill は「補充する」。

第5章　観光

■ワードリスト

- ■ディナーショー　dinner show　ディナー ショウ
- ■ナイトクラブ　nightclub　ナイトクラブ
- ■演奏する　perform　パフォーム
- ■カウンター　counter　カウンター
- ■ディスコ　disco　ディスコウ
- ■キャバレー　cabaret　キャバレイ
- ■クローク　cloakroom　クロウクルーム
- ■劇　play　プレイ
- ■音楽　music　ミューズィク
- ■最低料金　minimum charge　ミニマム チャージ
- ■ジャズクラブ　jazz club　ジャズ クラブ
- ■ビール　beer　ビア
- ■カクテル　cocktail　カクテル
- ■ウィスキーの水割り　whysky and water　ウィスキィ アンド ウォーター
- ■ストレート　straight　ストレイト
- ■ロックの　on the rocks　アン ザ ラックス

219

夜の観光スポットで

第5章 観光

ナイトライフの愉しみ

　欧米では、夜にゆったりとした時間を楽しむためのスポットが充実しています。欧米のナイトライフとは、多くの場合、日本のように仕事の延長で夜を過ごすものではなく、夜を楽しく過ごそうする大人が集まった世界なのです。

　夜景を楽しめるラウンジやバーでお酒を楽しんだり、ゴージャスな雰囲気を満喫できる高級レストランでディナーを楽しんだり。ミュージカル観劇や、オペラやジャズクラブなど、趣味の音楽を本場のライブで鑑賞するのも、旅行中のナイトライフでは大きな楽しみとなるでしょう。気になる服装ですが、男性はネクタイにジャケット、女性はドレッシーな洋服といった規定があるところや、カジュアルな格好でも OK な場所もあるので、現地の観光案内所やホテルの案内係などに尋ねて調べておくのがコツです。

　最近は、旅行会社がオプションツアーを充実させており、夜の時間帯向けにもさまざまな企画を打ち出しています。チケットの手配やレストランの予約などを自分で行う必要がなく、気軽に申し込めるのも魅力です。195 ページのコラムを参考に、お好みのツアーをさがしてみてください。オプションツアーには準備されていないお目当てのスポットがある人は、観光案内所で情報を得ることをお勧めします。

夜の観光スポットで

代表的なカクテル

■ジンをベースにしたもの

ブルームーン　Blue Moon ブルー　ムーン ＊スミレ色と香りで中口。女性向き。	ギムレット　Gimlet ギムレット ＊ライムジュースを使い、辛口。
ジントニック　Gin Tonic ジン　トニック ＊トニックウォーターを使い、辛口。ロングドリンク。	マティーニ　Martini マーティーニ ＊ベルモットを使い、ぴりっとした味わいで辛口。

■ブランデーをベースにしたもの

アレキサンダー　Alexander アリグザンダー ＊カカオリキュールと生クリームを使い、甘口。女性向き。	ブランデーサワー　Brandy Sour ブランディ　サウァ ＊レモンジュースを使い、さっぱりした中口。
チェリーブラッサム　Cherry Blossom チェリィ　ブラッサム ＊チェリーリキュールを使い、甘口。	サイドカー　Side-car サイドカー ＊コアントロー、レモンジュースを使い、中口。

■ウィスキーをベースにしたもの

ジョンコリンズ　John Collins ジョン　コリンズ ＊ソーダ、レモンジュースを使い、甘口。ロングドリンク。	マンハッタン　Manhattan マンハッタン ＊ベルモットを使い、中口。
オールドファッションド　Old Fashioned オゥルド　ファションド ＊ソーダ、角砂糖を使い、中口。	ウィスキーサワー　Whisky Sour ウィスキィ　サウァ ＊レモンジュースを使い、さっぱりした中口。

■ウォッカをベースにしたもの

ブラディマリー　Bloody Mary ブラディ　メァリィ ＊トマトジュースを使い、中口。ロングドリンク。	モスコーミュール　Moscow Mule マスコウ　ミュール ＊ジンジャービア[エール]を使い、中口。ロングドリンク。
ソルティドッグ　Salty Dog ソルティ　ドッグ ＊グレープフルーツジュースを使い、中口。グラスの縁に塩を付けるのが特徴。	スクリュードライバー　Screwdriver スクリュードライバー ＊オレンジジュースを使い、甘口。

第5章　観光

カジノで遊ぶ

フォーマルな服装のほうがいいですか？	**Should we dress formally?** シュド ウィ ドレス フォーマリィ ＊dress formally で「盛装する」。

> ▶ Should we dress formally?
> ▷ Casual will be just fine.
> カジュアル ウィル ビ ジャスト ファイン
> （カジュアルでいいでしょう）

＊casual は「普段着」「軽装」。
Are we required to dress formally?

どんな服装をすればいいでしょうか？	**What's the dress code?** ワッツ ザ ドレス コゥド ＊欧米ではフォーマルなレストラン、カジノなどに入るのに dress code「服装の決まり」のある場合がある。

> ▶ What's the dress code?
> ▷ Casual, but nice.
> カジュアル バット ナイス
> （カジュアルでもきちんとしていればいいですよ）

How should I be dressed?

この格好で入れますか？	**Can I enter dressed like this?** キャナィ エンター ドレスト ライク ディス ＊like this で「このように」。

> ▶ Can I enter dressed like this?
> ▷ Sorry sir, but we require ties.
> ソリィ サー バット ウィ リクワィァ タィズ
> （申し訳ございませんが、ネクタイを着用していただくことになっております）

＊require は「要求する」。
Do I meet the dress code?
＊この meet は「（要求に）応える」「満たす」。

身分証明書をお見せください。	**May I see your I.D.?** メィ アィ スィ ユァ アィディ ＊I.D.は「本人であることを証明できるカード」。

第5章 観光

カジノで遊ぶ

Please show me your I.D.

——はい、私の **Here's my passport.**
パスポートです。 ヒァズ マイ パスポート
＊Here's は Here is の短縮形。Here is .... で「こ
こに…があります」。
I'll show you my passport.

見るだけでもい **Can I just look?**
いですか？ キャナイ ジャスト ルック↗

▶ Can I just look?
▷ Sure you can.（もちろんいいですよ）
 シュア ユ キャン

Is it okay if I just watch?

チップ売場はど **Where do I buy chips?**
こですか？ フェア ドゥ アイ バイ チップス
＊カジノのルーレットなどは普通、現金を chip と
いうコインに代えてからプレーする。

▶ Where do I buy chips?
▷ You can get them from me.
 ユ キャン ゲット ゼム フロム ミ
（ここで買えます）

Where can I buy chips?

50ドル分のチッ **May I have $50(fifty dollars) in chips?**
プをお願いしま メイ アイ ハブ フィフティ ダラーズ イン チップス↗
す。

▶ May I have $50 in chips?
▷ You want the rest in cash?
 ユ ワント ザ レスト イン キャッシュ↗
（お釣りは現金ですね？）

I'd like fifty dollars in chips.

25セントコイン **Quarters, please.**
でください。 クォーターズ プリーズ
＊スロットマシンの場合、勝負する相手は機械
だから言葉はいらない。そういう点では初心者向
き。上のように言って紙幣を代えるだけでよい。

▶ Quarters, please.

第5章 観光

カジノで遊ぶ

▷ For $10(ten dollars)?
フォ テン ダラーズ↗
（10ドル分ですか？）

| これに10ドル賭けます。 | **I'll bet $10(ten dollars) on this.**
アイル ベット テン ダラーズ アン ディス
＊betは「賭ける」。 |

▶ I'll bet ten dollars on this.
▷ Certainly, ma'am.（かしこまりました）
　サータンリィ　マァム

I'll put ten on this.

| もう1枚カードをください。(ブラックジャックなどで) | **Hit me.**
ヒット ミ
＊ブラックジャックは、カジノなどでのギャンブルの一種。カードの数字を足して21に近いほうが勝ち。 |

▶ Hit me.
▷ You got it.（かしこまりました）
　ユ　ガレッ

＊You got it. は、依頼や要求に対して「かしこまりました」「そのとおりにします」という表現。

Give me a hit.

| もういりません。(ブラックジャックなどで) | **I'll hold.**
アイル ホウルド
＊すでにカードの数字が21に近いため、もう次のカードは必要ないときに使う。 |

▶ I'll hold.
▷ As you wish.（かしこまりました）
　アズ ユ ウィッシュ

Stand.

| やめます。／降ります。 | **I fold.**
アイ フォウルド
＊ギャンブル（トランプ）で、カードを伏せてテーブルの上に置き、ゲームから降りるときにI fold.と言う。foldは、上の文のholdとスペル、発音とも似ているので、間違えないよう注意。 |

▶ I fold.

第5章　観光

> Tough luck.（残念ですね）
> タフ　ラック

精算したいのですが。 **I'd like to cash out.**
アイド　ライク　トゥ　キャッシュ　アウト

＊ギャンブルを切り上げて、レジで現金化するときに使うひとこと。

▶ I'd like to cash out.
▷ Sure, no problem.（かしこまりました）
　シュア　ノゥ　プラブラム

Cash out, please.

大人の社交場・カジノに挑戦!

　カジノには大きく分けて、テーブルゲームとマシンゲームの2種類のゲームがあります。スロットなどのマシンゲームはディーラーと英語のやりとりをする必要もないので、カジノ初心者は手はじめにマシンゲームから始めてみましょう。

　マシンゲームで場の雰囲気に慣れたら、次はテーブルゲームに挑戦してみましょう。ブラックジャックはルールも単純で、気楽に楽しめますが、場所によってはディーラーとのやりとりがジェスチャー（gesture）でなされることもありますので、しばらく見物してから挑戦したほうがいいでしょう。

　意外に難しいのが、日本人にもなじみのあるルーレットで、賭ける（bet）場所に手が届かない場合、ディーラーに英語で指示する必要があります。アメリカ人に人気のサイコロゲーム、クラップスはにぎやかな雰囲気が楽しそうで、つい手を出したくなりますが、ルールが難しい上に英語でのやりとりが必須ですので、初心者は見物にとどめたほうが無難です。

　他にもポーカーや、バカラというオイチョカブ風のゲーム、ビンゴの要領で数合わせをするキノなど、カジノにはたくさんのゲームがあります。いろいろなゲームを見物したあと、好みのゲームを見つけてルールを覚えたら、最少賭け金（minimum bet）の低いテーブルや台で遊んでみましょう。

　カジノでは飲み物は無料ですが、ウェイトレスにはチップ（tip）を忘れずに。チップは$1ほどの現金でもカジノのチップ（chip）でも支払えます。

第5章 観光

メジャーリーグを楽しむ

メジャーリーグの試合のチケットは手に入りますか？

Can I get a ticket for a major league baseball game?
キャナイ ゲット ア ティケット フォア メィジャー リーグ ベィスボール ゲィム♪

▶ Can I get a ticket for a major league baseball game?
▷ Any team in particular?
　エニィ ティーム イン パティキュラー♪
　（ご希望のチームはありますか？）

＊in particular は「特に」「特別に」。

I'd like to get a ticket for a major league baseball game.

今週はマリナーズの試合がありますか？

Are the Mariners playing this week?
ア ザ マリナーズ プレィイング ディス ウィーク♪

▶ Are the Mariners playing this week?
▷ Let's see if we can find out.
　レッツ スィ イフ ウィ キャン ファインド アウト
　（ええと、ちょっと調べてみます）

＊let's see で「（考えながら）ええと」「ちょっと待って」。この if は「…するかどうか」。find out で「見つけ出す」「わかる」。

Do the Mariners play this week?

■ワードリスト

■外野席	outfield bleachers アウトフィールド ブリーチャーズ	■大リーグ	major league メィジャー リーグ
■試合	game ゲィム	■チケット	ticket ティケット
■野球	baseball ベィスボール		
■チームグッズ	team souvenir ティーム スーバニィア	■ネット裏	groundstands グラウンドスタンズ
■当日券	ticket for today ティケット フォ トゥデイ	■内野席	infield stands インフィールド スタンズ
■前売券	advance ticket アドバンス ティケット	■野球場	ballpark/stadium ボールパーク スティディアム

第5章 観光

メジャーリーグを楽しむ

| 当日券はまだありますか？ | **Do you still have tickets for today?**
ドゥ ユ スティル ハブ ティケッツ フォ トゥデイ♪ |

▶ Do you still have tickets for today?
▷ We have plenty left.
　ウィ ハブ プレンティ レフト
　（たくさん残っています）

＊ plenty は「たくさん」、left は「残っている」。

Can I still get tickets for today?

| どのチームの試合ですか？ | **Which teams are playing?**
フィッチ ティームズ ア プレイング |

▷ Would you like to see a baseball game?（野球観戦はどうですか？）
　ウジュ ライク トゥ スィ ア ベイスボール ゲイム♪
▶ Which teams are playing?

Who's playing?

| チームグッズはどこで売っていますか？ | **Where can I buy team souvenirs?**
フェア キャナイ バイ ティーム スーベニィアズ |

＊ souvenir は「記念品」「みやげ」。

▶ Where can I buy team souvenirs?
▷ Only at the stadium.（球場でだけです）
　オゥンリィ アト ザ スティディアム

＊ stadium は「競技場」「スタジアム」。

Where do I get team souvenirs?

第5章 観光

大リーグを楽しく観戦する方法

　アメリカの大リーグ（Major League Baseball）は、ナショナルリーグ14球団、アメリカンリーグ16球団で、それぞれが東部と西部に分かれています。シーズンは4月から9月で日本のプロ野球と同じです。球場では試合前にいろいろなアトラクションが催されるので、早めの時間に球場に入ると楽しみも倍増します。日本のプロ野球と違うのは看板を掲げたり、太鼓やラッパなどで応援するのはマナー違反になることです。球場では日本と違って、観客のほとんどが地元チームを応援しますので、一緒に地元チームを応援するのが、観戦を楽しむコツです。

メジャーリーグを楽しむ

野球のグラウンド

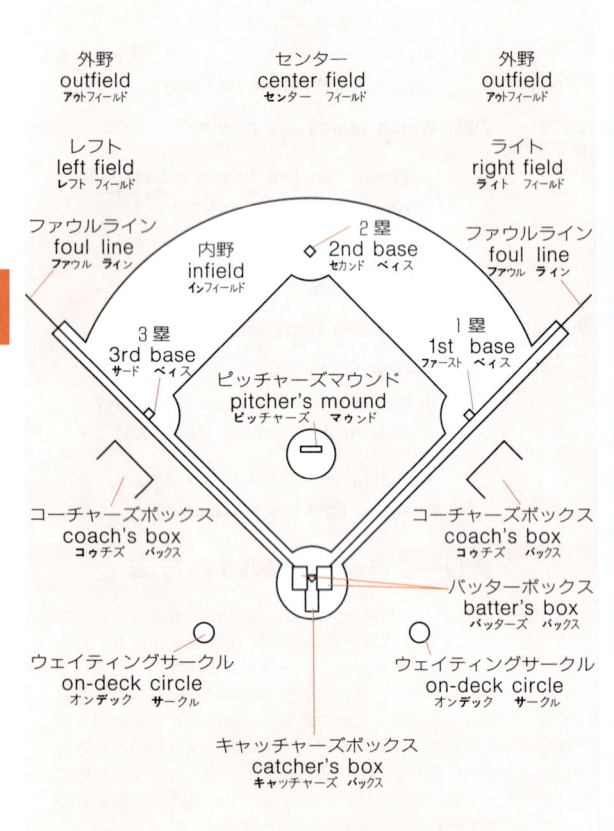

外野 outfield アウトフィールド

センター center field センター フィールド

外野 outfield アウトフィールド

レフト left field レフト フィールド

ライト right field ライト フィールド

ファウルライン foul line ファウル ライン

2塁 2nd base セカンド ベイス

ファウルライン foul line ファウル ライン

内野 infield インフィールド

3塁 3rd base サード ベイス

1塁 1st base ファースト ベイス

ピッチャーズマウンド pitcher's mound ピッチャーズ マウンド

コーチャーズボックス coach's box コウチズ バックス

コーチャーズボックス coach's box コウチズ バックス

バッターボックス batter's box バッターズ バックス

ウェイティングサークル on-deck circle オンデック サークル

ウェイティングサークル on-deck circle オンデック サークル

キャッチャーズボックス catcher's box キャッチャーズ バックス

第5章 観光

228

レンタカーを借りる

車を借りたいのですが。
I'd like to rent a car.
アイド ライク トゥ レント ア カー

> ▶ I'd like to rent a car.
> ▷ What kind of car do you want?
> ワット カィンド オブ カー ドゥ ユ ワント
> (どんな車がよろしいですか？)

I need to rent a car.

予約した者ですが。
I have a reservation.
アイ ハブ ア リザベィション

* reservation は「予約」。

> ▶ I have a reservation.
> ▷ May I have your name?（お名前は？）
> メィ アィ ハブ ユア ネィム♪

* May I have your name? は What is your name? よりも丁寧な表現。

I've reserved a car.

どのくらいドライブする予定ですか？
How long will you need it?
ハウ ロング ウィル ユ ニード イト

How many days will you be driving?

——1週間です。
For a week.
フォ ア ウィーク

I'll need it for a week.

ダラスで乗り捨てたいのですが。
I'd like to drop the car off in Dallas.
アイド ライク トゥ ドロップ ザ カー オフ イン ダラス

* drop off で「（レンタカーを）乗り捨てる」。形容詞で使われるときは drop-off となる。

> ▶ I'd like to drop the car off in Dallas.
> ▷ There'll be a $50(fifty-dollar) drop-off
> ゼアル ビア フィフティダラー ドロップオフ
> charge, sir.
> チャージ サー
> （50ドルの乗り捨て料金がかかります）

* charge は「料金」「手数料」。

第5章 観光

レンタカーを借りる

My plan is to leave the car in Dallas.

運転免許証を見せてください。
Driver's license, please.
ドライバーズ ライセンス プリーズ
＊driver's license で「運転免許証」。
Please show me your driver's license.

——はい、これが私の国際免許証です。
Here's my international driver's license.
ヒャズ マイ インターナショナル ドライバーズ ライセンス
Here is my international driving permit.

ここにイニシャルを書き、そこにサインしていただけますか？
Would you initial here and sign there?
ウジュ イニシャル ヒャ アンド サイン ゼァ↗
＊レンタカーを借りるときは、サインとは別に、イニシャルの記入を求められることも多い。
Please initial here and then sign here.

——ここですね？
You mean here?
ユ ミーン ヒャ↗
＊You mean ...? は「…ということですね？」と相手に確認するときの表現。
Over here, right?
＊over here で「こちらに」。

他に運転する人はいますか？
Will there be any additional drivers?
ウィル ゼァ ビ エニィ アディショナル ドライバーズ↗
＊additional は「追加の」。
Will anyone else be driving?

——私だけです。
Just me.
ジャスト ミ
No, there will be no additional driver.

車の鍵はどこですか？
Where's the car key?
フェァズ ザ カー キィ

▶ Where's the car key?
▷ The key is inside the car.
　 ザ キィ イズ インサイド ザ カー
（鍵は車の中です）

Where do you keep the car key?

第5章 観光

レンタカーを借りる

ガソリンは満タンにして返してください。	**Return the car with a full tank of gas, please.** ＊fullは「いっぱいの」。 リターン ザ カー ウィズ ア フル タンク オブ ギャス プリーズ Bring the car back full of gas, please.
——満タンで返さないといくら請求されますか？	**If I don't, how much would you charge?** ＊このchargeは「請求する」。 イフ アイ ドント ハウ マッチ ウジュ チャージ
事故の際の連絡先を教えてください。	**Who should I contact in case of an accident?** フー シュド アイ カンタクト イン ケイス オブ アン アクスィデント

▶ Who should I contact in case of an accident?
▷ Just call this number, please.
　ジャスト コール ディス ナンバー プリーズ
　（ここに電話をしてください）

Where do I call in case of an emergency?
＊emergencyは「緊急事態」「非常事態」。

レンタカーの利用法

　海外で車を運転するには国際免許証が必要ですが、これは日本で運転免許証を取得していれば、誰でも簡単な手続きで取ることができます。有効期間は1年間で、現在では約86カ国、日本人が旅行するほとんどの国で通用します。訪れる国によっては国際運転免許証の他に国内運転免許証が必要になるので、両方を携帯していきましょう。

　レンタカーを現地で申し込むときは、国際免許証の他にパスポートが必要です。また、現地での支払いはクレジットカードしか受け付けない場合もあるので、カードも準備しておく必要があります。

　旅先で車を借りたいときは、現地で手配するよりも前もって国内の旅行会社やレンタカー会社に予約しておくほうがスムーズにことが運びます。また、割引料金が適応されたり、さまざまな特典が付く場合も多いので、予定がはっきりしている場合は国内での手配をお勧めします。

第5章　観光

レンタカーの車種を選ぶ

どんな車がありますか？	**What kind of cars do you have?** ワット カインド オブ カーズ ドゥ ユー ハブ ＊kind は「種類」。 ▶ What kind of cars do you have? ▷ We have all kinds.（いろいろございます） 　ウィ ハブ オール カインズ Which cars do you have?
レンタカーリストを見せてもらえますか？	**Can I see your rent-a-car list?** キャナイ スィー ユア レンタカー リスト♪ ▶ Can I see your rent-a-car list? ▷ It's here in our brochure. 　イッツ ヒャ イン アウア ブロゥシュア （リストはこちらのパンフレットでごらんください） ＊brochure は「（営業用の）パンフレット」。 Is there a rent-a-car list available? ＊available は「入手できる」。
日本車はありますか？	**Do you have any Japanese cars?** ドゥ ユー ハブ エニィ ジャパニーズ カーズ♪ ▶ Do you have any Japanese cars? ▷ Only American, sir. 　オゥンリィ アメリカン サー （アメリカ車しかございません） Are there any Japanese cars here?
どのタイプの車がよろしいですか？	**What type of car would you like?** ワッタイプ オブ カー ウジュ ライク What size of car would you like?
——中型車を借りたいのですが。	**I'd like a mid-size car.** アイド ライク ア ミドサイズ カー I'd like one that isn't too large.
オートマしか運転できません。	**I can only drive an automatic.** アイ キャン オゥンリィ ドライブ アン オートマティック

第5章　観光

レンタカーの車種を選ぶ

> ▶ I can only drive an automatic.
> ▷ That reduces your options.
> （それでは、数が限られてきますよ）

* option は「選択できるもの」。

I don't know how to drive stick shifts.
* stick shift で「マニュアル車」。

できたら、オートマのほうがいいのですが。 **I'd rather have an automatic.**

* I'd rather は I would rather の短縮形で、「むしろ…したい」。

> ▶ I'd rather have an automatic.
> ▷ We only have stick shifts left.
> （マニュアル車しか残っておりません）

I'd prefer an automatic.

■ワードリスト

- ■大型車 large car
- ■オートマチック車 automatic
- ■中型車 mid-size car
- ■日本車 Japanese car
- ■マニュアル車 stick shift
- ■満タン full tank
- ■アクセル accelerator
- ■四輪駆動 four-wheel drive
- ■ウインカー （米）blinker/（英）winker
- ■エンジン engine
- ■ガソリンスタンド gas station
- ■速度計 speedometer
- ■高速道路 （米）expressway/（英）motorway
- ■国際運転免許証 international driver's license
- ■駐車場 （米）parking lot/（英）car park
- ■ブレーキ brake
- ■クラッチ clutch
- ■バッテリー battery
- ■パンク flat tire
- ■ハンドル steering wheel
- ■無鉛ガソリン unleaded
- ■レギュラー regular

第5章 観光

レンタカーの料金・保険

1週間の料金は いくらですか？	**What's the rate per week?** ワッツ ザ レイト パ ウィーク ＊rate は「（単位当たりの）料金」「値段」。

> ▶ What's the rate per week?
> ▷ Our weekly rate is $260(two hundred
>   アウア ウィークリィ レイト イズ　　　　トゥ ハンドレッド
>   sixty dollars).
>   スィクスティ ダラーズ
>   （1週間の料金は260ドルです）

How much per week?

乗り捨て料金は いくらですか？	**How much is the drop-off charge?** ハウ マッチ イズ ザ ドロップオフ チャージ ＊charge は「料金」「手数料」。drop-off は drop 　off「（レンタカーを）乗り捨てる」の形容詞形。

> ▶ How much is the drop-off charge?
> ▷ Where are you going to drop it off?
>   フェア ア ユ ゴウイング トゥ ドロップ イト オフ
>   （どこで乗り捨てるのですか？）

What's the drop-off charge?

特別料金はあり ますか？	**Do you have any special rates?** ドゥ ユ ハブ エニィ スペシャル レィツ♪

> ▶ Do you have any special rates?
> ▷ We have a weekly discount.
>   ウィ ハブ ア ウィークリィ ディスカウント
>   （週割引きがあります）

＊discount は「割引き」。

Do you offer any special rates?
＊offer は「提供する」。

支払いはカード でないとだめで すか？	**Do I need to pay with a credit card?** ドゥ アイ ニートゥ ペイ ウィズ ア クレディット カード♪

> ▶ Do I need to pay with a credit card?
> ▷ Yes, it's required.
>   イェス イッツ リクワィアド

レンタカーの料金・保険

(はい、カードの支払いとなっております)

Do you accept only credit cards?

| いくら走っても料金は同じですか？ | **Is the mileage free?**
イズ ザ マィリジ フリー♪
＊mileage は「(走行距離当たりの)料金」。free は「無料の」。 |

▶ Is the mileage free?
▷ The first one hundred miles are free.
 ザ ファースト ワン ハンドレッド マィルズ ア フリー
 (100マイルまでは乗り放題です)

Do I have unlimited mileage?

| その料金に保険は含まれていますか？ | **Does the price include insurance?**
ダズ ザ プラィス インクルード インシュァランス♪
＊include は「含む」。insurance は「保険」。 |

▶ Does the price include insurance?
▷ Yes. You'll have full coverage.
 イェス ユール ハブ フル カバリジ
 (ええ、完全補償付きです)

＊coverage は「保険の補償範囲」。

Is insurance included in the price?

第5章 観光

レンタカーの料金・保険

保険をかけたいのですが。

I want to get insurance.
アイ ワントゥ ゲット インシュァランス

> ▶ I want to get insurance.
> ▷ Let me show you our insurance policies.
> レッミ ショウ ユ アゥア インシュァランス パリスィズ
> (私どものいろいろな保険をご説明いたします)

＊insurance policy で「保険契約証」。
I'd like insurance coverage.

保険はどのくらいお入りになりますか?

How much insurance would you like?
ハウ マッチ インシュァランス ウジュ ライク

How insured would you like to be?

——対人対物保険だけお願いします。

Just liability please.
ジャスト ライアビリティ プリーズ

I'd like just liability, please.

完全補償にしてください。

I want full coverage.
アイ ワント フル カバリジ

> ▶ I want full coverage.
> ▷ We can arrange that for you.
> ウィ キャン アレィンジ ザット フォ ユ
> (そのようにご用意いたします)

＊arrange は「用意する」「手配する」。
I want to be fully covered.

■ワードリスト

- ■完全補償 **full coverage** フル カバリジ
- ■走行距離料金 **mileage** マィリジ
- ■対人対物保険 **liability insurance** ライアビリティ インシュァランス
- ■特別料金 **special rate** スペシャル レイト
- ■保証金／前金 **deposit** ディパズィト
- ■乗り捨て料金 **drop-off charge** ドロップオフ チャージ
- ■保険 **insurance** インシュァランス
- ■保険契約証 **insurance policy** インシュァランス パリスィ
- ■支払う **pay** ペィ

レンタカーでドライブする

道路地図をいた
だけますか？

Can I have a road map?
キャナイ ハブ ア ロウド マァプ♪

▶ Can I have a road map?
▷ Sure. I'll get you one.
　シュア アィル ゲッチュ ワン
　（ええ。差し上げますよ）

I need a road map, please.

一番近い交差点
はどこですか？

What's the nearest intersection?
ワッツ ザ ニャレスト インターセクション

＊ intersection は「交差点」。

▶ What's the nearest intersection?
▷ Oak and Main.
　オゥク アンド メイン
　（オーク通りとメイン通りの交差点です）

＊ A and B で「A 通りと B 通りの交差点に［で］」。
What intersection are you closest to?

5 号線に入るに
はどう行けばい
いですか？

How do I get on Freeway 5(five)?
ハゥ ドゥ アィ ゲット アン フリーウェイ ファィブ

▶ How do I get on Freeway 5?
▷ Turn right over there and go straight.
　ターン ラィト オゥヴァー ゼア アンド ゴゥ ストレィト
　（あそこを右に曲がり、直進してください）

＊ go straight で「まっすぐに進む」。
Where do I get on the 5 Freeway?

車でディズニー
ランドへはどの
くらいかかりま
すか？

How far is it to Disneyland by car?
ハゥ ファー イズ イト トゥ ディズニィランド バィ カー

▶ How far is it to Disneyland by car?
▷ It'll take a half hour.
　イットル テイク ア ハーフ アゥワ
　（30 分ほどでしょう）

How long does it take to get to Disneyland by car?

第5章 観光

レンタカーでドライブする

| 近くにガソリンスタンドはありますか？ | **Is there a gas station near by?**
イズ ゼァ ア ギャス スティション ニャ バイ
＊ gas station で「ガソリンスタンド」、near by で「すぐ近くに」「近所に」。 |

▶ Is there a gas station near by?
▷ Yes. It's this way.
　イェス イッツ ディス ウェィ
　（はい。こちらのほうにございます）

Is there a gas station in the area?

| 満タンにしてください。 | **Fill it up, please.**
フィル イト アップ プリーズ
＊ fill it up で「満タンにする」。 |

▶ Fill it up, please.
▷ I'll be right with you.
　アィル ビ ライト ウィズ ユ
　（少々お待ちください）

＊ I'll be right with you. は店員が客を待たせるときに使うひとこと。

I need a fill up, please.

| 2番ポンプに20ドル分お願いします。（セルフサービスのガソリンスタンドで） | **Twenty dollars on two, please.**
トゥエンティ ダラーズ アン トゥ プリーズ |

▶ Twenty dollars on two, please.
▷ All right. Twenty on two.
　オール ライト トゥエンティ アン トゥ
　（かしこまりました。2番に20ドルですね）

Twenty on two, please.

アメリカでは車が市民の足

　アメリカやカナダのような広い国を動き回るには、なんと言ってもレンタカーで移動するのが一番。「アメリカは左ハンドルだから…」と難しく考える人もいますが、日本で運転している人なら案外すぐ慣れるものです。日本と違って道幅は広く、路上で子供が遊んでいるようなことはありません。道路標示や標識もわかりやすくできています。ただ、交差点では慎重に。

レンタカーでドライブする

先払いですか、後払いですか？
（ガソリンスタンドで）

Do I pay now or later?
ドゥ アイ ペイ ナウ オワ レイター

▶ Do I pay now or later?
▷ You have to pay first, sir.
　ユ　ハフ　トゥ　ペイ　ファースト　サー
（先払いでお願いします）

Should I pay first?

ここに車を駐車してもいいですか？

Can I park my car here?
キャナイ パーク マイ カー ヒヤ

＊park は「駐車する」。

▶ Can I park my car here?
▷ No, not here, I'm afraid.
　ノゥ ナット ヒヤ アイム アフレイド
（あいにく、ここには駐車できません）

＊I'm afraid は丁寧に断るときの決まり文句で、「あいにく」「残念ながら」。

Is it all right to park my car here?

見なれない交通標識

日本人観光客がアメリカで運転すると、慣れない規則のために事故を起こしがちです。そこで、ここでは日本で見かけない種類のアメリカの道路標識をいくつか挙げてみます。

YIELD ゆずれ
イールド

＊他の車や歩行者に right of away（優先通行権）がある場合のみ、一時停止で安全を確認した上で進入できることを指示したもの。支線から本線に入るとき、よく目にします。

SOFT SHOULDER 路肩弱し
ソフト　ショウルダー

＊道路の端は舗装されていなかったり、舗装されていても運転に適していないため、走行車は入らないようにと注意した標識。

NO TURN ON RED 赤信号のとき右折禁止
ノゥ　ターン　アン　レッド

＊州や都市による差異はありますが、アメリカではこの標識がない限り赤信号でも右折できます。

BLIND XING 見通しのきかない踏切あり
ブラインド　クロスィング

＊BLIND CROSSING を略したもの。隠れて見えにくかったり、見通しのきかない前方に踏切、横断歩道があることを示しています。

第5章　観光

レンタカーでドライブする

アメリカの交通標識

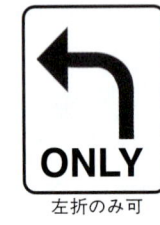

STOP 一時停止

ONE WAY 一方通行

DETOUR この先迂回

左折または直進可

ONLY 左折のみ可

SPEED LIMIT 35 制限速度35マイル

KEEP RIGHT 右側通行

WRONG WAY 進入禁止

DO NOT PASS 追越し禁止

駐車禁止

Uターン禁止

左折禁止

第5章 観光

第6章 ショッピング

店について尋ねる
売場をさがす
品物をさがす
品物を見せてもらう
おすすめ・流行
デザイン・色
サイズを調べる
試着・試用
サイズが合わない
品物についていろいろ尋ねる
価 格／予 算／値引き交渉
購入決定／支払い方法
包装・発送／返品・クレーム

店について尋ねる

買い物に行くにはどのあたりがいいですか？

Where's a good area for shopping?
フェアズ　ア　グッド　エァリア　フォ　シャッピング

▶ Where's a good area for shopping?
▷ 5th(fifth) Avenue is good.
　　フィフス　アベニュー　イズ　グッド
（5番街がいいですよ）

Is there a good area for shopping around here?

ショッピングセンターはどこにありますか？

Where's a shopping mall?
フェアズ　ア　シャッピング　モール

▶ Where's a shopping mall?
▷ About a mile that way.
　　アバウト　ア　マイル　ザット　ウェイ
（1マイル先のこの方向にあります）

Do you know where a shopping mall is?

一番近いスーパーはどこですか？

Where's the nearest grocery store?
フェアズ　ザ　ニァレスト　グロウサリィ　ストア

▶ Where's the nearest grocery store?
▷ It's at the end of this street.
　　イッツ　アト　ジ　エンド　オブ　ディス　ストリート
（この通りの突き当たりにあります）

＊ at the end of the street で「突き当たりに」。

Where's the closest grocery store?

コンビニをさがしています。

I'm looking for a convenience store.
アイム　ルッキング　フォ　ア　カンビーニエンス　ストア

▶ I'm looking for a convenience store.
▷ There's a 7-11(seven-eleven) on Oak
　　ゼアズ　ア　　　　セブンイレブン　　　　アン　オウク
　Street.
　ストリート
（オーク通りに行けばセブン・イレブンがあります）

I'd like to find a convenience store.

品揃えのよい店はどこですか？

What shop has the best selection?
ワット　シャップ　ハズ　ザ　ベスト　セレクション

第6章　ショッピング

店について尋ねる

> ▶ What shop has the best selection?
> ▷ It depends on what you're looking for.
>   イト ディペンズ アン ワット ユア ルッキング フォ
>   (品物にもよりますが)

Do you know which shop has the best selection?

| いいスポーツ用品店を教えてください。 | **Could you recommend a good sporting goods store?**
クジュ リコメンド ア グッド スポーティング グッズ ストア♪ |

> ▶ Could you recommend a good sporting goods store?
> ▷ I suggest you check the Yellow Pages.
>   アイ サジェスト ユ チェック ザ イェロウ ペィジズ
>   (イエローページでお調べになるといいですよ)

＊Yellow Pages で「職業別電話帳」。

Do you know of a good sporting goods store?

| バーゲンはどこでやっていますか？ | **Who's having a sale?**
フーズ ハビング ア セィル |

> ▶ Who's having a sale?
> ▷ The stores on Oak Street are having sales now.
>   ザ ストァズ アン オゥク ストリート ア ハビング セィルズ ナゥ
>   (オーク通りで多くの店が今バーゲンをしております)

Where are the sales around here?

| この辺にディスカウントショップはありますか？ | **Is there a discount shop around here?**
イズ ゼァ ア ディスカウント シップ アラウンド ヒャ♪ |

> ▶ Is there a discount shop around here?
> ▷ You mean outlet stores?
>   ユ ミーン アウトレット ストァズ
>   (アウトレットのことですか？)

Do you know of a discount shop in the area?

| 免税店はどこですか？ | **Where's the duty-free shop?**
フェァズ ザ デューティフリー シャップ |

第6章 ショッピング

店について尋ねる

▶ Where's the duty-free shop?
▷ Down that way.（あちらにございます）
　ダウン　ザット　ウェイ

Is there a duty-free shop around?

フリーマーケットはどこでやっていますか？

Where will I find a flea market?
フェア　ウィル　アイ　ファインド　ア　フリー　マーケット

▶ Where will I find a flea market?
▷ You may find one by the station.
　ユ　メイ　ファインド　ワン　バイ　ザ　ステイション
（駅の近くでやっているかもしれません）

Where should I look for a flea market?

冷えたビールはどこで買えますか？

Where can I find cold beer?
フェア　キャナイ　ファインド　コゥルド　ビア

▶ Where can I find cold beer?
▷ There's a liquor store on the corner.
　ゼアズ　ア　リカ　ストア　アン　ザ　コーナー
（角に酒屋があります）

Where's a good place to buy cold beer?

これはどこで買えますか？

Where can I buy this?
フェア　キャナイ　バイ　ディス

▶ Where can I buy this?
▷ At the drugstore.
　アト　ザ　ドラッグストア
（ドラッグストアで買えます）

Where can I buy one like this?

営業時間は何時から何時までですか？

What are your business hours?
ワット　ア　ユア　ビズィネス　アゥアズ

＊ business hours で「営業時間」。

▶ What are your business hours?
▷ 6:00(Six) a.m. to 9:00(nine) p.m.
　スィックス　エィエム　トゥ　ナィン　ピエム
（午前6時から午後9時までです）

What are your hours?
＊ hours だけで「営業時間」を表す。

そちらの店はいつ開きますか？

When does the store open?
フェン　ダズ　ザ　ストア　オゥプン

第6章　ショッピング

店について尋ねる

> ▶ When does the store open?
> ▷ We don't open till ten.
>   ウィ ドント オープン ティル テン
>   (10時まで開きません)

When do you open?

| 何時まで開いていますか？ | **How late are you open?**
ハウ レイト ア ユ オープン |

> ▶ How late are you open?
> ▷ We're open till ten.(10時までです)
>   ウィア オープン ティル テン

When do you close?（いつ閉店しますか？）

| お休みはいつですか？ | **When are you closed?**
フェン ア ユ クロウズド |

＊これは「いつ閉まっているのですか？」と定休日を聞く表現。When do you close? は「いつお店を閉めますか？」と店じまいする時間を聞く表現。

> ▶ When are you closed?
> ▷ We're closed on the weekends.
>   ウィア クロウズド アン ザ ウィークエンズ
>   (週末は休ませていただいております)

What days are you closed?

| 何曜日がお休みですか？ | **What day of the week is it closed?**
ワッディ オブ ザ ウィーク イズ イト クロウズド |

> ▶ What day of the week is it closed?
> ▷ It's closed on Sundays.
>   イッツ クロウズド アン サンデイズ
>   (日曜日は閉まっています)

＊Sundays は「毎週日曜日」。

When is it closed?

■ワードリスト

■営業時間	business hours ビズィネス アウァズ	■買い物	shopping シャッピング
■開店して	open オープン	■フリーマーケット	flea market フリー マーケット
■閉店して	closed クロウズド	■免税店	duty-free shop デューティフリー シャップ

第6章 ショッピング

店について尋ねる

今日はやっていますか？	**Are you open today?** ア ユ オゥプン トゥデイ♪
	▶ Are you open today?
	▷ Yes, we're open for another hour. イェス ウィア オゥプン フォ アナザー アゥア （はい、あと1時間ほど営業しております）
	Are you open for business today?
このお店は日本にもありますか？	**Do you have a branch in Japan?** ドゥ ユ ハブ ア ブランチ イン ジャパン♪
	▶ Do you have a branch in Japan?
	▷ No, I don't think so. ノゥ アィ ドント スィンク ソゥ （いいえ、ないと思います）
	Is there a Japanese branch?

いろいろな店

スーパー（食料品店）	grocery store グロゥサリィ ストァ	おもちゃ屋	toy store トィ ストァ
家具屋	furniture store ファーニチャ ストァ	デパート	department store ディパートメント ストァ
カメラ屋	camera shop キャメラ シャップ	ドラッグストア	drugstore ドラッグストァ
ギフトショップ（おみやげ店）	gift shop ギフト シャップ	花屋	florist フロゥリスト
靴屋	shoe store シュー ストァ	骨董品店	antique shop アンティーク シャップ
文房具店	stationary store スティショネリィ ストァ	コンビニ	convenience store カンビーニエンス ストァ
宝石店	jewelery store ジューエルリィ ストァ	酒屋	liquor store リカ ストァ
本屋	bookstore ブックストァ	めがね屋	optician アプティシャン

アウトレット店	outlet store アゥトレット ストァ
女性服店	women's clothing store ウィミンズ クロゥズィング ストァ
男性服店	men's clothing store メンズ クロゥズィング ストァ
ディスカウントショップ	discount shop ディスカウント シャップ

売場をさがす

紳士服売場は何階ですか？	**What floor is men's wear on?** ワット フロア イズ メンズ ウェア アン * on ... floor で「…階に」。 ▶ What floor is men's wear on? ▷ That would be the third floor, sir. 　ザット ウド ビ ザ サード フロア サー 　（3階でございます） *アメリカでは「1階」は the first floor、「2階」は the second floor だが、イギリスではそれぞれ、the ground floor、the first floor となり、1階分ずつずれることに注意。 Which floor will I find men's wear?
女性ものの売場はどこですか？	**Where's the ladies' department?** フェアズ ザ レイディズ ディパートメント ▶ Where's the ladies' department? ▷ Take the escalator to the first floor. 　ティク ジ エスカレィター トゥ ザ ファースト フロア 　（エスカレーターで1階へどうぞ） Where will I find the ladies' department?
化粧品はどこで買えますか？	**Where do you sell cosmetics?** フェア ドゥ ユ セル カズメティクス ▶ Where do you sell cosmetics? ▷ They're in the basement. 　ゼイア イン ザ ベイスメント 　（地下でございます） Where can I buy cosmetics?
あそこに飾ってあるシャツはどこにありますか？	**Where can I find that shirt?** フェア キャナイ ファインド ザット シャート ▶ Where can I find that shirt? ▷ Oh. Right down that aisle there. 　オウ ライト ダウン ザット アイル ゼア 　（そこの通路にございます）

第6章 ショッピング

売場をさがす

*right を付けると「すぐ近くの」というニュアンスになる。
I want a shirt like that. Where can I find it?

| バーゲン品をさがしています。 | **I'm looking for some bargains.**
アイム ルッキング フォ サム バーゲンズ |

▶ I'm looking for some bargains.
▷ You're in the right place.
　ユア イン ザ ライト プレイス
（当店では今バーゲン中です）

*直訳は「ちょうどいいところにいらっしゃいます」。
Are there any bargains here?

| ミネラルウォーターはどこにありますか？（スーパーマーケットで） | **Where's the mineral water?**
フェアズ ザ ミネラル ウォーター |

What aisle can I find mineral water in?

| ——6番通路です。 | **It's in aisle six.**
イッツ イン アイル スィックス |

*aisle は「通路」。発音は［アイル］で"s"は発音しない。
Aisle six.

海外ショッピング事情

　時間がいくらあっても足りない旅行者にとって、ショッピングを楽しむためには事前の情報収集が重要です。特に、店の営業時間や休業日は、国によって異なるので、ホテルのフロントで確認することをお勧めします。

　行きたいお店をあらかじめ選んでおいて、場所を地図で確認し、同エリアの店を一気に回れば、買い物の時間をより効率的に使うことができます。デパートや専門店だけではなく、現地の人々が利用する店をチェックして、積極的に立ち寄るようにすれば、その土地ならではの買い物もできます。

　観光地では意外と特産品をさがすのが難しいもの。前もってその土地の特産品を調べたうえで、みやげ物屋を避け、普通の商店街で店をさがしたほうが、いい買い物ができるでしょう。

品物をさがす

ちょっとよろしいですか？	**Can you help me?** キャン ユ ヘルプ ミ ▷ Hello!（いらっしゃいませ！） 　ハロゥ ▶ Hello. Can you help me? Can you assist me?
何かご用がありましたら、お知らせください。	**If you need any help, let me know.** イフ ユ ニード エニィ ヘルプ レッミ ノゥ I'll be here if you need anything.
——そのときはお願いします。	**I'll be sure to.** アイル ビ シュァ トゥ I will.
スカートをさがしているのですが。	**I'm looking for a skirt.** アイム ルッキング フォ ア スカート ▷ What can I do for you? 　ワット キャナィ ドゥ フォ ユ 　（何をおさがしですか？） ▶ I'm looking for a skirt. I'd like to purchase a skirt.
妻へのプレゼントをさがしています。	**I'm looking for something for my wife.** アイム ルッキング フォ **サム**スィング フォ マイ **ワイフ** ▶ I'm looking for something for my wife. ▷ What size is she? 　ワット **サイズ** イズ シ 　（奥さんのサイズはおいくつですか？） I'm looking for a gift for my wife.
カジュアルなものをさがしています。	**I'd like something casual.** アイド ライク **サム**スィング **カ**ジュアル ▶ I'd like something casual. ▷ We have a great selection. 　ウィ ハブ ア グレイト セレクション 　（いろいろ取り揃えてございます）

第6章 ショッピング

品物をさがす

I'm looking for something casual.

シャネルは置いてありますか？	**Do you have Chanel?** ドゥ ユ ハブ シャネル♪

▶ Do you have Chanel?
▷ Yes. It's one of our biggest sellers.
　イェス イッツ ワン オブ アゥア ビゲスト セラーズ
　（ええ。一番の売れ筋です）

Do you sell Chanel here?

仕事に着ていけるものはありますか？	**Do you have business clothes?** ドゥ ユ ハブ ビズィネス クロウズ♪

＊clothes の発音は［クロウズィズ］にはならないことに注意。

▶ Do you have business clothes?
▷ We carry casual clothes only.
　ウィ キャリィ カジュアル クロウズ オゥンリィ
　（当店ではカジュアルなものしか扱っておりません）

Do you have something I could wear to the office?

綿素材のものが欲しいんです。	**I'd like something in cotton.** アイド ライク サムスィング イン カトゥン

▶ I'd like something in cotton.
▷ We have many choices.
　ウィ ハブ メニィ チョイスィズ
　（いろいろございます）

I'm looking for something in cotton.

これと同じものはありますか？	**Do you have any more like this?** ドゥ ユ ハブ エニィ モァ ライク ディス♪

▶ Do you have any more like this?
▷ Not in the same size or color.
　ナット イン ザ セィム サィズ オワ カラー
　（サイズ・色とも同じものはございません）

＊「…もまた～ない」を表現するときは、not などの否定語のあとに or を入れる。

Do you have any others like this?

これの6号はありますか？	**Do you have this in size six?** ドゥ ユ ハブ ディス イン サィズ スィクス♪

品物をさがす

> ▶ Do you have this in size six?
> ▷ It's one size fits all.
> （それはフリーサイズです）

＊「フリーサイズ」は和製英語。

Does this come in a size six?

何かおさがしですか？	**May I help you?**
	How may I help you?

——見ているだけです。	**I'm just looking.**
	＊買う気がなくてただ見ているときにも、このように答えるのがマナー。
	I'm just browsing.

衣類・装飾品

■ 紳士服・婦人服

ネクタイ	tie	ワイシャツ	shirt
ネクタイピン	(米)tiepin/(英)scarfpin		
ズボン	pants	スカート	skirt
ブラウス	blouse	ワンピース	dress
セーター	sweater	ポロシャツ	polo shirt
T-シャツ	T-shirt	トレーナー	sweatshirt

■ バッグ・靴・他

ハンドバッグ	handbag/purse	靴	shoes
帽子	hat	手袋	gloves
ハンカチ	handkerchief	サングラス	sunglasses
財布	wallet	アクセサリー	accessory

第6章 ショッピング

品物を見せてもらう

それを見てもいいですか？	**May I see it?** メイ アィ スィ イト♪	

▶ May I see it?
▷ Sure. Please help yourself.
　シュア　プリーズ　ヘルプ　ユァセルフ
　（はい。お手に取ってごらんください）

Could I see it?

このバッグを見せていただけますか？	**Could you show me this bag?** クジュ　ショウ　ミ　ディス　バァグ♪	

▶ Could you show me this bag?
▷ Here you are.（どうぞ）
　ヒャ　ユ　ア

＊Here you are. は Here it is. や Here you go. と同様、人に物を差し出すときに使う表現。

Can you show me the second one from the right?（右から２つ目を見せてください）

ウインドーに飾ってあるバッグを見せてもらえますか？	**Can I take a look at the bag in the window?** キャナィ ティク ア ルック アト ザ バァグ イン ザ ウィンドゥ♪	

＊take a look で「ちょっと見る」。

▶ Can I take a look at the bag in the window?
▷ Sure. I'll get it down for you.
　シュア　アィル　ゲッレッ　ダウン　フォ　ユ
　（かしこまりました。今お取りします）

Can I see that bag in the window?

別のものを見せていただけますか？	**Can you show me another one?** キャン　ユ　ショゥ　ミ　アナザー　ワン♪	

▶ Can you show me another one?
▷ We can show you a different brand.
　ウィ　キャン　ショウ　ユ　ア　ディファレント　ブランド
　（他のブランドもございます）

品物を見せてもらう

I'd like to see another one.

| どっちがいいと思いますか？ | **Which one looks better?**
フィッチ ワン ルックス ベター♪ |

> ▶ Which one looks better?
> ▷ They both look good on you.
> ゼイ ボウス ルック グッド アン ユ
> （どちらもお似合いですよ）

Which do you think is better?

| もっと質がいいのはありませんか？ | **Do you have anything of better quality?**
ドゥ ユ ハブ エニィスィング オブ ベター クォリティ♪ |

> ▶ Do you have anything of better quality?
> ▷ It will cost more.
> イト ウィル コスト モァ
> （お値段が高くなりますが）

I'd like to see something in a better quality.

| ちょっと考えさせてください。 | **I'll think about it.**
アイル スィンク アバウト イト |

> ▷ So, what do you think?
> ソウ ワット ドゥ ユ スィンク
> （どうです、いかがですか？）
> ▶ I'll think about it.

Let me think about it.

| そういうのをさがしているんじゃないんです。 | **That's not what I'm looking for.**
ザッツ ナット ワット アイム ルッキング フォ
＊直訳は「それは私のさがしている物ではありません」。 |

> ▷ Is this what you want?
> イズ ディス ワット ユ ワント♪
> （これなどいかがでしょう？）
> ▶ That's not what I'm looking for.

That's not what I had in mind.
＊ have ... in mind で「…のことを考えている」。

| ちょっと他を見てみます。 | **I'll try somewhere else.**
アイル トライ サムフェア エルス |

> ▶ I'll try somewhere else.

第6章 ショッピング

| 品物を見せてもらう

▷ Sorry I couldn't help you.
ソリィ アィ クドント ヘルプ ユ
（お役に立てなくて申し訳ありませんでした）

I'll try another store.

またあとで来ます。 **I'll come back later.**
アィル カム バァック レィター

▶ I'll come back later.
▷ I'll be here.（お待ちしております）
アィル ビ ヒァ

I'll be back a little later.

それまでにまた来ます。 **We'll be back here before then.**
ウィル ビ バァック ヒァ ビフォ ゼン

▷ We're open till nine.
ウィァ オゥプン ティル ナィン
（当店は9時まで営業しております）
▶ We'll be back here before then.

We'll see you again before then.

海外でのマナー◆ショッピング編

　海外では、声をかけられたのに聞こえないふりをするのはとても失礼な行為です。ショッピングの際、英語が苦手なためか、店員から声をかけられても聞こえないふりをしたり無視をする日本人を見かけますが、かたこと英語でもいいので必ず返事はしましょう。ただウィンドウショッピングをしているなら、I'm just looking.「ただ見ているだけです」と答えるだけでも十分です。また、お店に入るときには軽く会釈をするのを忘れないようにしましょう。

　欧米では客が勝手に商品に触ってはいけない場合も多く、商品にむやみと触ると買う気ありと受け取られます。飾ってあるものは見本として陳列されているという考えなので、見せてもらいたいものがある場合は、そばにいる店員に頼んで出してもらいましょう。

　買い物をするときは店員に相談をしたりアドバイスを聞きながら試着などをして商品を選んでいくわけですが、試した商品が気に入らなかったときははっきりと断ってください。断ることはマナー違反にはなりません。

おすすめ・流行

おみやげには何がおすすめですか？

What do you recommend for a souvenir?
ワット ドゥ ユ リコメンド フォア スーバニィア

▶ What do you recommend for a souvenir?
▷ Hmmm.... Let me see.
　ムーン　　　　レッミ　スィ
（うーん、そうですね）

＊ Let me see. はとっさに答えが出ないときの決まり文句で「ええと」「そうねえ」。
Any ideas for souvenirs?

どのブランドがおすすめですか？

What brand do you recommend?
ワット ブランド ドゥ ユ リコメンド

▶ What brand do you recommend?
▷ That depends on your taste.
　ザット ディペンズ アン ュァ ティスト
（お好みによりますが）

＊ depend on ... で「…による」。
What brand do you suggest?

今、どんなものが流行していますか？

What's in now?
ワッツ イン ナゥ

▶ What's in now?
▷ Shorter pants are back in style.
　ショーター パンツ ア バァク イン スタィル
（丈の短いパンツがまた流行しています）

What is fashionable now?

若い女性に人気があるのは何ですか？

What's popular among young girls?
ワッツ パピュラー アマング ヤング ガールズ

▶ What's popular among young girls?
▷ These are very hot now.
　ディーズ ア ベリィ ハット ナゥ
（これらが今人気です）

What's the latest fashion with the younger girls?

第6章 ショッピング

おすすめ・流行

| 最新流行のものを見せてください。 | **Please show me the latest fashion.** |

▶ Please show me the latest fashion.
▷ This one is our most requested.
（これが一番人気です）

* request は「求める」「リクエストする」。
I'd like to see what's trendy.

| 今アメリカで流行しているものが欲しいんです。 | **I'd like something that's popular in America.** |

▶ I'd like something that's popular in America.
▷ Is it for a young person?♪
（若い人向けですか？）

Do you have something that's popular in America?

| 日本では手に入らないものが欲しいんです。 | **I'd like something that's not sold in Japan.** |

▶ I'd like something that's not sold in Japan.
▷ Well, we don't know the Japanese market well.
（日本でのことはよくわからないもので）

I want something I can't get in Japan.

第6章 ショッピング

■ワードリスト

- ■今流行である　be in now
- ■おみやげ　souvenir
- ■最新の　the latest
- ■勧める　recommend
- ■人気がある　popular
- ■ブランド　brand

デザイン・色

このシャツに合うジャケットはありますか？	**Do you have a jacket that goes with this shirt?** ドゥ ユ ハブ ア ジャケット ザット ゴゥズ ウィズ ディス シャート↗ ＊go with ... で「…と合う」。 ▶ Do you have a jacket that goes with this shirt? ▷ I think this jacket would do. 　アイ スィンク ディス ジャケット ウド ドゥ 　（このジャケットが合うと思います） ＊このdoは「適当である」「役に立つ」。 Do you have a matching jacket for this shirt?
デザインが似ているものはありますか？	**Do you have one with a similar design?** ドゥ ユ ハブ ワン ウィズ ア スィミラー デザイン↗ ▶ Do you have one with a similar design? ▷ Let's see what we can find. 　レッツ スィ ワット ウィ キャン ファインド 　（おさがしします） ＊直訳は「我々に何が見つけられるか見てみましょう」。 I'm interested in one with a similar design.
このベルトは男物ですか？	**Is this belt for men?** イズ ディス ベルト フォ メン↗ ▶ Is this belt for men? ▷ No, it's for women.（女性用です） 　ノゥ イッツ フォ ウィミン Is this a man's belt?
このワイシャツはいかがですか？	**How do you like this shirt?** ハゥ ドゥ ユ ライク ディス シャート How does this shirt look?
──地味すぎます。	**It's too plain.** イッツ トゥ プレイン It's too bland.

第6章 ショッピング

デザイン・色

私には派手すぎます。	**It's too flashy for me.** イッツ トゥ フラシィ フォ ミ

> ▷ How is it, ma'am?
> ハウ イズ イト マアム
> （お客様、いかがですか？）
> ▶ It's too flashy for me.

It's too colorful for me.

このデザインは好みじゃないんです。	**I don't care for the design.** アィ ドント ケア フォ ザ デザイン ＊ care for ... で「…を好む」。

> ▶ I don't care for the design.
> ▷ Would you like to see something
> ウジュ ライク トゥ スィ サムスィング
> else? （他のものをごらんになりますか？）
> エルス↗

This design doesn't work for me.
＊この work は「うまくいく」。

他のデザインはありますか？	**Do you have any other designs?** ドゥ ユ ハブ エニィ アザー デザインズ↗

> ▶ Do you have any other designs?
> ▷ That's it, I'm afraid.
> ザッツ イト アイム アフレイド
> （残念ながら、それだけです）

＊ That's it. で「それでおしまい」「それだけ」。I'm afraid .... は丁寧に断るときの決まり文句で、「申し訳ありせんが」「あいにく」。

Are there any other designs?

青いのはありますか？	**Are there any blue ones?** ア ゼァ エニィ ブルー ワンズ↗

> ▶ Are there any blue ones?
> ▷ I'm pretty sure. Let me check.
> アイム プリティ シュア レッミ チェック
> （あると思います。お調べしましょう）

Does it come in blue?
＊この come は「（商品が…の形・種類などで）売られる」。

これで緑色のものはありますか？	**Do you have this in green?** ドゥ ユ ハブ ディス イン グリーン↗

第6章 ショッピング

デザイン・色

> ▶ Do you have this in green?
> ▷ I'm sorry. It doesn't come in green.
> アイム ソリィ イト ダズント カム イン グリーン
> (すみません、緑色はございません)

I'd like to see this in green, If you have it.

もっと明るい色はありませんか?

Do you have a brighter color?
ドゥ ユ ハブ ア ブライター カラー♪

> ▶ Do you have a brighter color?
> ▷ Would you like to see it in red?
> ウジュ ライク トゥ スィ イト イン レッド♪
> (赤ではいかがでしょう?)

I'm interested in something brighter.

もっと濃い色がいいんです。

I'd prefer a darker color.
アィド プリファー ア ダーカー カラー

> ▶ I'd prefer a darker color.
> ▷ I'll show you something else then.
> アィル ショゥ ユ サムスィング エルス ゼン
> (では別のものをお持ちします)

Can you show me something darker?
↔ I'd prefer a lighter color.
(もっと薄い色がいいんです)

これの色違いはありますか?

Do you have this in other colors?
ドゥ ユ ハブ ディス イン アザー カラーズ♪

> ▶ Do you have this in other colors?
> ▷ It comes in four colors.
> イト カムズ イン フォー カラーズ
> (他に3色ございます)

Does this come in other colors?

色の種類はここに出ているだけですか?

Are these all the colors?
ア ディーズ オール ザ カラーズ♪

> ▶ Are these all the colors?
> ▷ These are the only ones in stock.
> ディーズ アー ジ オゥンリィ ワンズ イン スタック
> (今置いてあるのはそれだけです)

* in stock で「在庫して」。

Do you have other colors?
(他の色はありますか?)

第6章 ショッピング

259

サイズを調べる

このジャケットのサイズは何ですか？	**What size is this jacket?** ワット サイズ イズ ディス ジャケット

> ▶ What size is this jacket?
> ▷ It's a large.（Lです）
>   イッツ ア ラージ

What's the size of this jacket?

どのサイズをおさがしですか？	**What size are you looking for?** ワット サイズ ア ユ ルッキング フォ Which size do you want?
――Mでいいと思います。	**A medium, I believe.** ア ミーディアム アイ ビリーブ I believe I'm looking for a medium.
それは私のサイズですか？	**Is it my size?** イズ イト マイ サイズ♪

> ▶ Is it my size?
> ▷ Yes. It's your size.（はい、そうですが）
>   イェス イッツ ユア サイズ

Will this fit me?

サイズはこれだけですか？	**Is this the only size you have?** イズ ディス ジ オウンリィ サイズ ユ ハブ♪

> ▶ Is this the only size you have?
> ▷ We have a variety of sizes.
>   ウィ ハブ ア バラァティ オブ サイズィズ
>   （いろいろなサイズをご用意しております）

＊ variety は「いろいろ」「さまざま」。

Are there any other sizes?

自分のサイズがわからないのですが。	**I don't know my size.** アイ ドント ノウ マイ サイズ

> ▶ I don't know my size.
> ▷ I'll measure you.（測ってさしあげます）
>   アイル メジャー ユ

第6章 ショッピング

サイズを調べる

I'm not sure what size I am.

私のブラウスのサイズは何ですか？	**What size blouse should I get?** ワット サイズ ブラウス シュド アイ ゲット

> ▶ What size blouse should I get?
> ▷ I'd try a small. (Sでいいと思いますよ)
>   アイド トライ ア スモール

*I'd はI wouldの短縮形。直訳は「私だったらSを試してみますが」。

What size blouse do you suggest for me?

靴のサイズがインチではわからないのですが。	**I don't know my shoe size in inches.** アイ ドント ノウ マイ シュウ サイズ イン インチズ

> ▶ I don't know my shoe size in inches.
> ▷ Do you know it in centimeters?↗
>   ドゥ ユ ノウ イト イン センチミーターズ
>   (センチではわかりますか？)

I'm not sure what my shoe size is in inches.

サイズを測っていただけますか？	**Could you measure me?** クジュ メジャー ミ↗

> ▶ Could you measure me?
> ▷ I'd be more than happy to.
>   アイド ビ モア ザン ハピィ トゥ
>   (かしこまりました)

Would you mind measuring me?

袖の長さを測っていただけますか？	**Would you measure my sleeve length?** ウジュ メジャー マイ スリーブ レングス↗

> ▶ Would you measure my sleeve length?
> ▷ The lady over there can help you.
>   ザ レィディ オウバー ゼア キャン ヘルプ ユ
>   (あそこの女性が担当しております)

I need to know my sleeve length.

＊サイズ比較表は512ページに掲載しています。

第6章 ショッピング

試着・試用

これを試着してもいいですか？	**May I try this on?**

* try on で「試しに着て[履いて・かけて・はめて]みる」。

> ▶ May I try this on?
> ▷ Sure. Go ahead. (ええ、どうぞ)

Is it okay if I try this on?

触ってみてもいいですか？	**May I touch it?**

> ▶ May I touch it?
> ▷ I'd prefer you didn't.
> （ご遠慮いただきたいのですが）

* perfer ... は「…のほうをより好む」。
May I pick it up?（手に取ってみていいですか？）
May I hold it?（手に持ってみていいですか？）

試着室はどこですか？	**Where's the fitting room?**

> ▶ Where's the fitting room?
> ▷ Let me show you. (ご案内いたします)

Where's the dressing room?

鏡を見せてください。	**May I see a mirror?**

> ▶ May I see a mirror?
> ▷ There's one in the fitting room.
> （試着室に鏡がございます）

Do you have a mirror here?

サイズはいかがですか？	**How does it fit?**

第6章 ショッピング

試着・試用

* fit は「(サイズが体などに) 合う」「ぴったりする」。

▶ How does it fit?
▷ Maybe size 8(eight) will fit you better.
（お客様にはサイズ 8 のほうがいいかもしれません）

Does it fit well?

似合いますか？ **How do I look?**

*上の表現とは違って、デザインを含めた全体の見栄えを聞いている。

▶ How do I look?
▷ You look great!（すごくお似合いですよ！）

Do I look okay?

他の服も着てみていいですか？ **Can I try on some other clothes?**

* clothes の発音は［クロウヅィズ］にはならないことに注意。

▶ Can I try on some other clothes?
▷ Just take as long as you need.
（どうぞご自由に）

*直訳は「あなたが必要としているだけ時間をかけてください」。

Can I try on more clothes?

この靴を履いてみたいので靴下を貸してもらえますか？ **Can I borrow a pair of socks to try these on?**

▶ Can I borrow a pair of socks to try these on?
▷ Grab a pair from the stack there.
（そこからお取りください）

* stack は「積み重ねた山」。

第6章 ショッピング

サイズが合わない

サイズが合わないんです。	**It doesn't fit.** イト ダズント フィット	
	*fit は「(サイズが体などに) 合う」「ぴったりする」。	

> ▶ It doesn't fit.
> ▷ Let's try another size.
> レッツ トライ アナザー サイズ
> (他のサイズを試してみましょう)

It's the wrong size.

ぴったりです。　**This is just my size.**
デイス イズ ジャスト マイ サイズ

> ▶ This is just my size.
> ▷ Very well, then. (それはよかったです)
> ベリィ ウェル ゼン

This one is perfect.

ちょっと大きすぎます。　**It's a little too big.**
イッツ ア リトル トゥ ビッグ

> ▶ It's a little too big.
> ▷ We have a smaller one, too.
> ウィ ハブ ア スモーラー ワン トゥ
> (もっと小さいものもありますが)

It's too large.

このあたりがきつすぎます。　**It's too tight around here.**
イッツ トゥ タイト アラウンド ヒャ

> ▷ How is it this time?
> ハウ イズ イット ディス タイム
> (今度はいかがですか?)
> ▶ It's too tight around here.

It's a little too snug here.

長すぎます。　**This is too long.**
デイス イズ トゥ ロング

> ▶ This is too long.

第6章 ショッピング

サイズが合わない

> We can shorten it for you.
> (短くすることもできますが)

This needs to be shorter.
↔ This is too short.

もっと小さいものはありますか？

Do you have a smaller one?

▶ Do you have a smaller one?
▷ Sorry, we don't have any other size.
(申し訳ありません、このサイズしかございません)

Do you have this in a smaller size?

別のものとお取り替えいたしましょうか？

Would you like to exchange it?

Do you want to exchange it?

ズボンの裾を詰めてもらえますか？

Will you shorten these pants?

▶ Will you shorten these pants?
▷ For a slight charge.
(少々料金をいただきますが)

* charge は「料金」「手数料」。
↔ Will you lengthen these pants?
(ズボンの裾を伸ばしてもらえますか？)
　* lengthen は「長くする」で、[レングセン] と発音する。

ウエストを詰めてもらえますか？

Can you take in the waist?

* take in は「(衣服など)の幅を詰める」。長さを短くするときには shorten を使う。

▶ Can you take in the waist?
▷ Yes, it'll be ready tomorrow.
(はい、明日までに出来上がります)

↔ Can you let out the waist?
(ウエストを広げてもらえますか？)

第6章 ショッピング

サイズが合わない

サイズを調節してもらえますか？	**Can you adjust the size?**

キャン ユ アジャスト ザ サイズ↗

▶ Can you adjust the size?
▷ I'm afraid that's impossible.
　アイム アフレイド ザッツ インポスィブル
　（それはできかねます）

Is it possible to adjust the size?

どのくらい時間がかかりますか？	**How long will it take?**

ハウ ロング ウィル イト テイク

* take は「（時間が）かかる」。

▶ How long will it take?
▷ We can alter them this afternoon.
　ウィ キャン オルター ゼム ディス アフタヌーン
　（午後にはお直しできます）

* alter は「（衣服の）寸法を直す」。
When will they be ready?

■ワードリスト

- ■サイズ size サイズ
- ■（サイズが）合う fit フィット
- ■大きい large/big ラージ／ビッグ
- ■より大きい larger/bigger ラージャー／ビガー
- ■小さい small スモール
- ■より小さい smaller スモーラー
- ■小 S (small) エス スモール
- ■中 M (medium) エム ミーディアム
- ■大 L (large) エル ラージ
- ■特大 XL (extra large) エクスエル エクストラ ラージ
- ■長い long ロング
- ■短い short ショート
- ■きつい tight タイト
- ■ゆるい loose ルース
- ■幅が狭い narrow ナロウ
- ■広い wide ワイド
- ■（長さを）詰める shorten ショートゥン
- ■（幅を）詰める take in テイク イン
- ■（長さを）伸ばす lengthen レングセン
- ■（幅を）広げる let out レット アウト
- ■調節する adjust アジャスト
- ■取り替える exchange エクスチェインジ

第6章 ショッピング

品物についていろいろ尋ねる

材質は何ですか？	**What's this made of?** ワッツ ディス メイド オブ ＊「これは何でできていますか？」と聞く文で、だいたいどんな物に対しても使える。 ▶ What's this made of? ▷ It's cotton.（綿です） 　イッツ **カ**トゥン What kind of fabric is this made of?
質はいいですか？	**Is this good quality?** イズ ディス グッド ク**ォ**リティ↗ ▶ Is this good quality? ▷ It's the finest on the market. 　イッツ ザ **ファ**イネスト アン ザ **マ**ーケット 　（今出ているものでは最上級のものです） Is this high quality?
これはしっかり作られていますか？	**Is this made well?** ＊well は「丈夫に」。 イズ ディス メイド ウェル↗ ▶ Is this made well? ▷ It's of very high quality. 　イッツ オブ **ベ**リィ **ハ**イ ク**ォ**リティ 　（とても高品質にできております） Is this well-made?
これはシルク100％ですか？	**Is this 100%(a hundred percent) silk?** イズ ディス ア ハンドレッド パーセント ス**ィ**ルク↗ ▶ Is this 100% silk? ▷ It's silk and linen. 　イッツ ス**ィ**ルク アンド **リ**ネン 　（それはシルクとリネンでできています） Is this all silk?
これは金ですか？	**Is this gold?** イズ ディス **ゴ**ウルド↗ ▶ Is this gold?

第6章 ショッピング

267

品物についていろいろ尋ねる

▷ Yes, it's fourteen karat gold
　イェス イッツ フォティーン キャラット ゴゥルド
　(はい、それは14金です)

Are you sure this is gold?

| これは本革ですか？ | **Is this real leather?**
イズ ディス リァル レザー ↗ |

▶ Is this real leather?
▷ No, its faux leather. (いや、合成皮革です)
　ノゥ イッツ フォゥ レザー

＊ faux は「にせの」「人造の」。英語では fake leather とは言わない。

Is this genuine leather?

| これは何の香りなんですか？ | **What's this fragrance?**
ワッツ ディス フレィグランス |

▶ What's this fragrance?
▷ That's lavender. (ラベンダーの香りです)
　ザッツ ラァベンダー

What's this smell?

| この石は何ですか？ | **What kind of stone is this?**
ワット カィンド オブ ストゥン イズ ディス |

▶ What kind of stone is this?
▷ This is jade. (ヒスイです)
　ディス イズ ジェイド

What is this stone?

| これは乾燥肌用ですか？ | **Is this for dry skin?**
イズ ディス フォ ドラィ スキン ↗ |

▶ Is this for dry skin?
▷ No, it's for oily skin.
　ノゥ イッツ フォ オィリィ スキン
　(いいえ、それは脂性用のものです)

Will this work on dry skin?

| 敏感肌でも大丈夫ですか？ | **Can I use it on sensitive skin?**
キャナィ ユーズ イト アン センスィティブ スキン ↗ |

▷ That's a very good skin cream.
　ザッツ ア ベリィ グッド スキン クリーム
　(本当にいいスキンクリームですよ)

第6章 ショッピング

品物についていろいろ尋ねる

▶ Can I use it on sensitive skin?

Will it work on sensitive skin?
＊この work は「(薬などが)効く」「作用する」。

| 使い方を教えてくれますか？ | **Could you show me how it works?** クヂュ ショウ ミ ハウ イト ワークス ♪ |

▶ Could you show me how it works?
▷ It's very simple. Watch me.
  イッツ ベリィ スィンプル ワッチ ミ
  (簡単ですよ。見ていてください)

How can I use this?
(これはどうやって使うんですか？)

| お手入れはどうすればいいですか？ | **How do you take care of this?** ハウ ドゥ ユ ティク ケァ オブ ディス |

＊take care of ... は「…の世話をする」。

▶ How do you take care of this?

衣類などの素材や形

ウール	wool ウル	麻	linen リネン
シルク	silk スィルク	カシミア	cashmere キャシミア
ナイロン	nylon ナイロン	ポリエステル	polyester パリエスター
ビロード	velvet ベルベット	サテン(しゅす)	satin サァタン
18金	18(eighteen) carat gold エイティーン キャラット ゴウルド	純金(24金)	pure gold ピュア ゴウルド
純銀	pure silver ピュア スィルバー	プラチナ	platinum プラタナム
本革	genuine leather ジェニュイン レザー	羊皮	sheepskin シープスキン
スエード	suede スエイド	長袖	long sleeves ロング スリーブズ
半袖	short sleeves ショート スリーブズ	袖なし	without sleeves ウィザウト スリーブズ
分厚い	thick スィック	薄い	thin スィン

第6章 ショッピング

品物についていろいろ尋ねる

> ▷ It's dry-clean only.
> イッツ ドラィクリーン オゥンリィ
> (ドライクリーニングでお願いします)

＊dry-clean は「(衣類を)ドライクリーニングする」。

What's the best way to take care of this?

水洗いできますか？

Is it washable?
イズ イト ワッシャブル♪

> ▶ Is it washable?
> ▷ Yes, but dry cleaning is best.
> イェス バット ドラィ クリーニング イズ ベスト
> (できますが、ドライクリーニングが一番いいですよ)

Can I wash it?

電池は付いていますか？

Does it come with batteries?
ダズ イト カム ウィズ バァテリィズ♪

> ▶ Does it come with batteries?
> ▷ No. They have to be purchased separately.
> ノゥ ゼィ ハフ トゥ ビ パーチェスト セパレットリィ
> (いいえ、電池は別売となっております)

＊purchase は「購入する」。

Are batteries included?

どんな電池を使うんですか？

What kind of batteries does it take?
ワット カィンド オブ バァテリィズ ダズ イト テイク

> ▶ What kind of batteries does it take?
> ▷ It takes this kind. (この種類です)
> イト ティクス ディス カィンド

What type of batteries do I need for this?

電池は何本必要ですか？

How many batteries does it take?
ハゥ メニィ バァテリィズ ダズ イト テイク

> ▶ How many batteries does it take?
> ▷ It takes two of them. (2本です)
> イト ティクス トゥ オブ ゼム

How many batteries will I need for it?

第6章 ショッピング

270

品物についていろいろ尋ねる

これは新製品ですか？	**Is this new?** イズ ディス ニュー↗

> ▶ Is this new?
> ▷ It was just introduced to the market this year.
> イト ワズ ジャスト イントロデュースト トゥ ザ マーケット ディス イヤ
> （それは今年度出たばかりのものです）

Is this a new product?

これは新品ですか、それとも中古ですか？	**Is this new or used?** イズ ディス ニュー↗ オワ ユーズド↘

* new には「新製品の」の他に「新品の」という意味もある。

> ▶ Is this new or used?
> ▷ It's brand-new.（新品です）
> イッツ ブランニュー

* brand-new は「新品の」「入手したての」。

Is it a new one or a used one?

これはアメリカ製ですか？	**Is this made in the USA?** イズ ディス メイド イン ザ ユエスエィ↗

> ▶ Is this made in the USA?
> ▷ No. It's made in China.
> ノウ イッツ メイド イン チャイナ
> （いいえ。中国製です）

Was this made in the US?

これはどこのブランドですか？	**What brand is this?** ワット ブランド イズ ディス

* brand は「（商品の）銘柄」「ブランド」。

> ▶ What brand is this?
> ▷ Let me see the label.
> レッミ スィ ザ レィベル
> （ラベルを見てみましょう）

Who is the maker of this?

1つだけ買えますか？	**Can I buy just one?** キャナィ バィ ジャスト ワン↗

> ▶ Can I buy just one?

第6章 ショッピング

品物についていろいろ尋ねる

▷ I'm sorry. They're sold in sets.
(すみません。セット売りなんです)

バラ売りしていますか？

Can you sell them separately?

▶ Can you sell them separately?
▷ They are sold only in pairs.
(2個ひと組です)

Can I buy them separately?

鑑定書は付いていますか？（宝石など）

Does this come with a certificate of appraisal?

＊ certificate は「証明書」、appraisal は「鑑定」。

▶ Does this come with a certificate of appraisal?
▷ Only upon request.
(ご要望があれば、お出しします)

＊ upon request は「請求次第で」。

保証は付いていますか？

Does it have a warranty?

＊ warranty は「(品質・修理に対する)保証(書)」。

▶ Does it have a warranty?
▷ Yes, a five-year warranty.
(はい、保証期間は5年です)

Is there a warranty on this?

第6章 ショッピング

■ワードリスト

- ■質 quality
- ■証明書 certificate
- ■新しい new
- ■…製の made in ...
- ■保証(書) warranty
- ■銘柄／ブランド brand

価格

おいくらですか?	**How much is this?** ハウ マッチ イズ ディス ＊値段を聞くときの基本表現。

> ▶ How much is this?
> ▷ It's $200(two hundred dollars).
>   イッツ　　トゥ　ハンドレッド　ダラーズ
>   (200ドルです)

How much does it cost?

全部でいくらに なりますか?	**How much is it all together?** ハウ マッチ イズ イト オール トゥギャザー

> ▷ Will that be all?
>   ウィル ザット ビ オール♪
>   (以上ですべてでございますか?)
> ▶ Yes. How much is it all together?

How much is the total?

1ついくらです か?	**How much for one?** ハウ マッチ フォ ワン

> ▶ How much for one?
> ▷ They are $10(ten dollars each).
>   ゼィ ア　　　　テン　ダラーズ　イーチ
>   (各10ドルです)

What does it cost for one?

これはどうです か?	**How about this one?** ハウ アバウト ディス ワン ＊別の商品の値段を聞くひとこと。

> ▶ How about this one?
> ▷ It's the same price. (同じ値段です)
>   イッツ ザ　セィム　プライス

And this one?

正規料金はいく らですか?	**What's the regular price?** ワッツ　　ザ　レギュラー　プライス

> ▶ What's the regular price?

第6章 ショッピング

価格

▷ The regular price is $150(one hundred fifty dollars).（正規料金は 150 ドルです）

What was the price before the sale?

割引きはありますか？

Is there a discount?

▶ Is there a discount?
▷ There's no discount at this time.
（今は割引きいたしておりません）

* at this time は「今の時点で」。
Do you give a discount?

今日セールになっているのはどれですか？

What's on sale today?

* on sale で「特売で」「安く」。

▶ What's on sale today?
▷ These shirts are 50%(fifty percent) off today.
（これらのシャツは本日、半額となっております）

What are the sale items today?

これはセール中ですか？

Is this on sale?

第6章 ショッピング

■ワードリスト

■いくら？	How much is it?	■価格	price
■正規料金	regular price	■税金	tax
■税込みの	after tax	■税抜きの	before tax
■セール中	on sale	■高い	expensive
■免税の	duty-free / tax-free	■割引き	discount
■安い／高くない	cheap / inexpensive	■予算	budget

274

価 格

▶ Is this on sale?
▷ No, the one next to it is.
　ノゥ　ザ　ワン　ネクストゥ　イト　イズ
　（いいえ、隣のものがセール中です）

Is this a sale item?

| みんな20%引きですか？ | **Is everything 20%(twenty percent) off?**
イズ　エブリィスィング　トゥエンティ　パーセント　オフ♪ |

▶ Is everything 20% off?
▷ Yes, 20%(twenty percent) off the price tag. （はい、値札から20%お引きします）
　イェス　トゥエンティ　パーセント　オフ　ザ　プライス　タグ

Is everything discounted by 20%?

| 税金は含まれていますか？ | **Does that include tax?**
ダズ　ザット　インクルード　タックス♪ |

▶ Does that include tax?
▷ Tax is extra.（税金は別です）
　タックス　イズ　エクストラ

Is that before or after tax?
＊before tax で「税金を含む前の（値段）」。after tax で「税金を含んだ（値段）」。

| 免税で買えますか？ | **Will it be duty-free?**
ウィル　イト　ビ　デューティフリー♪ |

▶ Will it be duty-free?
▷ It is.（大丈夫です）
　イト　イズ

Is this duty-free?

第6章 ショッピング

スーパーに行ってみよう

　おみやげ屋やブランド店で買い物をすることだけが、海外でのショッピングの楽しみではありません。ぜひ現地のスーパーに行ってみることをお勧めします。日本ではなかなか手に入らないめずらしいものがたくさん見つかるでしょう。
　現地の人が何を食べているのか、また日用品の物価などから、現地の生活そのものが見えてきます。

予算

50ドルが私の予算です。	**$50 (Fifty dollars) is my limit.** フィフティ ダラーズ イズ マイ リミット

> ▶ Fifty dollars is my limit.
> ▷ We can work with that.
> ウィ キャン ワーク ウィズ ザット
> （その予算でご用意いたします）

＊この work は「うまくいく」。
I won't pay more than fifty dollars.

ご予算はおいくらでしょうか？	**How much would you like to spend?** ハウ マッチ ウジュ ライク トゥ スペンド

What does your budget allow?

——50ドルくらいです。	**Around $50 (fifty dollars).** アラウンド フィフティ ダラーズ

Fifty dollars, give or take.

＊ give or take の直訳は「それに足すか引くか」で、「だいたい」という意味。

それは予算オーバーです。	**That's over my budget.** ザッツ オウバー マイ バジェット

> ▷ You can have it for $400 (four hundred
> ユ キャン ハブ イト フォ フォー ハンドレッド
> dollars). (400ドルでしたらお売りします)
> ダラーズ
> ▶ That's over my budget.

That's more than I planned to spend.

それは高すぎます。	**It's too expensive.** イッツ トゥ エクスペンスィブ

> ▶ It's too expensive.
> ▷ Have you seen the sale items?
> ハブ ユ スィーン ザ セイル アイテムズ♪
> （セール商品は見られましたか？）

It's overpriced.

第6章 ショッピング

予 算

今50ドルしか持っていないんです。	**I only have 50(fifty) now.** アィ オゥンリィ ハブ フィフティ ナゥ

> ▶ I only have fifty now.
> ▷ I can not go that low.
>   アィ キャン ナット ゴゥ ザット ロゥ
>   （そんなに安くできません）

Fifty's all I have.

50ドル以下のものはありますか？	**Do you have one under $50(fifty dollars)?** ドゥ ユ ハブ ワン アンダー フィフティ ダラーズ♪

> ▶ Do you have one under $50?
> ▷ The smaller size is only $30(thirty
>   ザ スモーラー サイズ イズ オゥンリィ サーティ
>   dollars). (小さいほうは30ドルです)
>   ダラーズ

I'm looking for one under $50.

50ドルくらいのものはありますか？	**Do you have anything around $50(fifty dollars)?** ドゥ ユ ハブ エニィスィング アラゥンド フィフティ ダラーズ♪

> ▶ Do you have anything around $50?
> ▷ We have many items that price or
>   ウィ ハブ メニィ アイテムズ ザット プラィス オワ
>   less.
>   レス
>   （そのくらいかそれ以下で、多数ございます）

Is there anything for about fifty dollars?

もっと安いのはありますか？	**Do you have something less expensive?** ドゥ ユ ハブ サムスィング レス エクスペンスィブ♪

> ▶ Do you have something less expensive?
> ▷ Sorry, we don't have anything less
>   ソリィ ウィ ドント ハブ エニィスィング レス
>   expensive.
>   エクスペンスィブ
>   （申し訳ございません、これ以上安いものは扱っておりません）

Do you have something cheaper?

第6章 ショッピング

値引き交渉

値引きしてもらえますか？	**Could you give me a discount?** クジュ　ギブ　ミ　ア　ディスカウント♪	

> ▶ Could you give me a discount?
> ▷ How much of a discount?
> 　ハウ　マッチ　オブ　ア　ディスカウント
> （どのくらいですか？）

Is a discount possible?

もっと安くしてくれませんか？	**Will you take less than that?** ウィル　ユ　ティク　レス　ザン　ザット♪	

> ▶ Will you take less than that?
> ▷ Only if you buy more than one.
> 　オゥンリィ　イフ　ユ　バィ　モァ　ザン　ワン
> （いくつかまとめて買っていただけるのでしたら）

Can you lower the price?

もう少し安ければ買うのですが。	**If it was a little cheaper, I would buy it.** イフ　イト　ワズ　ア　リトル　チーパー　アィ　ウド　バィ　イト	

> ▶ If it was a little cheaper, I would buy it.
> ▷ I'll negotiate with you.
> 　アィル　ニゴウシェイト　ウィズ　ユ
> （交渉に応じますよ）

I'd buy it if it were cheaper.
＊if 節では was ではなく were を使うことがある。

40ドルでどうですか？（フリーマーケットで）	**Would you take $40(forty dollars)?** ウジュ　ティク　フォーティ　ダラーズ♪	

> ▶ Would you take $40?
> ▷ All right, all right. You win.
> 　オール　ライト　オール　ライト　ユ　ウィン
> （わかりました。それでけっこうです）

＊You win. は「あなたの言うとおりにする」「私の負けだ」。

How about forty dollars?

第6章　ショッピング

278

値引き交渉

札に50％割引きと書いてあるのですが。

The sign said 50%(fifty percent) off.

▶ The sign said 50% off.
▷ The price on the tag is the sale price.（値札の金額が値引き価格です）

I read that there was a 50% markdown.

5つで10ドルにしてくれませんか？

Can you make it ten for five?

▶ Can you make it ten for five?
▷ I would lose money if I did that.
（それではうちが赤字になってしまいます）

How about ten for five?

5つ買ったらいくらですか？（フリーマーケットなどで）

How much for five?

▶ How much for five?
▷ Make me an offer.
（いくらだったら買いますか？）

＊直訳は「（希望の）値段を提示してください」。

What will five cost?

これ全部買ったら値引きしてくれますか？

If I buy them all, will you give me a discount?

▶ If I buy them all, will you give me a discount?
▷ Yes, I'll consider it.（ええ、考えますよ）

現金払いなら安くなりますか？

Do you give discounts for cash?

▶ Do you give discounts for cash?
▷ No, we don't.（なりません）

Can I get a discount if I pay cash?

第6章 ショッピング

購入決定

これにします。	**I'll take this.** アイル ティク ディス	

> ▶ I'll take this.
> ▷ Thank you.（ありがとうございます）
>   サンキュ

I'd like to buy this.

これを10個ください。	**I'll take ten of these.** アイル ティク テン オブ ディーズ

> ▶ I'll take ten of these.
> ▷ That's a nice order.
>   ザッツ ア ナィス オーダー
>   （たくさんのお買い上げ、ありがとうございます）

I'll buy ten of them.

これをあともう5個欲しいのですが。	**I'd like to buy five more of these.** アイド ライク トゥ バイ ファイブ モァ オブ ディーズ

> ▶ I'd like to buy five more of these.
> ▷ You got it. Here they are.
>   ユ ガッレッ ヒャ ゼィ ア
>   （かしこまりました。はい、どうぞ）

Five more of these, please.

イニシャルを入れてください。（アクセサリーなどに）	**Please put my initials on this.** プリーズ プット マイ イニシャルズ アン ディス

> ▶ Please put my initials on this.
> ▷ Where would you like them?
>   フェア ウジュ ライク ゼム
>   （どこにいたしましょうか？）

I'd like my initials on this, please.

取り寄せていただけますか？	**Can you order it for me?** キャン ユ オーダー イト フォ ミノ

> ▶ Can you order it for me?
> ▷ Only if you leave a deposit.
>   オゥンリィ イフ ユ リーブ ア ディパズィト

第6章 ショッピング

購入決定

（手付金をいただきますが）

Will you order it for me?

| どれくらい日数がかかりますか？ | **How long will it take?**
ハウ ロング ウィル イト テイク
＊take は「（時間が）かかる」。 |

▶ How long will it take?
▷ About ten days.（10日ほどです）
　アバウト テン ディズ

How long will it be?

| 税金払い戻しの申告書をください。 | **May I have a duty-reimbursement form?**
メイ アイ ハブ ア デューティリーインバースメント フォーム♪
＊reimbursement は「払い戻し」。 |

▶ May I have a duty-reimbursement form?
▷ I'll go get one for you.（今お持ちします）
　アイル ゴウ ゲット ワン フォ ユ

Could I please have a duty-reimbursement form?

免税手続きは忘れずに

　イギリスをはじめとするヨーロッパ各国では、ほとんどの商品に VAT（Value Added Tax）と呼ばれる 17.5％の付加価値税が含まれています。海外旅行者は所定の手続きをすると免除される税金ですので、忘れずに手続きを済ませましょう。
　免税を受けるには "TAX FREE SHOPPING" マークのある店で買い物するのが基本。パスポートを見せて旅行者であることを示し、I'd like a tax-free shopping check, please. と言うと、免税書類（tax-free shopping check）が渡されます。
　払い戻しの方法は3つあります。出国税関（EU圏では最終出国税関）のキャッシュ・リファンド・カウンターで免税書類と購入商品を出し、スタンプをもらって換金します。税関の確認スタンプがないと免税は受けられません。また、日本の空港で日本円に換金することも可能です。口座振込か小切手郵送を希望するならば、現地で免税書類に口座振込と小切手、どちらを選択するかを書き込み、専用の封筒に入れてポスト投函します。約2カ月で入金または小切手が郵送されます。

第6章 ショッピング

支払い方法

会計はどちらですか？	**Where's the cashier?** フェアズ ザ キャッシィャー ＊cashier は「レジ」「会計係」。 ▶ Where's the cashier? ▷ Behind the pillar. 　ビハインド ザ ピラー （その柱の後ろにございます） Is there a register around?
お支払いはどうなさいますか？	**How would you like to pay?** ハウ　ウジュ　ライク トゥ ペイ How are you going to pay?
——トラベラーズチェックでお願いします。	**By traveler's check.** バイ トラベラーズ チェック I'd like to pay with my traveler's check.
現金とカードのどちらになさいますか？	**Cash or charge?** キャッシュ オワ チャージ ＊この charge は「クレジット」「つけ」。Cash or credit card?とは普通言わない。 Would you like to pay by cash or charge?
——カードでお願いします。	**Charge, please.** チャージ　プリーズ I'll charge it.
カードでの支払いはできますか？	**May I use a credit card?** メイ アィ ユーズ ア クレディット カード♪ ▶ May I use a credit card? ▷ No problem.（もちろんです） 　ノゥ プラブラム May I charge it?
どのカードが使えますか？	**Which credit cards do you take?** フィッチ クレディット カーズ ドゥ ユ ティク ＊この take は「受け取る」「受け付ける」。

第6章 ショッピング

支払い方法

> ▶ Which credit cards do you take?
> ▷ We take Visa, MasterCard, JCB....
> ウィ テイク ビザ マスターカード ジェイスィビ
> (使えますのはビザ、マスターカード、JCB…)

Which credit cards do you accept?
* accept も take と同様、「受け取る」「受け付ける」の意味で使われる。

| JCBカードは使えますか？ | **Do you accept JCB?**
ドゥ ユ アクセプト ジェイスィビ↗ |

> ▶ Do you accept JCB?
> ▷ Sure we do.（はい、大丈夫です）
> シュア ウィ ドゥ

Do you take JCB?

| サインはどこにすればいいですか？ | **Where do I sign?**
フェア ドゥ アイ サイン |

> ▶ Where do I sign?
> ▷ Right there on the dotted line.
> ライト ゼア アン ザ ダッティッド ライン
> （点線のそこです）

* dotted line で「点線」。

Where do you want my signature?
* signature は「サイン」。

| トラベラーズチェックでいいですか？ | **Do you accept traveler's checks?**
ドゥ ユ アクセプト トラベラーズ チェックス↗ |

> ▷ That'll be sixty-one dollars.
> ザットル ビ スィクスティワン ダラーズ
> （61ドルです）
> ▶ Do you accept traveler's checks?

May I use traveler's checks?

| ここでは日本円は使えますか？ | **Will you accept Japanese yen?**
ウィル ユ アクセプト ジャパニーズ イェン↗ |

> ▶ Will you accept Japanese yen?
> ▷ Sorry, we only take US dollars.
> ソーリィ ウィ オンリィ テイク ユエス ダラーズ
> （すみません、米ドルしか使えません）

Can I pay in Japanese yen?

第6章 ショッピング

支払い方法

領収書をいただけますか？

Could I have a receipt?
クド　ァィ　ハブ　ァ　リスィート♪

▶ Could I have a receipt?
▷ Here's the printout.
　ヒャズ　ザ　プリントアウト
　（プリントアウトしたものになりますが）

I'd like a receipt.

別々に支払いできますか？

Can we pay separately?
キャン　ウィ　ペィ　セパレットリィ♪

▶ Can we pay separately?
▷ That will be fine. （けっこうですよ）
　ザット　ウィル　ビ　ファイン

Can we pay individually?

この割引きクーポンは使えますか？

Can I use this coupon here?
キャナィ　ユーズ　ディス　クーパン　ヒャ♪

▶ Can I use this coupon here?
▷ Sorry, but that just expired.
　ソリィ　バット　ザット　ジャスト　エクスパイアド
　（申し訳ありませんが、期限切れでございます）

＊expire は「（契約・保証などの）期限が切れる」「無効になる」。

Will this coupon work here?
＊この work は「機能する」。

■ワードリスト

- ■カード払い　charge チャージ
- ■会計　cashier キャッシィヤー
- ■期限が切れる　expire エクスパイア
- ■（割引き）クーポン　coupon クーパン
- ■クレジットカード　credit card クレディット　カード
- ■領収書　receipt リスィート
- ■現金　cash キャッシュ
- ■トラベラーズチェック　traveler's check トラベラーズ　チェック
- ■お釣り　change チェインジ
- ■サイン　sign サイン
- ■支払う　pay ペイ
- ■税金払い戻し申告書　duty-reimbursement form デューティリインバースメント　フォーム

包装・発送

袋をいただけますか？
Could I have a bag?
クド アィ ハブ ア バァグ↗

▶ Could I have a bag?
▷ What size would you like?
　ワット サィズ ウジュ ライク
　（どのサイズの袋でしょうか？）

Please put it in a bag.

袋に入れるだけでけっこうです。
Just put it in a bag, please.
ジャスト プット イト イン ア バァグ プリーズ

▷ We can wrap it for you.
　ウィ キャン ラップ イト フォ ユ
　（お包みいたしますが）
▶ No. Just put it in a bag, please.

A bag will be just fine, thank you.

これをギフト用に包んでもらえますか？
Can you gift-wrap this?
キャン ユ ギフトラップ ディス↗

▶ Can you gift-wrap this?
▷ Gift-wrapping is on the second floor.
　ギフトラッピング イズ アン ザ セカンド フロァ
　（贈り物用の包装は2階でうけたまわります）

Could you wrap this for me?

別々に包んでください。
Please wrap them separately.
プリーズ ラップ ゼム セパレットリィ

▶ Please wrap them separately.
▷ Oh, okay.（かしこまりました）
　オゥ オゥケィ

Please don't wrap them together.

私のホテルまで届けていただけますか？
Can you deliver it to my hotel?
キャン ユ デリバー イトゥ マィ ホゥテル↗

▶ Can you deliver it to my hotel?

第6章 ショッピング

285

包装・発送

> It'll be there within three hours.
> （3時間以内にお届けいたします）

Please deliver it to my hotel.

別料金がかかりますか？

Is there an extra charge for that?

＊ charge は「料金」「手数料」。

> Yes, we can deliver it to your hotel.
> （はい、ご滞在のホテルまでお届けできますが）
> ▶ Is there an extra charge for that?

Will I have to pay extra for that?

日本に送っていただけますか？

Can you send it to Japan?

> ▶ Can you send it to Japan?
> ▷ Yes, if you'd like.
> （ご希望でしたら、そういたします）

Are you able to ship it to Japan?

＊この ship は「出荷する」「発送する」で、船で送る場合に限らず使われる。

日本に送るにはいくらかかりますか？

How much will it cost to ship it to Japan?

> ▶ How much will it cost to ship it to Japan?
> ▷ It will cost more than $50(fifty dollars).
> （50ドルはかかると思いますが）

What's the cost of shipping it to Japan?

■ワードリスト

- ■送り状 invoice
- ■航空便 airmail
- ■税関申告 customs declaration
- ■船便 surface mail
- ■別送品 item to be shipped
- ■保険 insurance

第6章 ショッピング

返品・クレーム

壊れています。	**It's broken.** イッツ ブロウクン

> ▶ It's broken.
> ▷ Was it broken when you bought it?
>   ワズ イト ブロウクン フェン ユ ボート イト ↗
>   (ご購入時に壊れていましたか？)

It doesn't work at all.
＊この work は「機能する」。

ここにシミが付いています。	**I found a stain here.** アイ ファウンド ア スティン ヒャ

> ▶ I found a stain here.
> ▷ I'll get you a new one.
>   アィル ゲッチュ ア ニュー ワン
>   (新しいものとお取り替えします)

There's a stain here.

ここに傷があります。	**It's damaged here.** イッツ ダミッジド ヒャ

> ▶ It's damaged here.
> ▷ Show me.(見せてください)
>   ショウ ミ

There's some damage here.

買ったときには気がつきませんでした。	**I didn't notice it when I bought it.** アイ ディデント ノゥティス イト フェン アイ ボート イト ＊notice は「気づく」。

> ▷ I can see that it's broken.
>   アイ キャン スィ ザット イッツ ブロウクン
>   (そうですね、壊れていますね)
> ▶ I didn't notice it when I bought it.

I didn't notice it wasn't working when I bought it.
(買ったときには動かないことに気がつきませんでした)

第6章 ショッピング

返品・クレーム

別のものと取り替えていただけませんか？

Can I exchange it for another one?
キャナイ エクスチェインジ イト フォ アナザー ワン♪

▶ Can I exchange it for another one?
▷ Yes, if you have your receipt.
  イェス イフ ユ ハブ ユア リスィート
  (はい、領収証をお持ちでしたら)

I'd like to exchange this for another, please.

まだ全然使っていません。

I haven't used it at all.
アイ ハブント ユーズド イト アト オール

* not ... at all で「少しも…ない」。

▶ I haven't used it at all.
▷ I can see that. (そのようですね)
  アイ キャン スィ ザット

I've never used it.

払い戻してください。

I'd like a refund, please.
アイド ライク ア リファンド プリーズ

* refund は「払い戻し」「返金」。

▶ I'd like a refund, please.
▷ This item is not refundable.
  ディス アイテム イズ ナット リファンダブル
  (この商品は払い戻しがききません)

* refundable は「払い戻しのきく」。

I'd like my money back, please.

第6章 ショッピング

■ワードリスト

- ■機能する work ワーク
- ■傷が付いている be damaged ビ ダミッジド
- ■壊れている be broken ビ ブロウクン
- ■修理する fix フィックス
- ■シミ stain スティン
- ■違った different ディファレント
- ■商品 item アイテム
- ■使う use ユーズ
- ■損傷 damage ダミッジ
- ■取り替える exchange エクスチェインジ
- ■払い戻し／払い戻す refund リファンド
- ■返品する return リターン
- ■領収書 receipt リスィート

第7章 自在に楽しむ

積極的に街を歩く
路上にて
英語を聞き返す
親睦を深める
友達をつくる
家に招待される
ゴルフを楽しむ
趣味を楽しむ
マナーを守る
はっきり断る

積極的に街を歩く

この街はどういうことで有名なんですか？
What's this city famous for?
ワッツ ディス スィティ フェィマス フォ

* famous for ... で「…で有名な」。

▶ What's this city famous for?
▷ We're famous for our beautiful beaches.
ウィア フェィマス フォ アゥア ビューティフル ビーチィズ
（ここは美しいビーチで有名なんです）

What is this city known for?

名所はありますか？
Are there any famous places?
ア ゼァ エニィ フェィマス プレィスィズ↗

▶ Are there any famous places?
▷ We have a few, yes.（少しですがあります）
ウィ ハブ ア フュ イェス

Do you have any famous places?

この街で危ない地域はどこですか？
What's the dangerous part of the city?
ワッツ ザ ディンジャラス パート オブ ザ スィティ

▶ What's the dangerous part of the city?
▷ I wouldn't recommend going downtown
アィ ウドント リコメンド ゴゥイング ダゥンタゥン
at night.（夜の繁華街はお勧めできません）
アト ナイト

* downtown は日本語の「下町」の意味ではなく、中心地、つまり繁華街のこと。

Is there a dangerous section of the city?

この街を歩いて観光するのは安全ですか？
Is it safe to walk around town?
イズ イト セィフ トゥ ウォーク アラゥンド タゥン↗

▶ Is it safe to walk around town?
▷ Depends on the part of town.
ディペンズ オン ザ パート オブ タゥン
（場所によります）

* depend on ... で「…による」。

Will I be safe walking around town?

第7章 自在に楽しむ

積極的に街を歩く

ここに何か見どころはありますか？	**Is there anything to visit here?** イズ ゼア エニィスィング トゥ ビズィット ヒャ ♪

▶ Is there anything to visit here?
▷ Well, what are your interests?
　ウェル ワット ア ユア インタレスツ
　（そうですね、何に興味をお持ちですか？）

＊interest は「興味」「関心」。

What are some places to visit here?

今何か特別行事をやっていませんか？	**Are there any special events now?** ア ゼア エニィ スペシャル イベンツ ナゥ ♪

▶ Are there any special events now?
▷ Not really. This is our slow season.
　ナット リァリィ ディス イズ アウア スロゥ スィーズン
　（特にありません。今はシーズンオフなので）

＊この slow は「（商売などが）活気のない」「不景気な」。「シーズンオフ」は和製英語。英語では slow season と同様に off season も使われる。

Any special events coming up?

あの人たちは何をしているんですか？	**What are those people doing?** ワット ア ゾゥズ ピープル ドゥイング

▶ What are those people doing?
▷ They're preparing for a festival.
　ゼィア プリペアリング フォア フェスティバル
　（祭の準備です）

What are they doing?

あの建物は何ですか？	**What's that building?** ワッツ ザット ビルディング

第7章 自在に楽しむ

■ワードリスト

■危ない dangerous　■安全な safe
　　　　ディンジャラス　　　　セィフ
■角 corner　■川 river　■観光 sightseeing
　　コーナー　　　リバー　　　　サィトスィーイング
■行事 event　■徒歩で on foot
　　　イベント　　　　　アン フット
■繁華街 downtown　■街 city　■名所 famous place
　　　　ダウンタウン　　　スィティ　　　　フェィマス プレィス

積極的に街を歩く

> ▶ What's that building?
> ▷ That's the new museum.
> ザッツ ザ ニュー ミューズィアム
> (新しい博物館です)

What's that?（あれは何ですか？）

| いつ建てられた んですか？ | **When was it built?**
フェン ワズ イト ビルト
＊ built は build「建てる」の過去形・過去分詞形。 |

> ▶ When was it built?
> ▷ It was just completed a month ago.
> イト ワズ ジャスト カンプリーティッド ア マンス アゴゥ
> (1カ月前に完成したばかりです)

＊ complete は「完成する」。
When did they build it?

| 誰がこれを建て たんですか？ | **Who built this?**
フー ビルト ディス |

> ▶ Who built this?
> ▷ A local architect.（地元の建築家です）
> ア ロウクル アーキテクト

＊日本語で「ローカル」と言うと、「都会」に対する「地方の」を意味するが、英語の local は「ある特定の地域の」。
Do you know who built this?

| 何のために建て られたんですか？ | **What was it built for?**
ワット ワズ イト ビルト フォ
＊この for は「…用に」「…向きに」。 |

> ▶ What was it built for?
> ▷ To display artifacts of the area.
> トゥ ディスプレィ アーティファクツ オブ ジ エァリア
> (この地域の民芸品を展示するためです)

＊ display は「展示する」「陳列する」、artifact は「(文化的価値のある)人工品」「工芸品」。
What is its purpose?

| この建物は何で できているんで すか？ | **What's this building made of?**
ワッツ ディス ビルディング メィド オブ
＊ be made of ... で「…(の材料)でできている」。 |

第7章 自在に楽しむ

積極的に街を歩く

> ▶ What's this building made of?
> ▷ Mostly brick and concrete.
> モウストリィ ブリック アンド カンクリート
> （ほとんどレンガとコンクリートです）

* mostly は「ほとんど」。

What materials did they use for this building?

再建されたのは
いつですか？

When was it rebuilt?
フェン ワズ イト リビルト

* rebuild は「再び建て直す」。

> ▶ When was it rebuilt?
> ▷ It was rebuilt after the fire.
> イト ワズ リビルト アフター ザ ファイア
> （火事のあとに再建されました）

When did they build it again?

建物の中に入る
ことはできます
か？（建物の外
にいる人に）

Can we go into the building?
キャン ウィ ゴウ イントゥ ザ ビルディング♪

> ▶ Can we go into the building?
> ▷ Sure, when they open.
> シュァ フェン ゼイ オゥプン
> （開館していればできますよ）

Can we enter the building?

入ってもいいで
すか？（建物の
中にいる人に）

May I come in?
メイ アイ カム イン♪

> ▶ May I come in?
> ▷ Please do.（どうぞ）
> プリーズ ドゥ

Can I come in?

第7章 自在に楽しむ

■ワードリスト

- ■大通り avenue アベニュー
- ■通り street ストリート
- ■目印 landmark ランドマーク
- ■田舎 country カントリィ
- ■郊外 suburb サバーブ
- ■東 east イースト
- ■西 west ウェスト
- ■南 south サウス
- ■北 north ノース
- ■地元の local ロゥクル
- ■建物 building ビルディング

路上にて

すみません。ちょっと伺いたいのですが。	**Excuse me. I have a question.** エクスキューズ ミ アィ ハブ ア クエスチョン

▶ Excuse me. I have a question.
▷ Yes?（何ですか？）
　イェス↗

Pardon me. Can you help me?

ちょっといいですか？	**Can I ask you for a favor?** キャナィ アスク ユ フォ ア フェイバー↗

▶ Can I ask you for a favor?
▷ Okay. What is it?
　オゥケィ ワット イズ イト
　（いいですよ。何ですか？）

May I ask you a favor?

ここは何という通りですか？	**What street is this?** ワット ストリート イズ ディス

▶ What street is this?
▷ We're on Oak Street.（オーク通りです）
　ウィア アン オゥク ストリート

What is the name of this street?

この通りはどこに出ますか？	**Where does this street lead to?** フェア ダズ ディス ストリート リード トゥ

＊ lead to ... は「（道などが）…に通じている」。

▶ Where does this street lead to?
▷ It leads to downtown.
　イト リーズ トゥ ダゥンタゥン
　（繁華街に出ます）

Where does this street go?

これは何という川ですか？	**What's the name of this river?** ワッツ ザ ネィム オブ ディス リバー

▶ What's the name of this river?

第7章 自在に楽しむ

路上にて

> I don't know. I'm new here.
> アィ ドント ノゥ アィム ニュー ヒャ
> （わかりません。この辺は不案内なので）

＊この new は「（場所に）不案内の」「不慣れな」。

What river is this?

すみません。大丈夫ですか？（人にぶつかって）	**Excuse me. Are you okay?** エクスキューズ ミ ア ユ オゥケィ

▶ Excuse me. Are you okay?
▷ Yes, I'm all right. （大丈夫です）
　イェス アィム オール ライト

Pardon me. Are you all right?

＊この pardon me. は Excuse me. と同様に、「すみません」「失礼しました」と謝罪を表す。

おっと、いけない。私の間違いです。	**Oops. My mistake.** ウープス マィ ミステイク

＊人違い、勘違いなど、間違えたときにこの oops を使い、困惑や残念な気持ち、驚きや軽い詫びの気持ちを表す。

▷ Have we met?（お会いしましたっけ？）
　ハブ ウィ メット
▶ Oops. My mistake.

Oops, so sorry.
（おっと、いけない、本当にすみません）

ちょっと通してください。	**Can I go through?** キャナィ ゴゥ スルー

▶ Can I go through?
▷ Oh, sorry. Go right ahead.
　オゥ ソリィ ゴゥ ライト アヘッド
　（あっすみません。どうぞ）

＊ Go ahead. で「どうぞ」。

Excuse me.

ペンを落としましたよ。	**You dropped your pen.** ユ ドロップト ユア ペン

▶ You dropped your pen.
▷ Oh, yeah. It's mine.（あっ、ええ。私のです）
　オゥ ヤァ イッツ マィン

Is this your pen?

第7章 自在に楽しむ

| 路上にて

足元に気をつけて!

Watch your step!
ワッチ ユア ステップ

▶ Watch your step!
▷ Oh, yeah? Why?(ええ? どうしてですか?)
  オウ ヤァ ホワイ

Mind your step!

ご忠告どうもありがとうございます。

Thanks for warning me.
サンクス フォ ウォーニング ミ

* warn は「警告する」「注意する」。

▷ The floor is slippery.(床がすべりますよ)
  ザ フロア イズ スリッパリィ
▶ Thanks for warning me.

* slippery は「つるつるした」「すべりやすい」。

Thanks for telling me.

■ワードリスト

- ■すみません Excuse me./Pardon me.
  エクスキューズ ミ パードン ミ
  *知らない人に声をかけるときや、人にぶつかったときなどに使う。
- ■さがす look for ...
  ルック フォ
- ■信号 traffic light
  トラフィック ライト
- ■トイレ rest room
  レスト ルーム
- ■…通り ... Street
  ストリート

第7章 自在に楽しむ

英語を聞き返す

おっしゃることがよくわからないのですが。	**I couldn't catch what you said.** アィ クドント キャッチ ワット ユ セド ＊この catch は「理解する」「はっきり聞き取る」、what you said で「あなたが言ったこと」。 ▶ I couldn't catch what you said. ▷ I'll repeat it one more time. アィル リピート イト ワン モァ タィム （もう一度言います） ＊repeat は「繰り返す」、one more で「もう一度」。 I didn't catch that.
何とおっしゃったのですか？	**I beg your pardon?** アィ ベッグ ュァ パードン↗ ＊I beg your pardon? は「恐れ入りますがもう一度おっしゃってください」という丁寧な表現。 ▷ Have a nice stay in the United States. ハブ ア ナィス スティ イン ザ ユナィテッド ステイツ （アメリカで楽しんでください） ▶ I beg your pardon? Pardon?
どういう意味ですか？	**What do you mean?** ワット ドゥ ユ ミーン ▷ I wouldn't go there if I were you. アィ ウドント ゴゥ ゼァ イフ アィ ワ ユ （私だったらそこへは行きませんがね） ▶ What do you mean? What does that mean?
もう一度言ってください。	**Could you repeat that one more time?** クジュ リピート ザット ワン モァ タィム↗ ▷ After turning left, it's on the right. アフター ターニング レフト イッツ アン ザ ラィト （左に曲がってから右手にあります） ▶ Could you repeat that one more time? ＊on the right [left] で「右手［左手］に」。

第7章 自在に楽しむ

297

英語を聞き返す

もっとゆっくり言っていただけませんか？	**Please say that more slowly.** プリーズ セィ ザット モア スロゥリィ

> ▷ Are you following me?
> ア ユ ファロウィング ミノ
> （おわかりになりましたか？）
> ▶ Please say that more slowly.

＊follow は「（話などを）理解する」。
Please speak slowly.

もう一度その名前を言っていただけますか？	**Could you tell me the name again?** クジュ テル ミ ザ ネィム アゲンノ

> ▷ You'd really enjoy that museum.
> ユド リァリィ エンジョィ ザット ミューズィアム
> （その美術館は本当にいいですよ）
> ▶ Could you tell me the name again?

What's the name again?

よく聞こえないのですが。	**I can't hear you very well.** アィ キャント ヒァ ユ ベリィ ウェル

> ▶ I can't hear you very well.
> ▷ Okay. I'll speak louder.
> オゥケィ アィル スピーク ラゥダー
> （わかりました。声を上げてお話しします）

It's very hard to hear you.

もっと大きな声で言ってください。	**Please speak a little louder.** プリーズ スピーク ア リトル ラゥダー

> ▷ Go straight for two blocks.
> ゴゥ ストレィト フォ トゥ ブラックス
> （まっすぐ2ブロック行ってください）
> ▶ Please speak a little louder.

それは英語で何と言いますか？	**How do you say it in English?** ハゥ ドゥ ユ セィ イト イン イングリッシュ

> ▶ How do you say it in English?
> ▷ We say, "pay phone."
> ウィ セィ ペィ フォン
> （「公衆電話」と言います）

What's the English word for it?

第7章　自在に楽しむ

親睦を深める

はじめまして、一朗です。	**Nice to meet you. I'm Ichiro.** ナィス トゥ ミーチュ アィム イチロー

> ▶ Nice to meet you. I'm Ichiro.
> ▷ Nice to meet you, too. (こちらこそ)
>   ナィス トゥ ミーチュ トゥ

It's a pleasure to meet you. I'm Ichiro.

ここはよいところですね。	**I really like it here.** アイ リァリィ ライク イト ヒャ

> ▶ I really like it here.
> ▷ I'm glad to hear that.
>   アィム グラットゥ ヒャ ザット
>   (そう言ってもらえるとうれしいです)

I really enjoy it here.

小春日和のいい一日ですね。	**It's a gorgeous Indian summer day, isn't it?** イッツ ア ゴージャス インディアン サマー ディ イズッネ

* gorgeous は「すばらしい」。

> ▶ It's a gorgeous Indian summer day, isn't it?
> ▷ We sure lucked out.
>   ウィ シュア ラックト アゥト
>   (お天気にめぐまれましたね)

* luck out は口語的表現で「運が向く」。

It sure is a beautiful Indian summer day.

ロスに来るのは初めてです。	**This is my first trip to Los Angeles.** ディス イズ マイ ファースト トリップ トゥ ロスアンジェルス

> ▷ Do you know the city well?♪
>   ドゥ ユ ノゥ ザ スィティ ウェル
>   (この街はよくご存じですか?)
> ▶ This is my first trip to Los Angeles.

I've never been in Los Angeles before.

第7章 自在に楽しむ

親睦を深める

この国は初めてですか？	**Is this your first visit to our country?** イズ ディス ユア ファースト ビズィット トゥ アウア カントゥリィ♪ Have you ever been to our country before?
——前に一度来たことがあります。	**I've been here once before.** アイブ ビーン ヒャ ワンス ビフォ This is my second time here. （ここに来るのは二度目です）
ここへは遊びで来ているのですか？	**Are you here on vacation?** ア ユ ヒャ アン バケイション♪ ＊on vacation で「休暇で」。 Are you vacationing?
——仕事で来ています。	**I'm here on business.** アイム ヒャ アン ビズィネス ＊on business で「仕事で」。 It's business related.
日本からはるばる来ました。	**I came all the way from Japan.** アイ ケイム オール ザ ウェイ フロム ジャパン ＊all the way で「はるばる」。 ▶ I came all the way from Japan. ▷ I thought you lived here. アイ ソート ユ リブド ヒャ （ここに住んでおられるのかと思っていましたよ） I traveled all the way from Japan.
ハワイはいかがでしたか？	**How did you like Hawaii?** ハウ ディデュ ライク ハワイ ＊How do you like ...? は How about ...? と同じで、「…はどうですか？」と感想を尋ねる表現。 How was Hawaii?
——とても気に入りました。	**I loved it.** アイ ラブド イト ＊この love は like よりも強い意味で使う。 I enjoyed it a lot.
ハワイで大いに楽しんでいます。	**I'm having a great time in Hawaii.** アイム ハビング ア グレイト タイム イン ハワイ ＊have a great time で「楽しく過ごす」。 ▶ I'm having a great time in Hawaii.

第7章 自在に楽しむ

親睦を深める

	▷ What have you seen so far? （これまでどこをごらんになりましたか？）

* so far で「今のところ」「これまで」。

I'm having a lot of fun in Hawaii.

こちらに来て、いっそうアメリカが好きになりました。	**Now I like America even more.** ▶ Now I like America even more. ▷ I'm so pleased to hear that. （そう言ってもらえるとうれしいです）

I like America more and more.

乾杯！	**Cheers!** *乾杯するときの決まり文句。cheers と複数形の s を付ける。 ▷ To our friendship!（友情に乾杯！） ▶ Cheers!

* to ... は「…に対して」。

Bottoms up!

滞在中はいろいろお世話になりました。	**Thank you very much for your hospitality during my stay.** * hospitality は「もてなし」「歓待」。 ▶ Thank you very much for your hospitality during my stay. ▷ My pleasure.（どういたしまして）

* My pleasure. は You are welcome. と同じように「どういたしまして」。

I appreciate all of your hospitality during my stay.

お話しできて楽しかったです。	**I enjoyed talking with you.**

第7章 自在に楽しむ

親睦を深める

> ▶ I enjoyed talking with you.
> ▷ So did I.（こちらこそ楽しかったです）
>   ソウ ディド アイ

It was great talking with you.

いつか日本にいらしてください。 Please come and visit Japan someday.
プリーズ　カム　アンド ビズィット ジャパン　サムディ

> ▶ Please come and visit Japan someday.
> ▷ That would be wonderful.
>   ザット ウド ビ ワンダフル
>   （行けたらいいですね）

Please travel to Japan someday.

そのうちまたお会いしましょう。 Let's get together again sometime.
レッツ　ゲットゥギャザー　アゲン　サムタイム

> ▶ Let's get together again sometime.
> ▷ Sure, I'd like that.（ええ、そうしましょう）
>   シュア アイド ライク ザット

We should get together again sometime.

第7章 自在に楽しむ

■ワードリスト

- 遊びで　on vacation（アン バケイション）
- 仕事で　on business（アン ビズネス）
- 暑い　hot（ハット）
- 雨降りの　rainy（レイニィ）
- 晴れの　fine（ファイン）
- 寒い／肌寒い　cold / chilly（コウルド チリィ）
- 涼しい　cool（クール）
- 曇りの　cloudy（クラウディ）
- お元気ですか　How are you?（ハウ ア ユ）
- 元気ですよ　Pretty good.（プリティ グッド）
- こんにちは　Hi. / Hello.（ハイ ハロウ）
- はじめまして　Nice to meet you.（ナイス トゥ ミーチュ）
- ありがとう　Thank you.（サンキュ）
- さようなら　Goodbye.（グッドバイ）
- 失礼しました　Excuse me.（エクスキューズ ミ）
- じゃあね　See you.（スィ ユ）
- すみません（ごめんなさい）　I'm sorry.（アイム ソリィ）

友達をつくる

どんなお仕事をしていらっしゃるのですか？	**What do you do?** ワット ドゥ ユ ドゥ What do you do for a living?
——コンピューターのプログラマーです。	**I'm a computer programmer.** アイム ア コンピューター プログラマー I program computers.
どちらにお住まいですか？	**Where do you live?** フェア ドゥ ユ リブ Where do you reside?
——名古屋です。	**I live in Nagoya.** アイ リブ イン ナゴヤ My home is in Nagoya.
お茶でもどうですか？	**Do you want to have some coffee with me?** ドゥ ユ ワントゥ ハブ サム カフィ ウィズ ミノ
	▶ Do you want to have some coffee with me? ▷ That would be nice.（喜んで） 　ザット ウド ビ ナイス
	Would you like a cup of coffee with me?
一緒に行きませんか？	**Won't you come along?** ウォンチュ カム アロング♪
	▶ Won't you come along? ▷ Why not?（そうしましょう） 　ホワイ ナット
	＊この Why not? は提案・勧誘などに同意する表現。 Please come along.
食事をしながら話をしましょう。	**Let's talk over lunch.** レッツ トーク オゥバー ランチ
	▶ Let's talk over lunch.

第7章 自在に楽しむ

友達をつくる

> Sounds great to me.（いいですね）
> サウンズ グレイトゥ ミ

Let's talk it over during lunch.

このあとどちらを回るのですか？	**Where are you visiting next?** フェア ア ユ ビズィティング ネクスト

Where will you visit next?

——明日シカゴに行きます。	**I'm going to Chicago tomorrow.** アイム ゴウイング トゥ シカゴ トゥモロウ

Tomorrow I'll go to Chicago.

それって、デートのお誘いなの？	**Are you asking me out?** ア ユ アスキング ミ アウトﾉ ＊ ask ... out で「（デートに）…を誘う」。

> Are you free tomorrow?（明日ひま？）
> ア ユ フリー トゥモロウﾉ
> ▶ Are you asking me out?

Are you asking me for a date?

明日10時にここでお目にかかりましょう。	**Let's meet here tomorrow at ten.** レッツ ミート ヒャ トゥモロウ アト テン

> ▶ Let's meet here tomorrow at ten.
> ▷ Can we meet at eleven instead?
> キャン ウィ ミート アト イレブン インステッドﾉ
> （11時にしてくれませんか？）

I'll see you here tomorrow at ten.

一緒に踊りませんか？	**Would you like to dance with me?** ウジュ ライク トゥ ダンス ウィズ ミﾉ

> ▶ Would you like to dance with me?
> ▷ I can't dance well.
> アイ キャント ダンス ウェル
> （あまりうまくないのですが）

How about dancing with me?

地元の人ですか？	**Do you live here?** ドゥ ユ リブ ヒャﾉ

> ▶ Do you live here?
> ▷ Yeah, born and raised.
> ヤァ ボーン アンド レイズド
> （うん、生まれも育ちもね）

第7章 自在に楽しむ

友達をつくる

*ここでは I was born and raised here. の I was が省略されている。be born で「生まれる」、raise は「育てる」。

Is this where you live?

ご趣味は？	**What are your hobbies?** ワット ア ユア ハビィズ What are your interests?
——切手収集です。	**Stamp collecting.** スタァンプ コレクティング I collect stamps.
帰国してからメールをお送りしてもいいですか？	**Can I e-mail you when I get back home?** キャナイ イーメイル ユ フェン アイ ゲット バァク ホウム *この e-mail は動詞で「電子メールを送る」。 ▶ Can I e-mail you when I get back home? ▷ I'll give you my e-mail address. アイル ギブ ユ マイ イーメイル アドレス （アドレスをお教えしますよ） Would it be alright to e-mail you when I return home?
あなたのほうの電話番号を教えてよ。	**Why don't you give me your number?** ホワイ ドンチュ ギブ ミ ユア ナンバー ▷ Would you give me your phone number? ウジュ ギブ ミ ユア フォン ナンバー♪ （君の電話番号を教えてくれる？） ▶ Why don't you give me your number?

■ワードリスト

- ■おいくつですか？ How old are you?
  ハウ オウルド ア ユ
- ■30歳です I'm 30(thirty) years old.
  アイム サーティ イヤズ オウルド
- ■Eメール e-mail ■趣味 hobby ■乾杯 Cheers!
  イーメイル　　　　　　ハビィ　　　　　　　　チァズ
- ■住所 address ■電話番号 phone number
  アドレス　　　　　　　　　　フォン ナンバー
- ■おごる buy ■…をデートに誘う ask ... out
  バイ　　　　　　　　　　　　　　アスク アウト

第7章 自在に楽しむ

友達をつくる

*▶は、自分の電話番号は教えられないが相手の番号を教えてもらうことはできることを伝えている。

It's better if you give me your phone number.

| 一杯おごらせてください。 | **I'd like to buy you a drink.**
アイド ライク トゥ バイ ユ ア ドリンク |

* a drink は「お酒一杯」。〈buy＋人＋もの〉で「人にものをおごる」。

> ▶ I'd like to buy you a drink.
> ▷ No, let me buy you a drink.
> ノウ レッミ バイ ユ ア ドリンク
> （いやいや、私におごらせてください）

Let me buy you a drink.

*〈Let me＋動詞....〉で「私に…させてください」。

| おごってくれてありがとう。 | **Thanks for the drink.**✥
サンクス フォ ザ ドリンク |

* Thanks for .... で「…をありがとう」。Thank you for .... よりもカジュアルな表現。

> ▷ It was nice talking with you.
> イト ワズ ナイス トーキング ウィズ ユ
> （楽しかったよ）
> ▶ Thanks for the drink.

* It was を省略した Nice talking with you. も別れ際によく使われる。

I appreciate the drink.

✥Thanks for *the drink*. の the drink は、次のような語句に置き換えられます。

| ランチを | the lunch
ザ ランチ | 夕食を | the dinner
ザ ディナー |
| プレゼントを | the gift
ザ ギフト | 大切なお時間を | your time
ユァ タイム |
| いろいろと | everything
エブリスィング | 助けていただいて | your help
ユァ ヘルプ |
| 親切にしていただいて | your kindness
ユァ カィンドネス | | |

家に招待される

お招きありがとうございます。	**Thank you for inviting me over.** サンキュ フォ インバイティング ミ オゥバー

> ▶ Thank you for inviting me over.
> ▷ I'm so glad you could make it.
> アィム ソゥ グラッド ユ クド メィク イト
> （ようこそおいでくださいました）

*この make it は「(会などに)出る」「うまく行き着く」。
Thanks for having me over.
* have ... over で「…を客として迎える」。

つまらないものですが。	**This is for you.** ディス イズ フォ ユ

> ▶ This is for you.
> ▷ That's very nice of you.（どうもご丁寧に）
> ザッツ ベリィ ナィス オブ ユ

*「つまらないもの」を直訳した英語は使わない。
Here's something for you.

これは日本のお菓子です。	**These are Japanese sweets.** ディーズ ア ジャパニーズ スウィーツ

> ▶ These are Japanese sweets.
> ▷ I'm sure we'll like them.
> アィム シュァ ウィル ラィク ゼム
> （みんな喜ぶと思います）

おいしいです！	**Delicious!** デリィシャス

> ▶ Delicious!
> ▷ I'm glad you like it.
> アィム グラッド ユ ラィク イト
> （気に入っていただいてうれしいです）

Yummy!
*子供や女性がよく使うひとこと。発音は[ヤミィ]。

料理がお上手なんですね！	**You're a great cook!** ユア ア グレィト クック

第7章 自在に楽しむ

家に招待される

> ▶ You're a great cook!
> ▷ Why, thank you.（まあ、ありがとう）

＊この why は「まあ」「あら」のような驚きを表す表現。

Your cooking is wonderful!

もう十分にいただきました。
I'm really full.

> ▷ Would you like some more?
> （もう少し召し上がりませんか？）
> ▶ No, thank you. I'm really full.

I've had enough.

トイレをお借りできますか？
May I use the rest room?

＊日本語では「借りる」と言うが、英語では use を使う。

> ▶ May I use the rest room?
> ▷ Of course you may.（どうぞ、どうぞ）

I'd like to use the rest room, please.

そろそろ失礼します。
I must be going now.

> ▶ I must be going now.
> ▷ Thank you for coming over.
> （おいでくださってありがとうございました）

I have to be going now.

第7章 自在に楽しむ

■ワードリスト

- ■居間 living room
- ■おいしい delicious
- ■おみやげ gift
- ■招待する invite
- ■トイレ rest room
- ■料理 cooking

家に招待されたら

　まずは、約束の時間より少し遅れて訪問するのがマナーだということを覚えておいてください。また、相手の親愛の気持ちに応えるために、花束などのちょっとした手みやげを持っていくと喜ばれます。謙遜の概念は英語にはないので、手みやげを渡すときに「つまらないものですが」というようなことを言う必要はありません。本文に挙げたように、This is for you. などと言いながら渡せば完璧です。

　あいさつのあとは招待してくれた人が家の中を案内します。これは自分のプライベートを見せることで歓迎と親しみの情を表現しているのです。ですから、ただ、後ろをついて回るだけではなく、それぞれの部屋や装飾などについて感想を伝えるなりほめるなり、何らかの反応をすれば、いっそう親密な雰囲気がつくれるはずです。招待された家ではかしこまっているよりも、思い切ってリラックスしましょう。欧米では招待した客がくつろいでくれることが、招待した側にとって最大の賛辞になるのです。

　楽しく会話をするためには、英語力もさることながら相手の話をしっかりと聞き、自分の意見をはっきり言える能力が大事です。日本では自分の意見を口に出すよりは、あたりさわりのない話題を選ぶことが無難とされていますが、欧米はその逆です。自分の意見や主張をきちんと口に出したほうが喜ばれますので、自分の意見を整理して、はっきり伝えるように心がけるといいでしょう。

ゴルフを楽しむ

ゴルフ日和ですね。	**It's a beautiful day for golf.** イッツ ア ビューティフル ディ フォ ゴルフ

> ▶ It's a beautiful day for golf.
> ▷ It was raining till yesterday.
> 　イト ワズ レイニング ティル イェスタディ
> 　(昨日までは雨だったんですよ)

What a gorgeous day for golf!

明日ゴルフしませんか？	**Would you like to golf tomorrow?** ウジュ ライク トゥ ゴルフ トゥモロウ♪

＊Would you like to ...? で「…したいですか？」の丁寧な表現。

> ▶ Would you like to golf tomorrow?
> ▷ That sounds great!（それはいいですね！）
> 　ザット サウンズ グレイト

＊この sound は「…と思える」「…のように聞こえる」。

How would you like to play golf tomorrow?

この近くにゴルフコースはありますか？	**Are there any golf courses around here?** ア ゼア エニィ ゴルフ コースィズ アラウンド ヒャ♪

> ▶ Are there any golf courses around here?
> ▷ There may be one or two.
> 　ゼア メィ ビ ワン オワ トゥ
> 　(1つか2つあるかもしれませんね)

＊この may は推量の意味で「…かもしれない」。

Are there golf courses in this area?

ゴルフの予約をお願いします。	**Can I make a reservation for golf?** キャナィ メィク ア リザベィション フォ ゴルフ♪

＊make a reservation で「予約する」。

> ▶ Can I make a reservation for golf?
> ▷ Is it for today?（今日の分ですか？）
> 　イズ イト フォ トゥディ♪

I'd like to make a reservation for golf.

ゴルフを楽しむ

明日ゴルフをしたいのですが。	**I'd like to play golf tomorrow.** アイド ライク トゥ プレィ ゴルフ トゥモロウ

> ▶ I'd like to play golf tomorrow.
> ▷ What time would you like to play?
> ワッタイム ウジュ ライク トゥ プレィ
> (何時にプレーされますか？)

Tomorrow I'd like to play golf.

何名様ですか？	**How many of you?** ハウ メニィ オブ ユ

How many in your party? ＊party は「団体」。

——4名です。	**We're a party of four.** ウィア ア パーティ オブ フォー

Four of us.

10時にスタートできますか？	**Can we tee off at 10:00(ten) a.m.?** キャ ウィ ティー オフ アト テン エィエム ↗ ＊tee off で「(ゴルフ)ティーから第一打を打つ」。

> ▶ Can we tee off at 10:00 a.m.?
> ▷ No, but nine o'clock's available.
> ノウ バット ナイン オクロックス アベィラブル
> (いいえ、9時なら空いています)

＊available は「入手できる」。

How about a 10:00 a.m. tee off?

道具も貸していただきたいのですが。	**I'd like to rent the equipment, too.** アイド ライク トゥ レント ジ エクイップメント トゥ ＊equipment は「道具」「用具」。

> ▶ I'd like to rent the equipment, too.
> ▷ Here's the price list. (これが料金表です)
> ヒャズ ザ プラィス リスト

I want to rent the equipment, too.

クラブをフルセットで貸してください。	**I'd like to rent a full set of clubs.** アイド ライク トゥ レント ア フル セット オブ クラブズ ＊a full set は日本語の「フルセット」。

> ▶ I'd like to rent a full set of clubs.
> ▷ For each of you?
> フォ イーチ オブ ユ ↗
> (お1人様1組ずつですね？)

第7章 自在に楽しむ

ゴルフを楽しむ

I need to rent a complete set of clubs.

| 料金にカート代は含まれますか？ | **Is the golf cart included?**
イズ ザ ゴルフ カート インクルーディッド♪ |

▶ Is the golf cart included?
▷ No. That's extra.（いいえ。別料金です）
　ノゥ　ザッツ　エクストラ

＊extra は「余分の」「割増しの」。

Does it include the golf cart?

| もっと小さな靴に替えてもらえますか？ | **Could you exchange these shoes for smaller ones?**
クジュ　エクスチェインジ　ディーズ　シューズ　フォ　スモーラー　ワンズ♪ |

＊exchange は「取り替える」、ones はここでは shoes のこと。

▶ Could you exchange these shoes for smaller ones?
▷ Would you like one size smaller?
　ウジュ　ライク　ワン　サイズ　スモーラー♪
　（ワンサイズ下のものにいたしましょうか？）

These shoes are too big. Can you exchange them?

| あなたのハンディはいくつですか？ | **What's your handicap?**
ワッツ　ユア　ハンディキャップ |

▶ What's your handicap?
▷ I'm not sure. I'm new to the game.
　アイム　ナット　シュア　アイム　ニュー　トゥ　ザ　ゲイム
　（わかりません。まだ始めたばかりなんです）

Tell me your handicap.

■ワードリスト

- ■クラブ　golf club
　　　　　　ゴルフ　クラブ
- ■ゴルフカート　golf cart
　　　　　　　　ゴルフ　カート
- ■ゴルフ場　golf course
　　　　　　ゴルフ　コース
- ■ゴルフをする　play golf
　　　　　　　　プレイ　ゴルフ
- ■スタートする　tee off
　　　　　　　　ティー　オフ
- ■ハンディ　handicap
　　　　　　ハンディキャップ

趣味を楽しむ

ダンスができるところはありますか？	**Where can we go dancing?** フェア キャン ウィ ゴウ ダンスィング ＊go dancing で「ダンスに行く」。 ▶ Where can we go dancing? ▷ There's a disco around the corner. 　ゼアズ ア ディスコウ アラウンド ザ コーナー 　（角を曲がったところにディスコがあります） Is there a place for dancing?
ジャズクラブ巡りをしようと思います。	**I'm planning to visit live jazz clubs.** アイム プランニング トゥ ビズィット ライブ ジャズ クラブズ ▷ What would you like to do here? 　ワット ウジュ ライク トゥ ドゥ ヒャ 　（ここで何をしようと思っているのですか？） ▶ I'm planning to visit live jazz clubs. I'm going to be visiting live jazz clubs.
どこかいいジャズクラブはありますか？	**Where can I find a good jazz club?** フェア キャナイ ファインド ア グッド ジャズ クラブ ▶ Where can I find a good jazz club? ▷ Here's a list of jazz clubs in town. 　ヒャズ ア リスト オブ ジャズ クラブズ イン タウン 　（これがこの街にあるジャズクラブのリストです） Where's a good jazz club?
ここに温泉があると聞いたんですが。	**I hear there are hot springs here.** アイ ヒャ ゼァ ア ハット スプリングズ ヒャ ＊hot spring で「温泉」。 ▶ I hear there are hot springs here. ▷ Right. They're really good. 　ライト ゼィア リァリィ グッド 　（ええ。すごくいいですよ） You have hot springs here, right?

第7章 自在に楽しむ

趣味を楽しむ

| カラオケをやっているところはありますか？ | **Is there a place for karaoke?**
イズ ゼァ ア プレイス フォ カリィオウキィ♪
＊a place for ... で「(…の目的のための) 場所」。 |

▶ Is there a place for karaoke?
▷ Yes. There's a karaoke box near here.
　イェス ゼァズ ア カリィオウキィ バックス ニャ ヒャ
　(はい。このあたりにカラオケボックスが1軒あります)

Do you know of any karaoke bars?
(カラオケのあるバーを知っていますか？)

| 2時からテニスコートを予約したいのですが。 | **I'd like to reserve a tennis court for**
アイド ライク トゥ リザーブ ア テニス コート フォ
2:00(two) p.m.
トゥ ピエム
＊I'd は I would の短縮形。would like to ... で「できれば…したい」。reserve は「予約する」。 |

▶ I'd like to reserve a tennis court for 2:00 p.m.
▷ How long would you like to play?
　ハウ ロング ウジュ ライク トゥ プレィ
　(何時までプレイなさいますか？)

Is it possible to reserve a tennis court at two?

| ラケットは貸してもらえますか？ | **Can I rent a racket?**
キャナイ レント ア ラケット♪ |

▶ Can I rent a racket?
▷ Yes. They're $10(ten dollars) per hour.
　イェス ゼイア テン ダラーズ パ アゥァ
　(はい。1時間につき10ドルです)

＊per hour で「1時間につき」。

| 初心者コースはどれですか？
(スキー場で) | **Which is the beginner's slope?**
フィッチ イズ ザ ビギナーズ スロウプ
＊beginner は「初心者」。 |

▶ Which is the beginner's slope?
▷ It's down this trail.
　イッツ ダウン ディス トレィル
　(この小道を行ったところにあります)

＊trail は「(山などの) 小道」。

Which ski slope is for beginners?

第7章　自在に楽しむ

趣味を楽しむ

サーフボードを借りたいのですが。	**I'd like to rent a surfboard, please.** アイド ライク トゥ レント ア サーフボード プリーズ

> ▶ I'd like to rent a surfboard, please.
> ▷ What size do you want?
> 　ワット サイズ ドゥ ユ ワント
> （サイズはどうしましょうか？）

釣りをしたいのですが。	**I want to do some fishing.** アイ ワントゥ ドゥ サム フィッシング

> ▶ I want to do some fishing.
> ▷ I know a great place.
> 　アイ ノゥ ア グレイト プレイス
> （いいところがありますよ）

I want to go fishing.

スキューバダイビングをしたいのですが。	**I'm interested in scuba diving.** アイム インタレスティッド イン スクーバ ダイビング

> ▶ I'm interested in scuba diving.
> ▷ Please ask the concierge.
> 　プリーズ アスク ザ カンシェアージ
> （コンシェルジェに聞いてみたら？）

＊ concierge は「(ホテルなどの)接客案内係」「コンシェルジェ」。

ボウリング場はどこですか？	**Where can I bowl around here?** フェア キャナイ ボウル アラウンド ヒヤ

> ▶ Where can I bowl around here?
> ▷ I don't know of any bowling alleys.
> 　アイ ドント ノゥ オブ エニィ ボウリング アリィズ
> （このあたりのボウリング場はわかりません）

＊ bowling alley で「ボウリング場」。

第7章 自在に楽しむ

■ワードリスト

- ■趣味　hobby ハビィ
- ■スキーに行く　go skiing ゴゥ スキーイング
- ■スキューバダイビング　scuba diving スクーバ ダイビング
- ■ダンスに行く　go dancing ゴゥ ダンスィング
- ■借りる　rent レント
- ■釣りに行く　go fishing ゴゥ フィッシング
- ■テニスをする　play tennis プレイ テニス

マナーを守る

失礼しました。 (クシャミをした とき)	**Excuse me.** エクスキューズ ミ ＊Excuse me. はゲップ、クシャミ、シャックリなど、失礼なことをしてしまったとき一般に使われる言葉。

> ▶ Excuse me.
> ▷ Bless you.(お大事に)
>   ブレス ユ

＊Bless you.はクシャミをした人に対して使われる。英語ではこう言うのがエチケット。

I'm sorry.

音をたてて食べるのは行儀が悪いですよ。	**It's not polite to slurp your food.** イッツ ナット ポライト トゥ スラープ ユア フード ＊polite は「礼儀正しい」「丁寧な」、slurp は「(ぺチャペチャ、ツルツルと) 音をたてて食べる [飲む]」。スープやめん類などを音をたてて食べるのは、欧米では行儀が悪いとされている。

> ▶ It's not polite to slurp your food.
> ▷ Oh, I'm sorry about that.
>   オウ アイム ソリィ アバウト ザット
>   (あ、失礼しました)

It's impolite to slurp your food.

上着とネクタイの着用をお願いしているのですが。	**A jacket and tie are required.** ア ジャケット アンド タイ ア リクワィアド You have to wear a jacket and tie.
——服装の決まりがあるとは知りませんでした。	**I didn't know you had a dress code.** アィ ディデント ノゥ ユ ハド ア ドレス コゥド ＊欧米ではフォーマルなレストラン、クラブなどに入るのに dress code という「服装の決まり」のある場合がある。 I didn't know a dress code was required.

第7章 自在に楽しむ

マナーを守る

すみませんでした。	**I'm sorry about that.** アイム ソリィ アバウト ザット

▷ Taking pictures here is forbidden.
　ティキング ピクチャズ ヒァ イズ フォビドゥン
　(ここでの撮影は禁止されています)
▶ I'm sorry about that.

音を小さくしてください。　**Please turn it down.**
　　　　　　　　　　　プリーズ ターン イト ダウン

▶ Please turn it down.
▷ All right. (わかりました)
　オール ライト

列に割り込まないでください。　**Don't cut in line, please!**
　　　　　　　　　　　　　ドント カット イン ライン プリーズ

＊この cut in ... は「…に割り込む」。

▶ Don't cut in line, please!
▷ Sorry, I didn't know there was a line.
　ソリィ アイ ディデント ノゥ ゼァ ワズ ア ライン
　(どうもすみません、列があるとは知りませんでした)

End of the line, please.
(列の最後に並んでください)

そこには入らないでください！　**Don't go in there!**
　　　　　　　　　　　　　ドント ゴゥ イン ゼァ

Stay out of there!
＊stay out of ... で「…に立ち入らない」。

——すみません。ちょっと見ていただけです。　**Sorry. I was just looking.**
　　　　　　　　　　　　　　　　　　　ソリィ アイ ワズ ジャスト ルッキング

ここでは食べられませんよ。　**You may not eat here.**
　　　　　　　　　　　　ユ メィ ナット イート ヒァ

＊may not ... は「…してはいけません」という軽い禁止。

Eating here is not allowed.

——知りませんでした。　**I was unaware of that.**
　　　　　　　　　　アイ ワズ アナウェァ オブ ザット

＊be unaware of ... で「…のことを知らない」。

I didn't know that.

第7章　自在に楽しむ

はっきり断る

お断り！	**Sorry.** ソリィ ＊街路でホームレスなどから声をかけられたときに使える。この Sorry. はあやまっているのではなく、毅然とした断り方。

> ▷ Do you have any spare change?
>   ドゥ ユ ハブ エニィ スペア チェィンジノ
>   （どうかおめぐみを）
> ▶ Sorry.

＊spare は「割愛できる」「あまった」。この表現はこういった場合の決まり文句。

No, I don't.

私の答えはノーです！	**I said no!** アィ セド ノゥ ＊しつこく誘われたときに使うひとこと。

> ▷ You'll really like it!
>   ユール リァリィ ラィク イト
>   （絶対気に入っていただけると思います！）
> ▶ I said no!

Again, no!

けっこうです。	**No, thanks.** ノゥ サンクス

> ▷ Do you want a ride?
>   ドゥ ユ ワント ア ラィドノ
>   （車に乗せていってあげようか？）
> ▶ No, thanks. I'm taking the bus.
>   ノゥ サンクス アィム ティキング ザ バス
>   （けっこうです。バスで行きます）

＊ride は「（乗り物に）乗ること」。Do you want a ride? あるいは Do you need a ride? で「乗せてあげましょうか？」となる。

No, thank you.

第7章 自在に楽しむ

はっきり断る

時間がありません。	**Sorry, I have to go.** ソリィ アイ ハフ トゥ ゴゥ

> ▷ Do you have a minute?
> ドゥ ユ ハブ ア ミニットゥ♪
> （ちょっとよろしいですか？）
> ▶ Sorry, I have to go.

Sorry, I don't have time.

ついてこないでよ！	**Don't follow me!** ドント ファロウ ミ

> ▶ Don't follow me!
> ▷ I'm not.（そんなつもりはないよ）
> アイム ナット

* I'm not. は I'm not following you. の following you を省略した形。

Stop following me!

悪いけどあなたは好みじゃないの。	**No offense, but you're not my type.** ノウ オフェンス バット ユア ナット マイ タイプ

*直接的で無礼な表現なので、使い方に注意。offense は「侮辱」「気を悪くすること」。one's type で「…好みの人［タイプ］」。

> ▷ I can show you around the town.
> アイ キャン ショウ ユ アラウンド ザ タウン
> （市内を案内できますよ）
> ▶ No offense, but you're not my type.

* show ... around ～で「～を…に案内する」。

I don't mean to be rude, but you're not my type.

第7章 自在に楽しむ

■ワードリスト

■いいえ No. ノゥ　■ほっといて！ Leave me alone! リーブ ミ アローン

■…したくない I don't want to.... アイ ドント ワントゥ

■けっこうです No, thanks. ノゥ サンクス　■違います Wrong. ローング

■じゃましないで Don't bother me. ドント バザー ミ　■やめて Stop it. スタップ イト

319

はっきり断る

"No!"とはっきり伝えよう

外国で現地の人と仲良くなったり友人づくりをするのは、とても楽しく、いい旅の思い出にもなります。しかし、安易な気持ちで現地の人と仲良くなり、すぐに信用してしまうのは絶対にやめてください。

日本国内であれば、見知らぬ人から突然声をかけられれば警戒するはずなのに、旅先の解放感からか、外国では現地の人に声をかけられると、わけもわからずにこにこと笑顔でうなずく日本人を見かけます。これは大変危険な行為です。会話例を参考に、必要なときには毅然とした態度で断りの言葉を口に出しましょう。

また、相手の気持ちを推し測るあまり、否定的な意見を明確に示さないのは日本人の習慣ですが、海外にいるときは多少、積極的に No! と言うくらいでいいと思われます。309ページのコラムにもあるように、欧米では自分の意見や主張ははっきり示すことが当たり前。郷に入れば郷に従えの格言どおり、多少でも異論や否定の意を感じたら、それを相手に伝えることを心がけてください。

第8章 トラブル

困ったとき
危険な状況
助けを呼ぶ／盗　難
忘れ物・落とし物
警察に届ける
交通事故・違反
疑いをかけられる
迷ったとき／車の故障
金銭トラブル／クレームをつける
英語ではわからない
病院へ行く／胃腸の調子が悪い
風邪を引いた／けがをした
他の症状／医師の診察
病状を尋ねる／薬を買う

困ったとき

トイレはどこでしょうか？	**Where's the rest room?**✣ フェアズ　ザ　レスト　ルーム

> ▶ Where's the rest room?
> ▷ Down those stairs and to your left.
>   ダウン　ゾウズ　ステアズ　アンド　トゥ　ユア　レフト
>   （階段を降りて、左手にあります）

* to one's left で「左手に」「左側に」。「右手に」は to one's right。

Please direct me to the rest room.

困っています。	**I have a problem.** アイ　ハブ　ア　プラブラム

> ▶ I have a problem.
> ▷ Can I help?（どうなさいましたか？）
>   キャナイ　ヘルプ♪

I'm in trouble.

今大変困っているんです。	**I'm in big trouble now.** アイム　イン　ビッグ　トラブル　ナゥ

> ▶ I'm in big trouble now.
> ▷ What did you do?（どうしたのですか？）
>   ワット　ディデュ　ドゥ

I'm really in hot water now.
* be in hot water で「まずいことになっている」。

どうしたらいいでしょうか？	**What should I do?** ワット　シュド　アイ　ドゥ

> ▶ What should I do?
> ▷ Well, let me help you.（力になりますよ）
>   ウェル　レッミ　ヘルプ　ユ

What do you think I should do?

何かいい方法はないですか？	**Do you have any suggestions?** ドゥ　ユ　ハブ　エニィ　サジェスチョンズ♪

> ▶ Do you have any suggestions?

第8章　トラブル

困ったとき

▷ There's nothing we can do now.
　ゼアズ　ナッスィング　ウィ　キャン　ドゥ　ナウ
　(今のところどうしようもありません)

What do you suggest?

| 何とかしてください。 | **Do something about this.**
ドゥ　サムスィング　アバウト　ディス |

▷ I don't think I can help you.
　アイ　ドント　スィンク　アイ　キャン　ヘルプ　ユ
　(お役に立てないと思います)
▶ Do something about this.

Take care of this.

| 見ているだけなんです。 | **I'm just looking.**
アイム　ジャスト　ルッキング
＊買う気はないということを伝える表現。 |

▷ How about this as a souvenir?
　ハウ　アバウト　ディス　アズ　ア　スーバニィア
　(おみやげにどうですか？)
▶ I'm just looking.

＊ souvenir は「みやげ」。
I'm just browsing.

| ディスコには興味ありません。 | **I'm not into discos.**
アイム　ナット　イントゥ　ディスコッズ
＊この into は「…に夢中になって」。 |

▷ Do you want to go to a disco with me?
　ドゥ　ユ　ワントゥ　ゴウ　トゥ　ア　ディスコウ　ウィズ　ミノ
　(ディスコに行かない？)
▶ I'm not into discos.

I'm not interested in discos.

❖ Where's the *rest room*? の rest room は、次のような語句に置き換えられます。

病院	hospital ハスピタル	薬局	drugstore ドラッグストア
遺失物取扱所	lost and found ロスト　アンド　ファウンド	日本領事館	Japanese Consulate ジャパニーズ　カンスレット
警察署	police station ポリース　ステイション	日本大使館	Japanese Embassy ジャパニーズ　エンバスィ

第8章　トラブル

困ったとき

近づかないで！ Stay away from me!

> ▷ Hey, baby!（ねえ、ねえ！）
> ▶ Stay away from me!

Go away!

■ワードリスト

- ■医者 doctor
- ■お腹がすいた hungry
- ■緊急事態 emergency
- ■具合が悪い feel sick
- ■緊急電話番号 emergency number
  ＊米国では「911」、英国では「999」。
- ■困っている have a problem/be in trouble
- ■トイレ rest room/bathroom
- ■なくす lose（過 lost）
- ■ノドが渇いた thirsty
- ■道に迷っている be lost
- ■疲れた tired
- ■（物が）盗まれる 物＋be stolen
- ■警察 police

第8章 トラブル

324

危険な状況

危ない！	**Watch out!** ▶ Watch out! ▷ What?（何？） Be careful!
動くな！ 撃つぞ！	**Freeze!** ＊Freeze!は普通、銃のような凶器を持って言う。 Don't move!
──何が欲しいんですか？	**What do you want?** What do you want me to do?
手を上げろ！	**Hands up!** Get your hands up!
──わかりました。けがはさせないでください。	**Okay. Don't hurt me.** Yes, sir. Just don't hurt me.
さがれ！	**Stand back!** Step back!
──言うとおりにします。	**Whatever you say.** Anything you say.
身をかがめろ！	**Get down!** Hit the floor!
──何てこった！	**Oh, my God!** Oh, dear!

第8章 トラブル

危険な状況

黙れ！	**Shut up!** シャラップ Can it!
——何者だ？	**Who are you?** フー ア ユ Who the heck are you? ＊the heck が入ることにより、強調された表現になる。
言ったとおりにしろ！	**Do as I said!** ドゥ アズ アィ セド You listen to me! （おれの言うことを聞け！）
——わかりました。	**All right.** オール ライト You got it. ＊相手の要求に応じるときに使われる決まり文句。
金をよこせ！	**Give me your money!** ギブ ミ ユア マニィ Give me your dough.
——全部あげます。	**Here, take it all.** ヒャ ティク イト オール You can have it all.
お金は持っていません！	**I don't have any money.** アィ ドント ハブ エニィ マニィ ▶ I don't have any money. ▷ I don't believe you. アィ ドント ビリーブ ユ （そんなことを信じないぞ） I'm not carrying any money.
やめてください！	**Stop it!** スタップ イト ▶ Stop it! ▷ Don't give me any trouble.（うるせえ！） ドント ギブ ミ エニィ トラブル ＊直訳は「めんどうをかけさせるな」。 Knock it off! ＊「やめてくれ！」を意味する決まり文句。

危険な状況

ちょっと！何してるんですか！	**Hey! What are you doing?** ヘイ ワット ア ユ ドゥイング

> ▶ Hey! What are you doing?
> ▷ Are you talking to me?
>   ア ユ トーキング トゥ ミノ
>   (何だってぇんだ？)

What's going on?

待って！	**Hold it!** ホウルド イト

> ▷ Give me that!（これをよこせ！）
>   ギブ ミ ザット
> ▶ Hold it!

Halt!（待て！） ＊警官がよく使う言葉。

触らないで！	**Don't touch me!** ドント タッチ ミ

> ▶ Don't touch me!
> ▷ Just shut up!（黙れ！）
>   ジャスト シャラップ

Let go of me!

あっちへ行って！	**Leave me alone!** リーブ ミ アローン

> ▶ Leave me alone!
> ▷ Oh, yeah?（おあいにくさま）
>   オウ ヤァ♪

＊この Oh, yeah? は「そうかい？」という意味で、少々人をばかにしたような言い方。

Go away!

警察を呼ぶぞ！	**I'll call the police!** アイル コール ザ ポリース

> ▶ I'll call the police!
> ▷ Relax! I don't want the police.
>   リラックス アイ ドント ワント ザ ポリース
>   (わかったよ！ 警察沙汰にはしたくない)

＊この Relax は「落ち着け！」。
I'll contact the police!

第8章 トラブル

助けを呼ぶ

助けて！	**Help!** ヘルプ

> ▶ Help!
> ▷ What's wrong?（どうしたの？）
> ワッツ ローング

Help me!

誰か！	**Somebody!** サムバディ

> ▶ Somebody!
> ▷ What is it?（どうした？）
> ワット イズ イト

Somebody help me!

おまわりさん！	**Police!** ポリース

> ▶ Police!
> ▷ I'll go get help.（助けを呼んできます）
> アイル ゴゥ ゲット ヘルプ

＊ go と get の間に and が省略されている。
Call the police!（警察を呼んでください！）

警察を呼んでもらえますか？	**Can you call the police for me?** キャン ユ コール ザ ポリース フォ ミ

> ▶ Can you call the police for me?
> ▷ You bet I can!（もちろん！）
> ユ ベット アイ キャン

Will you contact the police for me?

電話で助けを呼んでもらえますか？	**Can you call for help for me?** キャン ユ コール フォ ヘルプ フォ ミ

> ▷ What can I do?（どうしましょうか？）
> ワット キャナィ ドゥ
> ▶ Can you call for help for me?

Can you ring for help for me?
＊ ring はイギリス英語的表現。

助けを呼ぶ

あいつを捕まえて！	**Get him!** ゲット ヒム

▶ Get him!
▷ He's too fast for me!（無理だ、速すぎるよ！）
  ヒーズ トゥ ファスト フォ ミ

Stop him!

火事だ！	**Fire!** ファイア

▶ Fire!
▷ Oh, my God! Where?（ええっ！ どこ？）
  オウ マイ ガッド フェア

Call the fire station!（消防署に電話して！）

ドアを開けて！	**Open the door!** オウプン ザ ドァ

▶ Open the door!
▷ I'm trying to. It's stuck!
  アィム トライング トゥ イッツ スタック
  （開けようとしても開かないんだ！）

＊ stuck は「くっついて動かない」。

Open up the door!

第8章 トラブル

盗 難

待て！ どろぼう！	**Stop! Thief!** スタップ スィーフ ＊どろぼうを追いかけるときの決まり文句。

> ▶ Stop! Thief!
> ▷ Which way did he go?
>   フィッチ ウェイ ディド ヒ ゴゥ
>   （どっちに行きましたか？）

Stop the thief!

返してくれ！	**Give it back to me!** ギブ イト バック トゥ ミ

> ▶ Give it back to me!
> ▷ Not on your life.（まっぴらだね）
>   ナット アン ユア ライフ

＊ Not on your life. は決まり文句で「とんでもない」「まっぴらだ」。

Return that to me!

あいつが私のバッグを取ったんです！	**He took my bag!** ヒ トゥック マイ バァグ

> ▶ He took my bag!

状況によって違う盗難の言い方

盗難と言っても、英語には状況に応じていろいろな表現があります。

theft セフト	置いたものを盗まれた場合
robbery ラバリィ	身につけているものや持っているものを奪われた場合
burglary バーグラリィ	ホテルやオフィスなどに押し入られて盗まれた場合
pickpocket ピックパケット	すりの被害にあった場合

盗難

> I'll call the police.
> アイル コール ザ ポリース
> （警察に電話しましょう）

He stole my bag!

財布を盗まれました！

I had my wallet stolen!
アイ ハド マイ ワリット ストゥルン

▶ I had my wallet stolen!
▷ Did it happen here?
　ディド イト ハプン ヒャ↗
　（ここで盗まれたのですか？）

My wallet was stolen.

財布をすられました。

My wallet was taken by a pickpocket.
マイ ワリット ワズ テイクン バイ ア ピックパケット

* pickpocket は「すり」。

▶ My wallet was taken by a pickpocket.
▷ Did you see his face?
　ディデュー スィ ヒズ フェイス↗
　（相手の顔は見ましたか？）

A pickpocket stole my wallet.

置き引き・ひったくりに注意！

　置き引きは無造作に荷物を置いたときや、調べものをしているときなどに起こります。日本人を狙った組織ぐるみの犯行もありますので注意が必要です。置き引きを防ぐには、自分の荷物は必ず目の届く範囲内に置くこと。常にバッグに手をかけておくこと。名刺交換をしているときや、小銭をばらまかれて気をとられたすきに荷物を取られることもありますので、どんなときにも身の回りに気を配ってください。

　ひったくりではバッグを引きちぎられるだけでなく、凶器をちらつかせて犯行に及ぶ例もよくあります。薄暗い道や夜道の1人歩きは避けましょう。車道側は車やバイクから狙われやすく、建物側は物陰に引き込まれやすいので、歩道の中央を歩くこと。ショルダーバッグは開け口の部分を内側にたすきがけにし、しっかりと持ちましょう。また、ズボンの尻ポケットに貴重品は入れないようにしてください。

第8章 トラブル

忘れ物・落とし物

パスポートをなくしました。	**I lost my passport.** アィ ロスト マイ パスポート	

> ▷ What did you lose?
> ワット ディデュ ルーズ
> （何をなくされたのですか？）
> ▶ I lost my passport.

My passport is missing.

日本大使館が見つからないのですが。

I can't find the Japanese Embassy.
アィ キャント ファインド ザ ジャパニーズ エンバスィ

> ▶ I can't find the Japanese Embassy.
> ▷ Do you have the address?
> ドゥ ユ ハブ ジ アドレス♪
> （住所はわかりますか？）

Where's the Japanese Embassy?

クレジットカードをなくしてしまいました。

I lost my credit card.
アィ ロスト マイ クレディット カード

> ▶ I lost my credit card.
> ▷ Do you know what to do?
> ドゥ ユ ノゥ ワットゥ ドゥ♪
> （どうすればいいのかおわかりですか？）

My credit card is missing.

最後に確認したのはいつですか？

When did you last see it?
フェン ディデュ ラスト スィ イト

When did you see it last?

——ほんの2、3分前です。

Just a few minutes ago.
ジャスト ア フィュ ミニッツ アゴゥ

私のカードを至急無効にしていただけますか？

Will you cancel my credit card immediately?
ウィル ユ キャンセル マイ クレディット カード
イミーディアットリィ♪

> ▶ Will you cancel my credit card immediately?

忘れ物・落とし物

> I'll take care of it right away.
> アィル ティク ケア オブ イト ライト アウェィ
> （すぐにお手続きいたします）

Please cancel my credit card now.

| あなたのカード番号をいただけますか？ | **May I have your account number, please?**
メィ アィ ハブ ユア アカウント ナンバー プリーズ
Please give me your account number. |

| ──すみません、わかりません。 | **Sorry, I don't have it.**
ソリィ アィ ドント ハブ イト
Sorry, I don't know it. |

| すぐに新しいカードを発行していただけますか？ | **Can I get a new card right away?**
キャナィ ゲット ア ニュー カード ライト アウェィ
▶ Can I get a new card right away?
▷ Well, let me explain our company policy.
ウェル レッミ エクスプレイン アゥア カンパニィ パリスィ
（我が社のカード規約についてご説明します）
Can I get another card immediately? |

重要書類は控え・コピーを

　どんなに気をつけても紛失事故は起きるもの。また、海外では危険も多く、盗難にあわないとも限りません。万が一の場合に備えて、重要な書類などはコピーを取っておきましょう。

　まずはパスポートの旅券番号と発行日。この2つは必ず控えておいてください。旅券番号と顔写真が載っているページのコピーも取っておくと安心です。

　クレジットカードは紛失に備え、カード会社の緊急連絡先とカード番号、有効期限を控えておきましょう。

　トラベラーズチェック（T/C）の再発行には、使用済みの番号と未使用の番号の控えが必要ですので、旅行前にT/Cの番号すべてをあらかじめ控えておくと同時に、旅行中はT/Cを使うたびに番号をメモしておくといいでしょう。

　航空券は、購入した日本の旅行会社の電話番号と航空券番号を控えておけば万全です。

第8章 トラブル

忘れ物・落とし物

(クレジットカードの)再発行にはどのくらい時間がかかりますか？

How long will it take to get it reissued?
ハウ ロング ウィル イト テイク トゥ ゲッレ リイシュード

▶ How long will it take to get it reissued?
▷ It'll be reissued tomorrow.（明日できます）
　イットル ビ リイシュード トゥモロウ

When will I be able to get another one?

トラベラーズチェックをなくしてしまいました。

I lost my traveler's checks.
アイ ロスト マイ トラベラーズ チェックス

▶ I lost my traveler's checks.
▷ You have the receipt, right?
　ユ ハブ ザ リスィート ライトノ
（購入者控えはお持ちですか？）

My traveler's checks are missing.

荷物が見つからないのですが。

I can't find my baggage.
アイ キャント ファインド マイ バァゲッジ

■ワードリスト

- ■遺失物取扱所　(米)lost-and-found/(英)lost property
  ロストアンドファウンド　　　　　ロスト プラパティ
- ■置き忘れる　leave（過 left）
  リーブ　　　レフト
- ■なくす　lose（過 lost）
  ルーズ　　ロスト
- ■カウンターサインをする　countersign
  カウンターサイン
- ■バッグ　bag
  バァグ
- ■航空券　ticket
  ティケット
- ■荷物　baggage
  バァゲッジ
- ■警察　police
  ポリース
- ■クレジットカード　credit card
  クレディット カード
- ■再発行する　reissue
  リイシュー
- ■カメラ　camera
  キャメラ
- ■現金　cash
  キャッシュ
- ■パスポート　passport
  パスポート
- ■財布　wallet
  ワリット
- ■トラベラーズチェック　traveler's check
  トラベラーズ チェック
- ■(トラベラーズチェックの)購入者控え　purchase agreement
  パーチャス　アグリーメント
- ■日本大使館　Japanese Embassy
  ジャパニーズ　エンバスィ
- ■紛失届出証明書　police report
  ポリース　レポート
- ■(物が)盗まれる　物+be stolen
  ビ　ストゥルン

第8章　トラブル

忘れ物・落とし物

> ▶ I can't find my baggage.
> ▷ Where did you leave it?
> フェア ディデュ リーブ イト
> （どこに置いたのですか？）

I've lost my baggage.

| そこでカバンを見かけませんでしたか？ | **Did you see a bag there?**
ディデュ スィ ア バッグ ゼア ↗ |

> ▶ Did you see a bag there?
> ▷ No, I don't think so.
> ノゥ アィ ドント スィンク ソゥ
> （いえ、見てませんよ）

Did you notice a bag there?

| バスに忘れ物をしました。 | **I left something on the bus.**
アィ レフト サムスィング アン ザ バス |

> ▶ I left something on the bus.
> ▷ What is it?（どんな物ですか？）
> ワット イズ イト

I forgot something on the bus.

| ハンドバッグを紛失したのですが、誰に話せばいいですか？ | **Who do I talk to about a lost purse?**
フー ドゥ アィ トーク トゥ アバウト ア ロスト パース |

> ▶ Who do I talk to about a lost purse?
> ▷ Check with lost-and-found.
> チェック ウィズ ロストアンドファゥンド
> （遺失物取扱所に行ってください）

＊lost-and-found は「遺失物取扱所」。

I've lost my purse. Who do I see?

| もう一度よくさがしていただけませんか？ | **Could you check one more time, please?**
クジュ チェック ワン モァ タィム プリーズ ↗ |

＊ホテルのチェックアウト後、部屋に忘れ物をした場合など、いろいろな場面で使えるひとこと。

> ▷ I didn't see anything.
> アィ ディデント スィ エニィスィング
> （何もありませんでした）
> ▶ Could you check one more time, please?

Could you please check again?

第8章 トラブル

| 忘れ物・落とし物

どこで見つけた のですか？	**Where did you find it?** フェァ ディデュ ファインド イト

▶ Where did you find it?
▷ In the lobby.（ロビーでです）
  イン ザ ラビィ

帰りの航空券を 再発行してくだ さい。	**Please reissue my return ticket.** プリーズ リイシュー マイ リターン ティケット

▶ Please reissue my return ticket.
▷ Do you have a copy of the original
  ドゥ ユ ハブ ア カピィ オブ ジ オリジナル
  ticket?
  ティケット ♪
  （なくされた航空券のコピーはお持ちですか？）

Would you reissue my return ticket?

パスポートを紛失してしまったら

　パスポートの紛失・あるいは盗難にあったら、すぐに現地の警察に届け、警察で発行する「紛失届出証明書」を入手しましょう。再発給は、日本大使館または日本領事館で行われ、大使館・領事館に備え付けられている「一般旅券再発給申請書」と「紛失届」のほかに、顔写真2葉、警察から発行された「紛失届出証明書」が必要となります。顔写真はパスポート発給の際に使用したものと同様のものがベストですが、手元にない場合は現地で撮影しましょう。背景を薄い色の壁などにして、無帽で正面向き、頭頂からあごまで約2.7センチ（1インチ）で撮影してください。写真のサイズは縦4.5×横3.5センチですが、アメリカで撮影するときは、2×2インチで写真を頼み、後ほど規定のサイズに裁断すればOKです。

　パスポートの再発給には2週間ほどかかりますが、緊急に帰国しなくてはいけない人もいるでしょう。そのような場合は「帰国のための渡航書」発給を受けて帰国することができます。この渡航書は即日交付されますが、旅券とは違いますので第三国への出国はできず、あくまでも帰国のみです。また、日本国の運転免許証や健康保険証など、日本国籍を確認できる書類と、搭乗日、座席が確認できる航空券が、上に書いた書類に加えて必要となります。

第8章 トラブル

警察に届ける

警察署はどこですか？	**Where's the police station?** フェァズ ザ ポリース ステイション ▶ Where's the police station? ▷ Are you familiar with this area? 　ア ユ ファミリィア ウィズ ディス エァリァ♪ 　（このあたりはわかりますか？） Would you direct me to the police station? ＊direct は「道を教える」。
警察に届けてもらえますか？	**Will you report it to the police?** ウィル ユ レポート イトゥ ザ ポリース♪ ▶ Will you report it to the police? ▷ We'll do that for you.（届けましょう） 　ウィル ドゥ ザット フォ ユ Please file a police report.
警察に盗難届を出したいのですが。	**I'd like to report the theft to the police.** アイド ライク トゥ レポート ザ セフト トゥ ザ ポリース ▶ I'd like to report the theft to the police. ▷ I'll help you make out the report. 　アィル ヘルプ ユ メィク アゥト ザ レポート 　（盗難届を書くお手伝いをしますよ） ＊make out で「作り上げる」。 I want to report the theft to the police.
遺失物係はどこですか？	**Where's the lost-and-found?** フェァズ ザ ロストアンドファゥンド ＊lost-and-found は「遺失物取扱所」。 ▶ Where's the lost-and-found? ▷ Next building over, ma'am. 　ネクスト ビルディング オゥバー マァム 　（隣のビルにあります） Can you direct me to the lost-and-found?
誰に知らせればいいですか？	**Who should I inform?** フー シュド アィ インフォーム

第8章 トラブル

警察に届ける

* inform は「報告する」。

▶ Who should I inform?
▷ The police officer over there.
（あそこにいる警察官に知らせてください）

Who do I need to tell?

| 2人組に襲われました。 | **Two men attacked me.**
アタックト ミ
* attack は「襲う」。

▶ Two men attacked me.
▷ Go ahead and tell us about it.
（お聞きしましょう）

＊この go ahead. は「どうぞ始めてください」。

I was attacked by two men.

| 顔は見ましたか？ | **Did you see his face?**

Did you get a look at his face?

| ——覆面をしていました。 | **He was wearing a mask.**

He had a mask over his face.

| 状況はよく覚えていません。 | **I don't remember the situation well.**

▷ How did it happen?
（どんなふうだったのですか？）
▶ I don't remember the situation well.

What happened is a blur to me.
＊ blur は「不鮮明な記憶」。

| どなたかなくしたカメラを届けてくれていませんか？ | **Has anybody turned in a lost camera?**
＊ turn in で「渡す」「返却する」。

▶ Has anybody turned in a lost camera?
▷ What does it look like?
（どんなカメラですか？）

第8章 トラブル

警察に届ける

Was my lost camera brought in?

| カバンの中に何が入っていましたか？ | **What was in the bag?**
ワット ワズ イン ザ バァグ
What did you have in the bag? |

――私のパスポートと、街の地図です。

My passport and a city map.
マイ パスポート アンド ア スィティ マァプ

My passport and a city map were in my bag.

| どこでなくしたかよくわかりません。 | **I'm not sure where I lost it.**
アイム ナット シュア フェア アイ ロスト イト |

▷ Where did you lose it?
　フェア ディデュ ルーズ イト
　（どこでなくされましたか？）
▶ I'm not sure where I lost it.

I don't know where I lost it.

| 私は日本からの観光客で、ちょっと滞在しているだけです。 | **I'm a Japanese tourist visiting here temporarily.**
アイム ア ジャパニーズ トゥアリスト ビズィティング ヒャ
テンポラリリィ |

＊ temporary は「一時的に」。

▷ Do you live here?
　ドゥ ユ リブ ヒャ
　（ここにお住まいですか？）
▶ I'm a Japanese tourist visiting here temporarily.

I'm from Japan and just visiting here.

| 盗難証明書はどこで発行してもらえますか？ | **Where should I go for a theft report?**
フェア シュド アイ ゴウ フォア セフト レポート |

▶ Where should I go for a theft report?
▷ That department is on the third floor.
　ザット ディパートメント イズ アン ザ サード フロァ
　（その係は3階です）

Where can I get a theft report?

| 何をしなくちゃいけないんでしょうか？ | **What do I need to do?**
ワット ドゥ アイ ニートゥ ドゥ
What do I have to do? |

第8章 トラブル

警察に届ける

——警察の盗難届受理証明書を日本大使館に届けなければなりません。

You should take the police report to the Japanese Embassy.
ユー シュド ティク ザ ポリース レポート トゥ ザ ジャパニーズ エンバスィ

You should go to the Japanese Embassy with the police report.

貴重品を紛失したら

海外では治安のよくない地域もあり、旅行客を狙った犯罪も発生しています。貴重品の紛失・盗難にあったら即手続きを。

■航空券

現地の警察に届け出て「紛失届出証明書」を発行してもらい、航空会社の現地営業所に連絡を取ります。航空券を購入した旅行会社を告げて、再発行の交渉をします。現地の飛行機会社によって異なりますが、いろいろやってもらえる場合が多いので、あきらめずにトライしてみましょう。

■クレジットカード

まず電話で、紛失したカードの無効手続きをとります。その後、現地の警察で「紛失届出証明書」を発行してもらい、現地のカード会社の支店で緊急再発行手続きをとるという流れになります。再発行のためには、カードナンバーと有効期限が必要ですので、あらかじめ控えておきましょう。あわせて、現地カード会社支店の連絡先の電話番号も控えておくとよいでしょう。

■トラベラーズチェック(T/C)

現地の警察で「紛失届出証明書」をもらい、T/C発行会社のもよりの支店で、再発行手続きをとります。再発行には、使用済みの番号と未使用の番号が控えてあること、ホルダーサインがしてあることが条件となりますので注意してください。

■貴重品、身の回りのもの

海外旅行傷害保険の「携行品特約」に加入している人は、警察に届けて「紛失届出証明書」をもらいます。そして、現地にある加入先保険会社へ連絡し、そこで言われた必要書類を持っていきます。海外旅行傷害保険の「携行品特約」は、それぞれ免責金額や上限額、品物の内容が異なります。旅行前にきちんと確認しておきましょう。

交通事故・違反

たいへんです。 **It's an emergency.**
※ emergency は「緊急事態」。

▶ It's an emergency.
▷ Do you want me to call an ambulance?（救急車を呼びましょうか？）

※ ambulance は「救急車」。

This is an emergency.

交通事故にあいました。 **I was in a car accident.**

▶ I was in a car accident.
▷ Where did it happen?（どこでですか？）

I was in an automobile accident.

友人が車にはねられました。 **My friend was hit by a car.**

▶ My friend was hit by a car.
▷ What street are you on?（今何通りにいますか？）

A car just hit my friend.

救急車を呼んでください！ **Please call an ambulance!**

▶ Please call an ambulance!
▷ What happened?（どうしたのですか？）

We need an ambulance now!

保険に入っていますか？ **Are you insured?**

Do you have insurance?

第8章 トラブル

交通事故・違反

——入っています。	**I'm insured.** アイム インシュアド
	I have insurance.
スピード違反です。	**You were speeding.** ユー ワー スピーディング
	*speeding には「スピード違反の」の意味がある。
	You were exceeding the speed limit.
——制限速度で走っていましたが。	**I was driving within the speed limit.** アイ ワズ ドライビング ウィズイン ザ スピード リミット
	*speed limit で「制限速度」。
	I don't think I was speeding.
そちらで車を借りたのですが、事故を起こしてしまいました。	**I rented a car from you and I just had an accident.** アイ レンティッド ア カー フロム ユー アンド アイ ジャスト ハド アン アクシデント
	▶ I rented a car from you and I just had an accident.
	▷ Are you covered by our insurance? ア ユー カバード バイ アウア インシュランス♪ （保険はかけましたか？）
	I had an accident in the car I rented from you.
レンタカー会社に連絡してください。	**Would you contact the car rental company?** ウジュ カンタクト ザ カー レンタル カンパニィ♪
	*contact は「連絡する」。

第8章 トラブル

■ワードリスト

- ■救急車　ambulance　アンビュランス
- ■緊急事態　emergency　イマージェンスィ
- ■警察　police　ポリース
- ■交通事故　traffic accident　トラフィック アクスィデント
- ■けが　injury　インジュリィ
- ■レンタカー　rental car/rent-a-car　レンタル カー　レンタカー
- ■事故証明書　police report　ポリース レポート
- ■保険　insurance　インシュアランス
- ■スピード違反　speeding　スピーディング
- ■免許証　driver's license　ドライバーズ ライセンス

交通事故・違反

> Is this a rental car?
> イズ ディス ア レンタル カー↗
> (車はレンタカーですね)

▶ Yes. Would you contact the car rental company?

事故証明書を書いてもらえますよね。(事故現場で警察との会話)

Will I get a police report?
ウィル アイ ゲット ア ポリース レポート↗

▶ Will I get a police report?
▷ Please show me your driver's license, first.
プリーズ ショウ ミ ユア ドライバーズ ライセンス ファースト
(まず、免許証を見せてください)

Could I get a police report?

自動車事故が起きたら

万一海外で車を運転中に事故が起きた場合は、次の1〜4の情報と、加害者・被害者に関係なく、相手について5〜15の情報が必要となります。

1. 事故の日時(Date and Time of Accident)
2. 事故の場所(Place of Accident)：信号機の有無なども
3. 目撃者名(Witness)：住所 (Address)、電話番号 (Telephone No.)
4. その他気づいたこと(Other Information)
5. 運転者名(Driver of Car)
6. 住所(Address)
7. 電話番号(Telephone No.)：勤務先(Work)、自宅(Home)
8. 運転者の免許証番号(Driver's License No.)、州(State)
9. ナンバープレート(License Plate No.)
10. 車のオーナー名(Owner of Car)
11. 車のメーカー・車種(Make, Model)、年式(Year)、車の色(Color of Car)
12. 保険会社名(Insurance Company Name)
13. 保険証書番号(Insurance Policy No.)
14. 保険保持者名(Policy Holder's Name)
15. 保険代理店名と電話番号(Agency Name and Telephone No.)

第8章 トラブル

疑いをかけられる

私は関係ありません。	**I have nothing to do with it.** アイ ハブ ナッスィング トゥ ドゥ ウィズ イト ＊ have nothing to do with ... で「…と関係がない」。 ▶ I have nothing to do with it. ▷ Are you sure about that? 　ア ユ シュア アバウト ザット♪ 　（確かですか？） I have no connection with it.
私は何も知りません。	**I don't know anything about it.** アイ ドント ノゥ エニィスィング アバウト イト ▷ Did you know there was a theft here? 　ディデュ ノゥ ゼァ ワズ ア セフト ヒァ♪ 　（ここで盗難事件があったことを知っていますか？） ▶ I don't know anything about it. I had no idea.
私のせいではありません。	**It wasn't my fault.** イト ワズント マイ フォールト ＊ fault は「（過失の）責任」。 ▶ It wasn't my fault. ▷ Then whose fault was it? 　ゼン フーズ フォールト ワズ イト 　（じゃあ誰のせいなんだ？） I'm not to blame.
私こそ被害者です。	**I'm the victim.** アイム ザ ビクティム ▶ I'm the victim. ▷ I realize that, sir. 　アイ リァライズ ザット サー 　（それはわかっていますよ） I was victimized.

第8章 トラブル

迷ったとき

ここはどこですか？	**Where am I?** フェア アム アイ What street am I on?
道に迷いました。	**I'm lost.** ＊be lost で「道に迷う」。 アイム ロスト

> ▶ I'm lost.
> ▷ Where are you going?
>   フェア ア ユ ゴウイング
>   （どこへ行かれるのですか？）

I don't know where I am.

私はこの地図のどこにいるのですか？	**Where am I on this map?** フェア アム アイ アン ディス マァプ

> ▶ Where am I on this map?
> ▷ You are right here.（ちょうどここです）
>   ユ ア ライト ヒャ

＊この right は場所に関して、「すぐ…」「ちょうど…」という意味を表す。

Where am I located?
＊be located で「位置している」。

それはこっちのほうですか？	**Is it in this direction?** イズ イト イン ディス ディレクシュン♪

> ▶ Is it in this direction?
> ▷ No, it's that way.（いや、あっちです）
>   ノウ イッツ ザット ウェイ

Is it this way?

北はどちらですか？	**Which way is north?** フィッチ ウェイ イズ ノース

> ▷ Just keep walking north.
>   ジャスト キープ ウォーキング ノース
>   （ずっと北へ向かって歩いてください）
> ▶ Which way is north?

＊keep 〜ing で「〜し続ける」。

第8章 トラブル

迷ったとき

Point me to the north, please.
＊point は「(方向を) 示す」。

| この建物の入口はどこですか？ | **Where's the main entrance of this building?**
フェアズ　ザ　メイン　エントランス　オブ　ディス　ビルディング |

> ▶ Where's the main entrance of this building?
> ▷ Around the corner.
> 　アラウンド　ザ　コーナー
> 　(その角を曲がったところにあります)

Please direct me to the main entrance of the building.　＊この direct は「道を教える」。

| 出口が見つからないのですが。 | **I can't find the exit.**
アイ　キャント　ファインド　ジ　エグズィット |

> ▶ I can't find the exit.
> ▷ Just look for the exit sign.
> 　ジャスト　ルック　フォ　ジ　エグズィット　サイン
> 　(出口の標識をさがせばいいですよ)

＊sign は「掲示」「標識」。
Where's the exit?

| 友人とはぐれてしまいました。 | **I can't find my friend.**
アイ　キャント　ファインド　マイ　フレンド |

> ▶ I can't find my friend.
> ▷ What is your friend's name?
> 　ワット　イズ　ユア　フレンズ　ネイム
> 　(お友達の名前は？)

I lost my friend.

| その人の容貌は？ | **What does she look like?**
ワット　ダズ　シ　ルック　ライク |

Could you describe her?

| ──髪が長くて…。 | **She has long hair....**
シ　ハズ　ロング　ヘア |

第8章 トラブル

車の故障

車が故障しました。	**My car broke down.** マイ カー ブロゥク ダゥン ▶ My car broke down. ▷ Did it overheat? 　ディド イト **オゥ**バーヒート ⤴ 　(オーバーヒートしたんですか？) My car is not working. ＊この work は「(機械などが)動く」「作動する」。
車の調子がおかしいんです。	**The car is not running well.** ザ カー イズ ナット ラニング ウェル ▶ The car is not running well. ▷ What seems to be the problem? 　ワット ス**イ**ームズ トゥ ビ ザ プ**ラ**ブラム 　(どうおかしいんですか？) The car is running poorly.
エンジンがかからなくなりました。	**The car won't start.** ザ カー ウォント スタート ▶ The car won't start.

■ワードリスト

- ■オートマチック車　automatic　オートマティック
- ■マニュアル車　stick shift　スティク シフト
- ■オーバーヒートする　overheat　オゥバーヒート
- ■鍵　key　キィ
- ■ガス欠する　run out of gas　ラン アゥト オブ ギャス
- ■クラッチ　clutch　クラッチ
- ■車が故障する　break down　ブレィク ダゥン
- ■ブレーキ　brake　ブレィク
- ■修理工場　auto repair shop　オートゥ リペァ シャップ
- ■タイヤのパンク　flat tire　フラット タイァ
- ■バッテリーが上がっている　The battery is dead.　ザ バァテリィ イズ デッド
- ■ハンドル　steering wheel　スティァリング ウィール
- ■保険　insurance　インシュァランス

第8章　トラブル

車の故障

> Is the battery dead?
> イズ ザ バァテリィ デッド♪
> (バッテリーは上がってないですか？)

The engine doesn't start.

| ガス欠になりました。 | **I ran out of gas.**
アィ ラン アゥト オブ ギャス
＊run out of ... で「…を切らす」。 |

▶ I ran out of gas.
▷ We can send someone over for you.
　ウィ キャン センド サムワン オゥバー フォ ユ
　(誰かそちらに派遣します)

My gas tank is completely empty.

| タイヤがパンクしています。 | **We have a flat tire.**
ウィ ハブ ア フラット タィア
＊日本語の「パンク」は puncture「穴が開く」から変化したものだが、「パンク」では通じない。flat tire と言う。 |

▶ We have a flat tire.
▷ Oh, no. Where are you?
　オゥ ノゥ フェア ア ユ
　(困りましたね。どちらにいらっしゃるんですか？)

Our tire is flat.

海外でのドライブ

　海外でのドライブは、いろいろ国によってかなり事情が違ってきます。特に開発途上国では人々があまり交通ルールを守っていないことが多いため、それに慣れていない人が運転することは勧められません。各国での事情を出発前に調べておき、一通りの知識を仕入れておくといいでしょう。

　あなたが冒険を恐れないタイプの人ならば、西海岸から東海岸へのアメリカ大陸横断ドライブをお勧めします。飛行機を使うほうがはるかに楽で、速いかもしれませんが、ドライブの旅では多くのことを体験でき、いろいろな人々と出会うこともできます。日本ではまず見られないような光景が目の前に広がってくるのです。こうした思い出はあなたの心の中に一生残るものとなるでしょう。

第8章 トラブル

金銭トラブル

お釣りをもらっていません。	**I didn't get my change back yet.** * change は「釣り銭」「小銭」。

> ▶ I didn't get my change back yet.
> ▷ I gave it to you.（お渡ししました）

Where's my change?

お釣りが違います。	**I'm afraid you gave me the wrong change.**

> ▶ I'm afraid you gave me the wrong change.
> ▷ Let me check.（確認させてください）

The change you gave me was incorrect.

勘定書が間違っているようです。	**I think there's a mistake with this bill.** * bill は「勘定書」「伝票」「請求書」。

> ▶ I think there's a mistake with this bill.
> ▷ What seems to be the problem?
>   （どこが間違っているのでしょうか？）

This bill can't be right.

20ドル前金で払ってあります。	**I paid you a twenty-dollar deposit.**

> ▶ I paid you a twenty-dollar deposit.
> ▷ Do you have your receipt with you?
>   （領収書はお持ちですか？）

I paid a twenty-dollar deposit to you.

今は現金を持っていません。	**I don't have any cash with me.**

第8章 トラブル

金銭トラブル

▷ We do not take credit cards.
（当店ではカードが使えません）
▶ I don't have any cash with me.

I have no cash on me.

100ドルの現金を持っていません。

I don't have $100 (a hundred dollars) in cash.

▷ Can you pay for it in cash?
（現金でお支払いいただけますか？）
▶ I don't have $100 in cash.

A hundred dollars is more than I have on hand.

今手持ちが50ドルしかないんです。

I only have $50 (fifty dollars) with me now.

▶ I only have $50 with me now.
▷ That's all?（それだけですか？）

Fifty is all I have with me now.

このカードの使用許可が出ないのですが。

I can't get approval on this credit card.

The credit card company is denying approval.

――そんなはずありません！

That can't be!

There's no way!

そのカードを使ったばかりですが。

We just used the card.

It worked a few minutes ago.
＊このworkは「機能する」。

――カードの限度額を超えてしまったようです。

You must have gone over your limit.

You're over your limit on your charge card.

第8章 トラブル

350

クレームをつける

クレームがあるのですが。	**I have some complaints.** アイ ハブ サム カンプレインツ ▶ I have some complaints. ▷ I'm ready to listen.（お伺いしましょう） アイム レディ トゥ リスン I have some objections. ＊この objection は「不服」。
あなたがやってくれると言ったんじゃないですか！	**You said you'd do it for me!** ユ セド ユド ドゥ イト フォ ミ ▶ You said you'd do it for me! ▷ I'll do it right now. アイル ドゥ イト ライト ナウ （今すぐにいたします） You promised you'd do it for me!
支配人と話させてください。	**I'd like to talk to the manager.** アイド ライク トゥ トーク トゥ ザ マネジャー ▶ I'd like to talk to the manager. ▷ Is there a problem? イズ ゼァ ア プラブラム♪ （どうかいたしましたか？） I demand to see the manager. ＊demand は「要求する」で、かなりきつい表現。
大きなシミが付いていました。	**I found a big stain on it.** アイ ファウンド ア ビッグ ステイン アン イト ▶ I found a big stain on it. ▷ Oh, really?（えっ、そうでしたか？） オゥ リァリィ♪ There's a huge stain on it.
私の荷物に傷が付きました。	**My baggage was damaged.** マイ バァゲッジ ワズ ダミッジド ▷ Can I help you? キャナイ ヘルプ ユ♪ （いかがなさいましたか？）

第8章 トラブル

クレームをつける

▶ My baggage was damaged.

* Can I help you? は May I help you? と同様に「ご用件は何ですか？」という意味。

I have damaged baggage here.

| 二度とないようにしてください。 | **Please make sure it doesn't happen again.**
プリーズ　メイク　シュア　イト　ダズント　ハプン　アゲン |

▶ Please make sure it doesn't happen again.
▷ We'll make sure of it.
　ウィル　メイク　シュア　オブ　イト
　(これからは気をつけます)

Please don't do it again.

商品にクレームをつける

　購入した商品にキズなどが見つかった場合、苦情を言いたくなりますが、フリーマーケットなどでは、基本的には支払いを済ませた品物はあとからクレームをつけても客側の責任とされます。購入前に十分、品物を吟味するのがトラブル防止には一番。大きな店では返金または取替えをお願いできることも多いのですが、日本同様、領収書が必要になります。

英語ではわからない

英語は話せません。	**I can't speak English.** アイ キャント スピーク イングリッシュ

> ▶ I can't speak English.
> ▷ That might be a problem.
> ザット マイト ビ ア プラブラム
> （それは困りましたね）

I'm not an English speaker.

英語は話せますか？	**Do you speak English?** ドゥ ユ スピーク イングリッシュ♪

Can you speak English?

——英語は上手ではありません。	**My English isn't very good.** マイ イングリッシュ イズント ベリィ グッド

I don't speak English very well.

英語はわかりますか？	**Do you understand English?** ドゥ ユ アンダスタンド イングリッシュ♪

Can you understand English?

——ゆっくり話していただければわかります。	**I'll understand if you speak slowly.** アイル アンダスタンド イフ ユ スピーク スロゥリィ

If you speak slowly, I'll understand you.

日本語を話せる人はいますか？	**Does anyone speak Japanese?** ダズ エニィワン スピーク ジャパニーズ♪

> ▶ Does anyone speak Japanese?
> ▷ Yes. I'll get her for you.
> イェス アイル ゲット ハ フォ ユ
> （はい。連れてまいります）

Is there a Japanese-speaking person here?

誰か日本語の話せる人と代わってくれませんか？	**Can I talk to someone who speaks Japanese?** キャナイ トーク トゥ サムワン フー スピークス ジャパニーズ♪

> ▶ Can I talk to someone who speaks Japanese?

第8章 トラブル

英語ではわからない

> No one here speaks Japanese, sir.
> ノゥ ワン ヒャ スピークス ジャパニーズ サー
> （ここでは誰も日本語を話せません）

I'd like to talk with a Japanese speaker.

| 英語では説明で きません。 | **I can't explain it in English.**
アィ キャント エクスプレイン イト イン イングリッシュ
＊病気やトラブルの状況など、英語では説明できないときに使える。 |

> What kind of pain is it?
> ワット カィンド オブ ペィン イズ イト
> （どんな痛みですか？）
> ▶ I can't explain it in English.

I can't express it in English.
＊express は「（言葉で）表現する」。

| その店に日本語 の話せる人はい ますか？ | **Does anyone speak Japanese at the restaurant?**
ダズ エニィワン スピーク ジャパニーズ アト ザ レストラン♪ |

> ▶ Does anyone speak Japanese at the restaurant?
> ▷ I very much doubt it.
> アィ ベリィ マッチ ダゥト イト
> （まずいないと思います）

＊doubt は「疑う」。

Are there Japanese speakers at the restaurant?

| 通訳をお願いし たいのですが。 | **I need an interpreter.**
アィ ニード アン インタープリター |

> ▶ I need an interpreter.
> ▷ What language do you speak?
> ワット ラングウィッジ ドゥ ユ スピーク
> （何語をお話しになりますか？）

Please get me an interpreter.

| 日本語で書かれ たものはありま すか？ | **Do you have any information in Japanese?** ＊information は「情報」。
ドゥ ユ ハブ エニィ インフォメィション イン ジャパニーズ♪ |

> ▶ Do you have any information in

第8章 トラブル

英語ではわからない

> Japanese?
> ▷ Sure. Here's a brochure.
> （はい。こちらがパンフレットです）

* brochure は「パンフレット」「小冊子」。

Is there any information in Japanese?

| 日本語版はありますか？ | **Do you have one in Japanese?** |

> ▶ Do you have one in Japanese?
> ▷ Sorry, we're out of the Japanese version.
> （すみません、日本語版は切らしております）

* ... version は「…版」。

Is there a Japanese version?

| 日本語の新聞はありますか？ | **Do you have any Japanese newspapers?** |

> ▶ Do you have any Japanese newspapers?
> ▷ I'm afraid not.
> （あいにく置いていません）

* I'm afraid .... は丁寧に断るときの決まり文句で、「あいにく」「残念ながら」。

Can I get a Japanese newspaper?

■ワードリスト

- ■え、何？ Excuse me?/Pardon?
- ■英語 English
- ■上手ではない not very good
- ■日本語 Japanese
- ■説明する explain
- ■通訳 interpreter
- ■話す speak
- ■速く quickly
- ■ゆっくりと slowly
- ■もう一度言ってください I beg your pardon?
- ■言語 language
- ■わかる understand

第8章 トラブル

病院へ行く

医者を呼んでください。	**Please call a doctor.** プリーズ コール ア ダクター

> ▶ Please call a doctor.
> ▷ Right away, sir.（すぐにお呼びします）
>   ライト アウェイ サー

Please get a doctor for me.

お医者さんに診ていただきたいのですが。	**I'm here for a doctor's examination.** アイム ヒヤ フォア ダクターズ イグザミネイション

> ▶ I'm here for a doctor's examination.
> ▷ Do you have medical insurance?
>   ドゥ ユ ハブ メディカル インシュアランス♪
>   （医療保険には入っていますか？）

I'm scheduled for a doctor's examination.
* schedule は「予定する」。

お医者さんを呼んであげましょうか？	**Do you need a doctor?** ドゥ ユ ニード ア ダクター♪

Do you need any help from a doctor?

——そうしてください。ありがとう。	**Yes, I think so. Thank you.** イエス アイ スィンク ソウ サンキュ

Thanks. I think I do.

病院まで連れていっていただけますか？	**Could you take me to a hospital?** クジュ ティク ミ トゥ ア ハスピタル♪

> ▶ Could you take me to a hospital?
> ▷ I'd be happy to drive you to the
>   アイド ビ ハピィ トゥ ドライブ ユ トゥ ザ
>   hospital.
>   ハスピタル
>   （病院まで車でお送りしましょう）

Please take me to a hospital.

診療に予約は必要ですか？	**Do I need an appointment to see a** ドゥ アイ ニード アン アポイントメント トゥ スィ ア **doctor?** ダクター♪

第8章 トラブル

病院へ行く

▶ Do I need an appointment to see a doctor?
▷ Yes, an appointment is necessary.
イェス アン アポイントメント イズ ネセサリィ
(ええ、必要です)

Is it necessary to have an appointment to see a doctor?

診察の予約をと りたいのですが。 **Can I make an appointment?**
キャナイ メイク アン アポイントメント♪
＊診察など人に会う「約束」「予約」は appointment を使い、場所を確保する「予約」は reservation を使う。

▶ Can I make an appointment?
▷ What seems to be the trouble?
ワット スィームズ トゥ ビ ザ トラブル
(どうしました？)

I'd like to make an appointment.

日本語の話せる 医師はいますか？ **Is there a Japanese-speaking doctor?**
イズ ゼア ア ジャパニーズスピーキング ダクター♪

▶ Is there a Japanese-speaking doctor?
▷ We'll find one for you.
ウィル ファインド ワン フォ ユー
(見つけてきましょう)

I'd like a Japanese-speaking doctor.

■ワードリスト

- ■医者 doctor ダクター
- ■医療保険 medical insurance メディカル インシュァランス
- ■看護婦 nurse ナース
- ■救急車 ambulance アンビュランス
- ■血液型 blood type ブラッド タイプ
- ■症状 symptoms スィンプタム
- ■診断書 diagnostic report/medical certificate ダイアグナスティック レポート メディカル サーティフィケット
- ■診療予約 appointment アポイントメント
- ■歯医者 dentist デンティスト
- ■病院 hospital ハスピタル
- ■領収書 receipt リスィート

第8章 トラブル

傷害保険請求の手続き方法

　海外で病気、けがなどにかかったとき、医療費は日本と比べると莫大な金額になりえます。旅行前には必ず海外旅行傷害保険に加入しておきましょう。

　海外旅行傷害保険とは一般的に言って、旅行行程中にあった事故や病気などにより被害をこうむった場合に、給付を受けることができる保険です。旅行行程中とは「海外旅行の目的をもって住居を出発してから住居に帰着するまで」を言います。加入した保険の詳細については、旅行前に必ず確認をしておきましょう。

　現地で保険料の支払いを求める場合は、各保険会社の現地支店か代理店へ連絡します。そこで、名前や保険証番号を伝えたあと、必要な書類を揃えて請求の手続きをとります。

　必要な書類は保険契約書、契約のときに渡される事故状況報告書や保険金請求書、医師の診断書、治療費の領収書、病院が発行する治療費の請求書、医薬品の領収書などです。

　現地での支払いは比較的時間がかかります。そこで、保険会社が病院などへの支払い手続きの代行をするサービスを利用することをお勧めします。このサービスを利用すれば保険証と保険加入時に渡されるキャッシュレスサービスの用紙を病院に渡すだけで、支払いは保険会社が代行をしてくれます。非常に便利ですので、このサービスが受けられるかどうか、保険加入時にはぜひ確認しておきましょう。

　帰国後に保険料を請求する場合は、上と同様の書類を揃え、事故発生から30日以内に手続きをとります。

　生命保険の特約などで旅行中の医療費の払い戻しを受けられることもあるので、医療費の領収書はすべて保管しておき、帰国後保険会社に問い合わせてみましょう。

胃腸の調子が悪い

胃腸の調子がよくないんです。	**My stomach is upset.** マイ スタマック イズ アプセット ＊この upset は「具合が悪い」で、必ずしも「腹痛」を意味するとは限らない。 ▶ My stomach is upset. ▷ Maybe it's something you ate. 　メイビ イッツ **サム**スィング ユ **エ**ィトゥ 　（何か食べたもののせいでしょう） My stomach feels awful. ＊ awful は「ひどい」。
おなかがひどく痛むんです。	**I have a bad stomachache.** アイ ハブ ア バッド スタマッケィク ▶ I have a bad stomachache. ▷ When did it start?（いつからですか？） 　フェン デイド イト スタート I have a terrible stomachache.
吐き気がするんです。	**I feel nauseated.** アイ フィール ノーズィエィティド ＊ nauseated は「吐き気がして」。

胃腸の症状①

げっぷ	belching ベルチング	吐き気	nausea ノーズィア
吐く	vomit/throw up ボミット スロウ アップ	むねやけ	heartburn ハートバーン
食欲不振	lack of appetite ラック オブ アピタィト		
腸が張る	abdominal enlargement アブドミナル エンラージメント		
ノドがつかえる	have difficulty swallowing ハブ ディフィカルティ スワロウイング		

第8章 トラブル

胃腸の調子が悪い

▷ Why do you have a poor appetite.
（なぜ食が進まないのですか？）
▶ I feel nauseated.

* have a poor appetite で「食が進まない」。「食が進む」は have a good appetite。

I feel like throwing up.
* throw up で「（食物を）吐く」。

何回か吐きました。 I threw up a couple of times.

▶ I threw up a couple of times.
▷ Don't take any stimulants.
（刺激物はとらないでください）

I've been vomiting.
* I've been 〜ing で「ずっと〜している」。

下痢しています。 I have diarrhea.

▶ I have diarrhea.
▷ How long have you had it?
（どのくらい続いてますか？）

I have the runs. * the runs で「下痢」。

胸やけがします。 I have heartburn.

胃腸の症状②

下痢	diarrhea	軟便	loose stool
便秘	constipation	消化不良	indigestion
血尿	bloody urine	下血・血便	bloody stool
タンパク尿	albuminuria	糖尿	glycosuria
膿尿	pyuria	頻繁に尿が出る	dysuria

胃腸の調子が悪い

> ▶ I have heartburn.
> ▷ Let me check your blood pressure.
> レッミー チェック ユア ブラッド プレッシャー
> （血圧を測りましょう）

I'm experiencing heartburn.

ビールを2本飲んだだけなんですが。

I only had two beers.
アイ オンリィ ハド トゥ ビアズ

> ▶ I only had two beers.
> ▷ Alcohol is never allowed.
> アルカホール イズ ネバー アラウド
> （アルコールは禁止されているんですよ）

All I had was two beers.

便秘なんです。

I'm constipated.
アイム カンスティペイティッド

> ▶ I'm constipated.
> ▷ Take a laxative.（下剤を飲んでください）
> ティク ア ラクセティブ

＊ laxative は「下剤」。

I have constipation.

食欲がないんです。

I don't have an appetite.
アイ ドント ハブ アン アペタイト

I don't feel like eating anything.

■ワードリスト

- ■胃炎 gastritis ギャストラィタス
- ■胃潰瘍 gastric ulcer ギャストリク アルサー
- ■胃下垂 gastroptosis ギャストラプトゥスィス
- ■胃けいれん gastrospasm ギャストロゥスパズム
- ■胃酸過多 hyperacidity ハイパーアスィダティ
- ■胃腸炎 gastroenteritis ギャストロウエントライティス
- ■食中毒 food poisoning フード ポイズニング
- ■盲腸炎 appendictis アペンダサィティス
- ■十二指腸潰瘍 duodenal ulcer デュアディーナル アルサー
- ■腸カタル intestinal catarrh インテスティナル カター
- ■腸捻転 volvulus バルビュラス

第8章 トラブル

胃腸の調子が悪い	
──消化不良でしょう。	**You must have indigestion.** ユ マスト ハブ インディジェスチョン You must be suffering with indigestion.
昨日何か変なものを食べませんでしたか？	**Did you eat something unusual yesterday?** ディデュ イート サムスィング アニュージュアル イェスタデイ♪ Did you have something strange to eat yesterday?
──昨晩食べたものの味がおかしかったです。	**The food I ate last night tasted funny.** ザ フード アイ エイト ラスト ナイト テイスティッド ファニィ My dinner last night tasted strange.

生水に注意!

　海外では水や慣れない食事で腹痛を起こすことがあります。水や氷入りの飲み物には十分注意し、必ずおなかの薬を持っていきましょう。水道水は飲まないのが賢明です。飲み水はミネラルウォーターを購入するのが一番でしょう。欧米では炭酸入りのミネラルウォーターもよく売られています。carbonated water または sparkling water といった表示のある場合は炭酸入りになりますので、確認してから購入しましょう。

胃腸の調子が悪い

顔

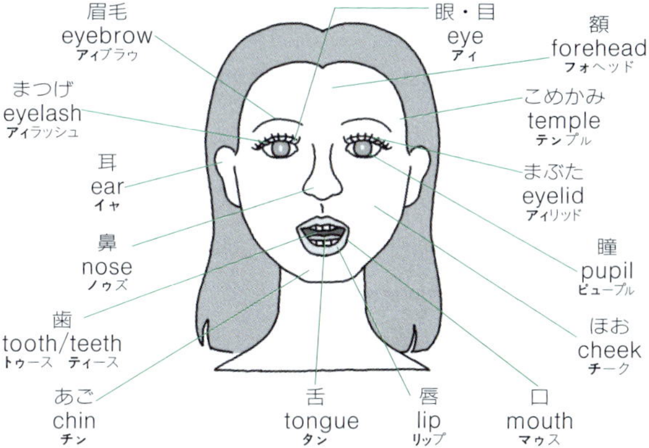

- 眉毛 eyebrow アイブラウ
- まつげ eyelash アイラッシュ
- 耳 ear イヤ
- 鼻 nose ノウズ
- 歯 tooth/teeth トゥース ティース
- あご chin チン
- 眼・目 eye アイ
- 額 forehead フォヘッド
- こめかみ temple テンプル
- まぶた eyelid アイリッド
- 瞳 pupil ピューブル
- ほお cheek チーク
- 舌 tongue タン
- 唇 lip リップ
- 口 mouth マウス

内臓

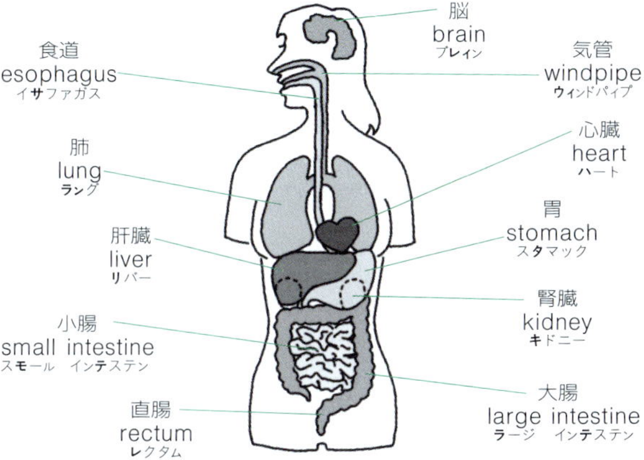

- 食道 esophagus イサファガス
- 肺 lung ラング
- 肝臓 liver リバー
- 小腸 small intestine スモール インテステン
- 直腸 rectum レクタム
- 脳 brain ブレイン
- 気管 windpipe ウィンドパイプ
- 心臓 heart ハート
- 胃 stomach スタマック
- 腎臓 kidney キドニー
- 大腸 large intestine ラージ インテステン

第8章 トラブル

風邪を引いた

風邪を引いたようです。	**I think I have a cold.** アィ スィンク アィ ハブ ア コゥルド

> ▶ I think I have a cold.
> ▷ Tell me your symptoms.
> 　 テル　ミ　ユア　スィンプタムズ
> 　（どんな症状がありますか？）

I think I've caught a cold.

熱があります。	**I have a fever.** アィ ハブ ア フィーバー

> ▶ I have a fever.
> ▷ You have to stay in bed today.
> 　 ユ　ハフ　トゥ スティ イン ベッド トゥディ
> 　（今日は安静にしていてください）

I have a high temperature.（高い熱があります）
＊ temperature は「体温」。

熱の症状

体温	temperature テンパラチャー	熱	fever フィーバー
微熱	slight fever スライト フィーバー	高熱	high fever ハィ フィーバー
寒気	chill チル	寝汗	night sweat ナイト スウェット

呼吸器系の症状

呼吸器系	respiratory system レスピィラトリィ スィステム		
呼吸が苦しい	have difficulty breathing ハブ ディフィカルティ ブリーズィング		
咳	cough コフ	たん	sputum スピュータン
ぜいぜいいう	wheeze ウィーズ	ぜんそく	asthma アズマ

第8章 トラブル

364

風邪を引いた

寒気がします。	**I feel cold.** アィ フィール コゥルド

> ▷ Let me take your temperature.
> レッミ ティク ユァ テンパラチャー
> （体温を測りましょう）
> ▶ I feel cold.
>
> I have a chill.

ひどく咳が出ます。	**I have a bad cough.** アィ ハブ ア バァド コフ

> ▶ I have a bad cough.
> ▷ Open your mouth and say "Ah."
> オゥプン ユァ マウス アンド セィ アー
> （口を開けて「アー」と言ってください）
>
> ＊ノドを大きく開けさせるためにこのように言わせる。
>
> I can't stop coughing.

耳・鼻・ノド・目の症状や病名

耳鳴り	ringing in the ear リンギング イン ジ イャ	外耳炎	otitis externa オゥタイタス エクスターナ
中耳炎	otitis media オゥタイタス ミーディア	内耳炎	otitis interna オゥタイタス インターナ
難聴	hearing loss ヒャリング ロス	蓄膿症	sinusitis サィナサィタス
鼻汁	nasal discharge ネィザル ディスチャージ	鼻水	runny nose ラニィ ノゥズ
鼻炎	rhinitis ラィナィタス	鼻詰まり	stuffed nose スタッフト ノゥズ
声のかすれ	hoarseness/huskiness ホースネス ハスキネス		
扁桃腺炎	tonsillitis タンサライタス	ノドのいがらっぽさ	itchy throat イッチィ スロゥト
目のかすみ	blurred vision ブラード ビジョン	涙眼	tearing eyes ティアリング アィズ
結膜炎	conjunctivitis/pinkeye カンジャンクティバィテス ピンクアィ		

| 風邪を引いた

ノドが痛いんです。	**I have a sore throat.** * sore は「痛い」。
	アイ ハブ ア ソァ スロゥト

▶ I have a sore throat.
▷ Take a deep breath.
　ティク ア ディープ ブレス
　(深呼吸してください)

My throat hurts.

節ぶしが痛むんです。	**My joints ache.** * joint は「関節」。
	マイ ジョインツ エイク

▶ My joints ache.
▷ You might have a cold.
　ユ マイト ハブ ア コゥルド
　(風邪かもしれませんよ)

My joints are aching.

鼻水が出ます。	**I have a runny nose.**
	アイ ハブ ア ラニィ ノゥズ

▶ I have a runny nose.
▷ I think it's just a cold.
　アイ スィンク イッツ ジャスト ア コゥルド
　(単なる風邪でしょう)

鼻が詰まっています。	**My nose is stuffed up.**
	マイ ノゥズ イズ スタッフト アップ

▶ My nose is stuffed up.
▷ Is it difficult to breathe?
　イズ イト ディフィカルト トゥ ブリーズ↗
　(息苦しいですか?)

I have a stuffy nose.

けがをした

けがをしました。	**I've injured myself.** アイブ インジュァド マイセルフ

> ▶ I've injured myself.
> ▷ Let me take a look.
>   レッミ ティク ア ルック
>   (見せてください)

* injure oneself で「けがをする」。

I have an injury.

頭を打ちました。	**I hit my head.** アイ ヒット マイ ヘッド

> ▶ I hit my head.
> ▷ Does it hurt very badly?
>   ダズ イト ハート ベリィ バァドリィ ♪
>   (ひどく痛みますか?)

I banged my head.

血が止まらないんです。	**I'm bleeding.** アイム ブリーディング

* bleed は「出血する」。

> ▶ I'm bleeding.
> ▷ Let me get you a bandage.
>   レッミ ゲッチュ ア バンディジ
>   (包帯しましょう)

* bandage は「包帯」。

I seem to be bleeding.

足首をくじきました。	**I twisted my ankle.** アイ トゥイスティッド マイ アンクル

* twist は「ねじる」「くじく」。

> ▷ What happened? (どうしたんですか?)
>   ワット ハプンド
> ▶ I twisted my ankle.

I sprained my ankle.

第8章 トラブル

367

けがをした	
指をやけどしました。	**I burned my finger.** ▶ I burned my finger. ▷ Did you put anything on it?（何か塗りましたか？） My finger was burned.
ナイフで指を切りました。	**I've got a cut on my finger with a knife.** ▶ I've got a cut on my finger with a knife. ▷ Will you show it to me?（見せてください） I cut my finger with a knife.
階段でころんでしまいました。	**I fell down the stairs.** ＊stairsは「階段」。 ▶ I fell down the stairs. ▷ Dose it hurt?（痛みますか？） I fell down a flight of stairs.

けがの種類

切り傷	cut	かすり傷	scratch
骨折	fracture	脱臼	dislocation
打撲	blow/contusion	つきゆび	sprained finger
捻挫	sprain	やけど	burn
出血	bleeding	内出血	internal bleeding
炎症	inflammation	化膿	infection

体の各部の名称

1. 頭 — head ヘッド
2. 後頭部 — occiput アクサパット
3. 髪の毛 — hair ヘヤ
4. 顔 — face フェイス
5. ノド — throat スロウト
6. 肩 — shoulder ショウルダー
7. わき — armpit アームピット
8. 背中 — back バック
9. 胸 — chest チェスト
10. ひじ — elbow エルボウ
11. へそ — navel ネイバル
12. 腹 — abdomen アブダマン
13. 腕 — arm アーム
14. 腰 — hip ヒップ
15. お尻 — buttocks バタクス
16. 手 — hand ハンド
17. 太もも — thigh サイ
18. ひざ — knee ニー
19. ふくらはぎ — calf カーフ
20. 足 — foot フット
21. 爪先 — toe トウ
22. 爪 — nail ネイル
23. 手首 — wrist リスト
24. 指 — finger フィンガー
25. 足首 — ankle アンクル
26. くるぶし — malleolus マリーアラス
27. かかと — heel ヒール
28. 足の裏 — sole ソウル

他の症状

具合が悪いんです。	**I don't feel well.** アィ ドント フィール ウェル

> ▷ What's wrong?（どうしたんですか？）
> ワッツ ローング
> ▶ I don't feel well.

I feel sick.

子供の様子が変なんです。	**Something's wrong with my child.** サムスィングズ ローング ウィズ マイ チャイルド

> ▶ Something's wrong with my child.
> ▷ In what way?
> イン ワット ウェィ
> （どんな様子ですか？）

There's something wrong with my child.

めまいがします。	**I feel dizzy.** アィ フィール ディジィ

> ▶ I feel dizzy.
> ▷ Let me feel your pulse.
> レッミ フィール ユア パルス
> （脈拍を測りましょう）

I'm dizzy.

体がだるいんです。	**I feel weak.** アィ フィール ウィーク

> ▷ How do you feel?（気分はどうですか？）
> ハウ ドゥ ユ フィール
> ▶ I feel weak.

I'm not feeling very strong.

耳鳴りがします。	**I have a ringing in my ears.** アィ ハブ ア リンギング イン マィ イャズ

> ▶ I have a ringing in my ears.
> ▷ Do you have any discharge?
> ドゥ ユ ハブ エニィ ディスチャージ
> （耳ダレは出ますか？）

他の症状

My ears are ringing.

夜眠れません。
I can't sleep at night.
アイ キャント スリープ アト ナイト

▶ I can't sleep at night.
▷ Do you have an appetite?
　ドゥ ユ ハブ アン アペタイトゥ
　（食欲はありますか？）

I have trouble sleeping at night.

この辺がしびれた感じです。
I feel numb here.
アイ フィール ナム ヒャ

▶ I feel numb here.
▷ When did you start having this problem?
　フェン ディデュ スタート ハビング ディス プラブラム
　（いつからこの症状が出てきましたか？）

I can't feel this part of my body.

船に酔ってしまいました。
I'm seasick. ＊seasick は「船酔いの」。
アイム スィースィック

▶ I'm seasick.
▷ We have some medicine.
　ウィ ハブ サム メディスン
　（薬を出しておきましょう）

＊medicine は「薬」「薬剤」。medication とほぼ同じ。

Being on the sea makes me sick.

頭痛がするんです。
I have a headache.
アイ ハブ ア ヘディク

▷ You look pale.（顔色が悪いですね）
　ユ ルック ペイル
▶ I have a headache.

My head hurts.

歯が痛みます。
I have a toothache.
アイ ハブ ア トゥースエイク

▶ I have a toothache.

第8章 トラブル

他の症状

> ▷ We need to take an X-ray.
> ウィ ニートゥ ティク アン エクスレイ
> （レントゲンを撮ることにします）

My tooth is killing me.

生理痛が重いんです。

I have cramps. ＊crampsは「生理痛」。
アイ ハブ クランプス

> ▶ I have cramps.
> ▷ You need some medication for that.
> ユ ニード サム メディケイション フォ ザット
> （薬がいりますね）

I'm suffering from cramps.

何かに刺されたんです。

Something stung me.
サムスィング スタング ミ

＊stungはstingの過去形。stingは「（ハチなどが）刺す」。

> ▷ What's the matter?（どうしましたか？）
> ワッツ ザ マター
> ▶ Something stung me.

I was stung by something.

妊娠中です。

I'm pregnant.
アイム プレグナント

I'm going to have a baby.

――体温を測りましょう。

I'll check your temperature.
アイル チェック ユア テンパラチャー

Let me check your temperature.

生理中です。

I have my period.
アイ ハブ マイ ピァリオド

> ▶ I have my period.
> ▷ Are you feeling okay?
> ア ユ フィーリング オッケィ↗
> （気分は悪くないですか？）

It's "that" time of the month.

補聴器の調子が悪いんです。

My hearing aid is not working right.
マイ ヒャリング エイド イズ ナット ワーキング ライト

> ▶ My hearing aid is not working right.

第8章 トラブル

> We'll check that for you.
> ウィル チェック ザット フォ ユ
> （調べてみましょう）

My hearing aid is not working properly.

コンタクトレンズをなくしました。

I lost my contact lens.
アイ ロスト マイ カンタクト レンズ

▶ I lost my contact lens.
▷ Do you have your prescription?
　ドゥ ユ ハブ ユア プリスクリプション♪
　（処方箋は持っていますか？）

＊こういう場合、必ずされる質問。prescription は「処方箋」。

I misplaced my contact.

歯の名称・痛みなどの表現

乳歯	milk teeth／baby teeth ミルク ティース ベイビー ティース	
永久歯	permanent teeth パーマネント ティース	親しらず wisdom tooth ウィズダム トゥース
歯槽膿漏	gum disease／pyorrhea ガム ディズィーズ パイアリア	
歯がしみる	I feel a sharp pain in my tooth. アイ フィール ア シャープ ペイン イン マイ トゥース	
歯がグラグラしている	My teeth are loose. マイ ティース ア ルース	
ものを食べたり飲んだりすると痛い	I feel pain in my teeth when drinking and eating. アイ フィール ペイン イン マイ ティース フェン ドリンキング アンド イーティング	
虫歯が痛い	My decayed tooth aches. マイ ディケイド トゥース エイクス	
歯茎がはれて痛い	I have swollen gums that ache. アイ ハブ スウォルン ガムズ ザット エイク	
歯茎から出血する	My gums are bleeding. マイ ガムズ ア ブリーディング	

他の症状			

いろいろな病名・症状

咽喉炎	sore throat ソァ スロゥト	インフルエンザ	influenza (flu) インフルエンザ フルー
おたふく風邪	mumps マンプス	花粉症	hay fever ヘイ フィーバー
肝炎	hepatitis ヘパタイタス	くしゃみ	sneeze スニーズ
けいれん	convulsion カンパルション	血友病	hemophilia ヒーマライリア
自家中毒	autointoxication オートウインタキセイション	しっしん	eczema イグズィーマ
神経痛	neuralgia ニュアラルジャ	腎臓結石	renal calculus リーナル カァルキュラス
心筋梗塞	heart attack/myocardial infarction ハート アタック マィァカーディアル インファークション		
心臓病	heart disease ハート ディズィーズ	腎臓病	renal disease リーナル ディズィーズ
心臓麻痺	heart attack ハート アタック	心不全	heart failure ハート フェイリュア
じんましん	hives ハイブズ	赤痢	dysentery ディサンテリィ
卒倒	fainting フェインティング	たちくらみ	light-headedness ライトヘッディドネス
虫垂炎	appendicitis アペンデサイタス	痛風	gout ガゥト
手足のしびれ	numbness ナムネス	低血圧症	hypotension ハイポテンション
糖尿病	diabetes ダイアビーティーズ	脳卒中	stroke ストロゥク
肺炎	pneumonia ニューモゥニア	破傷風	tetanus テタナス
白血病	leukemia ルーキーミア	ひび・あかぎれ	chapped skin チャプト スキン
貧血	anemia アニーミア	腹膜炎	peritonitis パラタナイタス
不整脈	arrhythmia アリズミア	不眠症	insomnia インサムニア
ヘルニア	hernia ハーニァ	ヘルペス	herpes ハーピーズ
ぼうこう炎	bladder infection ブラダー インフェクション	むちうち症	whiplash injury ウィップラッシュ インジュリィ
めまい	dizziness ディズィネス	リューマチ	rheumatism ルーマティズム

第8章 トラブル

医師の診察

どんな症状ですか？	**What are your symptoms?** ワット ア ユァ スィンプタムズ ＊symptom は「症状」。 What symptoms do you have?
——腰が痛むんです。	**I have a backache.** アイ ハブ ア バァケイク ＊backache は「腰・背中の痛み」。 My back hurts.
どこが痛みますか？	**Where does it hurt?** フェァ ダズ イト ハート What hurts?
——ここです。	**Right here.** ライト ヒャ Over here.
——ここが痛みます。	**I feel pain here.** アイ フィール ペィン ヒャ This is where I feel pain.
ここは痛みますか？	**How about here?** ハウ アバウト ヒャ Here, too?

痛みの表現◆体の部位別

胸痛	chest pain チェスト ペィン	歯痛	toothache トゥースエィク
生理痛	menstrual cramps メンストルァル クランプス	頭痛	headache ヘディク
ノドの痛み	sore throat ソァ スロゥト	背痛(腰痛)	backache(lumbago) バァケイク ラムベィゴウ
腹痛、胃痛	stomachache スタマッケィク	耳の痛み	earache イャーエィク

第8章 トラブル

医師の診察

鋭く痛みます。	**I have a sharp pain.** アイ ハブ ア シャープ ペイン ＊sharp は「(痛みなどが) 身を切るような」。 The pain I feel is very sharp. ↔ I have a dull pain. (鈍痛があります) ＊dull は「(痛みなどが) 鈍い」。
どんなときに痛みますか？	**When does it hurt?** フェン ダズ イト ハート When do you feel pain?
——動くと痛みます。	**When I move.** フェン アイ ムーブ Whenever I move.
持病はありますか？	**Do you have any chronic diseases?** ドゥ ユ ハブ エニィ クロニック ディズィーズィズ ♪ ＊chronic は「慢性の」。
——アレルギーがあります。	**I have allergies.** アイ ハブ アラジーズ I'm allergic to certain things.
——高血圧です。	**I have high blood pressure.** アイ ハブ ハイ ブラッド プレッシャー My blood pressure is high.

痛みの表現◆医師との会話

痛みがあります	It hurts. イト ハーツ
我慢できません	I can't stand it. アイ キャント スタンド イト
痛みをやわらげてください	Please reduce the pain. プリーズ リデュース ザ ペイン
(行われようとしている処置に対して) それは痛いですか？	Will it be painful? ウィル イト ビ ペインフル ♪
(痛みが) やわらいできました	I feel better. アイ フィール ベター
(痛みが) ひどくなってきました	I feel worse. アイ フィール ワース

医師の診察

| 薬を飲んでいますか？ | **Do you take medication for it?**
ドゥ ユ テイク メディケイション フォ イト?
＊medication は「薬」「薬剤」。medicine とほぼ同じ。
Do you take anything for it? |

| 常用している薬はありますか？ | **Are you taking any medication regularly?**
ア ユ テイキング エニィ メディケイション レギュラリィ?
Are you on any regular medication? |

| はい、これを1日2回飲んでいます。 | **Yes, I'm taking this twice a day.**
イェス アイム テイキング ディス トゥワイス ア デイ |

| あなたの血液型は？ | **What's your blood type?**
ワッツ ユア ブラッド タイプ
Tell me your blood type. |

| ——血液型はABです。 | **My blood type is AB.**
マイ ブラッド タイプ イズ エイビ
I'm AB. |

第8章 トラブル

医師の診察

注射をしましょう。	**I'll give you a shot.** アィル ギブ ユア シャット I'll give you an injection.
——痛い！	**Ouch!** アゥチ Ow!　＊［アゥ］と発音する。
2日間ベッドで安静にしていなさい。	**You should stay in bed for two days.** ユ シュド スティ イン ベッド フォ トゥ デイズ Stay in bed for a couple of days.
1日2錠、飲んでください。	**Take two tablets a day.** ティク トゥ タブレッツ ア デイ Take two a day.
——1日2錠ですね？	**Two tablets a day?** トゥ タブレッツ ア デイ↗ Did you say two tablets a day?
お大事に。	**Take care.** ティク ケァ Take good care of yourself.

旅先で突然具合が悪くなったら

　海外で病院にかかるのは非常に心細いもの。ホテルにいるときに具合が悪くなったら、フロントに連絡してホテルドクターに往診に来てもらいましょう。加入保険会社の緊急連絡先にコールして、日本語の通じる病院を紹介してもらうのもひとつの方法です。また、ホテルのフロントに相談しても、日本語が通じる病院を紹介してもらえることがあります。

　街中で突然具合が悪くなったときは周囲の人に頼んで、やはり保険会社の緊急連絡先に援助を求めるか、救急車を呼んでもらいましょう。大半の都市では救急車は有料になります。

　もし英語でやりとりをせざるを得なくなった場合は、言葉でうまく表現できなくても、痛む場所を指さしたり、顔の表情や身振り、手振りを使い、症状を的確に伝える努力をしてください。紙に書いてもらうのもいい方法です。あいまいな返事をするのは絶対にやめましょう。持病がある人は常備薬を持参し、英文カルテを準備しておくと安心です。

第8章　トラブル

医師の診察

痛みの表現 ◆ いろいろな痛み

痛む	hurt/be painful/be sore/be tender
圧迫するような痛み	pressing pain
急性疼痛	acute pain
けいれん様の痛み	cramp
激痛	severe pain
呼吸に伴う痛み	painful breathing
裂けるような痛み	tearing pain
刺すような痛み	piercing pain
持続的な痛み	continuous pain
しつこい痛み	persistent pain
ズキズキ、ガンガンする痛み	throbbing pain
鋭い痛み	sharp pain
咳に伴う痛み	painful coughing
絶え間ない痛み	constant pain
チクチクする痛み	pricking pain
ときどき感じる痛み	occasional pain
鈍痛	dull pain
ヒリヒリする痛み	stinging pain
頻繁な痛み	frequent pain
焼けるような痛み	burning pain
割れるような痛み	splitting pain

第8章 トラブル

病状を尋ねる

どのくらいで全快しますか？
How long will it take to recover?
ハウ ロング ウィル イト ティク トゥ リカバー

＊この recover は「(病気などから)回復する」「治る」。

▶ How long will it take to recover?
▷ That depends on you.
　ザット ディペンズ アン ユ
　（それはあなた次第ですよ）

What will the recovery time be?

今日はお風呂に入れますか？
Can I take a bath today?
キャナイ ティク ア バァス トゥデイ♪

＊ take a bath で「入浴する」。

▶ Can I take a bath today?
▷ Wait till tomorrow, okay?
　ウェイト ティル トゥモロゥ オッケイ♪
　（明日まで待ってください、いいですね？）

Can I bathe today?

旅行を続けることはできますか？
Can I continue my trip?
キャナイ カンティニュー マイ トリップ♪

▷ You have food poisoning.（食中毒ですよ）
　ユ ハブ フード ポイズニング
▶ Can I continue my trip?

＊ food poisoning で「食中毒」。

Will I be able to continue traveling?

何日くらい安静が必要ですか？
How long do I have to stay in bed?
ハウ ロング ドゥ アイ ハフ トゥ スティ イン ベッド

▶ How long do I have to stay in bed?
▷ At least a week.
　アト リースト ア ウィーク
　（少なくとも1週間です）

How long will I be bedridden?

病状を尋ねる

| 入院しなければなりませんか？ | **Will I have to be hospitalized?**
ウィル アイ ハフ トゥ ビ ハスピタライズド♪
＊ hospitalize は「入院させる」。 |

▶ Will I have to be hospitalized?
▷ We're not sure yet.
　ウィア ナット シュア イェット
　（まだはっきり言えません）

Will I need to be admitted to the hospital?

| 手術は必要ですか？ | **Will surgery be necessary?**
ウィル サージェリィ ビ ネセサリィ♪
＊ surgery は「手術」。 |

▶ Will surgery be necessary?
▷ It's a possibility.
　イッツ ア ポスィビリティ
　（そういう可能性もあります）

Will I need surgery?

| 薬をいただけますか？ | **May I have some medicine?**
メィ アイ ハブ サム メディスン♪
＊ medicine は「薬」「薬剤」。medication とほぼ同じ。 |

▶ May I have some medicine?
▷ I'll give you a prescription.
　アイル ギブ ユ ア プリスクリプション
　（処方箋を書きましょう）

＊ prescription は「処方箋」。
Could you give me some medicine?

| 診断書をいただけますか？ | **May I have a medical certificate?**
メィ アイ ハブ ア メディカル サーティフィケット♪ |

▶ May I have a medical certificate?
▷ You need to see the receptionist for
　ユ ニートゥ スィ ザ リセプショニスト フォ
　that.（それは受付でお願いします）
　ザット

I need a medical certificate.

薬を買う

風邪薬をください。	**I need some cold medicine.** アイ ニード サム コウルド メディスン
	▶ I need some cold medicine. ▷ Do you have a fever? 　ドゥ ユ ハブ ア フィーバー♪ 　（熱はありますか？）
	I'd like to buy some cold medicine.
胃薬はありますか？	**Do you have stomach medicine?** ドゥ ユ ハブ スタマック メディスン♪
	▶ Do you have stomach medicine? ▷ Do you have heartburn? 　ドゥ ユ ハブ ハートバーン♪ 　（胸やけですか？）
	＊ heartburn は「胸やけ」。 Do you have medicine for the stomach?
頭痛にきくものは何かありますか？	**Do you have something for a headache?** ドゥ ユ ハブ サムスィング フォア ア ヘディク♪
	▶ Do you have something for a headache? ▷ Would you like some aspirin? 　ウジュ ライク サム アスピリン♪ 　（アスピリンはいかがですか？）
	Is there something good for a headache?
解熱剤をください。	**I want something for a fever.** アイ ワント サムスィング フォア フィーバー
	▶ I want something for a fever. ▷ I suggest you get some aspirin. 　アイ サジェスト ユ ゲット サム アスピリン 　（アスピリンをお勧めします）
	I need something to reduce a fever.
副作用はありませんか？	**Are there any side effects?** ア ゼァ エニィ サイド エフェクツ♪
	▶ Are there any side effects?

第8章 トラブル

薬を買う

> ▷ That depends on the person.
> ザット ディペンズ アン ザ パーソン
> (体質によります)

Will there be side effects?

薬を飲んだあとで眠くなりませんか？

Will I get drowsy after taking this medicine?
ウィル アイ ゲット ドラウズィ アフター ティキング ディス メディスン♪

＊drowsy は「眠気を誘う」。

> ▶ Will I get drowsy after taking this medicine?
> ▷ It is possible, yes.
> イト イズ パスィブル イェス
> (そういうこともあります)

Will this medicine make me sleepy?

この処方箋の薬をください。

I need medicine for this prescription.
アイ ニード メディスン フォ ディス プリスクリプション

＊prescription は「処方箋」。

> ▶ I need medicine for this prescription.
> ▷ Have a seat. We'll call you.
> ハブ ア スィート ウィル コール ユ
> (かけてお待ちください。順番にお呼びします)

I'd like to have this prescription filled.

1日3回食前[食後]に飲んでください。

Take it three times a day before[after] each meal.
ティク イト スリー タイムズ ア ディ ビフォ アフター イーチ ミール

Take one tablet three times a day before [after] each meal.

常備薬は必ず持参して

医薬分業が徹底している欧米では、薬は必ずしも自由に買えるものではありません。たいていの場合、病院でもらった処方箋に基づいて、薬局で薬を買うというシステムになっています。薬局では原則としてこの処方箋がなければ特定の薬は売ってくれません。旅行の際には風邪薬、頭痛薬、胃腸薬程度の常備薬は使い慣れたものを持っていくのが一番です。

第8章 トラブル

薬を買う

医薬品の名称

処方箋	prescription プリスクリプション	薬	medicine メディスン
アスピリン	aspirin アスピリン	アンモニア	ammonia アモウニア
痛み止め	pain killer ペイン キラー	胃腸薬	stomach medicine スタマック メディスン
うがい薬	gargle ガーゴル	液剤	liquid medicine リクウィド メディスン
風邪薬	cold medicine コウルド メディスン	カプセル	capsule キャプソル
かゆみ止め	anti-itch cream アンタイイッチ クリーム	眼帯	eyepatch アイパッチ
浣腸剤	enema エナマ	救急箱	first-aid kit ファーストエイド キット
解毒剤	antidote アンティドウト	解熱剤	fever reducer フィーバー リデューサー
口臭薬	mouthwash マウスワッシュ	抗生物質	antibiotic アンティバイアティク
座薬	suppository サパズィトリィ	消化剤	digestive aid ダイジェスティブ エィド
消毒剤	antiseptic アンティセプティク	錠剤・丸薬	tablet タブレット
睡眠薬	sleeping pill スリーピング ビル	制酸剤	antacid アンタスィド
せきどめ薬	cough medicine コフ メディスン	体温計	thermometer サーマミター
歯の除去糸	dental floss デンタル フロス	鼻詰まり用スプレー	nasal spray ネィザル スプレィ
ばんそうこう	adhesive tape アドヒースィブ ティプ	包帯	bandage バンディジ
軟膏	ointment オィントメント	目薬	eyedrops アイドラップス
氷のう	ice pack/ice bag/ cold pack アイス パック アイス バァグ コウルド パック		
ノドの痛み止め	sore throat medicine ソァ スロウト メディスン		

第8章 トラブル

第9章 電話・郵便

電話をかける
公衆電話
郵 便

電話をかける

| 電話のかけ方が わかりません。 | **I don't know how to make a call.**
アイ ドント ノウ ハウ トゥ メイク ア コール
＊make a call で「電話をかける」。|

▶ I don't know how to make a call.
▷ Here, let me show you.
　ヒャ　レッミ　ショウ　ユ
（では、お教えします）

＊この here は「さあ」「いいですか」と注意をうながすひとこと。

Could you help me make a phone call?

| 日本に電話する にはどうしたら いいですか？ | **What should I do to call Japan?**
ワット シュド アイ ドゥ トゥ コール ジャパン
＊国際電話のかけ方は389ページのコラム、498〜505ページの各国情報を参照。|

▶ What should I do to call Japan?
▷ Just press 011(zero one one) plus 81
　ジャスト プレス ゼロ ワン ワン プラス
 (eight one).
　エイト ワン
（011のあとに81を回してください）

How do I dial Japan?

| 日本にコレクト コールをかけた いのですが。 | **I need to make a collect call to Japan.**
アイ ニートゥ メイク ア コレクト コール トゥ ジャパン
＊make a collect call で「コレクトコールをかける」。|

▶ I need to make a collect call to Japan.
▷ That's easy. I'll help you.
　ザッツ　イーズィ　アイル ヘルプ ユ
（簡単ですよ。お手伝いいたします）

I need to call Japan collect.

| 日本の国番号は 何番ですか？ | **What's the country code for Japan?**
ワッツ ザ カントリィ コウド フォ ジャパン |

▶ What's the country code for Japan?

電話をかける

> It's 81(eight one). (81番です)

What's the telephone code for Japan?

ニューヨークの市外局番は何番ですか？

What's the area code for New York?

* area code で「市外局番」。

▶ What's the area code for New York?
▷ It's 212 (two one two). (212番です)

What's the area code in New York?

日本航空の電話番号を教えてください。

What's the number for Japan Airlines?

▶ What's the number for Japan Airlines?
▷ I'll find out for you.
（お調べいたします）

* find out で「見つける」「調べる」。

Do you have the number for Japan Airlines?

鈴木一朗の電話番号を調べていただけますか？

Would you look up Ichiro Suzuki's number? * look up で「調べる」。

▶ Would you look up Ichiro Suzuki's number?
▷ How do you spell his name?
（つづりを言ってください）

Please look Ichiro Suzuki's number up.

日本に国際電話をお願いします。

I'd like to make a call to Japan, please.

▶ I'd like to make a call to Japan, please.
▷ I'll connect you with the international operator. （国際電話の交換手と代わります）

* connect は「（電話を）つなぐ」。international operator は「国際電話のオペレーター」。

I want to call Japan, please.

電話をかける

先方の番号をどうぞ。	**What number are you calling?** ワット ナンバー ア ユ コーリング What's the number?
—— 81-3-3585-1587 です。	**It's 81(eight one)-3(three)-3585(three five eight five)-1587(one five eight seven).** イッツ エイト ワン スリー スリー ファイブ エイト ファイブ ワン ファイブ エイト セブン The number is 81-3-3585-1587.
通話が途中で切れました。	**I was cut off.** アイ ワズ カット オフ ＊人を主語にして、be cut off で「(話し中に)電話が切れる」。 ▶ I was cut off. ▷ Sorry about that. We'll try again. ソリィ アバウト ザット ウィル トライ アゲン （申し訳ありません。もう一度つなぎます） I lost my connection.
ヒル・ホテルですか？	**Is this the Hill Hotel?** イズ ディス ジ ヒル ホッテル♪ ▶ Is this the Hill Hotel? ▷ Yes, may I help you? イェス メイ アイ ヘルプ ユ♪ （はい、ご用件は何でしょうか？） ＊May I help you? は応答するときの決まり文句で、日本語の「ご用件をうけたまわります」。 Did I reach the Hill Hotel?
そちらにお泊まりの鈴木一朗さんをお願いします。	**May I speak to your guest, Mr. Ichiro Suzuki?** メイ アイ スピーク トゥ ユア ゲスト ミスター イチロー スズキ♪ ▶ May I speak to your guest, Mr. Ichiro Suzuki? ▷ I'll connect you.（おつなぎします） アイル カネクチュ I'd like to speak with Mr. Ichiro Suzuki who is staying with you, please.
内線28に回してください。	**Extension 28(twenty-eight), please.** エクステンション トゥエンティエイト プリーズ

電話をかける

* extension は「(電話の)内線」。海外で会社などに電話をかけるときに使われる言葉。

▶ Extension 28, please.
▷ Who would you like to talk to?
　フー　ウジュ　ライク　トゥ　トーク　トゥ
（どちらにお回しいたしましょう？）

May I have extension 28?

どちら様ですか？ **Who's calling, please?**
フーズ　コーリング　プリーズ

* Who's calling? の直訳は「誰が電話をかけていますか？」。

May I ask your name?

――鈴木一朗と申します。 **This is Ichiro Suzuki.**
ディス　イズ　イチロー　スズキ

Ichiro Suzuki.

スミスさんをお願いしたいのですが。 **May I speak to Mr. Smith?**
メイ　アイ　スピーク　トゥ　ミスター　スミス♪

* May I speak to ...? は「…と話してもいいですか？」という意味で、電話で人を呼び出すときの決まり文句。

▶ May I speak to Mr. Smith?

国際電話のかけ方

　オペレーターを介さずに直接、国際電話をかけるには、まず滞在国の国際電話識別番号を回します。そして相手方の国番号（日本は 81）、市外局番の最初の 0 を取った番号（東京なら 3）、相手先の番号の順にダイヤルします。欧米ではこの方法で公衆電話からも国際電話がかけられます。498～505 ページの各国情報も参照してください。

　オペレーターを介して国際電話をかける際は、388 ページの会話例のように相手方の電話番号を言ってつないでもらうやり方のほかに、相手の名前を指名してつないでもらう指名通話やコレクトコールもあります。指名通話の場合、相手が不在であれば料金はかかりません。

電話をかける

> ▷ Speaking.（はい、私です）
> スピーキング

＊speaking は電話を取ったのが本人のときに使う。

Will you put Mr. Smith on?
＊put ... on で「…を電話に出す」。Will you ...? で「…してくれませんか？」。

| もしもし、ジョンソンさんですか？ | **Hello. Is this Mr. Johnson?**
ハロウ イズ ディス ミスター ジョンソン♪
＊電話では Are you ...? ではなく Is this ...? が使われる。 |

> ▶ Hello. Is this Mr. Johnson?
> ▷ Yes it is. May I help you?
> イェス イット イズ メイ アイ ヘルプ ユ♪
> （はい。ジョンソンです）

＊May I help you? は応答するときの決まり文句で、日本語の「ご用件をうけたまわります」。

Hello. Am I speaking with Mr. Johnson?

| ——すみません、ただいま話し中です。 | **Sorry, his line's busy.**
ソリィ ヒズ ラインズ ビズィ
＊この line は「（電話の）線」、busy は「（電話で）話し中で」。 |

Sorry, he's on the phone now.

| このままお待ちになりますか？ | **Would you like to hold?**
ウジュ ライク トゥ ホウルド♪
＊hold on で「（電話を切らずに）そのまま待つ」。 |

Would you like to stay on the line?
＊on the line で「電話に出て」。

| ——このまま待ちます。 | **I'll hold.**
アイル ホウルド |

I'll hang on.
＊hang on で「電話を切らずにいる」。
↔ I'll call back later.（またかけ直します）

| あとで電話させましょうか？ | **Shall I have her call you back?**
シャル アイ ハブ ハ コール ユ バック♪
＊shall I ...? は「（私が）…しましょうか？」と申し出るときの表現。 |

Would you like her to return your call?

第9章 電話・郵便

私に電話するようにお伝えください。	**Please tell him to call me.** ▶ Please tell him to call me. ▷ He'll be back soon. (すぐに戻りますが) Please have him call me back.
ただいま外出しておりますが。	**He's not in right now.** * be not in もしくは be out で「外出中」。right now で「ただいま」「ちょうど今」。 He's out right now.
――伝言をお願いできますか？	**Would you take a message?** * take a message で「伝言を受ける」。 I'd like to leave a message, please.
私から電話があったことをお伝えください。	**Would you tell him that I called?** Please tell him that I called.
――あとで電話をさせます。番号をお願いします。	**Your number, please?** * number だけで telephone number「電話番号」を意味する。
ホテルの番号は691-1189です。	**The hotel number is 691 (six nine one)-1189 (one one eight nine).** Here's the hotel number...691-1189.
彼にあなたから電話のあったことを伝えます。	**I'll tell him that you called.** I'll let him know you called.
日本語が話せる人と代わってくれませんか？	**Can I talk to someone who speaks Japanese?** ▶ Can I talk to someone who speaks Japanese?

電話をかける

> Sure. Just one moment, please.
> シュア ジャスト ワン モゥメント プリーズ
> (はい。少々お待ちください)

* one moment は a moment と同じで「ちょっと」「少々」。

番号をお間違えのようです。
I'm afraid you have the wrong number.
アイム アフレイド ユ ハブ ザ ロング ナンバー
* have the wrong number で「番号をかけ間違える」。
I'm sorry, you've got the wrong number.

――おさわがせしてすみませんでした。
Sorry for troubling you.
ソリィ フォ トラブリング ユ
* trouble は「困らせる」「迷惑をかける」。
Sorry about that.

お電話ありがとうございました。
Thank you for your call.
サンキュ フォ ユア コール

> Have a nice flight back home!
> ハブ ア ナィス フライト バァク ホゥム
> (気をつけてお帰りください)
> ▶ Thank you for your call.

* ▷は直訳すると「帰国のフライトを楽しんでください」。この会話は、現地の人からの別れのあいさつを受けて、帰国する人が電話を切る前に言うひとこと。

■ワードリスト

- ■かけ直す call back コール バァク
- ■電話をかける make a call メイク ア コール
- ■国番号 country code カントリィ コゥド
- ■コレクトコール collect call コレクト コール
- ■国際電話識別番号 international code インタァナショナル コゥド
- ■市外局番 area code エァリア コゥド
- ■番号違い wrong number ローング ナンバー
- ■長距離電話 long-distance call ロングディスタンス コール
- ■もしもし Hello. ハロゥ
- ■そのまま待つ hold on/hang on ホゥルド アン/ハング アン
- ■伝言 message メスィジ

第9章 電話・郵便

公衆電話

このあたりに公衆電話はありますか？	**Is there a pay phone around here?** イズ ゼア ア ペイ フォン アラウンド ヒャ↗ * pay phone は「公衆電話」。

> ▶ Is there a pay phone around here?
> ▷ There may be one in that grocery store.
>   ゼア メイ ビ ワン イン ザット グロウサリィ ストア
>   (あのスーパーの中にあるかもしれません)

* grocery store で「スーパー」。この one は pay phone を指す。
Where can I find a public telephone?

電話のかけ方を教えていただけますか？	**Could you help me make a call?** クジュ ヘルプ ミ メイク ア コール↗ * make a call で「電話をかける」。

> ▶ Could you help me make a call?
> ▷ Sure. Do you have some coins with you?
>   シュア ドゥ ユ ハブ サム コインズ ウィズ ユ↗
>   (いいですよ。コインはお持ちですか？)

Would you assist me with a phone call?

この電話で長距離電話はかけられますか？	**Can I make a long-distance call from this phone?** キャナイ メイク ア ロングディスタンス コール フロム ディス フォン↗ * make a long-distance call で「市外電話をかける」。

> ▶ Can I make a long-distance call from this phone?
> ▷ You need a calling card.
>   ユ ニード ア コーリング カード
>   (テレフォンカードが必要です)

* calling card で「テレフォンカード」。
Can I use this phone to make a long-distance call?

第9章 電話・郵便

393

公衆電話

この電話で日本にかけられますか？	**Can I make a call to Japan on this phone?** キャナイ メイク ア コール トゥ ジャパン アン ディス フォン↗

> ▶ Can I make a call to Japan on this phone?
> ▷ No, you can't call internationally on this phone.
> ノウ ユ キャント コール インターナショナリィ アン ディス フォン
> （いいえ、この電話では国際通話はできません）

Can I use this phone to call Japan?

テレフォンカードはどこで買えますか？	**Where can I get a calling card?** フェア キャナイ ゲット ア コーリング カード

> ▶ Where can I get a calling card?
> ▷ We sell them here, ma'am.
> ウィ セル ゼム ヒャ マァム
> （こちらで取り扱っております）

Where can I purchase a calling card?

まず先にコインを入れてください。	**You put the coins in first.** ユ プット ザ コインズ イン ファースト * put ... in は「…を入れる」。
──いくら入れるんですか？	**How much do I put in?** ハウ マッチ ドゥ アイ プット イン * How much ...? は「いくら…？」。 What's the amount I need to deposit?

■ワードリスト

- ■硬貨投入口　slot　スロット
- ■交換手　operator　アペレイター
- ■公衆電話　pay phone　ペイ フォン
- ■市内電話　local call　ロゥクル コール
- ■テレフォンカード　calling card　コーリング カード
- ■内線　extension　エクステンション
- ■長距離電話　long-distance call　ロングディスタンス コール
- ■電話帳　telephone book / directory　テレフォン ブック　ディレクトリィ
- ■電話ボックス　(米) telephone booth / (英) telephone box　テレフォン ブース　テレフォン バックス

第9章 電話・郵便

394

郵便

ポストはどこですか？

Where's the mailbox?
フェアズ ザ メイルバックス

* mailbox は「郵便ポスト」。

> ▶ Where's the mailbox?
> ▷ There's one in the lobby.
>   ゼアズ ワン イン ザ ラビィ
>   （ロビーにあります）

* one は mailbox を指す。
Where can I mail this?
（どこに投函すればいいですか？）
* mail は「投函する」。

切手はどこで買えますか？

Where can I buy stamps?
フェア キャナイ バイ スタンプス

> ▶ Where can I buy stamps?
> ▷ At the gift shop.
>   アト ザ ギフト シャップ
>   （ギフトショップにあります）

Is there somewhere I can buy stamps?

郵便局は何時に閉まりますか？

What time does the post office close?
ワッタイム ダズ ザ ポウスト オフィス クロウズ

> ▶ What time does the post office close?
> ▷ It closes at six o'clock.（6時です）
>   イト クロウズィズ アト スィクス オクロック

How late is the post office open?
↔ What time does the post office open?
（郵便局は何時に開きますか？）

どの国に送るんですか？

What country are you sending this to?
ワット カントリィ ア ユ センディング ディス トゥ
What country do you want to send this to?

——日本に出したいんです。

I'd like to send this to Japan.
アイド ライク トゥ センド ディス トゥ ジャパン
I want to send this parcel to Japan.
* parcel は「小包」。

第9章 電話・郵便

郵便

| これを日本に送るにはいくらかかりますか？ | **How much would it cost to send this to Japan?**
ハウ　マッチ　ウド　イト　コスト　トゥ　センド　ディス　トゥ　ジャパン
＊cost は「お金がかかる」で、it を主語にする。 |

> ▶ How much would it cost to send this to Japan?
> ▷ Let me weigh it for you, sir.
> 　レッミ　ウェィ　イト　フォ　ユ　　サー
> （重さを測らせてください）

＊weigh は「重さを測る」。
What's the postage for this, to Japan?

この郵便料金はいくらですか？	**How much is the postage for this?** ハウ　マッチ　イズ　ザ　ポウスティジ　フォ　ディス ＊postage は「郵便料金」。
——航空便ですか？	**Do you want to send it by airmail?** ドゥ　ユ　ワントゥ　センド　イト　バイ　エアメイル↗ ＊by airmail で「航空便で」。
日本に出すハガキ用の切手をください。	**I'd like stamps for a postcard to Japan.** アイド　ライク　スタァンプス　フォ　ア　ポウストカード　トゥ　ジャパン

> ▶ I'd like stamps for a postcard to Japan.
> ▷ Just for a postcard?
> 　ジャスト　フォ　ア　ポウストカード↗
> （ハガキ1枚分ですね？）

I want stamps to send a postcard to Japan.

| 80セントの切手を4枚お願いします。 | **Can I have four 80¢(eighty-cent) stamps?**
キャナイ　ハブ　フォー　　エイティセント　スタァンプス |

> ▶ Can I have four eighty-cent stamps?
> ▷ Anything else?（他にはよろしいですか？）
> 　エニィスィング　エルス↗

＊else は「他に」。Anything else? は「他に何か？」という決まり文句。
Four 80¢ stamps, please.

| 速達にしてください。 | **Can you send it express?**
キャン　ユ　センド　イト　エクスプレス↗
＊express は「速達で」。 |

第9章　電話・郵便

郵便

> ▷ It'll take ten days.
> イットル ティク テン ディズ
> (届くのに10日間かかります)
> ▶ Can you send it express?

Is it possible to send it express?

| 速達で送るといくらになりますか？ | **What's the cost to send it by express mail?**
ワッツ ザ コスト トゥ センド イト バイ エクスプレス メイル |

> ▶ What's the cost to send it by express mail?
> ▷ Well, let's see.
> ウェル レッツ スィ
> (ええと、少々お待ちください)

How much will it cost to send express?

| 日本にはいつ頃着きますか？ | **How long will it take to get to Japan?**
ハウ ロング ウィル イト ティク トゥ ゲットゥ ジャパン |

* take は「時間がかかる」という意味で、it を主語にする。

> ▶ How long will it take to get to Japan?
> ▷ No more than ten days.
> ノゥ モァ ザン テン ディズ
> (10日もあれば着きますよ)

* no more than ... で「…以内」。
When will it arrive in Japan?

| 船便だと何日くらいで日本に届きますか？ | **How long will it take by surface mail to Japan?**
ハウ ロング ウィル イト ティク バイ サーフィス メイル トゥ ジャパン |

* surface mail は、airmail「航空便」以外の「普通便」「船便」。

> ▶ How long will it take by surface mail to Japan?
> ▷ Four to six weeks.
> フォー トゥ スィックス ウィークス
> (4週間から6週間です)

How long will it take by sea mail to Japan?

| 中身は何ですか？ | **What's inside?** * inside は「中身」。
ワッツ インサイド |

第9章 電話・郵便

郵便

What's in it?

──私個人で使うものです。
My personal items.
マイ パーソナル アイテムズ
＊personal は「個人的な」。item は「品物」「品目」。
My personal things.

この税関申告書に記入してください。
Please fill out this customs declaration form.
プリーズ フィル アウト ディス カスタムズ ディクラレイション フォーム
＊customs は「税関」、declaration form で「申告書」。

──これでいいですか？
Did I do it right?
ディド アイ ドゥ イット ライト♪
＊直訳は「私は正しくやったでしょうか？」。
Like this?

割れ物が入っています。
This is fragile.
ディス イズ フラジャル
＊fragile は「壊れやすい」「もろい」。

▶ This is fragile.
▷ We'll take care of it.
　ウィル ティク ケア オブ イト
（取り扱いに気をつけます）

■ワードリスト

- ■書留　registered mail　レジスタード メイル
- ■航空便　airmail　エアメイル
- ■切手　stamp　スタンプ
- ■税関申告書　customs declaration form　カスタムズ ディクラレイション フォーム
- ■こわれもの　fragile　フラジャル
- ■速達　express　エクスプレス
- ■取り扱い注意　handle with care　ハンドル ウィズ ケア
- ■ハガキ　postcard　ポウストカード
- ■便箋　stationery　スティショナリィ
- ■封筒　envelope　エンベロウプ
- ■船便　surface mail　サーフィス メイル
- ■ポスト　(米)mailbox /(英)postbox　メイルバックス／ポウストバックス
- ■郵便局　post office　ポウスト オフィス
- ■郵便料金　postage　ポウスティジ

第9章　電話・郵便

第10章 帰 国

帰りの便の予約
リコンファーム
予約変更・キャンセル待ち
空港へ
搭乗手続き
搭乗案内
乗り損なう

帰りの便の予約

第10章 帰国

ロスから東京まで予約したいのですが。

I want to reserve a seat from Los Angeles to Tokyo.
アィ ワントゥ リザーブ ア スィート フロム ロス アンジェルス トゥ トウキオウ

＊ reserve a seat で「席を予約する」。

▶ I want to reserve a seat from Los Angeles to Tokyo.
▷ When would you like to leave?
ウェン ウジュ ライクトゥ リーブ
（ご出発はいつですか？）

Can I reserve a seat from Los Angeles to Tokyo?

明日の便の予約はできますか？

Can you book us on tomorrow's flight?
キャン ユ ブック アス アン トゥモロウズ フライト

＊この book は「予約する」。

▶ Can you book us on tomorrow's flight?
▷ Sorry, tomorrow's flight is full.
ソリィ トゥモロウズ フライト イズ フル
（申し訳ありませんが、明日の便は満席です）

＊ full は「満員の」。

14便の席は残っていますか？

Any seats left on flight 14 (fourteen)?
エニィ スィーツ レフト アン フライト フォティーン

＊ left は「残った」。

▶ Any seats left on flight 14?
▷ We have a few in first class.
ウィ ハブ ア フュー イン ファースト クラス
（ファーストクラスでしたら少々ございます）

Are there any seats on flight 14?

オープンチケットの座席の予約をしたいのですが。

I'd like to reserve a seat for my open ticket.
アィド ライク トゥ リザーブ ア スィート フォ マィ オゥプン ティケット

▶ I'd like to reserve a seat for my open ticket.

帰りの便の予約

第10章 帰国

> For what day?（何日のでしょうか？）
> フォ ワット ディ

Can you reserve a seat for me with my open ticket?

| できるだけ早い便で出発したいのですが。 | **I want to leave as soon as possible.**
アイ ワントゥ リーブ アズ スーン アズ パスィブル
＊as ... as possible で「できるだけ…」。 |

▶ I want to leave as soon as possible.
▷ We don't have an earlier flight.
　ウィ ドント ハブ アン アーリィャ フライト
　（これより早い便はありません）

＊earlier は early の比較級で「より早い」。
I need the earliest flight possible.

| 別の便はありますか？ | **Do you have any other flights?**
ドゥ ユ ハブ エニィ アザー フライッノ |

▶ Do you have any other flights?
▷ No, that's it.（いいえ、それだけです）
　ノゥ ザッツ イト

Are there any other flights?

| 直行便ですか？ | **Is it a direct flight?**
イズ イト ア ディレクト フライッノ
＊direct は「まっすぐな」「直行の」。 |

▷ There's a nine thirty flight in the
　ゼァズ ア ナィン サーティ フライト イン ザ
　morning.（午前9時半の便があります）
　モーニング
▶ Is it a direct flight?

Is it a nonstop flight?

| ホノルルで一度降りることはできますか？ | **Can I stop over in Honolulu?**
キャナイ スタップ オゥバー イン ホノルル
＊stop over で「（長い旅行の途中で）しばらく滞在する」。 |

▶ Can I stop over in Honolulu?
▷ I'll have to check on that.
　アィル ハフ トゥ チェック アン ザット
　（お調べします）

＊check on ... で「…について調べる」。

帰りの便の予約

第10章 帰国

エコノミークラスの片道切符をお願いします。	**A one-way ticket in coach, please.** ア ワンウェイ ティケット イン コーチ プリーズ ＊coach は「普通席」「エコノミークラス」。one-way は「片道」。「往復」は round-trip。

> ▶ A one-way ticket in coach, please.
> ▷ Oh, not a round-trip ticket?
>   オゥ ナット ア ラウンドトリップ ティケット♪
>   （往復ではないのですね？）

I need a one-way ticket in economy class.

東京には何時に着きますか？	**What time will we arrive in Tokyo?** ワッタイム ウィル ウィ アライブ イン トゥキオゥ

> ▶ What time will we arrive in Tokyo?
> ▷ 4:30 (four thirty) p.m. tomorrow.
>   フォー サーティ ピーエム トゥモロウ
>   （明日の午後4時30分です）

予約を再確認する必要はありますか？	**Do I need to confirm my flight?** ドゥ アイ ニートゥ カンファーム マイ フライト♪ ＊confirm は「（予約の）確認をする」。

> ▶ Do I need to confirm my flight?
> ▷ No, it's not necessary.
>   ノゥ イッツ ナット ネセサリィ
>   （いいえ、その必要はありません）

出発時間は何時ですか？	**What's the departure time?** ワッツ ザ ディパーチャー タイム♪

> ▶ What's the departure time?
> ▷ It's 9:00 (nine) a.m. （午前9時です）
>   イッツ ナイン エイエム

＊departure は「出発」。
When do we depart?

何時までに搭乗手続きをすればいいですか？	**By what time should we check in?** バイ ワッタイム シュド ウィ チェック イン♪ ＊By what time ...? で「何時までに…？」。

> ▶ By what time should we check in?
> ▷ Two hours before the departure time.
>   トゥ アワーズ ビフォ ザ ディパーチャー タイム
>   （ご出発の2時間前までです）

リコンファーム

第10章 帰国

リコンファームをしたいのですが。	**I'd like to reconfirm my flight.** アイド リクト トゥ リカン**ファーム** マイ フライト * reconfirm は「(予約を)再確認する」。

> ▶ I'd like to reconfirm my flight.
> ▷ Thank you for calling US Air. May I
> サンキュー フォ コーリング ユエス エァ メイ アイ
> help you?
> ヘルプ ユ
> (US エアーにお電話ありがとうございます)

* May I help you? は応答するときの決まり文句で、日本語の「ご用件をうけたまわります」。

Can you reconfirm my flight for me?

お名前と便名をどうぞ。	**Your name and flight number, please.** ユア ネイム アンド フライト ナンバー プリーズ
——私は鈴木一朗で、14便です。	**My name is Ichiro Suzuki and the flight** マイ ネイム イズ イチロー スズキ アンド ザ フライト **number is 14(fourteen).** ナンバー イズ フォティーン
6月5日の東京行き6便を予約してあるのですが。	**I'm booked on flight 6(six) for Tokyo** アイム ブックト アン フライト スィクス フォ トゥキオゥ **on June 5th(fifth).** アン ジューン フィフス * この book は「予約する」。

> ▶ I'm booked on flight 6 for Tokyo on
> June 5th.
> ▷ Yes? How can I help you?
> イェス ハウ キャナイ ヘルプ ユ
> (はい。どういったご用件でしょうか?)

* How can I help you? は客に対して用件を聞くときの決まり文句。

何便で何時発ですか?	**What's the flight number and the** ワッツ ザ フライト ナンバー アンド ザ **departure time?** ディパーチャー タイム * departure は「出発」。

第10章 帰国

リコンファーム

――6便で9時出発です。
The flight number is 6(six), and the departure time is 9:00(nine) a.m.
ザ フライト ナンバー イズ スィクス アンド ザ ディパーチャー タイム イズ ナイン エィエム
Flight 6 leaving at 9:00 a.m.

私は確かに予約しました。
I definitely made a reservation.
アイ ディフィニットリィ メイド ア リザベィション
＊make a reservation で「予約する」。

▷ There's no reservation under Suzuki.
　ゼアズ ノゥ リザベィション アンダー スズキ
　（鈴木様のお名前ではご予約いただいておりませんが）
▶ I definitely made a reservation.
I made a reservation for sure.

日本で予約したのですが。
I reserved my flight in Japan.
アイ リザーブド マイ フライト イン ジャパン
＊reserve は「予約する」。

▷ I can't find your name.
　アイ キャント ファインド ユア ネィム
　（お客様のお名前は見当たりませんが）
▶ I reserved my flight in Japan.

至急、調べてください。
Please check on it right away.
プリーズ チェック オン イト ライト アウェィ
＊right away で「今すぐ」。

▶ Please check on it right away.
▷ Do you have a ticket?
　ドゥ ユ ハブ ティケット♪
　（航空券をお持ちですか？）

リコンファームとは？

帰国便の予約を再確認することです。最近ではリコンファームの必要がない航空会社もありますが、必要な場合は72時間前までに利用航空会社に直接出向くか、電話でリコンファームをすることになります。空港到着時に、空港内の航空会社カウンターでリコンファームを済ませる手もあります。

予約変更・キャンセル待ち

第10章 帰国

便の変更をお願いできますか？	**Can I change my flight?** キャナイ チェィンジ マイ フラィトゥ

> ▶ Can I change my flight?
> ▷ It depends on your ticket.
>   イト ディペンズ アン ユア ティケット
>   (お持ちのチケットによりますが)

I'd like to change my flight, please.

10月9日に変更したいのです。	**I'd like to change it to October 9th(ninth).** アイド ラィク トゥ チェィンジ イト トゥ アクトゥバー ナィンス

> ▷ How do you want to change your flight?
>   ハウ ドゥ ユ ワントゥ チェィンジ ユア フラィト
>   (どのようにご変更なさいますか？)
> ▶ I'd like to change it to October 9th.

Could I change it to October 9th?

予約を取り消したいのですが。	**I'd like to cancel my reservation.** アイド ラィク トゥ キャンセル マイ リザベィション

> ▶ I'd like to cancel my reservation.
> ▷ Can I have your confirmation number?
>   キャナイ ハブ ユア カンファメィション ナンバー
>   (予約確認番号をいただけますか？)

Please cancel my reservation.

5月5日の予約を取り消して、代わりに6日にしてください。	**I'd like to cancel my reservation for May 5th(fifth), and book one on May 6th (sixth), instead, please.** アイド ラィク トゥ キャンセル マイ リザベィション フォ メィ フィフス アンド ブック ワン アン メィ スィクス インステッド プリーズ

* この book は「予約する」、one は reservation を指す。instead は「代わりに」。

> ▶ I'd like to cancel my reservation for May 5th, and book one on May 6th instead, please.

予約変更・キャンセル待ち

第10章 帰国

▷ One moment, please.
（少々お待ちください）

Please change my reservation from May 5th to May 6th.

8日の便でしたらお取りできますが。
I can book you on the 8th (eighth).
How about the 8th?

8日でけっこうです。
The 8th (eighth) is fine.

その便でお願いします。
I'll take that flight.

▷ That's the only flight today.
（今日の便はそれだけです）
▶ I'll take that flight.

他の会社の便を調べてください。
Please check other airlines.

▷ There're no business class seats left.
（ビジネスクラスの席はすべてうまっております）
▶ Please check other airlines.

See if there's another airline that can accommodate me.
＊accommodate は「（乗客を）乗せる」。

■ワードリスト

- イニシャルキャリア　initial carrier
  ＊日本出発時の航空会社
- エンドースメント（変更承認）　endorsement
- キャンセル待ちで　standby
- 便　flight
- 変更（する）　change
- 予約　reservation
- キャンセルする　cancel

予約変更・キャンセル待ち

キャンセル待ちでもけっこうです。	**I don't mind flying standby.** アイ ドント マィンド フラィイング スタンドバイ * don't mind 〜ing で「〜してもよい」、standby は「キャンセル待ちで」。 ▷ Standby is your only option. 　スタンドバィ イズ ユア オゥンリィ アプション 　(キャンセル待ちするしかありません) ▶ I don't mind flying standby. * option は「選択できるもの」。 Put me on standby. * on standby で「キャンセル待ちをして」。
キャンセル待ちでお願いできますか？	**Can you put me on the waiting list?** キャン ユ プット ミ アン ザ ウェイティング リスト♪ ▷ Sorry, there're no seats left. 　ソリィ ゼァア ノゥ スィーツ レフト 　(申し訳ございませんが、席は1つも残っておりません) ▶ Can you put me on the waiting list?
何人くらいがキャンセル待ちしていますか？	**How many people are on the waiting list?** ハゥ メニィ ピープル ア アン ザ ウェイティング リスト * be on the waiting list で「空きが出るのを待っている」。 ▶ How many people are on the waiting list? ▷ There are nine. (ただいま9名様です) 　ゼァ ア ナィン
どのくらい待つんでしょうか？	**How long do we have to wait?** ハゥ ロング ドゥ ウィ ハフ トゥ ウェイト ▶ How long do we have to wait? ▷ At least a couple of hours. 　アト リースト ア カップル オブ アゥアズ 　(少なくとも2時間です) * at least で「少なくとも」。a couple of ... で「2つの…」。

第10章 帰国

空港へ

帰国

空港へ行くバスの停留所はどこですか？

Where's the bus stop to the airport?
フェアズ ザ バス スタップ トゥ ジ エァポート

> ▶ Where's the bus stop to the airport?
> ▷ At the corner of Main and Oak.
> アト ザ コーナー オブ メイン アンド オゥク
> （大通りとオーク通りの交差点にあります）

＊at A and B で「A通りとB通りの交差点に［で］」。
Where do I catch the bus to the airport?

空港までどのくらい時間がかかりますか？

How long will it take to get to the airport? ＊get to ...で「…に到着する」。
ハウ ロング ウィル イト テイク トゥ ゲットゥ ジ エァポート

> ▶ How long will it take to get to the airport?
> ▷ It'll take an hour by bus.
> イットル テイク アン アゥワ バイ バス
> （バスで1時間です）

How long is the trip to the airport?

あとどのくらいで空港に着きますか？

How soon will we arrive at the airport?
ハウ スーン ウィル ウィ アライブ アト ジ エァポート

＊How soon ...? で「あとどのくらいで…？」。arrive at ... で「…に着く」。

> ▶ How soon will we arrive at the airport?
> ▷ We should be there soon.
> ウィ シュド ビ ゼァ スーン
> （もうまもなくです）

How soon will we get to the airport?

2時までに空港に着くことができるでしょうか？

Can we get to the airport by two?
キャン ウィ ゲットゥ ジ エァポート バイ トゥー

> ▶ Can we get to the airport by two?
> ▷ I can't tell.（さあ、わかりません）
> アイ キャント テル

Will we make it to the airport by two?
＊この make は「（乗り物などに）うまく間に合う」。

搭乗手続き

第10章 帰国

搭乗手続きはどこでするのですか？

Where do I check in?
フェア ドゥ アィ チェック イン

▶ Where do I check in?
▷ Please line up here for economy class.
プリーズ ラィンナップ ヒャ フォ エカナミィ クラス
（エコノミークラスでしたら、ここにお並びください）

* line up で「並んで順番を待つ」。

日本航空のカウンターはどこですか？

Where's the Japan Airlines counter?
フェアズ ザ ジャパン エアラィンズ カウンター

▶ Where's the Japan Airlines counter?
▷ Right to your left, ma'am.
ラィト トゥ ユア レフト マァム
（すぐ左手になります）

*この right は「すぐ」。

空港税はありますか？

Is there an airport tax?
イズ ゼァ アン エアポート タァクス♪

▶ Is there an airport tax?
▷ Yes, you need to pay the airport tax here.
イェス ユ ニートゥ ペィ ジ エアポート タァクス ヒャ
（はい、こちらで空港税をお支払いください）

Does the airport charge a tax?

6便は定刻に出発しますか？

Will flight 6(six) leave on time?
ウィル フラィト スィクス リーブ アン タィム♪

* on time で「時間どおりに」。

▶ Will flight 6 leave on time?
▷ It'll be delayed an hour.
イットル ビ ディレィド アン アゥア
（1時間遅れております）

* be delayed で「遅れている」。
Will flight 6 depart on time?

搭乗手続き

もう02便の搭乗は始まっていますか？
Has flight 02(zero two) been called?

> ▶ Has flight 02 been called?
> ▷ Yes, you need to board now.
> （はい、すぐに行ってください）

Has boarding begun for flight 02?

前方の席がいいのですが。
I'd prefer a seat at the front of the plane.

> ▶ I'd prefer a seat at the front of the plane.
> ▷ I'll see what I can do.
> （空いているかどうか確かめます）

↔ I'd prefer a seat at the back of the plane.
（後方の席がいいのですが）

通路側の席、窓側の席どちらになさいますか？
Would you like an aisle or a window seat?

＊ aisle は「通路側」。発音は [アィル] で "s" は発音しない。

——通路側の席をお願いします。
An aisle seat, please.

友人と隣り合わせの席にしてください。
I'd like to sit with my friend.

> ▶ I'd like to sit with my friend.
> ▷ We can arrange that.
> （そのようにいたしましょう）

＊ arrange は「取り計らう」「手配する」。

お預かりする荷物はありますか？
Any baggage to check?

＊この check は「(所持品を) 一時的に預ける」。

Will you be checking any baggage?

——預ける荷物はありません。
I have no baggage to check.

搭乗手続き

I won't be checking any baggage.

そのバッグはお預けになりますか？
Are you going to check that bag?
アー ユー ゴウイング トゥ チェック ザット バァグ
Are you checking that bag in?

——このバッグは機内に持ち込みます。
This is a carry-on bag.
ディス イズ ア キャリィアン バァグ
＊carry-on は「機内に持ち込む」。
I'll take this bag on the plane.

お預かりする荷物は他にございますか？
Do you have any other baggage to check?
ドゥ ユー ハブ エニィ アザー バァゲッジ トゥ チェック
Do you have anything else to check?

——（荷物は）それだけです。
That's all the baggage I have.
ザッツ オール ザ バァゲッジ アイ ハブ
I don't have any other bags.

この荷物は最終目的地までお願いします。
Please check it to my final destination.
プリーズ チェック イト トゥ マイ ファイナル ディスティネイション
＊final destination で「最終目的地」。

▶ Please check it to my final destination.
▷ Of course, sir.（かしこまりました）
オブ コース サー

Please check it through to my final destination.
＊この check は「（所持品を）一時的に預ける」。

第10章 帰国

■ワードリスト

- ■空港税　airport tax　エァポート タァクス
- ■乗客　passenger　パッセンジャー
- ■国際線　international flight　インターナショナル フライト
- ■荷物　baggage　バァゲッジ
- ■最終目的地　final destination　ファイナル ディスティネイション
- ■機内持ち込み手荷物　carry-on baggage　キャリィアン バァゲッジ
- ■重量制限超過手荷物　excess baggage　エクセス バァゲッジ
- ■搭乗券　boarding pass　ボーディング パァス
- ■搭乗手続きする　check in　チェック イン

411

第10章 搭乗案内

帰国

ゲートは何番ですか？（搭乗券を見せて）	**What gate is it?** ワッツ ゲイト イズ イト ▶ What gate is it? ▷ Gate 3(three), over there, sir. ゲイト スリー オウバァ ゼア サー （あちらにあるゲート3番です） Which gate is it?
3番ゲートはどちらでしょうか？	**Which way is Gate 3(three)?** フィッチ ウェイ イズ ゲイト スリー ▶ Which way is Gate 3? ▷ It's at the end of the terminal. イッツ アト ジ エンド オブ ザ ターミナル （このターミナルの一番奥です） Where is Gate 3?
東京行きの搭乗ゲートはここですか？	**Is this the gate for Tokyo?** イズ ディス ザ ゲイト フォ トウキョウ↗ ▶ Is this the gate for Tokyo? ▷ No, it's for Hong Kong. ノウ イッツ フォ ホンコン （いいえ、ここは香港行きです） Is this the correct gate for the flight to Tokyo?
私の乗る便が欠航になったと聞きましたが、本当ですか？	**I heard my flight was canceled. Is that true?** アィ ハード マイ フライト ワズ キャンセルド イズ ザット トゥルー↗ ▶ I heard my flight was canceled. Is that true? ▷ Yes. We're sorry for the inconvenience. イェス ウィア ソリィ フォ ジ インカンビーニエンス （はい。ご迷惑をおかけしております） Is it true that my flight was canceled?
便はどのくらい遅れますか？	**How long will the flight be delayed?** ハウ ロング ウィル ザ フライト ビ ディレイド

搭乗案内

> ▶ How long will the flight be delayed?
> ▷ We're not sure yet.
> （まだはっきりわかりません）

＊yet は疑問文では「もう…したか？」、否定文では「まだ…していない」。

How long will I have to wait for the delayed flight?

| なぜ出発が遅れているのですか？ | **Why is the flight delayed?**

> ▶ Why is the flight delayed?
> ▷ The reason will be announced shortly.（まもなくアナウンスが入ります）

＊reason は「理由」、be announced で「アナウンスされる」「発表される」。

Why the delay?

| 他の飛行機の用意はありますか？ | **Will there be another plane?**

> ▶ Will there be another plane?
> ▷ Please wait here for further instructions.
> （追ってお知らせいたしますので、それまでお待ちください）

＊further は「さらにいっそうの」「それ以上の」。instruction は「指示」。

Is there going to be another plane?

| 別の東京行きの便に乗れませんか？ | **Can you put us on another flight to Tokyo?**

> ▶ Can you put us on another flight to Tokyo?
> ▷ Sorry, the afternoon flight is full.
> （申し訳ありませんが、午後の便は満席です）

第10章 帰国

搭乗案内

Is it possible to get on another flight to Tokyo?

エコノミークラスの搭乗はいつ開始しますか？
When does boarding for economy class start?
フェン ダズ ボーディング フォ エカノミィ クラス スタート

＊boarding は「搭乗」「乗車」、economy class は coach と同じく「普通席」「エコノミークラス」。

▶ When does boarding for economy class start?
▷ In fifteen minutes.（15分後です）
イン フィフティーン ミニッツ

When does economy class start boarding?

搭乗はもう始まりましたか？
Has boarding started yet?
ハズ ボーディング スターティッド イェット

▶ Has boarding started yet?
▷ No, not yet.（いいえ、まだです）
ノウ ナット イェット

Are they boarding yet?

今のアナウンスは何と言ったのですか？
What did the announcement say?
ワット ディド ジ アナウンスメント セイ

＊announcement は「アナウンス」「放送」。

▶ What did the announcement say?
▷ It said they'll start boarding soon.
イト セド ゼイル スタート ボーディング スーン
（まもなく搭乗開始するそうです）

What did the announcer say?

あのサインは何ですか？
What does the sign say?
ワット ダズ ザ サイン セイ

▶ What does the sign say?
▷ It says "boarding."
イト セズ ボーディング
（「搭乗」と書かれております）

Could you read that sign to me?

搭乗案内

第10章 帰国

日本航空の6便東京行きのお客様は、ただいまより搭乗を開始いたします。	**Passengers departing on Japan Airlines flight 6(six) for Tokyo may now begin boarding.**
座席番号が10から30までの方、搭乗ゲートにお進みください。	**Passengers whose seat numbers are 10 (ten) through 30(thirty) should proceed to the boarding gate.** ＊proceed は「進む」「前進する」。 Please proceed to the boarding gate if your seat number is 10 through 30.
搭乗券を拝見します。	**Could you show me your boarding pass?** Would you mind showing me your boarding pass?
——はい、どうぞ。	**Here it is.** Here you are.

415

第10章 帰国

乗り損なう

| たった今、東京行きの便に乗り遅れたのですが。 | **We just missed the flight to Tokyo.**
ウィ ジャスト ミスト ザ フライト トゥ トウキオウ
＊この miss は「乗り遅れる」。 |

> ▶ We just missed the flight to Tokyo.
> ▷ May I see your tickets, please?♪
> メイ アイ スィ ユア ティケッツ プリーズ
> (航空券をお願いします)

The flight to Tokyo just left without us.

| 次の東京行きはいつですか？ | **When's the next flight to Tokyo?**
フェンズ ザ ネクスト フライト トゥ トウキオウ |

> ▶ When's the next flight to Tokyo?
> ▷ Tomorrow at 10:00(ten) a.m.
> トゥモロウ アト テン エィエム
> (明日の10時です)

When does the next flight to Tokyo leave?

| 新しい航空券を購入しなくてはなりませんか？ | **Do I have to buy a new air ticket?**
ドゥ アイ ハフ トゥ バイ ア ニュー エァ ティケット♪ |

> ▶ Do I have to buy a new air ticket?
> ▷ I'm afraid so.
> アイム アフレイド ソウ
> (すみませんが、お願いいたします)

＊I'm afraid. は丁寧に断るときの決まり文句で、「あいにく」「残念ながら」。

Is it necessary for me to buy a new air ticket?

飛行機に乗り遅れた!

日本人観光客の場合、たいていはフィックスチケットと呼ばれる航空券で渡航しています。これは往復とも便が確定していて、基本的には予約変更が不可能なものですが、航空会社によっては交渉しだいで、違う便への変更が可能なこともあります。急いで利用航空会社のカウンターで相談をしましょう。

辞書・索引

和英辞書
英和辞書
よく使う表現
事項索引

和英辞書

■あ

アイスクリーム	ice cream アイス クリーム
アイスランド	Iceland アイスランド
(〜の)間[位置・時間]	between ... ビトウィーン
(〜の)間[時間]	during ... ドゥアリング
(〜する)間[時間]	while ... ホワイル
空いた	empty エンプティ
あいにく…	I'm afraid .... アイム アフレイド
アイルランド	Ireland アイルランド
会う	meet ミート
合う[サイズ]	fit フィット
アウトレット店	outlet store アウトレット ストア
青/青い	blue ブルー
青ざめた	pale ペイル
赤/赤い	red レッド
明るい	bright ブライト
赤ん坊	baby ベイビー
秋	fall /autumn フォール オータム
アクセサリー	accessory アクセサリィ
アクセル	accelerator アクセラレイター
開ける	open オウプン
あご	chin チン
麻	linen リネン
朝	morning モーニング
あざ	bruise ブルーズ
浅い[深さ]	shallow シャロウ
明後日	the day after tomorrow ザ ディ アフター トゥモロウ
足	foot フット
アジア料理	Asian food エイジャン フード
(〜な)味がする	taste ティスト
足首	ankle アンクル

和英辞書

明日	tomorrow トゥモロゥ
足の裏	sole ソゥル
預かる	keep キープ
(一時)預ける	check チェック
アスピリン	aspirin アスピリン
あそこに	over there オウバー ゼア
遊ぶ	play プレイ
暖かい	warm ウォーム
頭	head ヘッド
新しい	new ニュー
(〜の)あたりに	around ... アラウンド
厚い	thick スィック
熱い/暑い	hot ハット
扱う	handle ハンドル
アップルパイ	apple pie アプル パイ
後で	later レイター
後についていく	follow ファロウ
アナウンス	announcement アナウンスメント
アナウンスする	announce アナウンス
兄	older brother オゥルダー ブラザー
姉	older sister オゥルダー スィスター
危ない	dangerous ディンジャラス
油絵	oil painting オイル ペインティング
油っこい	oily オイリィ
油で焼いた	sauteed ソゥティド
甘口の	sweet スウィート
雨降りの	rainy レィニィ
アメリカ合衆国	the United States of America ザ ユナイテッド スティツ オブ アメリカ
洗う	wash ワッシュ
アラカルトで	à la carte ア ラ カート
ありがとう	Thank you./Thanks. サンキュ サンクス
歩く	walk ウォーク
アルゼンチン	Argentina アージェンティーナ
アレルギー	allergy アラジー
暗証番号	code number コゥド ナンバー
あんず	apricot アプリコット

あ-あ

和英辞書

| 安全な | safe セィフ |

■ い

胃	stomach スタマック
いいえ、けっこうです	No, thank you./No, thanks. ノゥ サンキュ ノゥ サンクス
Eメール/Eメールを送る	e-mail イーメィル
言う	say/tell セィ テル
家	house ハウス
胃炎	gastritis ギャストラィタス
~以下	under ... アンダー
胃潰瘍	gastric ulcer ギャストリク アルサー
イギリス	Great Britain グレィト ブリテン
いくつか	several/some セブラル サム
(~へ)行く途中	on one's way to ... アン ワンズ ウェィ トゥ
池	pond パンド
意見	opinion オピニョン
石	stone ストゥン

遺失物取扱所	(米)lost-and-found ロストアンドファゥンド (英)lost property ロスト プラパティ
医者	doctor ダクター
~以上	over ... オゥバー
いす	chair チェア
泉	spring スプリング
遺跡	ruins ルーインズ
急いで	in a hurry イン ア ハリィ
急ぐ	hurry/make haste ハリィ メィク ヘィスト
痛い	painful/sore ペィンフル ソァ
痛み	pain ペィン
痛み止め	pain killer ペィン キラー
痛む	ache/hurt エィク ハート
イタリア	Italy イタリィ
イタリア料理	Italian food イタリァン フード
位置	position ポズィション
いちご	strawberry ストロ―ベリィ
一時的に	temporarily テンポラリリィ

和英辞書

1セント	penny ペニィ
一度	once ワンス
一日の	full-day フルデイ
胃腸炎	gastroenteritis ギャストロウエントライティス
胃腸薬	stomach medicine スタマック メディスン
1階	(米)first floor/(英)ground floor ファースト フロア グラウンド フロア
一式の〜	a set of ... ア セット オブ
一緒に	together トゥギャザー
五つ星の	five-star ファイブスター
いつでも	anytime エニィタイム
いっぱいの	full フル
(〜で)いっぱいの	full of ... フル オブ
(グラス)1杯の〜	a glass of ... ア グラス オブ
1泊旅行	overnight trip オウバナイト トリップ
一般的な	ordinary オーディナリィ
(ボトル)1本の〜	a bottle of ... ア ボトル オブ
いつも	always オールウェイズ
いつもの	usual ユージュアル
いとこ	cousin カズン
糸ようじ	dental floss デンタル フロス
〜以内	within ... ウィズィン
田舎	country カントリィ
イニシャル	initial イニシャル
イニシャルキャリア(日本出発時の航空会社)	initial carrier イニシャル キャリァ
今	now ナウ
居間	living room リビング ルーム
今すぐ	right away ライト アウェイ
今の時点で	at this time アト ディス タイム
意味する	mean ミーン
イヤホーン	earphones イヤフォンズ
イヤリング	earrings イヤリングズ
イラン	Iran イラン
入口	entrance エントランス
医療保険	medical insurance メディカル インシュアランス
色	color カラー
印刷物	printed matter プリンティド マァター

和英辞書

印象	impression インプレション
印象派	impressionism インプレッショニズム
飲食代	dining charge ダイニング チャージ
インチ	inch インチ
インド	India インディア
インドネシア	Indonesia インダニージャ
インド料理	Indian food インディアン フード
インフルエンザ	influenza/ flu インフルエンザ フルー

■う

ウィスキー	whiskey ウィスキィ
ウインカー	(米)blinker/(英)winker ブリンカー ウィンカー
ウール	wool ウル
ウェイター	waiter ウェイター
ウエスト	waist ウェィスト
(〜の)上に	over ... オゥバー
上にあげる	put up プット アップ
上のほうの	upper アッパー
うがい薬	gargle ガーゴル
受け皿	saucer ソーサー
受付係	receptionist リセプショニスト
受け取る	accept/receive アクセプト リスィーブ
(くっついて)動かない	stuck スタック
動く	move ムーブ
牛	ox アクス
(〜の)後ろに	behind ... ビハインド
薄い[厚さ]	thin スィン
薄い[色]	light ライト
薄切りにする	slice スライス
歌う	sing スィング
疑う	doubt ダウト
打つ	hit ヒット
美しい	beautiful ビューティフル
腕	arm アーム
ウナギ	eel イール
馬	horse ホース
うまく	well ウェル

和英辞書

うまくいく	work ワーク
海	sea スィ
売り切れの	sold out ソウルド アウト
売る	sell セル
うるさい	noisy ノィズィ
運	luck ラック
運が向く	luck out ラック アウト
運賃	fare フェァ
運転手	driver ドライバー
運転する	drive ドライブ
運転免許証	driver's license ドライバーズ ライセンス

え

絵	painting ペインティング
エアコン	air conditioner エァ コンディショナー
映画	（米）movie／（英）film ムービィ　　　　フィルム
映画館	（米）movie theater／（英）cinema ムービィ スィアター　　　　スィネマ
永久的な	permanent パーマネント
営業時間	business hours ビズィネス アゥアズ
駅	station ステイション
エコノミークラス	economy class エカノミィ クラス
エジプト	Egypt イージプト
エスカレーター	escalator エスカレイター
Sサイズ	small スモール
エスプレッソ	espresso エスプレソゥ
エスニック料理	ethnic food エスニック フード
絵ハガキ	picture postcard ピクチャ ポゥストカード
エビ	shrimp シュリンプ
絵本	picture book ピクチャ ブック
Mサイズ	medium ミーディアム
選ぶ	choose チューズ
襟	collar カラー
Lサイズ	large ラージ
エレベーター	elevator エレベイター
宴会場	banquet hall バンケット ホール
延期する	put off プット オフ
炎症	inflammation インフラメイション

423

和英辞書

え・お

エンジン	engine	エンジン
演奏会	concert	カンサート
演奏する	perform	パフォーム
延長する	prolong / extend	プロング / イクステンド
エンドウ豆	pea	ピー
エンドースメント（変更承認）	endorsement	エンドースメント

■お

甥	nephew	ネフュー
おいしい	delicious / good	デリィシャス / グッド
嘔吐袋	motion sickness bag	モウション スィックネス バァグ
嘔吐袋[飛行機]	airsickness bag	エアスィックネス バァグ
往復切符	round-trip ticket	ラウンドトリップ ティケット
大きい	big / large	ビッグ / ラージ
大きな声で	loud	ラウド
(〜より)多く	over ... / more than ...	オウヴァー / モァ ザン
多くの	a lot of / many	ア ラット オブ / メニィ
オーストラリア	Australia	オーストレィリァ
オーストリア	Austria	オーストリァ
大通り	(米)main street / (英)high street	メイン ストリート / ハイ ストリート
オートマ車	automatic	オートマティック
オーバー	overcoat	オウバーコウト
オーバーヒートする	overheat	オウバーヒート
オーバーブッキング	overbooking	オウバーブッキング
丘	hill	ヒル
おかしい	funny	ファニィ
小川	stream	ストリーム
おかわり	another one	アナザー ワン
起きる	get up / wake up	ゲラップ / ウェイク アップ
置き忘れる	leave	リーブ
遅らせる	delay	ディレイ
送り状	invoice	インボイス
送る	send	センド
遅れた	late	レィト
お元気ですか？	How are you?	ハウ アー ユー

起こる	happen (ハプン)
叔父、伯父	uncle (アンクル)
教える	teach (ティーチ)
押す	press (プレス)
遅い	late (レイト)
襲う	attack (アタック)
遅くとも	by the latest (バイ ザ レイテスト)
お大事に	Take care. (テイク ケア)
夫	husband (ハズバンド)
音	sound (サウンド)
男	man/male (マン/メイル)
落とす	drop (ドロップ)
おととい	the day before yesterday (ザ デイ ビフォ イェスタディ)
大人	adult (アダルツ)
踊る	dance (ダンス)
同じ	same (セイム)
(〜を)お願いします	..., please. (プリーズ)
叔母、伯母	aunt (アント)
おはよう	Good morning. (グッド モーニング)
覚える	remember (リメンバー)
おみやげ	gift (ギフト)
オムレツ	omelette (アムレット)
おめでとう	Congratulations! (カングラチュレイションズ)
重い	heavy (ヘビィ)
思い出す	remember (リメンバー)
重さ	weight (ウェイト)
重さを測る	weigh (ウェイ)
面白い	interesting (インタレスティング)
おもちゃ屋	toy store (トイ ストア)
親	parent (ペアレント)
おやすみなさい	Goodnight. (グッドナイト)
泳ぐ	swim (スウィム)
およそ	about (アバウト)
オランダ	the Netherlands (ザ ネザランズ)
オリーブ	olive (アリブ)
折り返し電話をする	call back (コール バァク)
オリジナルの	original (オリジナル)

和英辞書

降りる[乗物]	get off	ゲット オフ
オルゴール	music box	ミューズィク バックス
オレンジ	orange	オーレンジ
(客・荷物を途中で)降ろす	drop	ドロップ
おわび	apology	アポロジィ
終わる	end/finish	エンド フィニッシュ
音楽	music	ミューズィク
温泉	hot spring	ハット スプリング
温度	temperature	テンパラチャー
温度計	thermometer	サーマミター

■か

カーディガン	cardigan	カーディガン
カーテン	curtain	カートゥン
カート	cart	カート
階	floor	フロア
外貨	foreign currency	フォーリン カレンスィ
外貨交換証明書	foreign exchange certificate	フォーリン エクスチェインジ サーティフィケット
海岸	seaside/seashore/beach	スィーサイド スィーショア ビーチ
開館時間	opening hours	オゥプニング アゥアズ
会議場	convention hall	カンベンション ホール
海峡	channel/strait	チャネル ストレイト
会計係	cashier	キャッシャー
外国人	foreigner	フォーリナー
外国の	foreign	フォーリン
改札口	entrance gate	エントランス ゲイト
会社	company	カンパニー
外線[電話]	outside call	アウトサイド コール
回送[タクシー]	off duty	オフ デューティ
階段	stairs	ステアズ
快適な	comfortable	カンファタブル
ガイド	guide	ガイド
回復する[病気]	recover	リカバー
外務省	the Ministry of Foreign Affairs	ザ ミニストリィ オブ フォーリン アフェアーズ
買い物	shopping	シャッピング

外野席	outfield	bleachers	(〜の)限りでは	as far as ...	
会話	conversation		描く[絵画]	draw/paint	
買う	buy/purchase		書く	write	
カウンター	counter		確信する	sure	
返す	return/give back		カクテル	cocktail	
帰りの航空券	return ticket		確認	confirmation	
変える	change		確認する	confirm	
帰る	go back/come back		家具屋	furniture store	
顔	face		賭ける	bet	
香り	fragrance		傘	umbrella	
価格	price		火山	volcano	
かかと	heel		火事	fire	
鏡	mirror		カジノ	casino	
係官	officer		カシミア	cashmere	
かかる[費用]	cost		カジュアルな	casual	
カキ	oyster		数	number	
鍵	key		ガス欠する	run out of gas	
鍵がかかっていない	unlocked		かすり傷	scratch	
書留	registered mail		風	wind	

風邪薬	cold medicine (コウルド メディスン)
風邪をひいている	have a cold (ハブ ア コウルド)
家族	family (ファミリィ)
ガソリン	gas (ギャス)
ガソリンスタンド	gas station (ギャス ステイション)
型	model/type (モデル/タイプ)
肩	shoulder (ショウルダー)
かたい	hard/tough (ハード/タフ)
形	shape/form (シェイプ/フォーム)
片付ける	clear (クリア)
片道の	one-way (ワンウェイ)
ガチョウ	goose (グース)
勝つ	win (ウィン)
学校	school (スクール)
家庭	home (ホウム)
角	corner (コーナー)
カナダ	Canada (キャナダ)
金物店	hardware store (ハードウェア ストア)
かなり	pretty (プリティ)
カニ	crab (クラブ)
金	money (マニィ)
化膿	infection (インフェクション)
可能性	possibility (パシビリティ)
カバン	bag (バァグ)
かぶ	turnip (ターニップ)
カフェオレ	café au láit (キャフェイ オウ レイ)
カフェテリア	cafeteria (キャフェテリア)
カプセル	capsule (キャプソル)
花粉症	hay fever (ヘイ フィーバー)
壁	wall (ウォール)
かぼちゃ	pumpkin (パンプキン)
かまいません	I don't mind. (アイ ドント マインド)
紙	paper (ペイパー)
神(特にキリスト教)	god (God) (ガッド)
カミソリ	razor (レイザー)
紙タオル	paper towel (ペイパー タウル)
雷	thunder/lightning (サンダー/ライトニング)

髪の毛	hair ヘァ		関係者	staff スタッフ
カメラ	camera キャメラ		歓迎する	welcome ウェルカム
鴨	duck ダック		観光	sightseeing サイトスィーイング
(〜する)かもしれない	may ... メィ		観光案内所	tourist information center トゥアリスト インフォメイション センター
カラーフィルム	color film カラー フィルム		観光客	tourist トゥアリスト
辛い	hot/spicy ハット スパイスィ		観光バス	sightseeing bus サイトスィーイング バス
カラオケ	karaoke カリィオゥキィ		韓国	Korea コリア
辛口の[酒類]	dry ドライ		韓国料理	Korean food コリアン フード
体	body バディ		感謝する	appreciate/thank アプリーシエイト サンク
カリカリした	crispy クリスピィ		勘定書	bill/check ビル チェック
カリフラワー	cauliflower カリフラウァー		感じる	feel フィール
借りる	borrow バロゥ		(〜に)関する	about ... アバウト
軽い	light ライト		関税	duty デューティ
画廊	gallery ギャラリィ		関節	joint ジョイント
川	river リバー		完全な	complete カンプリート
為替レート	exchange rate エクスチェインジ レイト		完全補償	full coverage フル カバリジ
(〜の)代わりに	instead of ... インステッド オブ		簡単な	easy/simple イーズィ スィンプル
考える	think スィンク		鑑定	appraisal アプレィザル
感覚	feeling フィーリング			

429

和英辞書

館内ツアー	guided tour ガイディッド トゥア
乾杯！	Cheers! チァズ

き

キーウィフルーツ	kiwi (fruit) キーウィ フルート
黄色／黄色い	yellow イェロウ
消える[火など]	go out ゴウ アウト
聞く	hear/listen ヒャ リスン
期限が切れる[契約など]	expire エクスパイァ
帰国する	go back home ゴウ バァク ホウム
きじ	pheasant フェザント
傷つける	damage/hurt/injure ダミッジ ハート インジュア
既製の	ready-made レディメイド
季節	season スィーズン
北	north ノース
期待する	expect エクスペクト
貴重品	valuables バァリュアブルズ
きつい	tight タイト
気付く	notice ノゥティス
切手	stamp スタァンプ
切符	ticket ティケット
切符売場	ticket office ティケット オフィス
機内持ち込み手荷物	carry-on baggage キャリィアン バァゲッジ
記入する	fill out フィル アウト
記念碑	monument マニュメント
記念日	anniversary アニバーサリィ
昨日	yesterday イェスタディ
機能する	work ワーク
厳しい	severe スィビァ
ギフトショップ（おみやげ店）	gift shop ギフト シャップ
客	guest ゲスト
規約	policy パリスィ
客室乗務員	flight attendant フライト アテンダント
キャッシャー	cashier キャッシャー
キャバレー	cabaret キャバレィ
キャベツ	cabbage キャベッジ

430

和英辞書

キャンセル／キャンセルする	cancel	キャンセル
キャンセル待ちの	standby	スタンドバイ
休暇	vacation	バケイション
救急車	ambulance	アンビュランス
救急箱	first-aid kit	ファーストエイド キット
休憩時間[劇場など]	intermission	インタミッション
急行列車	express train	エクスプレス トレイン
球場	stadium	スティディアム
旧跡	historic spot	ヒストリック スパット
宮殿	palace	パラス
牛肉	beef	ビーフ
牛乳	milk	ミルク
救命胴衣	life jacket	ライフ ジャケット
きゅうり	cucumber	キューカンバー
今日	today	トゥディ
競技する	play	プレイ
行事	event	イベント
兄弟	brother	ブラザー
郷土料理	local food	ロウクル フード
興味	interest	インタレスト
(〜に)興味がある	be interested in ...	ビ インタレスティッド イン
許可	permission	パーミション
居住者	resident	レズィデント
去年、昨年	last year	ラスト イヤ
距離	distance	ディスタンス
嫌い／嫌いだ	dislike	ディスライク
切り刻む	chop	チャップ
ギリシャ	Greece	グリース
切る／切り傷	cut	カット
着る	put on／wear	プット アン／ウェア
切れる[電球など]	burn out	バーン アウト
記録	record	レコード
金	gold	ゴウルド
銀	silver	スィルバー
緊急事態	emergency	イマージェンスィ
緊急電話	emergency call	イマージェンスィ コール

き〜き

和英辞書

緊急電話番号	emergency number イマージェンスィ ナンバー
金庫	safe セィフ
銀行	bank バァンク
禁ずる	forbid/prohibit フォビド プロヒビト
金融の	financial ファイナンシャル

■く

具合が悪い	feel sick/upset フィール スィック アプセット
空港	airport エァポート
空港税	airport tax エァポート タァクス
空港のポーター	skycap スカイキャップ
空室	vacancy ベィカンスィ
空車	available/for hire アベィラブル フォ ハィヤー
空白	blank ブランク
空腹の	hungry ハングリィ
クーポン	coupon クーパン
区画	block ブラック
くし	comb コゥム

くしゃみ／くしゃみする	sneeze スニーズ
苦情	complaint カンプレィント
薬	drug/medicine ドラッグ メディスン
果物	fruit フルート
口	mouth マウス
唇	lip リップ
口紅	lipstick リップスティク
靴	shoes シューズ
靴下	socks ソックス
靴屋	shoe store シュー ストァ
国	country カントリィ
国番号[国際電話]	country code カントリィ コゥド
首	neck ネック
組み合わせ	combo カンボゥ
曇りの	cloudy クラゥディ
グラス	glass グラス
クラッチ	clutch クラッチ
クラブ[ゴルフ]	club クラブ
繰り返す	repeat リピート

432

日本語	英語	発音
クリケット	cricket	クリケット
クリスマス	Christmas	クリスマス
クルーズ	cruise	クルーズ
くるぶし	malleolus	マリーァラス
車	car	カー
グレー／グレーの	gray	グレィ
グレープフルーツ	grapefruit	グレィプフルート
クレーム	complaint	カンプレィント
クレジットカード	credit card	クレディット カード
クレソン	watercress	ウォータークレス
黒／黒い	black	ブラック
クローク	cloakroom	クロウクルーム
加わる	join	ジョィン
くんせいにする	smoke	スモゥク

■ け

計画	plan	プラン
警告する	warn	ウォーン
警察	police	ポリース
警察官	police officer	ポリース オフィサー
警察署	police station	ポリース スティション
計算する	calculate	カルキュレィト
形式的に	formally	フォーマリィ
掲示する	post	ポゥスト
芸術	art	アート
軽食堂	snack bar	スナック バー
競馬	horse race	ホース レィス
ケーキ	cake	ケィク
ケーブルカー	(米)cable car／(英)funicular	ケィブル カー／フューニキュラー
けが	injury	インジュリィ
劇場	theater	スィアター
下剤	laxative	ラクセティブ
消しゴム	eraser	イレィザー
化粧品	cosmetic	カズメティクス
ケチャップ	ketchup	ケチャップ
血圧	blood pressure	ブラッド プレッシャー
血液型	blood type	ブラッド タィプ

和英辞書

欠如	lack	ラック
解熱剤	fever reducer	フィーバー レデューサー
下痢	diarrhea	ダイアリア
原因	cause	コーズ
検疫	quarantine	クォーランティーン
限界	limit	リミット
現金	cash	キャッシュ
言語	language	ラングウィッジ
健康	health	ヘルス
減少させる	reduce	リデュース
現像	development	ディベロップメント
現像する	develop	ディベロップ
現代美術	contemporary art	コンテンポラリィ アート
建築	architecture	アーキテクチャ
建築家	architect	アーキテクト
現地時間	local time	ロウクル タイム

こ

濃い[色]	dark	ダーク
請う	beg	ベッグ
公園	park	パーク
効果	effect	エフェクト
硬貨	coin	コイン
郊外	suburb	サバーブ
硬貨投入口	slot	スロット
高価な	expensive	エクスペンスィブ
交換手[電話]	operator	アペレイター
航空会社	airline	エアラインズ
航空病	airsickness	エアスィックネス
航空便	airmail	エアメイル
合計	amount/total	アマウント トウトル
工芸品	artifact	アーティファクト
高血圧	high blood pressure	ハイ ブラッド プレッシャー
高原	highland	ハイランド
高校	senior high school	スィニア ハイ スクール
交差点	intersection	インターセクション
公衆電話	pay phone	ペイ フォン
交渉する	negotiate	ニゴウシエイト

香辛料	spice スパイス
香辛料のきいた	spicy スパイスィ
香水	perfume パーヒューム
高速道路	(米) expressway/freeway エクスプレスウェイ フリーウェイ (英) motorway モゥターウェイ
紅茶	tea ティー
交通機関	transportation トランスポーティション
交通規制	traffic regulations トラフィック レギュレィションズ
交通事故	car accident/traffic accident カー アクスィデント トラフィック アクスィデント
交通渋滞	traffic jam トラフィック ジャム
交通(量)	traffic トラフィック
後頭部	occiput アクスィパット
購入する	buy/purchase バイ パーチェス
公認両替商	authorized foreign exchange オーソライズド フォーリン エクスチェインジ
幸福な	happy ハピィ
後方	back バァク
超えて	over オゥバー
(〜を)超える	go over ... ゴゥ オゥバー
コート[衣服]	coat コゥト
コート[空間]	court コート
コーヒー	coffee カフィ
コーヒーカップ	coffee cup カフィ カップ
コーヒーショップ	coffee shop カフィ シャップ
コーラ	coke コゥク
氷	ice cube アイス キューブ
凍る	freeze フリーズ
焦がす	burn バーン
小切手	check チェック
呼吸	breath ブレス
呼吸する	breathe ブリーズ
国際線	international flight インターナショナル フライト
国際的な	international インターナショナル
国際電話	international call インターナショナル コール
国際運転免許証	international driver's license インターナショナル ドライバーズ ライセンス

和英辞書

国内の	domestic	ドメスティク
午後	afternoon	アフターヌーン
ココア	cocoa	コゥコゥ
ここ／ここに	here	ヒャ
心	mind/heart	マインド／ハート
腰	hip	ヒップ
個室[列車]	compartment	カンパートメント
コショウ	pepper	ペパー
故障する	break down	ブレイク ダウン
故障中	out of order	アウト オブ オーダー
個人の	personal	パーソナル
個人用の	for one's own use	フォ ワンズ オウン ユース
小銭	change/small change	チェインジ／スモール チェインジ
5セント	nickel	ニコル
午前0時	midnight	ミッドナイト
国境	border	ボーダー
骨折	fracture	フラクチャ
小包	parcel	パースル
骨董品店	antique shop	アンティーク シャップ
古典絵画	classic art	クラスィック アート
〜ごとに	every	エブリィ
子供	child	チャイルド
断る	decline/refuse	ディクライン／リフューズ
粉状の	powdery	パウダリィ
好む	prefer	プリファー
小春日和	Indian summer	インディアン サマー
ごま	sesame	セサミィ
困っている	be in trouble	ビ イン トラブル
困らせる	bother	バザー
小道[山など]	trail	トレイル
ごみ箱	trash can	トラッシュ キャン
こめかみ	temple	テンプル
ゴルフ	golf	ゴルフ
コレクトコール	collect call	コレクト コール
ころぶ	fall down	フォール ダウン
コロンビア	Colombia	コロンビア
壊れもの	fragile	フラジャル
コンクリート	concrete	カンクリート

コンサート	concert
コンシェルジェ	concierge
コンセント	outlet
コンタクトレンズ	contact lens
困難	difficulty/trouble
こんにちは	Good afternoon./Hello./Hi!
今晩、今夜	tonight
こんばんは	Good evening.
コンビニ	convenience store

さ

サーカス	circus
サービス	service
サービス料	service charge
サーフィン	surfing
サーフボード	surfboard
(〜の)際	in case of ...
再確認する	reconfirm
サイクリング	cycling
在庫	stock
最終の	final
最終バス	last bus
最小の	minimum
最初の	first
最新の	latest
サイズ	size
最大の	maximum
最低料金	minimum charge
再入場する	reenter
再発行する	reissue
財布	wallet
材料	ingredient
サイン(標識)／署名する	sign
サイン(署名)	signature
サウジアラビア	Saudi Arabia
(〜を)さがす	look for ...

和英辞書

さ—し

魚	fish (フィッシュ)
酒屋	liquor store (リカ ストァ)
昨晩	last night (ラスト ナイト)
さくらんぼ	cherry (チェリィ)
サケ	salmon (サァモン)
座席	seat (スィート)
座席番号	seat number (スィート ナンバー)
サッカー	soccer/football (サカー フットボール)
雑誌	magazine (マガズィーン)
さつまいも	sweet potato (スウィート ポティトゥ)
サテン（しゅす）	satin (サァタン)
砂糖	sugar (シュガー)
砂漠	desert (デザート)
寒い	cold (コゥルド)
サメ	shark (シャーク)
さようなら	Goodbye. (グッドバイ)
皿	plate (プレイト)
サラダ	salad (サラッド)
さらに遠くに	further (ファーザー)
サル	monkey (マンキィ)
触る	touch (タッチ)
三脚	tripod (トライポッド)
サングラス	sunglasses (サングラスィズ)
酸素マスク	oxygen mask (アキシジェン マスク)
サンドイッチ	sandwich (サンドウィッチ)
残念ながら	unfortunately (アンフォーチュネトリィ)
残念ながら〜	I'm afraid .... (アイム アフレイド)

し

〜時	... o'clock (オクロック)
試合	game (ゲイム)
シーズンオフ	off season/slow season (オフ スィーズン スロゥ スィーズン)
シートベルト	seat belt (スィート ベルト)
シーフード	seafood (スィーフード)
寺院	temple (テンプル)
ジーンズ	jeans (ジーンズ)
シェリー	sherry (シェリィ)

日本語	英語	発音
塩	salt	ソールト
塩辛い	salty	ソルティ
市外局番	area code	エァリア コウド
市街地図	city map	スィティ マプ
自家製シチュー	home-style stew	ホウムスタイル ステュー
時間	time	タイム
時間[単位]／時刻	hour	アゥア
時間どおりに	on time	アン タイム
刺激物	stimulant	スティミュラント
事故	accident	アクスィデント
時刻表	timetable	タイムティブル
仕事	business	ビズィネス
時差	time difference	タイム ディファレンス
時差ボケ	jet lag	ジェット ラグ
指示	instruction	インストラクション
辞書	dictionary	ディクショナリィ
市場	market	マーケット
地震	earthquake	アースクウェイク
自身の	own	オウン
静かな	quiet	クワィエット
自然食	organic food	オーギャニック フード
持続的な	continuous	カンティーニュアス
舌	tongue	タン
～しだいである	depend on ...	ディペンド アン
～したいのですが	I'd like to	アイド ライク トゥ
親しい	intimate／close	インティメット クロウス
七面鳥	turkey	ターキィ
試着する	try on	トライ アン
試着室	fitting room	フィッティング ルーム
シチュー	stew	ステュー
市庁舎	city hall	スィティ ホール
質	quality	クォリティ
歯痛	toothache	トゥースエィク
しつこい	persistent	パースィスタント
知っている	know	ノウ
湿度	humidity	ヒューミディティ
実は	actually	アクチャリィ

和英辞書

質問	question	クエスチョン
室料	room charge	ルーム チャージ
失礼しました	Excuse me.	エクスキューズ ミ
指定席	reserved seat	リザーブド スィート

～してもいいですか？
Can I ...?/Could I ...?/May I ...?
キャナイ　　クド アイ　　メイ アイ

支店	branch	ブランチ
自動販売機	vending machine	ベンディング マシーン
市内電話	local call	ロゥクル コール
～しながら	over ...	オゥバー
品揃え	selection	セレクション
品物	item	アイテム
芝居	play	プレイ
支配人	manager	マネジャー
支払い	payment	ペイメント
支払う	pay	ペイ
しびれた	numb	ナム
紙幣	bill	ビル
島	island	アイランド
姉妹	sister	スィスター

(私が)～しましょうか？
Shall I ...?
シャル アイ

自慢料理[レストラン]	specialty	スペシャルティ
シミ	stain	スティン
地味な	plain	プレイン
事務所	office	オフィス
示す[方向]	point	ポイント
締め出す	lock out	ロック アゥト
閉める	close	クロゥズ
地元の	local	ロゥクル
シャーベット	sherbet	シャーベット

じゃあ、また
See you./See you later.
スィ ユ　　スィ ユ　レイター

じゃがいも	potato	ポティトゥ
市役所	municipal office	ミューニスパル オフィス
蛇口	faucet	フォースィット
ジャケット	jacket	ジャケット
車掌	(米)conductor/(英)guard	カンダクター／ガード

和英辞書

写真	picture ピクチャ	自由席	nonreserved seat ノンリザーブド スィート
写真を撮る	take pictures テイク ピクチャズ	終点	end エンド
ジャズクラブ	jazz club ジャズ クラブ	修道院	monastery マナステリィ
シャツ	shirt シャート	自由な	free フリー
シャッター	shutter シャッター	十分に	enough/fully イナフ フリィ
シャトルバス	shuttle bus/airport shuttle シャトル バス エアポート シャトル	週末	weekend ウィークエンド
		重要な	important インポータント
斜面	slope スロウプ	修理	repair リペア
シャワー	shower シャゥアー	修理工場[車]	auto repair shop オートゥ リペア シャップ
シャンパン	champagne シャンペイン		
州	state ステイト	修理する	fix /repair フィックス リペア
週	week ウィーク	祝祭日	national holiday ナショナル ホリディ
自由	freedom/liberty フリーダム リバーティ	宿泊する	stay スティ
習慣	custom/habit カスタム ハビット	手術	surgery サージェリィ
シュークリーム	cream puff クリーム パフ	出荷する	ship シップ
自由時間	free time フリー タイム	出血	bleeding ブリーディング
収集	collecting コレクティング	出血する	bleed ブリード
住所	address アドレス	出席する	attend アテンド
十字路	crossroads クロスロゥズ	10セント	dime ダイム

和英辞書

出発	departure ディパーチャー
出発する	depart/leave/start ディパート リーブ スタート
趣味	hobby ハビィ
主要な	main メイン
種類	kind カインド
瞬間	moment モゥメント
準備	preparation プリパレイション
準備ができた	ready レディ
(〜の)準備をする	prepare for ... プリペア フォ
小[サイズ]	small スモール
上演されている	be on ビ アン
上演する	perform パフォーム
しょうが	ginger ジンジャー
紹介する	introduce イントロデュース
小学校	elementary school/grade school エレメンタリィ スクール グレイド スクール
消化不良	indigestion インディジェスチョン
乗客	passenger パッセンジャー
状況	situation スィチュエイション
使用許可	approval アプルーバル
条件	condition カンディション
証拠	evidence エビデンス
正午	noon ヌーン
詳細	detail ディティル
錠剤	pill/tablet ピル タブレット
正直な	honest アネスト
商社	trading company トレィディング カンパニィ
症状	symptom スィンプタム
少々お待ちください	Just a moment[minute]. ジャスト ア モゥメント ミニット
少数の	a few ア フュ
醸造[ビールなど]	brewing ブルーイング
招待	inviting インバィティング
招待する	invite インバィト
承知しました	okay オゥケィ
使用中	occupied アキュパイド
消毒剤	antiseptic アンティセプティク

442

商品	goods (グッズ)
情報	information (インフォメイション)
消防署	fire station (ファイア スティション)
証明書	certificate (サーティフィケット)
(警察が発行する事故・盗難などの)証明書	police report (ポリース レポート)
醤油	soy sauce (ソイ ソース)
ショー	show (ショウ)
ショートケーキ	shortcake (ショートケイク)
職業	occupation (オキュペイション)
職業別電話帳	Yellow Pages (イェロウ ペイジズ)
食材	ingredient (イングリーディエント)
食事	meal (ミール)
食前酒	drinks before meal/aperitif (ドリンクス ビフォ ミール アパティーフ)
食中毒	food poisoning (フード ポイズニング)
食堂	dining room (ダイニング ルーム)
食堂車	dining car (ダイニング カー)
植物	plant (プラント)
植物園	botanical garden (ボタニカル ガーデン)
食欲	appetite (アペタイト)
食料品店	grocery store (グロウサリィ ストア)
初心者	beginner (ビギナー)
女性	woman (ウマン)
女性服店	women's clothing store (ウィミンズ クロウズィング ストア)
しょっぱい	salty (ソルティ)
ショッピングセンター	shopping mall (シャッピング モール)
処方箋	prescription (プリスクリプション)
署名	signature (スィグナチャ)
所有物	belonging/property (ビロンギング プラパーティ)
書類、用紙	form (フォーム)
調べる	check/find out (チェック ファインド アウト)
尻	buttocks (バタクス)
シルク	silk (スィルク)
白／白い	white (ホワイト)
城	castle (キャスル)
シンガポール	Singapore (スィンガポー)

和英辞書

し―す

心筋梗塞	heart attack/myocardial infarction	ハート アタック マィアカーディアル インファークション
シングルルーム	single room	スィングル ルーム
信号	(traffic) light	トラフィック ライト
人口	population	ポピュレイション
申告する(税関で)	declare	ディクレァ
申告書	declaration card	ディクラレイション カード
診察	examination	イグザミネイション
紳士	gentleman	ジェントルマン
ジンジャーエール	ginger ale	ジンジャ エィル
信じる	believe	ビリーブ
(〜を)申請する	apply for ...	アプライ フォ
親切	kindness	カィンドネス
新鮮な	fresh	フレッシュ
心臓	heart	ハート
寝台車	sleeping car	スリーピング カー
診断書	medical certificate	メディカル サーティフィケット
新年	new year	ニュー イヤ
心配する	worry	ワリィ

新聞	newspaper	ニューズペイパー

す

酢	vinegar	ビネガー
水泳	swimming	スウィミング
水彩画	watercolor	ウォーターカラー
スイス	Switzerland	スウィツァランド
水洗タンク	tank	タンク
水族館	aquarium	アクワリアム
スイッチ	switch	スウィチ
水分の多い	juicy	ジュースィ
スウェーデン	Sweden	スウェーデン
数字	figure	フィギュア
スーツ	suit	スーツ
スーツケース	suitcase	スーツケイス
スーパー	grocery store	グロウサリィ ストァ
スープ	soup	スープ
スカート	skirt	スカート
スカーフ	scarf	スカーフ

444

和英辞書

スキー	skiing スキーイング
ズキズキ痛む	throb スラブ
スキューバダイビング	scuba diving スクーバ ダイビング
少なくとも	at least アト リースト
すぐに	immediately イミーディアットリィ
スクランブルエッグ	scrambled eggs スクランブルド エッグズ
スケート	skating スケイティング
スケジュール	schedule スケジュール
少しの	a few/a little ア フュウ ア リトル
過ごす	spend スペンド
スコッチ	scotch スカッチ
寿司屋	sushi bar スシ バー
進む	proceed/step プロスィード ステップ
勧める	recommend リコメンド
スタンド	lamp ランプ
スチュワーデス	stewardess/flight attendant ステューアーデス フライト アテンダント
頭痛	headache ヘディク
ずっと、始めから終わりまで	through スルー
酸っぱい	sour サウァ
ステーキ	steak スティク
すてきな	nice ナイス
すでに	already オールレディ
(パンティ)ストッキング	(米)pantyhose/(英)tights パンティホゥズ タイツ
砂	sand サンド
スニーカー	sneakers スニーカーズ
スパゲッティ	spaghetti スパゲティ
すばらしい	excellent/great/fine エクセレント グレイト ファイン
スピード違反	speeding スピーディング
スピードを落とす	slow down スロウ ダウン
スプーン	spoon スプーン
スフレ	souffle スーフレィ
スペイン	Spain スペイン

和英辞書

スペイン料理	Spanish food スパニッシュ フード
すべて	everything エブリスィング
すべての	all/whole オール ホウル
すべりやすい	slippery スリッパリィ
ズボン	(米)pants/(英)trousers パンツ トラウザーズ
炭火で焼く	charbroil チャーブロイル
すみません[呼びかけ]	Excuse me./Pardon me. エクスキューズ ミ パードン ミ
すみません[あやまる]	I'm sorry. アイム ソリィ
住む	live リブ
すり	pickpocket ピックパケット
鋭い	sharp シャープ
座る	sit スィット
寸法を直す	alter オルター

■ せ

(〜の)生家	birthplace of ... バースプレイス オブ
生活	life ライフ
税関	customs カスタムズ
税関申告書	customs declaration form カスタムズ ディクラレイション フォーム
請求	request リクエスト
請求書	bill ビル
請求する	charge チャージ
税金	tax タックス
税金払い戻し申告書	duty-reimbursement form デューティリーインバースメント フォーム
清潔な	clean クリーン
制限速度	speed limit スピード リミット
税込みの	after tax アフター タックス
精算する	cash out キャッシュ アウト
正常な	normal ノーマル
(〜に)精通している	be familiar with ... ビ ファミリィア ウィズ
税抜きの	before tax ビフォ タックス
生年月日	date of birth デイト オブ バース
製氷機	ice machine アイス マシーン
性別	sex セクス

姓名	full name	フル ネィム
西洋わさび	horseradish	ホースラディシュ
セーター	sweater	スウェター
世界	world	ワールド
咳	cough	コフ
責任(過失)	fault	フォールト
責務	liability	リァビリティ
石けん	soap	ソゥプ
接続	connection	カネクション
接続する	connect	カネクト
設備	facility	ファスィリティ
説明する	explain	エクスプレイン
節約する	save	セィブ
背中	back	バァク
ゼリー	(米) jello / (英) jelly	ジェロゥ / ジェリィ
セロリ	celery	セロリィ
(〜の)世話をする	take care of ...	テイク ケァ オブ
栓	plug	プラグ
前衛芸術	avant-garde art	アーバンガード アート
前菜	appetizer	アパタイザー
戦争	war	ウォー
ぜんそく	asthma	アズマ
全体の	whole/total	ホゥル トゥトル
洗濯	cleaning/wash	クリーニング ワシュ
選択	choice	チョイス
センチメートル	centimeter	センチミーター
栓抜き	bottle opener	バトル オゥプナー
前方に	ahead	アヘッド
前方の	front	フラント
洗面台	sink	スィンク

そ

像、彫像	statue	スタテュー
増加	increase	インクリース
総額	amount/total	アマゥント トゥトル
送迎バス	bus service	バス サービス
掃除	cleaning	クリーニング

和英辞書

掃除する	clean	クリーン
想像する	imagine	イマジン
相場	going rate	ゴウイング レイト
ソース	sauce	ソース
ソーセージ	sausage	ソースィジ
(〜に)属する	belong to ...	ビロング トゥ
速達便	express mail	エクスプレス メイル
速度計	speedometer	スピダメター
そこ／そこに	there	ゼア
組織	organization	オーガニゼイション
育てる	raise	レイズ
率直な	frank	フランク
袖	sleeve	スリーブ
そのとおりです	That's right.	ザッツ ライト
祖父	grandfather	グランドファーザー
ソフトドリンク	soft drink	ソフト ドリンク
祖母	grandmother	グランドマザー
空	sky	スカイ
損害	damage	ダミッジ

■ た

ターミナル	terminal	ターミナル
タイ	Thailand	タイランド
大[サイズ]	large	ラージ
体温	temperature	テンパラチャー
体温計	thermometer	サーマミター
大学	university/college	ユーニバーセティ／カリッジ
だいこん	daikon/radish	ダイコン／ラディッシュ
滞在／滞在する	stay	スティ
大寺院	abbey	アビィ
大使館	embassy	エンバスィ
対人対物保険	liability insurance	ライアビリティ インシュアランス
大聖堂	cathedral	キャスィドラル
だいたい	about/around	アバウト／アラウンド
大統領	president	プレズィデント
台所	kitchen	キチン
台風	typhoon	タイフーン
大部分は	mostly	モウストリィ

448

和英辞書

題名	title タイトル
タイヤ	tire タイア
タイヤのパンク	flat tire フラット タイア
ダイヤルする	dial ダイアル
太陽	sun サン
ダウンタウン	downtown ダウンタウン
絶え間ない	constant カンスタント
タオル	towel タウル
滝	fall/waterfall フォール ウォーターフォール
たくさんの	many/a lot of メニィ ア ラット オブ
タクシー	cab/taxi キャブ タァクスィ
タクシー乗り場	taxi stand タァクスィ スタンド
確かに	definitely ディフィニットリィ
出す［料理］	serve サーブ
助け	help ヘルプ
助ける	help/assist/save ヘルプ アスィスト セィブ
尋ねる	ask アスク
訪ねる	visit ビズィット
正しい	correct/right コレクト ライト
立入禁止	keep out/no admittance キープ アウト ノウ アドミタンス
たちくらみ	light-headedness ライトヘッディドネス
立ち見席	standing room スタンディング ルーム
脱臼	dislocation ディスロケイション
達成する	achieve アチーブ
たった一つ（一人）の	single/only スィングル オゥンリィ
立っている	stand スタンド
建物	building ビルディング
建てる	build ビルド
谷	valley バリィ
楽しい	pleasant/enjoyable プレザント エンジョィアブル
楽しむ	enjoy エンジョィ
頼む	ask アスク
タバコ	cigarette/tobacco シガレット タバコゥ
タバコを吸う	smoke スモゥク
ダブルルーム	double room ダブル ルーム
たぶん	maybe メィビ

449

和英辞書

食べ放題の	all-you-can-eat（オールユキャンイート）
食べる	eat（イート）
食べる（音を立てて）	slurp（スラープ）
打撲	blow/contusion（ブロウ／カンテューション）
卵	egg（エッグ）
たまねぎ	onion（アニアン）
試す	try（トライ）
頼りにする	count on ...（カウント アン）
タルト	tart（タート）
誰か	someone/anyone（サムワン／エニィワン）
タワー	tower（タゥァー）
単語	word（ワード）
炭酸飲料	soda（ソゥダ）
短所	demerit（ディメリット）
誕生日	birthday（バースディ）
男性服店	men's clothing store（メンズ クロウズィング ストァ）
団体	party（パーティ）
団体割引	group discount（グループ ディスカウント）

ち

暖房	heating（ヒーティング）
血	blood（ブラッド）
地域	area/district/region（エァリァ ディストリクト リージャン）
小さい	small（スモール）
小さく砕く	chip（チップ）
チーズケーキ	cheesecake（チーズケィク）
チーム	team（ティーム）
チェックアウトする	check out（チェック アゥト）
チェックインする	check in（チェック イン）
チェックする	check（チェック）
地下	basement（ベイスメント）
(〜に)近い	close to .../near ...（クロゥス トゥ ／ ニャ）
違い	difference（ディファレンス）
近くに	near by（ニャ バイ）
近くの	near（ニャ）
(〜とは)違った	different from ...（ディファレント フロム）

地下鉄	(米)subway / (英)underground サブウェイ　アンダグラウンド
近道	shortcut ショートカット
地球	earth アース
チクチクする	pricking プリキング
知識	knowledge ナリッジ
地図	map マップ
父	father ファーザー
地中海料理	Mediterranean food メディタレィニァン　フード
チップ	tip ティップ
チップ[カジノ]	chip チップ
地平線	horizon ホライズン
茶	tea ティー
着陸する	land ランド
中[サイズ]	medium ミーディアム
注意して見る	watch ワッチ
中学校	junior high school ジュニア　ハイ　スクール
中華料理	Chinese food チャイニーズ　フード
中くらいの	medium ミーディアム
中国	China チャイナ
中古車	used car ユーズド　カー
注射	shot シャット
駐車場	(米)parking lot / (英)car park パーキング　ラット　　カー　パーク
駐車する	park パーク
抽象芸術	abstract art アブストラクト　アート
昼食	lunch ランチ
中2階	mezzanine メザニーン
注文／注文する	order オーダー
長期	long term ロング　ターム
長距離電話	long-distance call ロングディスタンス　コール
彫刻	sculpture スカルプチャ
長所	merit メリト
朝食	breakfast ブレクファスト
朝食付き	with breakfast ウィズ　ブレクファスト
調整する	control / adjust カントロウル　アジャスト
ちょうど	just / right ジャスト　ライト

451

和英辞書

直接に	directly	ディレクトリィ
チョコレート	chocolate	チャカレト
直行便	nonstop	ナンスタップ
散らかす	litter	リター

■つ

ツアー	tour	トゥア
追加する	add to	アド トゥ
追加の	additional/extra	アディショナル エクストラ
(〜に)ついて	about ...	アバウト
ツインルーム	twin room	トゥイン ルーム
通貨	currency	カレンスィ
通貨申告	currency declaration	カレンスィ ディクラレイション
通過する	pass	パス
通常	usually	ユージュアリィ
通訳	interpreter	インタープリター
通訳する	interpret	インタープリト
通路	aisle	アイル
使う	use	ユーズ
捕まえる	catch	キャッチ
つかみ取る	grab	グラブ
疲れた	tired	タイアード
月	moon	ムーン
(〜に)つき	per ...	パ
(〜の)突き当たり	the end of ...	ジ エンド オブ
次の	next	ネクスト
つきゆび	sprained finger	スプレインド フィンガー
机	desk	デスク
作る	make	メイク
つけ／つけにする	charge	チャージ
続く	last	ラスト
(〜し)続ける	keep 〜ing	キープ イング
続ける	continue	カンティニュー
包む	wrap	ラップ
つづる	spell	スペル
つばめ	swallow	スワロゥ
妻	wife	ワイフ

爪先	toe トゥ
爪	nail ネィル
詰め込む	stuff スタッフ
詰める[長さ]	shorten ショートゥン
詰める[幅]	take in テイク イン
(〜する)つもりだ	be going to ... ビ ゴウイング トゥ
強い	strong ストロング
釣り	fishing フィッシング
釣り銭	change チェィンジ

て

手	hand ハンド
提案	suggestion サジェスチョン
提案する	suggest サジェスト
T-シャツ	T-shirt ティーシャート
ティースプーン	teaspoon ティースプーン
ティーバッグ	tea bag ティー バァグ
庭園	garden ガーデン
低カロリーの	low-calorie/low-cal ロウキャロリィ ロウキャル
定期の	regular レギュラー
ディスカウントショップ	discount shop ディスカウント シャップ
ディスコ	disco ディスコウ
ディナー	dinner ディナー
ディナークルーズ	dinner cruise ディナー クルーズ
ディナーショー	dinner show ディナー ショウ
停留所	stop スタップ
テーブル	table ティブル
手がかり	clue クルー
手紙	letter レター
手軽な	light ライト
(〜で)できている	be made of ... ビ メイド オブ
適度に	reasonably リーズナブリィ
〜できますか？	Can I ...? キャナィ
できる限り	possibly パスィブリィ

和英辞書

て

できるだけ早く	as soon as possible	アズ スーン アズ パスィブル
出口	exit	エグズィット
手首	wrist	リスト
デザート	dessert	デザート
デザイン	design	デザイン
手数料	commission	カミション
手帳	notebook	ノゥトブック
手付金	deposit	ディパズィット
手伝う	help/assist	ヘルプ アスィスト
鉄道	(米)railroad/(英)railway	レィルロゥド レィルウェィ
鉄道線路	track	トラック
出ていく	get out	ゲット アゥト
テニス	tennis	テニス
手荷物	baggage	バァゲッジ
手荷物預かり所	cloakroom	クロゥクルーム
手荷物預かり証	claim tag	クレィム タァグ
デパート	department store	ディパートメント ストァ
手配する	arrange	アレィンジ
手袋	gloves	グラブズ
デリカテッセン	delicatessen	デリカテスン
テレビ	television/TV	テレビジョン ティビィ
テレフォンカード	calling card	コーリング カード
店員	clerk/sales person	クラーク セィルズ パーソン
天気	weather	ウェザー
電球	light bulb	ラィト バルブ
天気予報	weather forecast	ウェザー フォァキャスト
伝言	message	メスィジ
展示する	display	ディスプレィ
電車の時刻表	train schedule	トレィン スケジュール
天井	ceiling	スィーリング
添乗員	conductor	カンダクター
点線	dotted line	ダッティッド ライン
電池	battery	バァテリィ
電報	telegram	テレグラム
デンマーク	Denmark	デンマーク
展覧会	exhibition	エクスィビション
電話	telephone	テレフォン

454

和英辞書

電話線	line ライン
電話帳	telephone book/directory テレフォン ブック ディレクトリィ
電話番号	phone number フォン ナンバー
電話ボックス	(米)telephone booth テレフォン ブース (英)telephone box テレフォン バックス
電話をかける	call/make a call/ring コール メイク ア コール リング

と

ドア	door ドァ
ドアマン	doorman ドアマン
ドイツ	Germany ジャーマニー
ドイツ料理	German food ジャーマン フード
トイレ	bathroom/rest room バァスルーム レスト ルーム
同意する	agree アグリー
どういたしまして	My pleasure./You're welcome. マィ プレジャ ユア ウェルカム
唐辛子	red pepper レッド ペパー
投函する	(米)mail/(英)post メイル ポゥスト
陶器	pottery/china パタリィ チャイナ
道具	equipment エクイップメント
搭乗	boarding ボーディング
搭乗券	boarding pass ボーディング パァス
搭乗手続きをする	check in チェック イン
どうぞ	Go ahead. ゴゥ アヘッド
到着する	arrive アライブ
(〜は)どうですか？	How about ...? ハゥ アバウト
盗難	theft セフト
盗難証明書	theft report セフト レポート
同伴する	come along カム アロング
同封する	enclose インクロゥズ
動物	animal アニマル
動物園	zoo ズー
とうもろこし	corn コーン
道路	road ロゥド

455

遠い	far ファー	とにかく	anyway エニィウェイ
トースト	toast トゥスト	飛ぶ	fly フライ
通り	street ストリート	跳ぶ	jump ジャンプ
(〜を)通り抜けて	through ... スルー	徒歩で	on foot アン フット
時々の	occasional オケィジョナル	トマト	tomato トメイトゥ
読書灯	reading light リーディング ライト	泊まる	stay スティ
特製品[店]	specialty スペシャルティ	止まる	stop スタップ
特に	in particular イン パティキュラー	止める[車]	pull up プル アップ
特売で	on sale アン セィル	友達	friend フレンド
特売店	discount store ディスカウント ストア	ドラッグストア	drugstore ドラッグストア
特別な	special スペシャル	トラベラーズチェック	traveler's check トラベラーズ チェック
時計	clock クラック	トランク	(米)trunk/(英)boot トランク ブート
どこか	somewhere/anywhere サムフェア エニィフェア	トランジットパス	transit pass トランズィット パァス
どこでも	everywhere/anywhere エブリィフェア エニィフェア	鳥	bird バード
図書館	library ライブラリィ	取り替える	exchange エクスチェインジ
土地	land ランド	取り消す	cancel キャンセル
途中下車	layover/stopover レイオゥバー スタップオゥバー	取り出す	get out ゲット アウト
特急列車	limited express リミテッド エクスプレス	鶏肉	chicken チキン
届ける	deliver デリバー		

和英辞書

トルコ	Turkey	ターキィ
トレイ	tray	トレイ
トレーナー	sweatshirt	スウェットシャート
ドレッシング	dressing	ドレスィング
どろぼう	thief	スィーフ

■ な

内出血	internal bleeding	インターナル ブリーディング
内線[電話]	extension	エクステンション
ナイトクラブ	nightclub	ナイトクラブ
ナイトテーブル	nightstand	ナイトスタンド
ナイフ	knife	ナィフ
内部	inside	インサイド
内野席	infield stands	インフィールド スタンズ
内容	contents	カンテンツ
ナイロン	nylon	ナィロン
長い	long	ロング
長くする	lengthen	レングセン
長さ	length	レングス
長袖	long sleeves	ロング スリーブズ
仲間	fellow	フェロウ
眺め	view	ビュー
流れる	flush	フラッシュ
泣く	cry	クラィ
なくす	lose	ルーズ
なす	eggplant	エッグプラント
夏	summer	サマー
ナプキン	napkin	ナプキン
ナプキンリング	napkin ring	ナプキン リング
名前	name	ネィム
生焼けの(肉が)	rare	レァ
涙	tear	ティア
軟膏	ointment	オィントメント

■ に

におう／におい	smell	スメル
2階	(米)second floor／(英)first floor	セカンド フロァ／ファースト フロァ

和英辞書

に

苦い	bitter	ビター
肉	meat	ミート
荷車	cart	カート
逃げる	escape	イスケイプ
西	west	ウェスト
虹	rainbow	レインボウ
25セント	quarter	クウォーター
偽物	imitation	イミテイション
日没	sunset	サンセット
日記	diary	ダイアリィ
2倍	twice	トワイス
鈍い	dull	ダル
日本	Japan	ジャパン

日本大使館　Japanese Embassy
ジャパニーズ　エンバスィ

日本領事館　Japanese Consulate
ジャパニーズ　カンスレット

荷物	baggage	バァゲッジ
荷物棚	overhead bin	オウバーヘッド ビン
荷物引換証	claim tag	クレイム タァグ
入院している	be hospitalized	ビ ハスピタライズド
入国	immigration	イミグレイション
入国カード	immigration form	イミグレイション フォーム
ニュージーランド	New Zealand	ニュー ズィーランド

入場料　admission/entrance fee
アドミッション　エントランス　フィー

| 庭 | garden | ガーデン |

(〜に)人気がある　be popular with ...
ビ　パピュラー　ウィズ

人形	doll	ドール
にんじん	carrot	キャロット
にんにく	garlic	ガーリック

ぬ

ぬいぐるみ	stuffed animal	スタッフト アニマル
脱ぐ	take off	テイク オフ
盗む	steal	スティール
濡れた	wet	ウェット

■ ね

ネクタイ	tie	タイ
ネクタイピン	(米)tiepin/(英)scarfpin	タイピン / スカーフピン
ねじる	twist	トゥイスト
値段	price	プライス
熱	fever	フィーバー
ネックレス	necklace	ネックレス
ネット裏	groundstands	グラウンドスタンズ
値引き／値引きする	discount	ディスカウント
値札	price tag	プライス タッグ
眠い	sleepy/drowsy	スリーピィ / ドラウズィ
眠る	sleep	スリープ
捻挫	sprain	スプレイン
年中行事	annual event	アニュアル イベント

■ の

脳	brain	ブレイン
濃厚な味の	rich	リッチ
農場	farm	ファーム
(〜を)除いて	except ...	エクセプト
望み／望む	hope	ホウプ
ノック／ノックする	knock	ナク
ノド	throat	スロゥト
ノドが渇いた	thirsty	サースティ
伸ばす[長さ]	lengthen	レングセン
飲み込む	swallow	スワロゥ
飲み物／飲む	drink	ドリンク
乗り遅れる	miss	ミス
乗り換える	transfer	トランスファ
乗り捨てる[レンタカー]	drop off	ドロップ オフ
乗り継ぎの便	connecting flight	コネクティング フライト
乗る	get on/ride	ゲット アン / ライド

■ は

歯	tooth/teeth(複)	トゥース / ティース

和英辞書

は―は

バー	bar (バー)
場合	case/occasion (ケイス / オケィジョン)
バーゲン	sale (セイル)
パーティ	party (パーティ)
バーボン	bourbon (バーボン)
ハイウェイ	highway (ハイウェイ)
ハイキング	hiking (ハイキング)
バイキング	buffet (バフェィ)
灰皿	ashtray (アシュトレイ)
歯医者	dentist (デンティスト)
パイナップル	pineapple (パイナプル)
(〜へ)入る	enter ... / come into ... / go into ... (エンター / カム イントゥ / ゴウ イントゥ)
ハガキ	postcard (ポゥストカード)
測る	measure (メジャー)
吐き気	nausea (ノーズィア)
パキスタン	Pakistan (パキスタン)
吐く[食べた物]	throw up / vomit (スロウ アップ / ボミット)
博物館	museum (ミューズィアム)
博覧会	fair / exhibition (フェアー / エクスィビション)
箱	box / case (バックス / ケイス)
運ぶ	carry (キャリィ)
橋	bridge (ブリッジ)
はし	chopsticks (チョップスティックス)
始まる	begin (ビギン)
はじめまして	Nice to meet you. (ナイス トゥ ミーチュ)
パジャマ	(米)pajamas / (英)pyjamas (パジャーマズ / パジャーマズ)
場所	place (プレイス)
場所をつきとめる	locate (ロウケイト)
走る	run (ラン)
バス(風呂)	bath (バァス)
バス(乗物)	bus (バス)
バスケットボール	basketball (バスケットボール)
バスターミナル	bus depot (バス ディポゥ)
バス停	bus stop (バス スタップ)

バスの時刻表	bus schedule	バス スケジュール
パスポート	passport	パスポート
パスポート審査	passport control	パスポート カントロゥル
バスマット	bath mat	バァス マット
肌	skin	スキン
肌寒い	chilly	チリィ
働く	work	ワーク
バッグ	bag	バァグ
バッテリー	battery	バァテリィ
派手な	flashy	フラシィ
鳩	pigeon	ピジョン
花	flower	フラゥワ
鼻	nose	ノゥズ
話	story	ストーリィ
話す	speak/talk/tell	スピーク トーク テル
バナナ	banana	バナァナ
花屋	florist	フローリスト
母	mother	マザー
パパイヤ	papaya	パパィヤ
幅が狭い	narrow	ナロゥ
パフェ	parfait	パーフェィ
歯ブラシ	toothbrush	トゥースブラッシュ
歯ミガキ	toothpaste	トゥースペイスト
早い／早く	early	アーリィ
速い	fast/quick	ファスト クィック
速く	fast/quickly	ファスト クィックリィ
林	woods	ウッズ
腹	stomach	スタマック
払い戻し	refund/reimbursement	リファンド リーインバースメント
払い戻しのきかない	nonrefundable	ノンリファンダブル
バリバリという	crunchy	クランチィ
春	spring	スプリング
はるばる	all the way	オール ザ ウェィ
パレード	parade	パレィド
晴れの	fine	ファィン

和英辞書

は-ひ

日本語	英語	カタカナ
パン	bread	ブレッド
〜版	... version	バージョン
版画	print	プリント
繁華街	downtown	ダウンタウン
ハンカチ	handkerchief	ハンカチーフ
ハンガリー	Hungary	ハングリィ
パンクした	flat	フラット
番号	number	ナンバー
犯罪	crime	クライム
パン皿	bread plate	ブレッド プレート
ばんそうこう	adhesive tape	アドヒースィブ テイプ
半袖	short sleeves	ショート スリーブズ
反対する	oppose	オポウズ
ハンディキャップ	handicap	ハンディキャップ
半島	peninsula	ペニンシュラ
ハンドバッグ	handbag/purse	ハンドバッグ/パース
ハンドル	steering wheel	スティアリング ウィール
半日	half-day	ハーフデイ
半人前	half portion	ハーフ ポーション
ハンバーガー	hamburger	ハンバーガー
販売	sale	セイル
パンフレット	brochure	ブロウシュア
半分	half	ハーフ
パン屋	bakery	ベイカリィ

ひ

日本語	英語	カタカナ
日	day	デイ
火	fire	ファイア
ヒーター	heater	ヒーター
ビーチ	beach	ビーチ
ビール	beer	ビア
被害者	victim	ビクティム
日帰り旅行	day trip	デイ トリップ
比較する	compare	カンペア
皮革製品	leather goods	レザー グッズ
日傘	parasol	パラソル
東	east	イースト
非居住者	nonresident	ナンレズィデント

引く	pull (プル)
低い	low (ロゥ)
ピクニック	picnic (ピクニック)
飛行機	plane (プレィン)
ひざ	knee (ニー)
ビザ(査証)	visa (ビーザ)
ひじ	elbow (エルボゥ)
美術	fine art (ファイン アート)
美術館	(art) museum (アート ミューズィアム)
非常口	emergency exit (イマージェンスィ エグズィット)
額	forehead (フォヘッド)
(少し)浸す	dip (ディップ)
左／左の	left (レフト)
左側に	on the left (アン ザ レフト)
左に曲がる	make a left (メィク ア レフト)
日付	date (ディト)
羊肉	mutton (マトン)
(〜する)必要がある	need to ... (ニートゥ)
必要とする	need (ニード)
必要な	necessary (ネセサリィ)
人	person (パーソン)
ひどい	bad (バァド)
ひどく	badly (バァドリィ)
1組の〜	a pair of .../a set of (ア ペァ オブ／ア セット オブ)
(フィルムの)1コマ	exposure (エクスポゥジュア)
人々	people (ピープル)
瞳	pupil (ピューブル)
ひとりで	alone (アロゥン)
1人部屋	single room (スィングル ルーム)
日の出	sunrise (サンライズ)
日焼け止めクリーム	sunscreen (サンスクリーン)
病院	hospital (ハスピタル)
美容院	salon (サラン)
病気	disease (ディズィーズ)
表現する	express (エクスプレス)
標識	sign (サイン)
ビル	building (ビルディング)
昼の部	matinee (マティネィ)

広い	large/wide (ラージ／ワイド)
ビロード	velvet (ベルベット)
広げる[衣服の幅]	let out (レット アウト)
広場	square (スクウェア)
びん	bottle (バトル)
便	flight (フライト)
敏感な	sensitive (センスィティブ)
貧血	anemia (アニーミァ)
便箋	stationery (スティショネリィ)
頻繁な	frequent (フリークウェント)

ふ

ファーストクラス	first class (ファースト クラス)
ファーストフード	fast food (ファスト フード)
フィリピン	the Philippines (ザ フィラピーンズ)
フィルム	film (フィルム)
フィンランド	Finland (フィンランド)
風景	view (ビュー)
(長い)ブーツ	(high) boots (ハィ ブーツ)
封筒	envelope (エンベロップ)
プール	swimming pool (スウィミング プール)
フォーク	fork (フォーク)
深い	deep (ディープ)
付加価値税(VAT)	VAT (=Value Added Tax) (ブィエィティ バリュー アディド タクス)
不可能な	impossible (インパスィブル)
服	clothes (クロウズ)
副作用	side effects (サィド エフェクツ)
服装の決まり	dress code (ドレス コゥド)
腹痛	stomachache (スタマッケイク)
含む	include (インクルード)
ふくらはぎ	calf (カーフ)
服を着る	dress (ドレス)
侮辱	offense (オフェンス)
婦人	lady (レィディ)
ふた(箱・ナベなどの)	lid (リッド)
舞台	stage (スティジ)
再び	again (アゲン)

和英辞書

2つの〜	a couple of ... アカップル オブ
豚肉	pork ポーク
負担[費用]	share シェア
普段着の	casual カジュアル
普通席[乗物]	coach コウチ
普通でない	unusual アニュージュアル
普通の	usual ユージュアル
普通郵便[航空便以外]	surface mail サーフィス メイル
普通列車	local train ロウクル トレイン
物価	prices プライスィズ
ぶつける	hit ヒット
フットボール	football フットボール
埠頭	pier/wharf ピャ ウォーフ
ぶどう	grape グレイプ
太もも	thigh サイ
船便	surface mail サーフィス メイル
船酔いの	seasick スィースィック
船	boat/ship ボウト シップ
吹雪	blizzard/snowstorm ブリザード スノウストーム
部分	part パァト
冬	winter ウィンター
フライドチキン	fried chicken フライド チキン
フライドポテト	French fries フレンチ フライズ
ブラインド	shade シェイド
ブラウス	blouse ブラウス
ブラジル	Brazil ブラズィル
フラッシュ	flash フラッシュ
プラットフォーム	platform プラットフォーム
フランス	France フランス
フランス料理	French food フレンチ フード
ブランデー	brandy ブランディ
ブランド	brand ブランド
フリーマーケット	flea market フリー マーケット
プリン	(米)pudding/(英)creme caramel プディン クリム キャラメル
古い	old オウルド
ブレーキ	brake ブレイク

465

日本語	英語	カタカナ
ブレザー	blazer	ブレイザー
ブレスレット	bracelet	ブレィスレト
触れる	touch	タッチ
ブローチ	brooch	ブロゥチ
ブロッコリー	broccoli	ブラコリィ
フロント	front desk	フラント デスク
分	minute	ミニット
文化	culture	カルチャー
紛失した	missing	ミスィング
噴水	fountain	ファウンテン
文房具店	stationary store	スティショネリィ ストア

へ

日本語	英語	カタカナ
ヘアブラシ	hairbrush	ヘァブラシュ
塀	wall	ウォール
閉館時間	closing time	クロゥズィング タイム
閉鎖する	shut up	シャラップ
ベーコン	bacon	ベイコン
へそ	navel	ネィバル
別館	annex	アネクス
ベッド	bed	ベッド
ヘッドホン	headset	ヘッドセット
別の	another/different	アナザー ディファレント
別々の	separate	セパレット
別料金	extra charge	エクストラ チャージ
ベトナム料理	Vietnamese food	ベトナミーズ フード
べとべとした	sticky	スティッキィ
部屋	room	ルーム
ベルギー	Belgium	ベルジャム
ベルト	belt	ベルト
(円形)ベルトコンベヤー[空港]	carousel	キャラセル
変更する	change	チェインジ
便座	toilet seat	トィレット スィート
返済	repayment	リペイメント
返事／返事をする	answer	アンサー
ペンダント	pendant	ペンダント

便秘	constipation カンスティペイション
返品する	return リターン
便利に	conveniently カンビーニェントリィ

ほ

方向	direction ディレクション
報告する	inform/report インフォーム レポート
帽子	hat ハァト
宝石店	jewelry store ジューエルリィ ストァ
包帯	bandage バンディジ
方法	way ウェィ
ボウリング場	bowling alleys ボウリング アリィズ
ボウリングをする	bowl ボウル
ほうれん草	spinach スピニッチ
ほお	cheek チーク
ボーイ	bellboy ベルボーイ
ポーチドエッグ	poached eggs ポーチト エッグズ
ホーム[駅]	platform プラットフォーム
ポーランド	Poland ポーランド
ボールペン	ballpoint pen ボールポイント ペン
他に	else エルス
他の	other アザー
保険	insurance インシュアランス
保険会社	insurance company インシュアランス カンパニィ
保険契約証	insurance policy インシュアランス パリスィ
保険に入っている	be insured ビ インシュアド
保険の対象とする	cover カバー
星	star スター
欲しい	want ワント
保証書[品質]	warranty ワランティ
補償範囲[保険]	coverage カバリジ
ポスト	(米)mailbox/(英)postbox メイル バックス ポゥストバックス
ボタン	button バトゥン
墓地	cemetery セメタリィ
補聴器	hearing aid ヒャリング エィド
ポット	pot パット
ホットドッグ	hot dog ハット ドッグ

和英辞書

ホテル	hotel	ホウテル
歩道	(米)sidewalk / (英)pavement	サイドウォーク / ペイブメント
ほとんど	almost	オールモゥスト
骨	bone	ボーン
ポリエステル	polyester	パリエスター
ポルトガル	Portugal	ポーチュガル
ポロシャツ	polo shirt	ポゥロゥ シャート
本	book	ブック
本革	real leather	リアル レザー
本館	main building	メィン ビルディング
ポンド(=約454グラム)	pound	パウンド
本当に	really	リアリィ
本屋	bookstore	ブックストァ
翻訳する	translate	トランスレイト

■ ま

毎日	every day	エブリィ デイ
(〜の)前に	in front of ...	イン フラント オブ
前売券	advance ticket	アドバンス ティケット
前金	deposit	ディパズィット
前もって	in advance	イン アドバンス
曲がる	turn	ターン
巻尺	measuring tape	メジャリング ティプ
まくら	pillow	ピロゥ
マグロ	tuna	テュナ
孫	grandchild	グランドチャイルド
マスク	mask	マスク
マスタード	mustard	マスタード
まだ	still / yet	スティル / イェット
街	city / town	スィティ / タウン
待合室	waiting room	ウェイティング ルーム
間違い	mistake	ミスティク
間違った	wrong	ローング
マチネー	matinee	マティネィ
待つ	wait	ウェイト
まつげ	eyelash	アイラッシュ
マッシュルーム	mushroom	マッシュルーム

まっすぐな／まっすぐに	straight ストレイト
まったく	completely カンプリートリィ
まったく〜ない	not at all ナッタアトオール
祭	festival フェスティバル
窓、窓口	window ウィンドゥ
学ぶ	learn ラーン
マニキュア	manicure マニキュア
マニュアル車	stick shift スティック シフト
まぶた	eyelid アイリッド
まもなく	soon/shortly スーン ショートリィ
眉毛	eyebrow アイブラウ
マヨネーズ	mayonnaise メィアネィズ
丸い	round ラウンド
マレーシア	Malaysia マレィシャ
マンゴー	mango マンゴゥ
慢性の	chronic クロニック
満席	full house フル ハウス
満タン	full tank フル タンク
真ん中で	in the middle イン ザ ミドル
万年筆	fountain pen ファウンテン ペン

■ み

右／右の	right ライト
右側に	on the right アン ザ ライト
右に曲がる	make a right メィク ア ライト
岬	cape ケィプ
短い	short ショート
水	water ウォーター
水洗いできる	washable ワッシャブル
湖	lake レィク
水着	swimsuit スウィムスーツ
水っぽい	watery ウォータリィ
店	shop/store シャップ ストア
見せる	show ショゥ
道	road/way ロゥド ウェィ
道を教える	direct ダィレクト
見つける	find ファィンド

469

み

見ているだけです I'm just looking.
アイム ジャスト ルッキング

緑色／緑色の green
グリーン

港 harbor
ハーバー

南 south
サウス

ミネラルウォーター mineral water
ミネラル ウォーター

見本 sample
サンプル

耳 ear
イヤ

耳鳴り ringing in the ear
リンギング イン ジ イヤ

みやげ souvenir
スーバニィア

ミュージカル musical
ミューズィカル

名字 last name
ラスト ネイム

見る look/see/watch
ルック スィ ワッチ

む

向かう head
ヘッド

迎えにくる pick up
ピック アップ

（～の）向こう側に across ...
アクロス

無効な invalid
インバリッド

向こうに over there
オウバー ゼア

蒸した steamed
スティームド

難しい difficult
ディフィカルト

息子 son
サン

娘 daughter
ドーター

むちうち症 whiplash injury
ウィップラッシュ インジュリィ

胸 chest
チェスト

胸やけ heartburn
ハートバーン

村 village
ビレッジ

無料 free
フリー

め

目・眼 eye
アイ

姪 niece
ニース

名所 famous place/famous sight
フェイマス プレイス フェイマス サイト

迷惑 inconvenience
インカンビーニエンス

迷惑をかける trouble
トラブル

470

和英辞書

メインディッシュ	main dish / entrée
メーター[タクシー]	meter
めがね	glasses
めがね屋	optician
メキシコ料理	Mexican food
目薬	eyedrops
メジャーリーグ	major league
目印	landmark
めずらしい	rare / unusual
目玉(見もの)	feature
目玉焼き	fried eggs
メッセージ	message
メニュー	menu
めまい	dizziness
めまいがして	dizzy
メロン	melon
綿	cotton
免許	license
免税店	duty-free shop
免税品	duty-free item / tax-free item

も

もうけっこうです	I've had enough.
(〜に)申し込む	sign up for ...
もう少し	some more / any more
盲腸炎	appendicitis
毛布	blanket
モーニングコール	wake-up call
目的	purpose
目的地	destination
(食べ残し)持ち帰り袋	doggie bag
持ち込み禁止品	prohibited article
持ち物	stuff

和英辞書

もちろん	absolutely アブサルートリィ
持っている	have ハブ
持ってくる	bring ブリング
もっと	more モァ
もてなし	hospitality ハスピタァリティ
求める	request リクエスト
戻る	come back/go back カム バァク ゴゥ バァク
モノクロフィルム	black and white film ブラック アンド ホワイト フィルム
桃	peach ピーチ
催し物	event イベント
森	forest フォレスト
門	gate ゲイト
問題	matter/problem マァター プラブラム

■ や

焼増し	reprint リプリント
野球	baseball ベイスボール
野球場	ballpark/stadium ボールパーク スティディアム
焼く	bake ベイク
約束する	promise プラミス
(会う)約束をする	make an appointment メイク アン アポイントメント
焼け過ぎの	overdone オゥバーダン
やけど/やけどする	burn バーン
野菜	vegetable ベジタブル
野菜サラダ	green salad グリーン サラッド
安い	cheap チープ
薬局	drugstore ドラッグストア
やってくる	come over カム オゥバー
山	mountain マウンテン
やわらかい	soft/tender ソフト テンダー

■ ゆ

湯	hot water ハット ウォーター
唯一の	only オゥンリィ
遊園地	amusement park アミューズメント パーク
夕方	evening イーブニング

有効な	valid バリッド	夜明け	daybreak/dawn ディブレイク ドーン
友情	friendship フレンドシップ	良い	good グッド
夕食	dinner ディナー	用意ができた	ready レディ
ユースホステル	youth hostel ユース ハストル	用意する	arrange アレインジ
郵便	(米)mail/(英)post メィル ポウスト	要求する	demand/require ディマンド リクワィア
郵便局	post office ポウスト オフィス	幼稚園	kindergarten キンダーガートン
郵便ポスト	(米)mailbox/(英)postbox メィルバックス ポウストバックス	腰痛	backache バァケィク
郵便料金	postage ポウステイジ	洋なし	pear ペァ
(〜で)有名な	famous for ... フェィマス フォ	洋服だんす	closet クラズィット
遊覧船	sightseeing boat サイトスィーイング ボゥト	ヨーロッパ風の	continental/European カンチネンタル ユァラピーァン
有料テレビ	pay-TV ペィティビィ	預金口座	account アカウント
有料道路	toll road トゥル ロゥド	よく考える	consider カンスィダー
雪	snow スノゥ	浴室	bathroom バァスルーム
ゆっくりと	slowly スロゥリィ	浴槽	bathtub バァスタブ
ゆでる	boil ボィル	汚れた	dirty ダーティ
指	finger フィンガー	予算	budget バジェット
ゆるい	loose ルース	寄せる(車を)	pull over プル オゥバー
許す	allow アラゥ		

和英辞書

ゆ・よ

和英辞書

予定／予定する	plan (プラン)
（〜を）予定している	be scheduled for ... (ビ スケジュールド フォ)
（〜する）予定である	be scheduled to ... (ビ スケジュールド トゥ)
呼び出しボタン	call button (コール バトゥン)
呼び出す	page (ペィジ)
呼ぶ	call (コール)
読む	read (リード)
予約[医師など]	appointment (アポイントメント)
予約[ホテル・レストランなど]	reservation (リザベイション)
予約確認書	confirmation paper (カンファメイション ペイパー)
予約する	book / reserve / make a reservation (ブック リザーブ メィク ア リザベイション)
より少ない	less (レス)
より良い	better (ベター)
より悪い	worse (ワース)
夜	night (ナィト)
（〜に）よる	depend on ... (ディペンド アン)
夜の部	evening performance (イーブニング パフォーマンス)
喜び	pleasure (プレジャ)
喜んで〜する	be glad to ... (ビ グラッド トゥ)
四輪駆動	four-wheel drive (フォーウィール ドライブ)

■ ら

ラーメン屋	ramen restaurant (ラーメン レストラン)
ラグビー	rugby (ラグビィ)
ラケット	racket (ラケット)
ラジオ	radio (レィディオ)
ラッシュアワー	rush hour (ラッシュ アゥア)
ラベル	label (レィベル)
ランドリー	laundry (ローンドリィ)

■ り

理解する	follow / realize / understand (ファロゥ リァライズ アンダースタンド)
陸	land (ランド)

リスト	list	リスト
理髪店	barbershop	バーバーシャップ
理由	reason	リーズン
流行	fashion	ファション
量	amount/quantity	アマウント/クワンタティ
両替する	change/exchange	チェインジ/エクスチェインジ
料金[サービス]	charge	チャージ
料金[乗物]	fare	フェア
料金[謝礼]	fee	フィー
料金[品物]	price	プライス
領収書	receipt	リスィート
利用できる	available	アベイラブル
料理	cooking	クッキング
料理人/料理する	cook	クック
旅行/旅行する	trip	トリップ
旅行代理店	travel agency	トラベル エイジェンスィ
リラックスする	relax	リラァクス
りんご	apple	アプル
リンス	hair conditioner	ヘア コンディショナー

■る

(〜と)類似した	similar to...	スィミラー トゥ
ルームサービス	room service	ルーム サービス
ルームメイド	maid	メイド

■れ

礼儀正しい	polite	ポライト
冷蔵庫	refrigerator	リフリジュレイター
(ホテルの部屋の)冷蔵庫	minibar	ミニバー
レインコート	raincoat	レインコウト
レギュラー	regular	レギュラー
レクリエーション	recreation	リクリエィション
レジ	cashier	キャッシィャー
レストラン	restaurant	レストラン
レセプショニスト	receptionist	レセプショニスト
列	line	ライン
(横に並んだ)列・座席の列	row	ロウ
列車	train	トレイン
レモネード	lemonade	レモネイド

和英辞書

レモン	lemon	レモン
レンズ	lens	レンズ
レンタカー	rental car/rent-a-car	レンタル カー／レンタ カー
レンタルする	rent	レント
レンタルの	rental	レンタル
レントゲン	X-ray	エクスレィ
連絡先	contact address	カンタクト アドレス
連絡する	contact	カンタクト

ろ

廊下	hall	ホール
ローストビーフ	roast beef	ロウスト ビーフ
ロープウェイ	ropeway	ロウプウェイ
ロシア料理	Russian food	ラシャン フード
ロシア連邦	the Russian Federation	ザ ラシャン フェデレィション
路線	route	ラウト
路線図	route map	ラウト マプ
ロックで[ウィスキーなど]	on the rocks	アン ザ ラックス
ロビー	lobby	ラビィ

わ

ワイシャツ	shirt	シャート
ワイン	wine	ワィン
わかりました	All right.	オール ライト
分け前	portion	ポーション
分ける	divide	ディバイド
わずかな	slight	スライト
忘れる	forget	フォゲット
話題	topic	トピク
渡す	pass	パァス
笑う	laugh	ラフ
割増し料金	extra charge	エクストラ チャージ
割る	split	スプリット
湾	bay	ベイ
ワンピース	dress	ドレス

英和辞書

■A

à la carte　アラカルトで ····· 111
accept　受け取る ········· 135, 283
accident　事故 ········· 152, 231
account　預金口座 ············ 333
ache　痛む ····················· 366
actually　実は ··················· 204
address　住所 ············· 150, 332
adjust　調節する ············· 266
admission　入場料 ············ 194
adult　大人 ····················· 200
afternoon　午後 ······· 90, 207, 266
after tax　税込みの ·········· 275
ahead　前方に ··················· 150
airline　航空会社 ············ 44, 406
airmail　航空便 ················· 396
airport　空港 ········· 28, 155, 408
airsickness　航空病 ············ 38
aisle　通路 ············ 34, 248, 410
all the way　はるばる ·········· 300
allergy　アレルギー ············ 376
all-you-can-eat　食べ放題の ····· 100
alter　(衣服の)寸法を直す ····· 266

ambulance　救急車 ········ 27, 341
announce　アナウンスする ····· 413
apology　おわび ················ 135
appetite　食欲 ··················· 361
appointment　予約 ············ 357
appraisal　鑑定 ················· 272
appreciate　感謝する ····· 16, 194
approval　使用許可 ············ 350
architect　建築家 ············· 292
area　地域 ············ 57, 98, 242
area code　市外局番 ·········· 387
arrange　手配する、用意する
　············ 90, 107, 180, 236, 410
arrive　到着する ······ 39, 68, 402
artifact　工芸品 ··············· 292
ask　尋ねる ····················· 114
aspirin　アスピリン ············ 382
assist　手伝う ··················· 87
attack　襲う ····················· 338

■B

back
　後方 ···························· 35
　戻って ···················· 110, 254

477

英語	日本語	ページ
backache	腰痛	375
bag	バッグ、カバン	27, 330
baggage	荷物	21, 48, 73, 151, 334, 411
bandage	包帯	367
bank	銀行	186
baseball	野球	226
basement	地下	247
bath	バス	67
bathroom	トイレ	36
battery	電池	270
beach	ビーチ	149
bed	ベッド	364
before tax	税抜きの	275
beg	請う	23, 297
begin	始まる	202
beginner	初心者	314
believe	信じる	326
belonging	所有物	51
bet	賭ける	224
bill	紙幣	56, 168
bill	勘定書	93, 136, 349
blank	空白	37
blanket	毛布	38, 77
bleed	出血する	367
block	ブロック、区画	160
blood pressure	血圧	361
blood type	血液型	377
blouse	ブラウス	261
boarding	搭乗	44, 413
boarding pass	搭乗券	415
boat	船	181
book	予約する	66, 182, 400
borrow	借りる	263
bother	困らせる	39
branch	支店	246
brand	ブランド	271
bread	パン	123
break down	故障する	347
breakfast	朝食	59
breath	呼吸	366
breathe	呼吸する	366
bring	持ってくる	42, 82, 104
brochure	パンフレット	99, 232, 355
budget	予算	276
buffet	バイキング	100
build	建てる	292
building	建物、ビル	31, 291
burn	やけどする	368
burn out	(電球などが)切れる	75
bus	バス	62, 146
bus depot	バスターミナル	162
bus service	送迎バス	91
bus stop	バス停	62, 163, 408
business	仕事	250
business hours	営業時間	244

buy 買う … 30, 160, 209, 244, 395

C

cab タクシー …………… 92, 185

call

  呼ぶ ………………………… 27, 327

  電話をかける ………… 49, 231, 386

calling card

  テレフォンカード ………………… 393

camera カメラ …………………… 52

cancel 取り消す ………… 332, 405

car 車 …………………………… 229

car accident 交通事故 ………… 341

carry 運ぶ ……………………… 73

cash 現金 ………… 46, 282, 349

cash out 精算する ……………… 225

cashier レジ、会計係 …………… 282

casino カジノ …………………… 188

casual 普段着の ………………… 222

catch 捕まえる ………………… 27

certificate 証明書……………… 272

change

  小銭、釣り銭 …… 55, 158, 167, 349

  変更する、両替する …… 55, 123, 161

charge

  つけ ……………………………… 282

  料金 ……… 86, 137, 159, 234, 265

  請求する、つけにする …… 81, 231

cheap 安い ………… 60, 172, 210

check

  勘定書 ………………… 20, 136

  調べる ………………… 72, 134

  一時預ける ………… 107, 215, 411

child 子供 ……………… 104, 370

chip (カジノの)チップ ……… 223

choice 選択 …………… 43, 196

choose 選ぶ ………………… 127

chopsticks はし ………………… 129

claim tag 荷物引換証 ………… 48

clean 掃除する ………… 84, 88

clear 片付ける ………………… 131

clock 時計 …………………… 52

close 閉める ………………… 395

close to ... 〜に近い …… 28, 58, 146

clothes 服 …………………… 250

club (ゴルフ用の)クラブ ……… 310

clue 手がかり ………………… 172

coat コート ……………………… 107

coffee コーヒー ………… 18, 108

coin locker コインロッカー …… 215

cold 寒い …………………… 365

collect call コレクトコール …… 386

collecting 収集 ……………… 305

combo 組み合わせ ……………… 114

come along 同伴する ………… 303

come back 戻る …… 110, 193, 254

come in 入る ………………… 22, 293

company 会社 ………………… 342

英和辞書

complaint クレーム ……………… 351
confirm （予約の)確認をする …… 402
confirmation 確認 ……… 70, 405
connect 接続する ……………… 387
connecting flight
　乗り継ぎの便 ……………………… 45
connection 接続 ……………… 171
consider よく考える ………… 279
contact 連絡する …… 50, 231, 342
contact address 連絡先 ……… 50
continue 続ける ………………… 380
control 調整する ………………… 77
convenience store
　コンビニ ……………………… 242
cook 料理人／料理する …… 134, 307
corner 角 ……………………… 92, 187
correct 正しい …………………… 18
cosmetic 化粧品 ……………… 247
cost
　（費用が)かかる …… 155, 286, 396
cough 咳 ……………………… 365
country 国 …………………… 300, 395
country code 国番号 ………… 386
coupon クーポン ……………… 284
court コート ………………… 80, 314
cover 補償する ………………… 342
coverage 保険の補償範囲 …… 235
credit card クレジットカード
　……………………… 68, 234, 282, 332

cruise クルーズ ……………… 190
customs 税関 ……………… 51, 398
customs declaration form
　税関申告書 ………………………… 51
cut 切る／切り傷 ……………… 368

D

damage 傷付ける ……… 287, 351
dangerous 危ない ……………… 290
day trip 日帰り旅行 …………… 178
declare
　（課税品・所得額を)申告する ………… 51
delay 遅らせる ………………… 412
deliver 届ける ……………… 49, 285
demand 要求する ……………… 351
depart 出発する ………………… 415
departure 出発 ………………… 402
depend on ...
　〜による …………… 152, 255, 290
deposit 手付金、前金 …… 280, 349
dessert デザート ……………… 126
destination 目的地 ……… 44, 411
develop
　（フィルムを)現像する ………… 207
dial ダイヤルする ……………… 86
diarrhea 下痢 ………………… 360
difference 違い ………………… 191
different (from ...)
　（〜とは)違った …………… 159, 252

| difficult 難しい …… 366
| dining room 食堂 …… 72
| dinner 夕食、ディナー …… 43, 104
| dip 少し浸ける、浸す …… 129
| direct 道を教える …… 337
| direction 方向 …… 345
| disco ディスコ …… 218, 313
| discount 値引き …… 21, 59, 274
| discount shop
| 　ディスカウントショップ …… 243
| disease 病気 …… 376
| dish 料理 …… 111
| display 展示する …… 292
| district 地域 …… 167
| doggie bag
| 　食べ残し持ち帰り袋 …… 131
| dotted line 点線 …… 283
| double room
| 　ダブルルーム …… 59, 66
| doubt 疑う …… 354
| downtown
| 　繁華街 …… 62, 150, 180, 290
| draw 描く …… 187
| dress 服を着る …… 222
| dress code
| 　服装の決まり …… 105, 222, 316
| drive 運転する …… 153, 232, 342
| driver's license
| 　運転免許証 …… 230, 343

drop
　落とす …… 130, 295
　客・荷物を(途中で)降ろす …… 157
drop off
　(レンタカーを)乗り捨てる …… 229
drugstore ドラッグストア …… 244
duty 税金、関税 …… 53
duty-free shop
　免税店 …… 30, 243

E

ear 耳 …… 370
eat 食べる …… 129, 362
economy class
　エコノミークラス …… 413
effect 効果 …… 383
e-mail
　Eメール …… 85
　Eメールを送る …… 305
embassy 大使館 …… 332
emergency
　緊急事態 …… 26, 231, 341
emergency call 緊急電話 …… 26
emergency exit 非常口 …… 79
enjoy 楽しむ …… 74, 96, 133, 301
enter 入る …… 106, 222
entrance 入口 …… 30, 201, 346
entrance fee 入場料 …… 200
entrance gate 改札口 …… 160

英単語	意味	ページ
envelope	封筒	56
equipment	道具	311
evening	夜	165
event	催し物、行事	87, 291
every day	毎日	189
everything	すべて	42
examination	診察	356
except for ...	〜を除いて	189
exchange	両替する	54
	取り替える	265, 312
exchange rate	為替レート	54
exit	出口	53, 346
expect	待つ	85
expensive	高価な	277
explain	説明する	112, 354
express	急行	169
	表現する	354
express mail	速達便	397
extension	(電話の)内線	388
extra	別の、追加の	77, 159, 286, 312

F

英単語	意味	ページ
facility	設備	79
fall down	ころぶ	368
(be) familiar with ...	〜に精通している	337
famous for ...	〜で有名な	111, 290
far	遠い	149, 185
fare	運賃、料金	155
fashion	流行	256
fault	(過失の)責任	17, 344
feature	目玉(見もの)	194
fee	料金	200
feel	感じる	38, 365
festival	祭	291
fever	熱	364
fill out	記入する	72
film	フィルム	29, 207
find	見つける	25, 49, 99, 244, 313, 332
find out	調べる	121, 226, 387
fine	すばらしい	267
fire	火事	293, 329
first class	ファーストクラス	400
first floor	1階	57, 247
fishing	釣り	315
fit	(体などに)合う	262
fitting room	試着室	262
fix	修理する	76
flea market	フリーマーケット	182, 244
flight	便	39, 400
flush	流れる	75
fly	飛ぶ	407

英和辞書

follow
- 後についていく ……………… 213, 319
- 理解する ……………………… 24, 298

forbid 禁ずる ……………………… 317

forget 忘れる ………………………… 89

form 書類、用紙 ……………………… 72

fragrance 香り …………………… 268

free 無料の ………………………… 80

free time 自由時間 ……………… 195

fruit 果物 …………………… 52, 127

full house 満席 ………………… 212

■ G

gallery 画廊 …………………… 214

game 試合 ……………………… 226

gas ガソリン ……………… 231, 348

gas station
- ガソリンスタンド …………… 238

get off 降りる …………………… 166

get on 乗る ……………… 163, 237

get out
- 出ていく ………………………… 27
- 取り出す、抜く ………………… 85

get to ...
- ～に到着する、行く ……… 166, 408

gift おみやげ …………………… 52

give back 返す ………………… 330

glass グラス …………………… 117

go in[into] ... ～へ入る …… 293, 317

go out （火などが）消える ……… 76

go over ... ～を超える ………… 350

going rate 相場 ……………… 159

(be) going to ...
- ～するつもりだ ……………… 304

golf ゴルフ ……………………… 310

goods 商品 ……………………… 243

grab つかみ取る ……………… 263

great すばらしい ………… 179, 249

grocery store スーパー …… 242, 393

group discount 団体割引 …… 200

guest 客 …………………… 80, 388

guide ガイド …………………… 182

■ H

half-day 半日 ………………… 190

hall 廊下 ………………………… 80

handicap ハンディキャップ …… 312

happen 起こる ……………… 26, 352

hat 帽子 ………………………… 50

have a cold 風邪をひく …… 364

head
- 頭 ……………………………… 367
- 向かう ………………………… 198

headache 頭痛 ………………… 371

hear 聞く ………………… 298, 412

hearing aid 補聴器 …………… 372

heater ヒーター ………………… 76

help 助け ………………… 20, 328

英和辞書

英語	意味	ページ
hit	打つ, ぶつける	341, 367
hobby	趣味	305
hospital	病院	356
hospitality	もてなし	301
hospitalize	入院させる	381
hot	熱い	135
hot spring	温泉	313
hot water	湯	42, 75
hurt		
	痛む	375
	傷つける	27, 325

I

英語	意味	ページ
immigration	入国	40
in a hurry	急いで	26, 151, 204
in advance	前もって	190
in front of ...	~の前に[で]	63, 150
(be) in trouble	困っている	25, 322
include	含む	235
inconvenience	迷惑	412
Indian summer	小春日和	299
inform	報告する	337
information	情報	178, 354
ingredient	材料	112
initial	イニシャル	280
injure	傷つける	367
instead of ...	~の代わりに	123
instruction	指示	413
insurance	保険	235, 342
(be) insured	保険に入っている	341
interest	興味	291
(be) interested in ...	~に興味がある	182, 214, 315
intermission	(劇場などの)休憩時間	213
international driver's license	国際運転免許証	230
interpreter	通訳	24, 354
intersection	交差点	237
introduce	紹介する	271
invite	招待する	307
item	品物	398

J

英語	意味	ページ
jazz club	ジャズクラブ	218, 313
join	加わる	107, 179
joint	関節	366

K

英語	意味	ページ
karaoke	カラオケ	80, 314
keep	預かる	21, 88
key	鍵	73, 230
kind	種類	232
kindness	親切	16
know	知っている	179, 260, 344

L

- landmark 目印 …………………… 186
- language 言語 …………………… 354
- large 大、Lサイズ ……… 122, 260
- last 続く …………………… 209, 213
- last bus 最終バス ………………… 165
- last name 名字 …………………… 70
- late 遅れる ………………………… 17
- latest 最新の ……………… 182, 256
- laundry ランドリー ……………… 85
- layover 途中下車 ………………… 44
- leave
  - 置き忘れる ……………… 95, 335
  - 出発する ………… 90, 165, 409
- left 左 ……………………………… 36
- length 長さ ……………………… 261
- lengthen 長くする ……………… 265
- liability 責務 …………………… 236
- light bulb 電球 …………………… 75
- limit 限界 ………………………… 350
- line
  - 電話線 ………………………… 390
  - 列 ……………………………… 209
  - 路線 …………………………… 160
- liquor store 酒屋 ……………… 244
- listen 聞く ……………………… 351
- live 住む ………………………… 303
- lobby ロビー ……………… 216, 395
- local 地元の ……………… 98, 182, 292
- local time 現地時間 …………… 40
- look 見る ………………………… 223
- look for ... 〜をさがす …… 58, 242
- lose なくす …………… 88, 175, 332
- lost-and-found
  - 遺失物取扱所 ………………… 335
- luck 運 …………………………… 225
- lunch 昼食 ……………… 199, 303

M

- magazine 雑誌 …………………… 37
- mail 投函する …………………… 395
- mailbox 郵便ポスト …………… 395
- maintenance 整備 ……………… 76
- make a call
  - 電話をかける ……………… 87, 386
- make a reservation 予約する
  - ………… 57, 84, 103, 172, 181, 404
- manager 支配人 ………………… 351
- map 地図 ……………… 28, 61, 160
- meal 食事 ……… 39, 100, 126, 383
- mean
  - 意味する ………… 23, 120, 153, 297
- measure 測る …………………… 261
- meat 肉 …………………………… 129
- medical certificate 診断書 …… 381
- medical insurance 医療保険 …… 356
- medicine 薬 ………………… 38, 371

英和辞書

medium
中、Mサイズ ……………… 260
(ステーキが)ミディアムの …… 121
meet 会う ……………… 304
menu メニュー ……… 100, 106
message メッセージ ……… 89
meter (タクシーの)メーター 159
midnight 午前0時 ……………… 81
minibar
(ホテルの室内の)冷蔵庫 ……… 94
minute 分 ……………… 26, 147
mirror 鏡 ……………… 262
miss 乗り遅れる …… 45, 176, 416
mistake 間違い …… 295, 349
move 動く ……………… 35, 376
museum 博物館、美術館 …… 214, 292
musical ミュージカル ……… 180

■N

near 近い ……………… 160
need 必要とする …… 45, 103, 354
need to ...
〜する必要がある ……… 36, 402
negotiate 交渉する ……… 278
newspaper 新聞 ……… 355
next 次の ……………… 165
nightclub ナイトクラブ ……… 217
noon 正午 ……………… 201
notice 気付く ……………… 287

■O

... o'clock 〜時 ……… 20, 90
off season シーズンオフ …… 291
(be) on 上演されている ……… 208
on sale 特売で ……… 274
on time 時間どおりに …… 39, 409
one-way 片道の ……… 171
open
開ける ……… 51, 151, 244, 329
開いている ……… 81, 101
operator 交換手 ……… 387
order
注文 ……………… 123
注文する ……… 82, 117, 280
outlet store アウトレット店 …… 243
outside call 外線 ……………… 86

■P

pain 痛み ……………… 376
parade パレード ……… 201
parcel 小包 ……………… 395
park 駐車する ……… 239
party 団体 ……… 106, 311
pass 渡す ……… 21, 130
passenger 乗客 ……… 415
passport パスポート …… 25, 46, 332
pay 支払う
……… 95, 136, 154, 234, 282, 349

pay phone 公衆電話	298, 393
pay-TV 有料テレビ	76, 95
per ... 〜につき	59, 80, 140, 314
perform 演奏する、上演する	208, 218
phone number 電話番号	22, 305
pick up 迎えにくる	196
pickpocket すり	331
picture 写真	22
place 場所	154, 179, 290
plan 予定する	47
plane 飛行機	410
plant 植物	52
plate 皿	122, 130
platform （駅の）ホーム	172
play 競技する	80, 226, 311
pleasure 喜び	205
point （方向を）示す	346
police 警察	27, 327
police officer 警察官	338
police station 警察署	337
(be) popular with ... 〜に人気がある	217
post 掲示する	169
post office 郵便局	395
postage 郵便料金	396
postcard （絵）ハガキ	396
prefer 好む	259
prepare for ... 〜の準備をする	291
prescription 処方箋	373
press 押す	204
price 料金	194, 235, 273
price tag 値札	275
problem 問題	37, 77, 322
proceed 進む	415
pull 引く	167
pulse 脈拍	370
purchase 購入する	270
purpose 目的	46

Q

quality 質	253
question 質問	294

R

raise 育てる	304
ready 用意ができた	16, 82
realize 理解する	344
reason 理由	413
receipt 領収書	20, 284, 349
receptionist 受付係	381
recommend 勧める	111, 178, 243
reconfirm （予約を）再確認する	403
record 記録	95

英和辞書

recover
　（病気などから）回復する ……… 380
refrigerator　冷蔵庫 ……………… 94
refund　払い戻し ………… 212, 288
reimbursement　払い戻し …… 281
reissue　再発行する ……………… 334
remember　覚える ……………… 338
rent　レンタルする ………… 229, 314
rent-a-car　レンタカー …………… 232
repeat　繰り返す ………………… 297
report　報告する ………………… 337
request　求める ………………… 256
require　要求する ……… 40, 222, 316
reservation
　予約 …………… 71, 103, 229, 405
reserve　予約する ………… 70, 314, 400
reserved seat　指定席 ………… 210
rest room
　トイレ ………… 30, 37, 198, 308, 322
return　返す ……………………… 231
return ticket　帰りの航空券 …… 47
ride　乗る ………………………… 150
right
　右 …………………………………… 34
　正しい／正しく ………… 173, 398
　ちょうど ………………… 72, 345
ring　電話をかける ……………… 328
road map　道路地図 …………… 237
round-trip ticket　往復切符 …… 47

row　列 …………………………… 210
run　動く、走る …………… 148, 347
rush hour　ラッシュアワー …… 149

S

safe　金庫 ………………………… 93
sale　バーゲン …………………… 243
save　助ける ……………………… 35
say　言う ………… 23, 298, 365, 414
schedule　スケジュール ………… 191
(be) scheduled for ...
　〜を予定している ……………… 356
(be) scheduled to ...
　〜する予定である ……………… 39
scuba diving
　スキューバダイビング ………… 315
seat　席 ………… 34, 172, 210, 400
see　見る ………………… 180, 335
selection
　（同種の商品の）品揃え … 118, 242
sell　売る ………………… 139, 247
send　送る ……… 63, 87, 286, 395
separate　別々の ………………… 136
share　（費用の）負担 …………… 136
ship　出荷する …………………… 286
shirt　シャツ ……………………… 247
shoes　靴 ………………………… 312
shopping　買い物 ………… 199, 242
shortcut　近道 …………………… 187

488

shot 注射 … 378	speed limit 制限速度 … 342
show	spend 過ごす … 182
ショー … 209	spice 香辛料 … 110
見せる, 示す … 140, 159, 186, 252	stadium 球場 … 188, 227
sick 具合が悪い … 38, 370	stain シミ … 85, 287, 351
side effects 副作用 … 382	stairs 階段 … 208, 368
sight 名所 … 178	stamp 切手 … 305, 395
sightseeing 観光 … 46, 178, 189	start 出発する … 193
sign サイン、標識 … 159, 279, 346, 414	station 駅 … 58, 98, 160, 174
sit 座る … 22, 35, 212, 410	stay
situation 状況 … 338	滞在 … 74, 301
skin 肌 … 268	泊まる … 47, 66, 192
skycap 空港のポーター … 50	steak ステーキ … 133
sleep 眠る … 77, 371	steal 盗む … 25
sleeve 袖 … 261	step 進む … 189
slope 斜面 … 314	stick shift マニュアル車 … 233
slow season シーズンオフ … 291	stimulant 刺激物 … 360
small 小、Sサイズ … 122, 261	stomach 胃, 腹部 … 359
smoke タバコを吸う … 22, 36, 153	stomachache 腹痛 … 359
socks 靴下 … 263	stop
soft drink ソフトドリンク … 139	止まる, 止める … 27, 157, 330
sold out 売り切れの … 210	stopover 途中下車 … 174
sore 痛い … 366	store 店 … 185, 243
souvenir みやげ … 227, 255, 323	street 通り … 28, 294
speak 話す … 22, 298, 353	stuff 持ち物 … 93
special 特別な … 110, 234, 291	subway 地下鉄 … 61, 160
specialty （レストランの）自慢料理、（店の）特製品 … 31	suggest 提案する … 111, 146
	suggestion 提案 … 111, 322
	suitcase スーツケース … 49

| 英和辞書 | |

surface mail　普通便 ……… 397
surgery　手術 ………………… 381
symptom　症状 ……………… 364

■ T

table　テーブル ………… 29, 131
tablet　錠剤 …………………… 378
tag　付け札 …………… 48, 279
take pictures
　写真を撮る ………… 204, 317
talk　話す ……………… 301, 335
taste　(～な)味がする ……… 362
tax　税金 ……………………… 275
taxi　タクシー ………… 63, 146
taxi stand
　タクシー乗り場 … 30, 63, 150
tea　茶 ………………………… 127
tell　言う、教える …… 166, 298
temperature　温度、体温 …… 77, 365
tennis　テニス ………… 80, 314
terminal　ターミナル ………… 412
theater　劇場 ………………… 186
theft　盗難 …………………… 337
thief　どろぼう ………… 27, 330
think　考える ………………… 253
throat　ノド …………………… 366
ticket　切符 …… 160, 209, 400
ticket office
　切符売場 …………… 162, 208

tie　ネクタイ ……… 28, 222, 316
timetable　時刻表 …………… 164
tip　チップ ……………… 83, 137
tire　タイヤ …………………… 348
today　今日 ……………… 49, 214
toll road　有料道路 ………… 154
tomorrow　明日 …… 92, 304, 400
tonight
　今晩、今夜 …… 29, 66, 103, 208
toothache　歯痛 ……………… 371
touch　触る …………… 262, 327
tour　ツアー ………………… 179
tourist　観光客 ……………… 339
tourist information center
　観光案内所 ………………… 57
tower　タワー ………………… 179
traffic jam　交通渋滞 ……… 152
trail　(山などの)小道 ……… 314
train　列車 …………………… 169
transfer　乗り換える ………… 164
transit pass
　トランジットパス …………… 45
transportation　交通機関 …… 146
travel agency
　旅行代理店 ………………… 181
traveler's check
　トラベラーズチェック …… 56, 282, 334
trip　旅行／旅行する …… 299, 380
trunk　トランク ……………… 151

英単語	意味	ページ
try	試す	98, 253
turn	曲がる	153
twin room	ツインルーム	66

U

英単語	意味	ページ
understand	理解する	24, 353
use	使う	76, 288, 308, 350

V

英単語	意味	ページ
vacancy	空室	66
vacation	休暇	18
valuables	貴重品	72
vegetable	野菜	112
vending machine	自動販売機	79, 160
... version	〜版	355
victim	被害者	344
view	眺め	67, 179
visit	訪ねる、滞在する	180, 291, 339

W

英単語	意味	ページ
wait	待つ	36, 150
waiter	ウェイター	129
waiting room	待合室	45
wake up	起きる	38
wake-up call	モーニングコール	84
walk	歩く	290, 345
wallet	財布	25, 331
warm	暖かい	76
warn	警告する	296
warranty	（品質・修理に対する）保証(書)	272
watch	見る、注意して見る	95, 296
water	水	119
way	道、方法	147, 158
wear	着る	105, 338
week	週	46
weekend	週末	245
weigh	重さを量る	396
window	窓、窓口	189, 252, 410
work	機能する、うまくいく	76, 276, 284, 350
wrap	包む	131, 285
write	書く	37
wrong	間違った	158, 349, 392

X

英単語	意味	ページ
X-ray	レントゲン	372

Y

英単語	意味	ページ
Yellow Pages	職業別電話帳	243
yesterday	昨日	362
youth hostel	ユースホステル	57

よく使う表現

All right.	わかりました
Can I ...?	〜してもいいですか？／〜できますか？
Can you ...?	〜していただけますか？
Cheers!	乾杯！
Could I ...?	〜してもいいですか？
Could you ...?	〜していただけませんか？
Don't worry.	ご心配なく
Excuse me.	失礼しました／すみません
Go ahead.	どうぞ
Good afternoon.	こんにちは
Good evening.	こんばんは
Good morning.	おはよう
Goodbye.	さようなら
Goodnight.	おやすみなさい
Have a nice day.	いい一日を！／いってらっしゃい
Hello.	こんにちは／すみません
Help yourself.	自由に取ってください
Hi!	こんにちは
How about ...?	〜はどうですか
How are you?	お元気ですか？
How do you do?	よろしくお願いします
I'm afraid	あいにく／残念ながら〜
I'm just looking.	見ているだけです／買う気はありません

よく使う表現

I'm sorry.	どうもすみません
I don't mind.	かまいません
I've had enough.	もうけっこうです
I think so.	そう思います
I'd like to	〜したいのですが
Just a moment[minute].	少々お待ちください
Let me see./Let's see	ええと／そうですね
May I ...?	〜してもいいですか？
My pleasure.	どういたしまして
Nice to meet you.	はじめまして
No, thank you./No, thanks.	いいえ、けっこうです
Pardon me.	すみません
Pardon me?	何とおっしゃいましたか？
..., please.	(〜を)お願いします
See you.	じゃあ、また
See you later.	じゃあ、また
Shall I ...?	(私が)〜しましょうか？
Take care.	お大事に／気をつけて
Thank you./Thanks.	ありがとう
That's right.	そのとおりです
Why don't you ...?	〜してはどうですか？
Won't you ...?	〜しませんか？
Would you ...?	〜していただけますか？
Would you like ...?	〜はいかがですか？
Would you like to ...?	〜したいですか？
Would you mind if ...?	〜してもいいですか？
You're welcome.	どういたしまして
You mean ...?	〜ということですね？

辞書

事項索引

あ行
痛む……354, 375, 376
　外科……367, 368, 375
　歯科……371
　内科……359, 365, 371, 372

か行
ガイド……182, 202
　日本語を話す……183
喫煙……22, 36, 104, 153
切符
　地下鉄……160
　バス……62, 162
　列車……171, 172, 175
空席・空室……29
　劇場……209, 211, 212, 217, 226
　飛行機……35, 400, 406, 410
　ホテル……29, 66
　レストラン……108, 134
薬……382-383
　医師の処方……378, 381, 383
　胃腸薬……360, 382
　風邪薬……382
　常用薬……377
　解熱剤……382
　酔い止め……38

さ行
サイズ
　食べ物・飲み物……113, 122, 127
　調節……265, 266
　洋服など……249-251, 260-265
再発行
　クレジットカード……333, 334
　航空券……336
さがす……30
　品物……249-251, 257
　ホテル……57-60
　店……242-244
　レストラン……98-100
酒類
　買う……244
　税関申告……51
　飲む……42, 83, 117, 118, 218, 219, 306, 361
支払い
　クレジットカード……282, 283, 350
　ショッピング……22, 282-284

タクシー……158, 159

トラベラーズチェック……282, 283

ホテル……93-95

レストラン……136-138

その他……234, 239

食事

ツアー……191, 194, 195, 199

飛行機……38, 39, 43

ファーストフードなど……100, 139-140

訪問宅で……307

ホテル……59, 72, 82

スポーツ

ゴルフ……309-311

メジャーリーグ……226-227

その他……80, 314, 315

た行

チェックイン

飛行機……409, 410

ホテル……68, 70-74

チケット

劇場……180, 208-212

メジャーリーグ……226

チップ

タクシー……158

ホテル……83

レストラン……137

ツアー

ガイド付きツアー……202, 215

観光ツアー……178, 179, 181, 182, 189-199

館内ツアー……202, 215, 216

バスツアー……189

通訳……24, 353, 354, 391

天気……299, 310

電話

国際電話……86, 386, 387, 394

コレクトコール……386

長距離電話……387, 393

伝言……89, 390, 391

ホテル内……86

電話番号……22, 31, 387, 388, 391, 392

トイレ……30, 36, 75, 198, 308, 322

な行

日本大使館……332, 340

荷物などを預ける

空港……411

タクシー……151

美術館・博物館……215

ホテル……72, 96

レストラン……107

乗り換え……44, 45, 161, 170

乗り損なう/降り損なう……45, 168, 173, 176, 416

事項索引

乗り場
    タクシー……63
    バス……62,91,162,163,408
    飛行機……412
    列車……170,172,173

は行
バス
    市内バス……62,91,147-149,162-168,408
    送迎バス……63,91,196
発送
    ショッピング……286
    郵便……395-398
服装の決まり……105,222,315
紛失
    クレジットカード……332-334
    トラベラーズチェック……334
    荷物……25,48-50,334,335,338,339
    パスポート……25,332
    ハンドバッグ……335
保険……341,342
    医療保険……356
    自動車保険……235,236,342

ま行
間違い
    行き先……157,158
    勘定書・お釣り……94,95,138,349
    注文……133
    電話番号……392
    人違い……295
みやげ(プレゼント)……52,249,255,285,307,323
免税手続き……275,281

や行
郵便料金……396,397
予算
    ショッピング……276,277,350
    タクシー……154,155
    ホテル……59,60
呼び出し
    電話……22,388-390
    待ち合わせ……61
予約
    観光……181,182,189,190,196
    ゴルフ……310,311
    乗物……172,229,400-405
    病院……356,357
    レストラン……84,106

ら行
両替
    外貨……54-56
    バスの中……167

資料

アメリカ合衆国
カナダ
イギリス
オーストラリア
ニュージーランド
入国カード
税関申告書
度量衡換算表
温度比較
衣服・靴のサイズ早見表

各国の基本情報①

アメリカ合衆国
The United States of America

アメリカ合衆国の人口は、約2億8000万人。本土の48州にアラスカ、ハワイを加えた50州と、プエルトリコ自治領などからなる連邦共和国で、面積は日本の25倍以上に及びます。世界中からさまざまな移民が集まる多民族国家です。

資料

- ●気候　広大な国土を持つアメリカは、地域によって大きな気候の差があります。例えばロサンゼルスなどの西海岸地方は、1年を通じて温暖な気候ですが、ニューヨークなど東海岸北部地方は、夏は暑く、冬はマイナス10℃以下になることもあります。さらに、ネバダの砂漠のように、年平均湿度が20%以下の地域もあれば、五大湖周辺のように厳しい寒さに見舞われる地域もあります。旅行する場合は、目的地の気候をチェックして、服装など入念な準備をするよう、こころがけましょう。

- ●通貨（US＄1＝約121円［2003年5月現在］）
　　　アメリカの通貨の単位はドル（＄）とセント（¢）です。＄1＝100¢の計算になります。硬貨は、1¢（通称ペニー、以下カッコ内は通称）、5¢（ニッケル）、10¢（ダイム）、25¢（クォーター）、＄1（ダラーコイン）の5種類がありますが、＄1はあまり見かけません。紙幣は、＄1、＄2、＄5、＄10、＄20、＄50、＄100の7種類ですが、ふだん使われるのは、＄1、＄5、＄10、＄20の4種類。アメリカではクレジットカードが普及しているため、高額紙幣はほとんど使用されません。

- ●チップ　チップは、支払額の10～20%が目安です。ただし、サービスが悪かった場合は、それ以下であってもかまいません。もちろん、気持ちよいサービスを受けた場合は、それ以上払っても問題ありません。

- ●電話 アメリカの電話番号：エリアコード（3ケタ、日本の市外局番に当たります）+市内局番（3ケタ）+個人番号（4ケタ）の合計10ケタからなります。

  公衆電話：日本と同様に、コインを入れてダイヤルします。公衆電話で使えるコインは、5¢、10¢、25¢の3種類。ただし、空港などには、クレジットカードが使える公衆電話もあります。オペレーターを呼び出すときには、「0」をダイヤルします。

  市内通話：受話器を持ち上げて、最低通話料金（町によって違いますが、おおよそ25〜30¢）を投入します。市内局番以降（最後の7ケタ）をダイヤル。これで相手につながりますが、通話料が不足している場合にはアナウンスが流れますので、その金額を投入しましょう。

  市外電話：受話器を持ち上げて、最初に「1」をダイヤルしてから、相手の電話番号（全10ケタ）をダイヤルします。ここで、最初の1分の通話料を知らせるアナウンスが流れます。告げられた金額を投入すると、相手につながります。

  日本への国際電話：直接ダイヤルする場合は、国際電話識別番号（011）、日本の国番号（81）、ゼロを除いた市外局番（東京ならば「3」）、相手の電話番号の順にダイヤルします。オペレーターを通じて通話する場合は、まず、「0」を回してオペレーターを呼び出し、"Overseas call to Japan, please."と言ってから、日本の都市名と相手の電話番号を告げます。

- ●電気と電圧 アメリカの電圧は、120ボルト前後（地域により、若干違いがあります）、周波数は60ヘルツです。日本の電気製品は、短時間であればそのまま使うことが可能です（日本は、100ボルト、50〜60ヘルツ）。ただし、アメリカの電圧のほうが少し高いので、各種充電器など長時間使用する場合は、過熱しないよう注意が必要です。市販の変圧器などを購入すれば、安心でしょう。

各国の基本情報②

カナダ
Canada

　カナダの人口は、約3100万人。10州と3準州からなる連邦国家で、豊かな自然に恵まれた広大な国土を有します。英語を公用語としますが、フランス系住民が多数を占めるケベック州では、フランス語が公用語です。

●気候　広大な国土が広がるカナダでは、地域により気候が大きく異なります。西海岸のバンクーバーやビクトリアは、太平洋の暖流の影響を受け、夏は涼しく、冬は温暖で雨も多く降ります。特に、秋から冬にかけてのバンクーバーは、降水量がたいへん多いのが特徴です。一方、ロッキー山脈の東側に広がる平原地帯は乾燥した気候で、大きな寒暖の差があります。また、五大湖周辺では、夏は暑くて湿度が高く、冬は厳しく冷え込みます。夏であっても、朝夕に冷え込む地域が多いので、長袖のシャツなどは必ず用意しましょう。

●通貨（C＄1＝約85円［2003年5月現在］）
　　カナダの通貨の単位は、カナダドル（＄）とセント（¢）です。カナダドルは、アメリカドル（US＄）と混同しないように、C＄と表すこともあります。＄1＝100¢の計算になります。硬貨は、1¢（通称ペニー、以下カッコ内は通称）、5¢（ニッケル）、10¢（ダイム）、25¢（クォーター）、＄1（ルーニー）、＄2（トゥーニーズ）の6種類。25¢と＄1硬貨がよく使われます。紙幣は、＄5、＄10、＄20、＄50、＄100がありますが、よく使われるのは、＄5、＄10、＄20、＄50、＄100紙幣の5種類です。

●両替　カナダでは、両替所の他に、空港内や市内の銀行、主要ホテルなどで両替できます。また、町の観光案内所の多くに両替所があります。

- **チップ**　チップは、アメリカとほぼ同じで、支払額の 15％程度が目安です。ただし、レストランなどで、サービス料がすでに含まれている場合は、払う必要はありません。また、タクシーを利用した場合のチップは、走行距離が短く料金が安い場合でも、最低＄1は払うのが常識です。

- **電話**　電話のかけ方は、アメリカ合衆国と同様です（499 ページを参照）。公衆電話は、コイン使用とクレジットカード使用以外に、最近では、テレフォンカードが使用できるものもあります。ただし、地域によってテレフォンカードの種類もさまざまで、使い方や使える電話の機種も異なります。コイン使用のものでは、5¢、10¢、25¢の3種類が使えます。

- **電気と電圧**　カナダの電圧は 110〜120 ボルトで、周波数は 50〜60 ヘルツです。アメリカと同様、日本の電気製品は、短時間であればそのまま使うことが可能です。ただし、長時間使用する場合は、過熱しないよう注意が必要です。市販の変圧器が用意できれば、ベストでしょう。

- **喫煙**　空港、駅などの公共の場所は、全面禁煙になっているところが多く、違反者には罰金が科されることもあります。国内線航空機はすべて禁煙、国際線の多くも禁煙です。レストランの多くに禁煙席があり、ホテルにも禁煙フロアがあります。

- **飲酒**　カナダでの飲酒の年齢制限は、18〜19 歳以上です（州によって異なります）。ほとんどの州で、酒類（ウィスキーなどのスピリッツ系）販売は「リカーショップ」と呼ばれる特定の店に限定されています。ただし、スーパーマーケットなどで、ワインやビールを売るのを許可している州もあります。

各国の基本情報③

イギリス

The United Kingdom of Great Britain and Northern Ireland

イギリスの人口は、約5900万人。イングランド、スコットランド、ウェールズ、北アイルランドからなり、エリザベス女王を元首とする立憲君主国です。イギリス国教会を国教としていますが、北アイルランドにはプロテスタントが多く、ケルト系の大部分はカトリックです。

●**気候**　ヨーロッパ大陸の北西に位置するイギリスは、北海、ドーバー海峡を隔てて、スカンジナビア半島やフランスに向き合っています。北緯50〜60度と、日本よりも高緯度にありますが、メキシコ湾流と偏西風の影響により、湿度が高く温暖な気候です。春と秋は短く、冬の風のない日には霧が発生することもしばしばあります。気候の特徴としては、一日の天気が変わりやすいことが挙げられます。春先には、にわか雨が降ることも多く、「エイプリル・シャワー」と呼ばれています。

●**通貨**（£1＝約195円［2003年5月現在］）
　　イギリスの通貨の単位はポンド（£）とペンス（p）です。£1＝100pの計算になります。硬貨は、1p、2p、5p、10p、20p、50p、£1、£2の8種類。紙幣は、£5、£10、£20、£50の4種類があります。

●**両替**　イギリスでは、両替所の他に、銀行、主要ホテル、デパートなどで両替できます。ただし、ホテルやデパートは手数料が割高になる場合が多いので、注意しましょう。両替の際は、窓口に提示されている交換レートと手数料の確認を忘れないように。

●**クレジットカード**　イギリスは、クレジットカードの普及率が高い国のひとつです。たいていのレストランやショップで使える他、地下鉄などにもクレジットカードで切符が買える

- **チップ** チップは、支払額の 10〜15 ％が目安です。ホテルやレストランでは、多くの場合勘定にサービス料がすでに含まれていますので、チップの必要はありません。ただし、ポーターやルームサービスなど特別に用事を頼んだときは、チップが必要です。

- 電話 公衆電話：プッシュホン式が主流です。プッシュホン式には、カード式とコイン式とがあります。テレフォンカードは、日本と同様、駅の売店などで販売されています。最近は、クレジットカードが使えるカード式公衆電話も増えています。

  日本への国際電話：直接ダイヤルする場合は、まず、50 P ほどのコインを入れ、国際電話識別番号(00)、日本の国番号 (81)、ゼロを除いた市外局番（東京ならば「3」）、相手の電話番号の順にダイヤルします。オペレーターを通じて通話する場合は、まず、「115」を回してオペレーターを呼び出し、日本の都市名と相手の電話番号を告げます。

- **電気と電圧** 電圧は220〜240ボルトで、周波数は50ヘルツです。日本の電気製品をそのまま使用することはできないので、ドライヤーなどは、切り替え式の海外旅行用を用意したほうがいいでしょう。また、コンセントの差し込み口も日本と違い、三つ又になっている場合が多いので、三つ又対応のアダプターを持参するのが、ベストでしょう。

- **郵便** イギリスの郵便ポストは赤です。投函口は、"First Class and Abroad" と "Second Class" に分けられています。日本に郵便物を送る場合は、"First Class and Abroad" のほうへ投函します。

各国の基本情報④
オーストラリア
Australia

　オーストラリアの人口は、約 1900 万人。イギリス系の住民が多くを占めます。日本の約 22 倍の広さを有する国土は、ダイナミックな自然にあふれています。

- ●気候　　南半球にあるオーストラリアは、日本と季節が逆です。北部沿岸は熱帯で、雨季と乾季に分かれています。大陸中央部は乾燥した砂漠気候です。中南部沿岸は温帯～冷温帯で、四季がはっきりしています。

- ●通貨とチップ（A＄1＝約 77 円［2003 年 5 月現在］）
　　　　オーストラリア通貨の単位は、オーストラリアドル（＄）とセント（¢）です。アメリカドル（US＄）と混同しないようにA＄と表すこともあります。硬貨は、5¢、10¢、20¢、50¢、＄1、＄2の6種類。紙幣は、＄5、＄10、＄20、＄50、＄100の5種類です。チップは、原則として必要ありません。ただし、高級レストランやホテルで特別なサービスを受けた場合は、チップを渡すのが礼儀です。レストランでは、支払額の 10～15％が目安です。

- ●電話　　公衆電話は、テレフォンカードとコイン両用タイプが一般的ですが、クレジットカード専用電話もあります。日本へ国際電話をかける場合は、国際電話識別番号（0011）、日本の国番号（81）、ゼロを除いた市外局番（東京ならば「3」）、相手の電話番号の順にダイヤルします。

- ●電気と電圧　電圧は 220～240 ボルトで、周波数は 50 ヘルツです。イギリスと同様、日本の電気製品をそのまま使用することはできません。コンセントの差し込み口も三つ又になっている場合が多いので、三つ又対応のアダプターが用意できれば、ベストでしょう。

各国の基本情報⑤

ニュージーランド
New Zealand

ニュージーランドの人口は、約380万人。ヨーロッパ系の住民が大半を占めます。穏やかな気候と豊かな自然に恵まれ、畜産業が盛んです。国土は、北島と南島に大きく分けられます。

- ●気候　オーストラリアの隣国ニュージーランドは、日本と季節が逆です。年間の気温差は日本よりかなり小さく、温暖ですが、一日の中での気温差は日本よりも大きくなります。

- ●通貨とチップ（NZ＄1＝約69円［2003年5月現在］）

　　ニュージーランドの通貨の単位は、ニュージーランドドル（＄）とセント（¢）です。アメリカドル（US＄）と混同しないようにNZ＄と表すこともあります。硬貨は、5¢、10¢、20¢、50¢、＄1、＄2の6種類。紙幣は、＄5、＄10、＄20、＄50、＄100の5種類があります。チップは、オーストラリアと同様、原則として必要ありません。ただし、レストランやホテルで特別なサービスを受けた場合は、チップを渡したほうがよいでしょう。

- ●電話　公衆電話は、テレフォンカードとコイン両用タイプが多くなってきています。日本へ国際電話をかける場合は、国際電話識別番号（00）、日本の国番号（81）、ゼロを除いた市外局番（東京ならば「3」）、相手の電話番号の順にダイヤルします。

- ●電気と電圧　電圧は230〜240ボルトで、周波数は50〜60ヘルツです。オーストラリアと同様、日本の電気製品をそのまま使用することはできないので、切り替え式の海外旅行用製品を用意したほうがいいでしょう。コンセントの差し込み口も三つ又になっている場合が多いので、三つ又対応のアダプターが用意できれば、ベストでしょう。

資料

入国カード

　飛行機で日本を出発したあと、目的地が近づくと、機内で入国カードが配られます。下の例は、アメリカ合衆国の入国カードです。国によって書式は異なりますが、記入事項は、ほぼ一致します。例は日本語フォームのものです。英語フォームのものもありますが、スタイルは日本語フォームと同じです。すべてローマ字の大文字で記入します。はっきりと読みやすく、間違いがないように書きましょう。

　記入事項は以下のとおりです。

[例] アメリカの入国カード

1. 姓（名字）
2. 名
3. 生年月日（日・月・年の順番で、年は西暦の下2ケタのみ記入）
4. 国籍（日本ならばJAPAN）
5. 性別（男性はMALE、女性はFEMALE）
6. 旅券番号（パスポート番号9ケタ）
7. 航空機便名（航空会社とフライト番号）
8. 居住国（日本ならばJAPAN）
9. 搭乗地（成田ならばNARITA）
10. 米国に滞在中の住所（旅行者ならば、最初に滞在するホテル名など）
11. 市、州（10.に記入した住所がある市と州）
14. 姓（1.と同）
15. 名（2.と同）
16. 生年月日（3.と同）
17. 国籍（4.と同）

税関申告書

　税関申請書は入国カードと異なり、1家族で1枚申告すれば済みます。下の例は、アメリカ合衆国の税関申告書です。持込禁止品、申告に必要な項目などが記載されています。入国カードと同様、日本語フォームと英語フォームがあります。署名以外は、ローマ字の大文字で、読みやすいようにはっきりと記入しましょう。

　記入事項は以下のとおりです。

[例] アメリカの税関申告書

1. 姓名（名字）
2. 名前
4. 生年月日（日・月・年の順番で、年は西暦の下2ケタのみ記入）
5. 利用航空会社名・便名
6. 同伴家族数（1人の場合は0）
7. (a) 国籍（日本ならばJAPAN）／(b) 居住国（日本ならばJAPAN）
8. (a) 米国滞在先（旅行者ならば、最初に滞在するホテル名など）／(b) 米国滞在先（(a)に記入した住所がある市名）／(c) 米国滞在先（(a)に記入した住所がある州名）
9. 米国へ到着する前に訪問した国（なければ空白のまま）
10. 旅行目的
11. 果物、動植物などの所持についての質問
12. 1万ドル以上の外貨所持についての質問
13. 海外製品・おみやげ品についての質問
14. 所持するおみやげ品の総額についての質問（13.で「はい」にチェックした人は総額を記入）

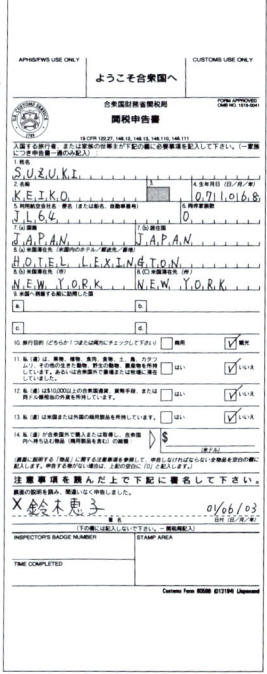

度量衡換算表 ◆重さ・長さ・体積

■重さ

グラム g(gram) グラム	キログラム kg(kilogram) キログラム	オンス oz(ounce) アウンス	ポンド lb(pound) パウンド
1,000	1	35.27	2.205
28.3	0.0283	1	0.062
454	0.454	16.00	1

1オンス=約28グラム
1ポンド=約454グラム

■長さ

センチメートル cm (centimeter) センティミーター	メートル m (meter) ミーター	キロメートル km (kilometer) キラミター	インチ inch インチ	フィート feet フィート	ヤード yard ヤード	マイル mile マイル
1	0.01	—	0.394	—	—	—
100	1	0.001	39.37	3.28	1.09	—
100,000	1,000	1	39.370	3.280	1.094	0.62
2.54	—	—	1	0.083	0.028	—
30.48	0.305	—	12.00	1	0.333	—
91.44	0.914	—	36.00	3	1	—
—	1.609	1.61	—	—	1.760	—

1インチ=2.54センチメートル
1フィート=0.31メートル
1ヤード=0.91メートル
1マイル=1.61キロメートル

■体積

リットル l(liter) リーター	アメリカンガロン gal(gallon) ギャロン	クォーツ qt(quart) クウォート	パイント pt(pint) パイント
1	0.264	1.057	2.114
3.785	1	4	8
0.946	0.25	1	2
0.473	—	0.5	1
0.18	—	0.19	0.38
1.8	0.475	1.90	3.80

1パイント=0.47リットル
1クォーツ=0.94リットル
1アメリカガロン=3.79リットル

度量衡換算表 ◆面積

■面積

平方メートル m² (square meter) スクウェア ミーター	平方キロメートル km² (square kilometer) スクウェア キラミター	スクエアフィート ft² (square feet) スクウェア フィート	平方ヤード yd² (square yard) スクウェア ヤード	ヘクタール ha (hectare) ヘクター	エーカー acre エイカー
1	—	10.764	1.1960	—	—
1,000,000	1	—	—	100.00	247.11
3.306	—	35.586	3.954	—	—
0.0922	—	1	0.1111	—	—
0.8360	—	9.00	1	—	—
—	0.010	—	—	1	2.4711
—	0.004	—	—	0.4047	1

1 スクエアフィート＝0.09 平方メートル
1 平方ヤード＝0.84 平方メートル
1 エーカー＝0.405 ヘクタール

温度比較

■温度計

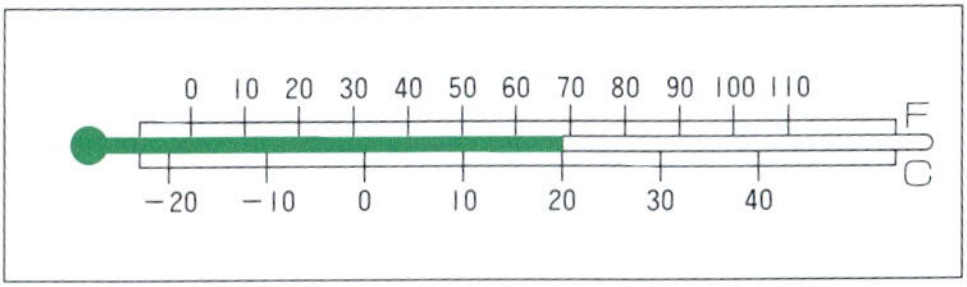

■体温計

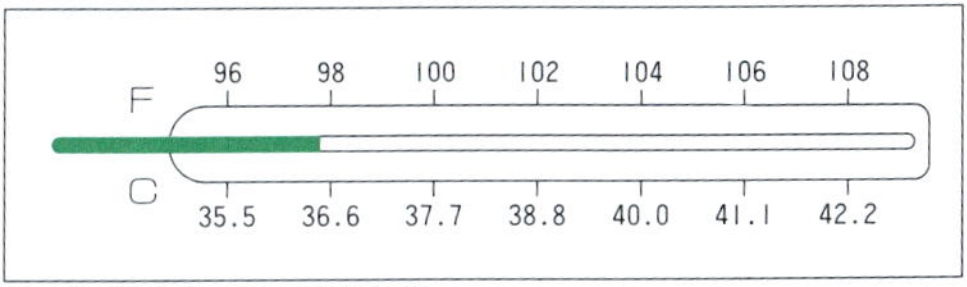

F＝華氏温度　C＝摂氏温度

衣服・靴のサイズ早見表

衣服や靴のサイズは国によって表示が異なる。特にオーストラリアはいろいろなサイズ表示があるので注意が必要。

■**男性用** ワイシャツ

日本	36	37	38	39	40	41	42
アメリカ・イギリス	14	14.5	15	15.5	16	16.5	17
オーストラリア	36	37	38	39	40	41	42

スーツ・コート

日本	S		M		L		LL
アメリカ・イギリス	34	36	38	40	42	44	46
オーストラリア	S		M		L		LL

靴

日本	24	24.5	25	25.5	26	26.5	27
アメリカ	6	6.5	7	8	8.5	9	9.5
イギリス	5.5	6	6.5	7	7.5		8
オーストラリア	7	7.5	8	8.5	9	9.5	10

■**女性用** 婦人服

日本	7	9	11	13	15	17	19
アメリカ	8	10	12	14	16	18	20
イギリス	32	34	36	38	40	42	44
オーストラリア	6	8	10	12	14	16	18

ブラウス

日本	7	9	11	13	15		
イギリス	32	34	36	38	40	42	44

靴

日本	22	22.5	23	23.5	24	24.5	25
アメリカ	4.5	5	5.5	6	6.5	7	7.5
イギリス			4	4.5	5	5.5	6
オーストラリア	5	5.5	6	6.5	7	7.5	8

資料

■著　者　　巽一朗（たつみ・いちろう）
兵庫県西宮市出身。NHK テレビ「ミニ英会話とっさのひとこと」講師、オハイオ州立大学元講師。現在 The Language Institute（米カリフォルニア州）校長。独自の英語習得法を研究し、各企業の語学アドバイザーとして活躍。著書に『英会話とっさのひとこと辞典』『英会話ビジネスひとこと辞典』『聞こえた英語が全部わかる本』（以上 DHC）『新版 英語の発音がよくなる本』『英会話1日1分学習法』『中学英語を復習して英会話がペラペラになる本』（以上中経出版）『これだけで OK！ 海外旅行英会話』『私にもすぐわかる！ 入門英語』（以上 NHK 出版）など多数。
連絡先：The Language Institute カリフォルニア・USA
＋1-949-252-8088

巽スカイ・ヘザー（Sky Heather Tatsumi）
オレゴン州立大学卒業。1992年より1997年まで日本に滞在し、The Language School で英語講師を務める。アメリカの日本語放送のラジオ局で巽一朗氏とともに「ラジオ英会話講座」と担当しながら、カリフォルニア州ロサンゼルスの The Language Institute を経営。日本語検定2級。

■執筆協力　Doug Coheen
（カリフォルニア州立大学アーバイン校教授）
John Sheehan
（カリフォルニア州立大学ロサンゼルス校講師、同大学卒業）
Judy Anderson（主婦、オレゴン州立大学卒）
Judith B. Bath（Lax 語学学校講師、カルガリー大学講師）
Malia fields（NHK テレビ「ミニ英会話とっさのひとこと」講師、オレゴン州立大学卒）
■編集協力　メビウス
■イラスト　吉田ひろ美　岩井栄子
■装　丁　　中村富美男

携帯版 英会話海外旅行ひとこと辞典
けいたいばん えいかいわ かいがいりょこう じてん

2003年7月23日　初版第1刷
2003年8月26日　　　第15刷

著　者	巽一朗　巽スカイ・ヘザー
発行者	吉田嘉明
発行所	株式会社 DHC
	〒106-0041　東京都港区麻布台1-5-7
	03-3585-1451（営業）
	03-3585-1581（編集）
	03-5572-7752（FAX）
	振替　00160-6-716500
印刷所	株式会社ルナテック

© Ichiro Tatsumi, Sky Heather Tatsumi 2003 Printed in Japan
落丁・乱丁本はお取り替えいたします。

ISBN4-88724-341-3 C0082